प्रस्तावना

AF101895

पर्यावरण अध्ययन परिवेश के सामाजिक और भौतिक घटकों की अंत:क्रियाओं का अध्ययन है। वास्तव में ये घटक मिलकर ही हमारे संपूर्ण परिवेश का निर्माण करते हैं। सामाजिक घटकों में संस्कृति, भाषा, मूल्य, दर्शन तथा भौतिक/प्राकृतिक घटकों में हवा, पानी, मिट्टी, धूप, पशु-पक्षी, खनिज, जंगल, वनस्पति आदि शामिल किए जाते हैं। अत: पर्यावरण अध्ययन में हम एक ओर तो मानव और इसके द्वारा निर्मित समाज एवं सामाजिक क्रियाकलापों का अध्ययन करते हैं और दूसरी ओर प्रकृति एवं उसकी कार्य-प्रणाली के नियमों का अध्ययन करते हैं। पर्यावरण अध्ययन का उद्देश्य पर्यावरण के प्रति एक सकारात्मक सोच एवं इसके साथ-साथ सरोकार पूर्ण परिप्रेक्ष्य का निर्माण है। संपूर्ण जगत के जीवित एवं अजीवित तत्त्व के आंतरिक एवं पारस्परिक संबंधों की समझ बनाते हुए पर्यावरणीय समस्याओं के प्रति सचेतता, संवेदनशीलता, उन्हें सुलझाने का कौशल एवं भविष्य में उनकी रोकथाम करने की क्षमता का विकास करना भी पर्यावरण अध्ययन का एक महत्त्वपूर्ण उद्देश्य है।

प्रस्तुत जी.पी.एच. की पुस्तक ***'पर्यावरण अध्ययन (बी.ई.वी.ए.ई.-181)'*** पर्यावरण, प्राकृतिक संसाधन, पारितंत्र, जैव-विविधता तथा प्रदूषण की मूल अवधारणाओं को समझाने में सक्षम है। इस पुस्तक में पर्यावरण से जुड़े सामाजिक मुद्दों तथा पर्यावरण पर पड़ रहे मानव जनसंख्या के प्रभाव की चर्चा की गई है। इस प्रकार, यह पुस्तक पर्यावरण के बारे में उपयोगी जानकारी उपलब्ध कराएगी। इसके अध्ययन से पर्यावरणीय ह्रास के मूल कारणों का ज्ञान हो सकेगा, जो पर्यावरण संरक्षण में हितकर सिद्ध होगा।

प्रस्तुत पुस्तक की विषय-सामग्री के विस्तृत एवं जटिल उपबंधों को तर्कपूर्ण एवं संप्रभावी ढंग से संक्षेप में प्रस्तुत किया गया है। पुस्तक की भाषा उपयुक्त, सरल एवं प्रवाहपूर्ण रखने का प्रयत्न किया गया है। पुस्तक के प्रत्येक अध्याय के प्रारंभ में अध्याय की भूमिका दी गई है जिससे छात्रों को अध्याय को समझने में सरलता होगी। पुस्तक में सैम्पल तथा गेस प्रश्न पत्रों का समावेश किया गया है, जो छात्रों में एक अलग प्रकार का आत्मविश्वास बढ़ाने में सहायक होगें।

आगामी संस्करण में आपके सुझावों को यथास्थान साभार सम्मिलित किया जाएगा। अत: अपने सुझाव नि:संकोच **Email : feedback@gullybaba.com** पर या सीधे प्रकाशन के पते पर लिखकर अपने सुझाव से अनुग्रहित कर सकते हैं।

मैं प्रकाशक (GPH) के सहायकों व लेखकों का सहृदय आभार प्रकट करता हूँ, जिनके सहयोग और प्रयासों के कारण ही इस पुस्तक का प्रकाशन संभव हो पाया है।

मैं आपकी सफलता की कामना करता हूँ।

-विनय कंसल

Topics Covered

खंड—1 पर्यावरण और पर्यावरणीय अध्ययन का परिचय
(An Introduction to Environment and Environmental Studies)

- इकाई—1 हमारा पर्यावरण (Our Environment)
- इकाई—2 पारिस्थितिक तंत्र (Ecosystems)
- इकाई—3 प्रमुख पारितंत्र (Major Ecosystems)

खंड—2 प्राकृतिक संसाधन
(Natural Resources)

- इकाई—4 थल और जल संसाधन (Land and Water Resources)
- इकाई—5 वन संसाधन (Forest Resources)
- इकाई—6 जैव विविधता : मूल्य और सेवाएँ (Biodiversity: Values and Services)
- इकाई—7 ऊर्जा संसाधन (Energy Resources)

खंड—3 पर्यावरणीय मुद्दे और चिंताएँ
(Environment Issues and Concerns)

- इकाई—8 जैव विविधता: खतरे और संरक्षण (Biodiversity: Threats and Conservation)
- इकाई—9 पर्यावरणीय प्रदूषण और संकट (Environmental Pollution and Hazards)

पर्यावरण अध्ययन
(ENVIRONMENTAL STUDIES)

(बी.ई.वी.ए.ई.-181)

For
Bachelor of Arts (BAG), Bachelor of Commerce (BCOMG) & Bachelor of Science (BSCG)

ABILITY ENHANCEMENT COMPULSORY COURSE (AECC)

Based on New Syllabus
CHOICE BASED CREDIT SYSTEM (CBCS)

By
Vinay Kansal
Environmentalist and Social Worker (GOLD MEDALIST)

Useful For

Delhi University (DU), IGNOU, Berhampur University (Odisha), University of Kashmir, Sambalpur University (Odisha), University of Kalyani (West Bengal), Gurukula Kangri Vishwavidyalaya (Uttarakhand), Himachal Pradesh University, Cooch Behar Panchanan Barma University (West Bengal), Ranchi University, and other Indian Universities

Closer to Nature We use Recycled Paper

गुल्लीबाबा पब्लिशिंग हाउस प्रा. लि.
आई.एस.ओ. 9001 एवं आई.एस.ओ. 14001 प्रमाणित कं.

Published by:
GullyBaba Publishing House Pvt. Ltd.

Regd. Office:
2525/193, 1st Floor, Onkar Nagar-A,
Tri Nagar, Delhi-110035
(From Kanhaiya Nagar Metro Station Towards Old Bus Stand)
Call: 9991112299, 9312235086
WhatsApp: 9350849407

Branch Office:
1A/2A, 20, Hari Sadan,
Ansari Road, Daryaganj,
New Delhi-110002
Ph.011-45794768
Call & WhatsApp:
8130521616, 8130511234

E-mail: hello@gullybaba.com, **Website:** GullyBaba.com

New Edition

Author: Gullybaba.com Panel

ISBN: 978-81-942867-3-8

Copyright© with Publisher
All rights are reserved. No part of this publication may be reproduced or stored in a retrieval system or transmitted in any form or by any means; electronic, mechanical, photocopying, recording or otherwise, without the written permission of the copyright holder.

Disclaimer: Although the author and publisher have made every effort to ensure that the information in this book is correct, the author and publisher do not assume and hereby disclaim any liability to any party for any loss, damage, or disruption caused by errors or omissions, whether such errors or omissions result from negligence, accident, or any other cause. If you find any kind of error, please let us know and get reward and or the new book free of cost.
The book is based on IGNOU syllabus. This is only a sample. The book/author/publisher does not impose any guarantee or claim for full marks or to be passed in exam. You are advised only to understand the contents with the help of this book and answer in your words.
All disputes with respect to this publication shall be subject to the jurisdiction of the Courts, Tribunals and Forums of New Delhi, India only.

Home Delivery of GPH Books

You can get GPH books by VPP/COD/Speed Post/Courier.
You can order books by Email/SMS/WhatsApp/Call.
For more details, visit gullybaba.com/faq-books.html
Our packaging department usually dispatches the books within 2 days after receiving your order and it takes nearly 5-6 days in postal/courier services to reach your destination.

Note: Selling this book on any online platform like Amazon, Flipkart, Shopclues, Rediff, etc. without prior written permission of the publisher is prohibited and hence any sales by the SELLER will be termed as ILLEGAL SALE of GPH Books which will attract strict legal action against the offender.

इकाई—10	अपशिष्ट प्रबंधन
	(Waste Management)
इकाई—11	वैश्विक पर्यावरणीय मुद्दे
	(Global Environmental Issues)

खंड—4   पर्यावरण रक्षा : नीतियाँ एवं प्रक्रियाएँ
(Protecting Our Environment: Policies and Practices)

इकाई—12	पर्यावरण नियमावली
	(Environmental Legislation)
इकाई—13	मानव समुदाय और पर्यावरण
	(Human Communities and Environment)
इकाई—14	पर्यावरणीय नीतिशास्त्र
	(Environment Ethics)

विषय-सूची

1. पर्यावरण और पर्यावरणीय अध्ययन का परिचय 1

प्रश्न 1. पर्यावरण की अवधारणा की विवेचना कीजिए। 2

प्रश्न 2. पर्यावरण के विभिन्न घटकों पर प्रकाश डालते हुए इसके प्रकार भी बताइए।.....4

प्रश्न 3. मानव तथा पर्यावरण संबंध पर संक्षिप्त टिप्पणी लिखिए। 6

प्रश्न 4. सतत् विकास और संपोषणीयता की संकल्पना पर चर्चा कीजिए।............8

प्रश्न 5. पर्यावरण अध्ययन की बहुशास्त्रीय प्रकृति पर संक्षिप्त टिप्पणी लिखिए।...11

प्रश्न 6. सतत् विकास के विभिन्न लक्ष्य बताइए। 12

प्रश्न 7. पर्यावरण के अध्ययन क्षेत्र तथा महत्त्व की विवेचना कीजिए। 13

प्रश्न 8. पारितंत्र (पारिस्थितिकी तंत्र) की अवधारणा की विवेचना कीजिए।............14

प्रश्न 9. पारिस्थितिक तंत्र की विशेषताएँ बताइए। 15

प्रश्न 10. 'जीवमंडल' पर विस्तृत रूप में चर्चा कीजिए। 16

प्रश्न 11. पारिस्थितिक तंत्र के विभिन्न घटकों का उल्लेख कीजिए। 17

प्रश्न 12. पोषी स्तर को विस्तारपूर्वक समझाइए। 18

प्रश्न 13. पारितंत्र की संरचना एवं कार्यों पर चर्चा कीजिए। 20

प्रश्न 14. पोषण चक्र पर विस्तृत रूप में विवरण दीजिए। 21

प्रश्न 15. पारिस्थितिक अनुक्रम क्या है? इसके विभिन्न प्रकार भी बताइए।..........27

प्रश्न 16. 'पारिस्थितिक तंत्र एवं मानवीय हस्तक्षेप' पर संक्षिप्त टिप्पणी लिखिए।...28

प्रश्न 17. वन पारितंत्र क्या है? चर्चा कीजिए। 28

प्रश्न 18. वन पारितंत्र की मुख्य विशेषताएँ बताइए। 29

प्रश्न 19. वनों के महत्त्व को संक्षेप में समझाइए। 31

प्रश्न 20. वनों की उपयोगिता को मध्य नजर रखते हुए इसके संरक्षण हेतु किन उपायों को अपनाने की आवश्यकता है? 33

प्रश्न 21. घास-स्थल पारितंत्र क्या है? इसके आर्थिक महत्त्व की विवेचना कीजिए।...34

प्रश्न 22. मरुस्थलीय पारितंत्र से क्या तात्पर्य है? इसकी संरचना तथा कार्य पर भी प्रकाश डालिए। मरुस्थलीय पारितंत्रों का संरक्षण कैसे संभव है? 35

प्रश्न 23. जलीय पारितंत्र से आप क्या समझते हैं? इसके विभिन्न प्रकारों पर चर्चा करते हुए यह बताइए कि जलीय पारितंत्रों का संरक्षण कैसे संभव है? 36

2. प्राकृतिक संसाधन..45

प्रश्न 1. नवीकरणीय तथा अनवीकरणीय संसाधन में अंतर बताइए।....46
प्रश्न 2. नवीकरणीय जल संसाधन क्या है? विस्तारपूर्वक बताइए।....47
प्रश्न 3. भूमि संसाधन से आप क्या समझते हैं?........................56
प्रश्न 4. मृदा संसाधन क्या है? विभिन्न प्रकार की मृदाओं का विश्लेषण कीजिए।..57
प्रश्न 5. मृदा के निर्माण में शामिल विभिन्न प्रक्रियाओं की विवेचना कीजिए।....59
प्रश्न 6. निम्नलिखित पर संक्षिप्त टिप्पणी लिखिए–..........................61
(i) कृषि एवं अधिक चरान के कारण उत्पन्न परिवर्तन
(ii) उर्वरकों की समस्या
प्रश्न 7. भूमि निम्नीकरण से आप क्या समझते हैं? इसके विभिन्न कारण भी बताइए।..62
प्रश्न 8. 'भूमि उपयोग के लिए योजना और प्रबंधन' पर चर्चा कीजिए।....63
प्रश्न 9. एक संसाधन के रूप में वनों के महत्त्व को समझाइए।....65
प्रश्न 10. वनोन्मूलन (वन अपरूपण) से आप क्या समझते हैं? इसके प्रमुख कारणों का वर्णन कीजिए।...67
प्रश्न 11. वन अपरूपण के परिणामों का उल्लेख कीजिए।..........69
प्रश्न 12. पर्यावरण, वनों एवं जैव विविधता पर खनन, बाँध निर्माण और अन्य विकासात्मक कार्यों के प्रभाव का विश्लेषण कीजिए।..........................70
प्रश्न 13. 'जनजातीय जनसंख्या और उनके अधिकारों पर प्रभाव' पर संक्षिप्त में टिप्पणी लिखिए।..70
प्रश्न 14. भारत में वन संसाधनों के संरक्षण और प्रबंधन उपायों को समझाइए।....71
प्रश्न 15. 'संयुक्त वन प्रबंधन' कार्यक्रम पर संक्षेप में लेख लिखिए।....73
प्रश्न 16. जैव विविधता क्या है? इसके विभिन्न स्तरों का वर्णन कीजिए।....74
प्रश्न 17. भारत के जैव-भौगोलिक क्षेत्र और इनकी जैव विविधता की सूची बनाइए और उनका विश्लेषण कीजिए।..75
प्रश्न 18. जैव विविधता हॉट स्पॉट पर संक्षिप्त टिप्पणी लिखिए।..........77

प्रश्न 19. जैव विविधता के उपयोगिता मूल्यों पर प्रकाश डालिए।........................78

प्रश्न 20. ऊर्जा के पारंपरिक व गैर-पारंपरिक स्रोतों पर विस्तारपूर्वक चर्चा कीजिए।..80

प्रश्न 21. 'पृथ्वी के ऊर्जा आधार की धारण क्षमता' पर संक्षिप्त टिप्पणी लिखिए।...86

प्रश्न 22. भावी ऊर्जा आवश्यकताओं व उसके संरक्षण पर चर्चा कीजिए।............87

3. पर्यावरणीय मुद्दे और चिंताएँ..91

प्रश्न 1. जैव विविधता की हानि में कौन-कौन से कारण शामिल हैं? चर्चा कीजिए।...92

प्रश्न 2. जैव विविधता के संदर्भ में मनुष्य-वन्य जीव संघर्ष पर प्रकाश डालिए।....93

प्रश्न 3. निम्नलिखित पर संक्षिप्त टिप्पणी लिखिए—..95

(i) वन्य जीवों का अवैध शिकार

(ii) जैविक आक्रमण

प्रश्न 4. हमें जैव विविधता को क्यों संरक्षित करना चाहिए?.............................97

प्रश्न 5. जैव विविधता को हम कैसे संरक्षित रख सकते हैं?............................98

प्रश्न 6. प्राकृतिक आरक्षित क्षेत्र क्या है? चर्चा कीजिए।..................................100

प्रश्न 7. प्रदूषण क्या है? इसका वर्गीकरण कीजिए।...101

प्रश्न 8. प्रदूषण के कारण व नियंत्रण के उपाय बताइए।...................................102

प्रश्न 9. वायु प्रदूषण क्या है? वायु प्रदूषकों के विभिन्न प्रारूप बताते हुए कुछ प्रमुख वायु प्रदूषकों का विवरण दीजिए।...103

प्रश्न 10. जल प्रदूषण पर विस्तारपूर्वक विवेचन कीजिए।..................................110

प्रश्न 11. मृदा प्रदूषण का विस्तारपूर्वक विवेचन कीजिए।.................................115

प्रश्न 12. ध्वनि प्रदूषण क्या है? इसके कारणों, स्रोतों, प्रभाव व नियंत्रण के उपायों पर प्रकाश डालिए।...117

प्रश्न 13. संकटदायी अपशिष्ट रसायनों को परिभाषित कीजिए व इसका वर्गीकरण कीजिए तथा इन्हें विषाक्त रसायनों से विभेदित कीजिए।..................................120

प्रश्न 14. अपशिष्ट प्रबंधन की संकल्पना को विस्तारपूर्वक समझाइए।..............122

प्रश्न 15. अपशिष्ट पदार्थों के निस्तारण पर चर्चा कीजिए।..............................124

प्रश्न 16. निम्नलिखित पर संक्षिप्त टिप्पणी लिखिए–..................127
(i) अवशेषों के स्रोत
(ii) विसर्जन के विभिन्न तरीके
(iii) अनुचित विसर्जन के अनुषंगी प्रभाव
प्रश्न 17. भूमंडलीय तापन तथा जलवायु परिवर्तन पर चर्चा कीजिए।...............129
प्रश्न 18. ओजोन क्षरण क्या है? इसके विभिन्न प्रभाव भी बताइए।...................131
प्रश्न 19. अम्ल वर्षा पर प्रकाश डालते हुए इसके प्रभावों पर संक्षेप में प्रकाश डालिए।...133

4. पर्यावरण रक्षाः नीतियाँ एवं प्रक्रियाएँ..................137

प्रश्न 1. पर्यावरण के संदर्भ में 'राष्ट्रीय विधान' क्या है? इसका वर्गीकरण कीजिए।.....138
प्रश्न 2. अंतर्राष्ट्रीय स्तर के पर्यावरण समझौतों पर चर्चा कीजिए।.....................147
प्रश्न 3. पर्यावरण नियमों के प्रवर्तन में आने वाली कठिनाइयों का संक्षेप में विश्लेषण कीजिए।..156
प्रश्न 4. पर्यावरण संबंधी समस्याओं की गंभीरता को देखते हुए संप्रेक्षण तथा प्रवर्तन के लिए संस्थागत व्यवस्था पर चर्चा कीजिए।..................................160
प्रश्न 5. जनसंख्या वृद्धि की अवधारणा का वर्णन कीजिए।..........................162
प्रश्न 6. मानव स्वास्थ्य और कल्याण पर एक निबंध लिखिए।.......................164
प्रश्न 7. भूकंप से आप क्या समझते हैं? इसके कारणों तथा लाभ–हानि का वर्णन कीजिए तथा भूकंप से बचाव के लिए आप क्या उपाय कर सकते हैं?..................169
प्रश्न 8. बाढ़ क्या है? इसके विभिन्न कारणों का उल्लेख कीजिए।...................172
प्रश्न 9. बाढ़ के विभिन्न प्रभाव बताते हुए, इससे बचने के उपाय बताइए।..........173
प्रश्न 10. चक्रवात क्या है? इसके विभिन्न प्रकारों का विवेचन कीजिए।.............174
प्रश्न 11. 'सूनामी' पर संक्षिप्त टिप्पणी लिखिए।......................................175
प्रश्न 12. 'सूखा' (drought) शब्द की व्याख्या करते हुए, इसके विभिन्न कारण भी बताइए।..176
प्रश्न 13. "आपदा प्रबंधन" (Disaster Management) का क्या उद्देश्य है?....177
प्रश्न 14. चिपको आंदोलन क्या है? चर्चा कीजिए।....................................178

प्रश्न 15. निम्नलिखित पर संक्षिप्त टिप्पणी लिखिए—............179
(i) आपदा प्रबंधन के लिए तैयारी
(ii) आमजन को पुर्नवसित और पुर्नस्थापित करना: समस्याएँ और सरोकार
(iii) ताज ट्रेपीजियम क्षेत्र
(iv) साइलैन्ट वैली आंदोलन

प्रश्न 16. पर्यावरणीय नीतिशास्त्र क्या है? समझाइए।............183
प्रश्न 17. पर्यावरण के लिए नए नियमों की आवश्यकता क्यों है? बताइए।............184
प्रश्न 18. प्रकृति के बारे में तीन मतों को संक्षेप में स्पष्ट कीजिए।............185
प्रश्न 19. 'प्रकृति के प्रति मनोभाव' पर चर्चा कीजिए।............185
प्रश्न 20. पर्यावरणीय समानता क्या है? पर्यावरणीय समानता के विभिन्न मुद्दों को श्रेणीबद्ध कीजिए।............188
प्रश्न 21. निम्नलिखित पर संक्षिप्त टिप्पणी लिखिए—............189
(i) पर्यावरणीय न्याय
(ii) पर्यावरणीय नस्लवाद

प्रश्न 22. पर्यावरण के विषय में धार्मिक शिक्षण की विभिन्न प्रवृत्तियों का वर्णन कीजिए।............190
प्रश्न 23. पर्यावरण संप्रेषण एवं जागरूकता के संबंध में अपने विचार व्यक्त कीजिए।............195

प्रश्न पत्र

(1) सैम्पल पेपर–I (हल सहित)............195
(2) सैम्पल पेपर–II (हल सहित)............197
(3) गेस पेपर–I............199
(4) गेस पेपर–II............201
(5) परीक्षा के लिए महत्त्वपूर्ण बहुविकल्पीय प्रश्न–उत्तर............211
(6) फरवरी, 2021 (हल सहित)............235
(7) दिसम्बर, 2021 (हल सहित)............243

अध्याय 1

पर्यावरण और पर्यावरणीय अध्ययन का परिचय

भूमिका

पृथ्वी पर सभी जीव–जंतु और मानव अपने जीवन और विकास की अनुकूल परिस्थितियों के लिए पर्यावरण पर आश्रित हैं। पर्यावरण के अभाव में जीवन की कल्पना नहीं की जा सकती। प्राचीन काल से ही जीव–जंतुओं और पर्यावरण का संबंध रहा है। जीव–जंतुओं ने पर्यावरण को संतुलित बनाए रखने में योगदान दिया है। लेकिन मानव ने अपने बौद्धिक ज्ञान से पर्यावरण का अत्यधिक दोहन किया है। भौतिकवादी और तीव्र विकास की आकांक्षा ने मानव को पर्यावरण में ह्रास के लिए जिम्मेदार बना दिया है।

पर्यावरण अध्ययन मूलतः पारिस्थितिकी के सिद्धांत, पर्यावरण विज्ञान, भूगोल, मनुष्य जाति का विज्ञान, विधि अर्थशास्त्र, सामाजिक विज्ञान, योजना, प्रदूषण नियंत्रण, प्राकृतिक संसाधनों तथा प्रबंधन का एक मिलाजुला परिवेश है। पर्यावरण ही किसी भी जीवित जीव के जीवित रहने योग्य परिस्थिति का निर्माण करता है। किसी भी जीव की उत्तरजीविता सामग्री की नियमित आपूर्ति तथा उसके पर्यावरण में अपशिष्ट निपटान पर निर्भर होती है। पर्यावरण की परिस्थिति में गिरावट मनुष्य के अस्तित्व एक अतिमहत्त्वपूर्ण समस्या बन गई है। मिट्टी, पानी व वायु प्रदूषण जीवित जीवों के जीवन के लिए अभिशाप बन गया है तथा प्राकृतिक संसाधनों का अभाव भी होने लगा है। पर्यावरण अध्ययन का उद्देश्य मानव को उसके पर्यावरण के प्रति सजग करना है।

अतः वर्तमान शताब्दी में जीवन को बनाए रखने के लिए पर्यावरण की गुणवत्ता को बनाए रखना आवश्यक है। यह तभी संभव है, जब हम सभी पर्यावरण के महत्त्व को समझें।

प्रश्न 1. पर्यावरण की अवधारणा की विवेचना कीजिए।

अथवा

पर्यावरण से आप क्या समझते हैं? स्पष्ट कीजिए।

अथवा

पर्यावरण को परिभाषित कीजिए।

उत्तर— पर्यावरण का अंग्रेजी समानार्थी शब्द "Environment" है। "Environment" फ्रेंच भाषा 'Environe' शब्द से बना हुआ है जिसका तात्पर्य आस-पास के आवरण से है। हिंदी का पर्यावरण शब्द दो शब्दों की संधि से निर्मित हुआ है—परि + आवरण। परि का अर्थ है चारों तरफ और आवरण का अर्थ है घेरा। अतएव हमारे चारों तरफ प्रकृति तथा मानव निर्मित जो भी जीवित तथा निर्जीव वस्तुएँ हैं वे मिलकर पर्यावरण बनाती हैं। इस प्रकार पर्वत, पठार, मैदान, घाटी, वन, मिट्टी, पानी, हवा, पेड़-पौधे, जीव-जंतु सभी कुछ पर्यावरण के अंतर्गत आते हैं। "पर्यावरण" शब्द का अर्थ इस भाव में बहुत व्यापक है क्योंकि इसके अंतर्गत उन सभी कारकों को सम्मिलित किया जाता है जिनका प्रत्यक्ष या परोक्ष प्रभाव मानव जाति के प्राकृतिक परिवेश पर होता है। मनुष्य और पर्यावरण के बीच घनिष्ठ संबंध है और वस्तुस्थिति यह है कि पर्यावरण के बिना मनुष्य का अस्तित्व नहीं हो सकता। **डॉ. टी.एन. खोशू** द्वारा पर्यावरण को "उन सभी स्थितियों तथा प्रभावों के योग, जो सभी अंगों के विकास तथा जीवन को प्रभावित करते हैं" के रूप में परिभाषित किया गया है। "पर्यावरण" शब्द का अर्थ आस-पास या पास-पड़ोस से होता है जिसमें मानव, जंतुओं या पौधों की वृद्धि एवं विकास को प्रभावित करने वाली बाह्य परिस्थितियाँ, कार्य-प्रणाली तथा जीवन-यापन की दशाएँ सम्मिलित हैं। इस प्रकार किसी स्थान विशेष में मनुष्य के आस-पास भौतिक वस्तुओं जिनमें स्थल, जल, मृदा और वायु सम्मिलित हैं, का आवरण जिनके द्वारा मनुष्य घिरा होता है को पर्यावरण कहा जा सकता है। मुख्य रूप से सभी पर्यावरणविदों का निर्देश मनुष्य के पर्यावरण से होता है। परंतु मनुष्य का अन्य जीवनरूपों, खासकर जंतु तथा पादप जीवन से अलग अस्तित्व संभव नहीं हो सकता अतः सभी जैविक संख्याओं को पर्यावरणविदों का विषय निर्देश होना चाहिए। **पार्क** के अनुसार "पर्यावरण" का अर्थ उन दशाओं के योग से होता है जो मनुष्य को निश्चित समय में निश्चित स्थान पर आवृत्त करती हैं। प्रारंभ में मनुष्य के पर्यावरण की रचना इस ग्रहीय पृथ्वी के भौतिक तत्त्वों जिनमें स्थल, जल तथा वायु सम्मिलित हैं के जैविक समुदाय द्वारा होती थी। परंतु समय के अनुक्रम में मनुष्य अपने सामाजिक, आर्थिक तथा राजनैतिक कार्यों के माध्यम से अपने सामाजिक पर्यावरण, आर्थिक पर्यावरण और सांस्कृतिक पर्यावरण तथा राजनैतिक पर्यावरण आदि से जुड़ता चला गया। साधारण रूप में पर्यावरण को प्रकृति के समकक्ष माना जाता है। जिसके अंतर्गत ग्रहीय पृथ्वी के अनेक भौतिक घटक जैसे—स्थल, वायु, जल, मृदा आदि सम्मिलित हैं और यही वह घटक हैं जो जीवमंडल में जीवों को आधार प्रदान करते हैं, उन्हें आश्रय देते हैं, उनके विकास तथा संवर्धन हेतु दशाएँ प्रस्तुत करते हैं तथा उन्हें प्रभावित भी करते हैं। **ए. गाउडी** ने अपनी पुस्तक 'दि नेचर ऑफ दि इनवायरन्मेंट' में पृथ्वी के भौतिक

घटकों को ही पर्यावरण का प्रतिनिधि माना है तथा उनके अनुसार पर्यावरण को प्रभावित करने में मनुष्य एक महत्त्वपूर्ण कारक है। लेकिन अन्य लोगों ने पर्यावरण को और अधिक व्यापक रूप से परिभाषित किया है–

संयुक्त राज्य पर्यावरण गुणवत्ता परिषद् का यह मत है कि "मनुष्य की कुल पर्यावरण संबंधी प्रणाली में न केवल जैव मंडल सम्मिलित है बल्कि उसके प्राकृतिक तथा मानव निर्मित परिवेश के साथ उसकी अंतर्क्रियाएँ भी सम्मिलित हैं।"

इनसाइक्लोपीडिया ब्रिटेनिका में पर्यावरण को "जीव, भौतिक तथा जैविक दोनों पर कार्य करते हुए बाह्य प्रभाव का संपूर्ण क्षेत्र अर्थात् अन्य जीव, व्यक्ति की प्रतिवेशी प्रकृति को बल" के रूप में परिभाषित किया गया है।

हर्सकोविट् ने लिखा है कि "पर्यावरण संपूर्ण बाह्य परिस्थितियों और उसका जीवधारियों पर पड़ने वाला प्रभाव है जो जैव जगत् के विकास का नियामक है।" निष्कर्ष यह है कि पृथ्वी एक जीवित कोशिका है और इसके चारों तरफ फैला हुआ पर्यावरण उसका रक्षा कवच है।

पर्यावरण की परिभाषा **पर्यावरण संरक्षण अधिनियम 1986 की धारा 2(क)** में निम्नलिखित रूप में की गई है–"पर्यावरण में जल, वायु तथा भूमि और अंतर्संबंध सम्मिलित हैं जो जल, वायु तथा भूमि और मानव जीवों, अन्य जीवित प्राणियों, पादपों, सूक्ष्म जीवों और संपत्ति के बीच विद्यमान हैं।"

भूगोल परिभाषा कोष के अनुसार पर्यावरण चारों ओर की उन बाह्य दशाओं का संपूर्ण योग है जिसके अंदर एक जीव अथवा समुदाय रहता है या कोई वस्तु उपस्थित रहती है।

पर्यावरण विश्व का समग्र दृष्टिकोण है जिसे सामान्य रूप से इस प्रकार व्यक्त किया जा सकता है कि पर्यावरण एक अविभाज्य समष्टि है। पर्यावरण एक अत्यंत जटिल प्रतिभास है। इसको समझने के लिए पारिस्थितिक तंत्र, पारिस्थितिकी और जैव मंडल के बारे में जानना होगा।

विभिन्न मनोवैज्ञानिकों ने 'पर्यावरण' की निम्न परिभाषाएँ दी हैं–

अन्सटैसी के अनुसार, "व्यक्ति के वंशानुक्रम के अतिरिक्त वह सब कुछ पर्यावरण माना जाता है जो उसे प्रभावित करता है।"

सी. सी. पार्क (1980) के अनुसार, "मनुष्य एक विशेष स्थान पर, विशेष समय पर जिन संपूर्ण परिस्थितियों से घिरा हुआ है उसे पर्यावरण कहा जाता है।"

बोरिग के अनुसार, "एक व्यक्ति के पर्यावरण में वह सब कुछ सम्मिलित किया जाता है जो उसे जन्म से मृत्यु पर्यन्त प्रभावित करता है।"

हॉलैण्ड तथा डगलस के अनुसार, "जीव जगत् के प्राणियों के विकास, परिपक्वता, प्रकृति, व्यवहार तथा जीवन शैली को प्रभावित करने वाली बाह्य समस्त शक्तियों, परिस्थितियों तथा घटनाओं को पर्यावरण में सम्मिलित किया जाता है और उन्हीं की सहायता से पर्यावरण का वर्णन किया जाता है।"

अतः पर्यावरण भौतिक एवं जैविक संकल्पना है जिसमें पृथ्वी के अजैविक तथा जैविक संघटकों को समाहित किया जाता है। अजैविक दशाएँ जलमंडल, स्थलमंडल तथा वायुमंडल

में परिदर्शित होती हैं। जी.पी.एच. की पुस्तकों का मुख्य उद्देश्य ज्ञान के साथ–साथ अच्छे नम्बर दिलाना है।

प्रश्न 2. पर्यावरण के विभिन्न घटकों पर प्रकाश डालते हुए इसके प्रकार भी बताइए।

अथवा

जीवन के लिए पर्यावरण के महत्त्व को संक्षेप में समझाइए।

उत्तर– पर्यावरण उन सभी भौतिक, रासायनिक एवं जैविक कारकों की समष्टिगत इकाई है जो किसी जीवधारी अथवा पारितंत्रीय आबादी को प्रभावित करती है तथा उनके रूप, जीवन और जीविता को तय करती है। साधारण रूप से पर्यावरण में अजैविक (निर्जीव) और जैविक (सजीव) घटक होते हैं। पर्यावरण के जैविक और अजैविक घटकों के कुछ उदाहरण तालिका 1.1 में दिए गए हैं–

तालिका 1.1 : पर्यावरण के घटक

अजैविक घटक	जैविक घटक
प्रकाश वर्षण आर्द्रता और जल तापमान वायुमंडलीय गैस ऋतु/मौसमी परिवर्तन स्थलाकृति	पौधे प्राणी, जिनमें मानव, परजीवी तथा सूक्ष्मजीव भी आते हैं। विघटक

जैविक घटकों की उत्तरजीविता के लिए भौतिक घटक स्थितियाँ स्थापित करते हैं, जो बदले में पर्यावरण के रखरखाव का ध्यान रखते हैं। पर्यावरण के घटकों के बीच संबंध ऊर्जा के प्रवाह और पदार्थों के चक्रण के पथ हैं। उदाहरण के लिए, हरे पादप अनिवार्य संसाधनों को भौतिक जगत से प्राप्त करते हैं – जल और खनिज मृदा से, कार्बन डाइऑक्साइड वायुमंडल से और प्रकाश ऊर्जा सूर्य से तथा अपना भोजन बनाते हैं। जंतु पादपों तथा अन्य जंतुओं पर अपने भोजन के लिए थल और सागरों से भोजन प्राप्त करते हैं और भूपर्पट से खनिज और ईंधन प्राप्त करते हैं।

पर्यावरण के प्रकार–सामान्य अर्थों में पर्यावरण हमारे जीवन को प्रभावित करने वाले सभी जैविक और अजैविक तत्त्वों, तथ्यों, प्रक्रियाओं और घटनाओं के समुच्चय से निर्मित इकाई है। यह हमारे चारों ओर व्याप्त है और हमारे जीवन की प्रत्येक घटना इसी के अंदर संपादित होती है तथा हम मनुष्य अपनी समस्त क्रियाओं से इस पर्यावरण को भी प्रभावित करते हैं। तालाब का जल जिसमें मछली रहती है, तालाब का जल बाह्य पर्यावरण होगा। जल में पोषक, ऑक्सीजन तथा अन्य जीव होंगे जिनकी मछली को जीवन निर्वहन के लिए आवश्यकता होती है। बाह्य पर्यावरण के विपरीत, मछली की शरीर गुहा एक आंतरिक

पर्यावरण प्रदान करती है जो बाह्य पर्यावरण से काफी अलग होता है। शरीर की सतह मछली के आंतरिक और बाह्य पर्यावरण के बीच में विनिमय अवरोधक का कार्य करती है। आंतरिक पर्यावरण बाह्य पर्यावरण की तुलना में अपेक्षाकृत स्थिर होता है। यद्यपि, रोग और क्षति अथवा पर्यावरणीय तनाव भी इसे अव्यवस्थित कर सकते हैं। लेकिन जब अव्यवस्था के कारण को दूर कर दिया जाता है तो आंतरिक पर्यावरण अपनी मूल अवस्था में वापिसी आ जाता है।

चूँकि मछली तालाब में रहती है, अतः यह उसका प्राकृतिक पर्यावरण है। तालाब के अजैविक कारक जैसे प्रकाश, तापमान, गहराई, पोषक और घुली हुई गैसें मछली के लिए जीवन निर्वाह के रासायनिक और भौतिक कारक प्रदान करते हैं। तालाब में रहने वाले अन्य सजीव जैसे जीवाणु, कीट, कृमि, मृदुकवची जीव, टैडपोल, मेंढ़क और जलीय वनस्पतियाँ मछली के लिए भोजन हो सकती है। थल/भूमि पर ऐसे प्राकृतिक पर्यावरण के उदाहरणों में वन, घास के मैदान, सवाना और मरूस्थल सम्मिलित हैं। पर्यावरण के कुछ ऐसे घटक भी हैं जो मनुष्य द्वारा निर्मित किए गए हैं जैसे खेत, शहर और औद्योगिक स्थल। ये मनुष्यों द्वारा कृत्रिम रूप से नियोजित हस्त कौशल द्वारा बनाए गए स्थान हैं। उदाहरण के लिए, हम एक शहर पर विचार करते हैं। शहर का पर्यावरण पूर्णतः मनुष्य द्वारा निर्मित है। एक सबसे महत्त्वपूर्ण घटक – जल को सरिताओं से सीधे नहीं लिया जाता है बल्कि पहले उसका निस्पंदन और शोधन करके फिर पीने तथा अन्य नगरपालिका के कार्यों के लिए उपयोग किया जाता है। उपापचयी अपशिष्ट और कचरे को स्थानीय रूप से निस्तारित नहीं किया जाता है बल्कि सुदूर स्थानों पर, शहर से दूर उपचार अथवा सन्निक्षेपण (dumping) के लिए ले जाया जाता है। शहरों में आमजन के लिए भोजन अक्सर ग्रामीण क्षेत्रों से आता है। मनुष्यों द्वारा निर्मित किया गया पर्यावरण अत्यधिक मात्रा में पदार्थों और ऊर्जा का उपयोग करता है और इसके लिए देखरेख, निगरानी और प्रबंधन आवश्यक होता है।

जीवन के लिए पर्यावरण का महत्त्व–पर्यावरण का हमारे जीवन में बहुत महत्त्व है। मनुष्य एक पल भी इसके बगैर नहीं रह सकता। ये हरे–भरे पेड़–पौधे हमारे जीवन का अभिन्न अंग हैं। प्रकृति के बिना मानव जीवन की कल्पना भी नहीं की जा सकती है। जल, थल, वायु, अग्नि, आकाश इन्हीं पाँच तत्त्वों से ही मनुष्य का जीवन है और जीवन समाप्त होने पर वह इन्हीं में विलीन हो जाता है।

किसी भी प्रकार के पर्यावरण में रहने वाले जीवों को उत्तरजीविता के लिए जीवन–यापन तत्त्वों की आवश्यकता होती है। पर्यावरण एकमात्र ऐसा स्रोत है जो जीवन समर्थन/निवर्हन करने वाले तत्त्वों को प्रदान करता है। इनमें वायु जिससे हम साँस लेते हैं, भोजन और जल जिन्हें हम ग्रहण करते हैं और आश्रय, चाहे प्राकृतिक (गुफाएँ और वृक्षों में बने घर) अथवा कृत्रिम आवास (जैसे मकान) सम्मिलित हैं।

भूमि का उपयोग फसलें उगाने के लिए किया जाता है। यह मृदा 'पादपों' की वृद्धि के लिए आवश्यक पोषक प्रदान करती है। भूमि प्रकार किसी क्षेत्र में पाए जाने वाले मृदा प्रकारों का निर्धारण करता है और स्वयं मृदा एक स्थान से दूसरे पर भिन्न होती है। कुछ मृदाएँ पोषकों

से समृद्ध होती हैं और अन्य में उनकी कमी होती है। जिन मृदाओं में पोषकों की कमी होती है, उनमें उर्वरकों को मिलाने की आवश्यकता होती है। जलवायु तथा अल्पकालिक मौसम परिवर्तनों की पहचान मुख्य रूप से पवन, तापमान, दाब और वर्षा से होती है और इनका निर्धारण वायुमंडल के गुणों से होता है। वायुमंडल की वायु सजीवों को ऑक्सीजन प्रदान करती है, जिसके बिना ज्यादातर जीवों का जीवन खतरे में पड़ जाएगा।

प्रश्न 3. मानव तथा पर्यावरण संबंध पर संक्षिप्त टिप्पणी लिखिए।

उत्तर— मानव अपने वातावरण की उपज है। प्रत्येक स्थान की भौगोलिक परिस्थितियों—धरातल, जलवायु, वनस्पति, जीव-जंतु में भिन्नता पाई जाती है। इन विभिन्नताओं का मानव के जीवन पर प्रभाव पड़ता है। कहीं-कहीं तो वह अपना जीवन इन्हीं के अनुसार व्यतीत करने को बाध्य होता है, तो कहीं-कहीं इनमें कुछ परिवर्तन लाकर उसे अपने अनुकूल बना लेता है। उसके प्रयासों की अपनी एक सीमा है। मानव ने अपनी बुद्धि एवं तकनीकी विकास के सहारे भौगोलिक असुविधाओं को दूर करके अपने जीवन को सुखमय बना दिया है, लेकिन फिर भी वह पूरी तरह वातावरण पर विजय प्राप्त नहीं कर पाया है। अनेक परिस्थितियों में वह प्रकृति के सामने विवश और निरुपाय है। उसने पृथ्वी पर दो स्थानों के बीच की दूरी को घटाकर घंटों में बदल दिया है, लेकिन फिर भी वायु सेवाओं पर आकाशीय एवं स्थलीय मौसम का प्रभाव रहता है। जब तक आकाश में दृश्यता उचित मात्रा में न हो वायुयान की उड़ान संदिग्ध बनी रहती है, इसलिए यह कथन सर्वथा सत्य है कि मानव अपने वातावरण की उपज है। मानव जीवन भौगोलिक वातावरण का परिणाम है। उसके भोजन, वस्त्र, मकान, विचार, संस्कृति आदि सभी पर भौगोलिक परिस्थितियों (धरातलीय स्वरूप, जलवायु, जल, वायु, मृदा, खनिज पदार्थ, प्राकृतिक वनस्पति, जीव-जंतु आदि) की छाप रहती है।

मनुष्य एवं उसके समाज के उद्भव एवं विकास की प्रक्रिया के प्रारंभिक चरण में इन ग्रहीय तत्त्वों से मनुष्य के पर्यावरण की रचना होती थी। मनुष्य मूलरूप में भौतिक मानव था, क्योंकि उसकी आवश्यकताएँ सीमित थीं तथा वह पूर्ण रूपेण 'प्रकृति' पर निर्भर होता था। जैसे-जैसे मनुष्य सामाजिक, आर्थिक तथा प्रौद्योगिकी मानव होता गया, बेहतर भोजन, शरण (निवास्य क्षेत्र) गम्यता एवं आराम के लिए बुद्धि कौशल द्वारा अपना निजी पर्यावरण बनाता गया और इस तरह मनुष्य के पर्यावरण का दायरा बढ़ता गया। वह मात्र प्रकृति एवं पर्यावरण पर पूर्णतया आश्रित नहीं रहा वरन् उसने अपना पर्यावरण भी बना लिया तथा पर्यावरण एवं प्रकृति को प्रभावित करना प्रारंभ कर दिया। इस तरह मानव-पर्यावरण के बीच संबंधों में क्रमानुगत परिवर्तन होता रहा (सिंह, 2001)। यदि पर्यावरण-मानव के संबंधों के ऐतिहासिक क्रमिक विकास पर दृष्टिपात करें तो स्पष्ट हो जाता है कि प्रागैतिहासिक काल के आदिमानव तथा पर्यावरण के मध्य मित्रवत् संबंध अब शत्रुतापूर्ण संबंध में बदल गया है। अतः अब मानव द्वारा प्राकृतिक पर्यावरण के उपयोग का लक्ष्य मानव का कल्याण होना चाहिए।

मानव-पर्यावरण संबंधों की गतिशीलता वैविध्यपूर्ण है। आदिम अवस्था से अब तक का विकास मानव को सृष्टि का बुद्धिमान एवं सर्वश्रेष्ठ जीव घोषित करता है। मानव-पर्यावरण

अंर्तसंबंधों के क्रमिक परिवर्तन के लिए जहाँ एक ओर बढ़ती जनसंख्या, नवसृजित आवश्यकताएँ, भौतिकवादी जीवन–शैली और आर्थिक विकास की लालसा उत्तरदायी है उससे कहीं अधिक महत्ता मानव द्वारा विकसित तकनीकी की है। आदिमानव से आधुनिक मानव तक के अंर्तसंबंधों में तकनीकी विकास से उत्पन्न परिवर्तन दुराव की स्थिति तक पहुँच गया है। प्रागैतिहासिक काल से वर्तमान समय तक मानव–पर्यावरण के मध्य बदलते संबंध को कई चरणों में विभाजित किया जा सकता है–

(1) आखेट एवं खाद्य संग्रह काल–यह काल मानव–संस्कृति एवं सभ्यता का प्रारंभिक काल है तथा आदि मानव से संबंधित है। इसे प्रागैतिहासिक काल भी कहते हैं। इस काल में मानव प्राकृतिक पर्यावरण का अभिन्न घटक था। आदिमानव भौतिक मानव के रूप में था क्योंकि उसकी आधारभूत माँग भोजन तक ही सीमित थी। आदिमानव अपने उदर की पूर्ति आस–पास के जंगलों से फल–फूल एवं कंदमूल प्राप्त करके आसानी से कर लेता था। उसे किसी स्थायी आवास की आवश्यकता नहीं थी क्योंकि वह चलता–फिरता घुमन्तू प्राणी था तथा पेड़ों एवं गुफाओं में सुरक्षा के लिए रहता था। समय के साथ भोजन के लिए मानव ने जंगली जानवरों का शिकार करना भी सीख लिया। इसी काल में अग्नि के आविष्कार ने मानव के दृष्टिकोण एवं व्यवहार में भारी परिवर्तन किया। मनुष्य ने अब पशुओं के माँस को भूनकर खाना प्रारंभ कर दिया। पेड़ की टहनियों, शाखाओं एवं कंकड़–पत्थर से निर्मित औजार आखेट के प्रमुख अस्त्र–शस्त्र थे। फल–फूल, कंदमूल संग्रह तथा पशुओं के आखेट के इस काल में मानव–पर्यावरण अंर्तसंबंध मित्रवत् था। इस प्रकार आदिमानव प्राकृतिक पर्यावरण पर पूर्णरूपेण निर्भर था। इस काल में मानव के कार्यों का प्राकृतिक पर्यावरण पर कोई खास प्रभाव नहीं पड़ता था।

(2) पशुपालन एवं पशुकाल–मानव की जिज्ञासा ने प्रकृति के तटस्थ तत्त्वों को संसाधन का रूप देने में महती भूमिका निभाई। कालांतर में मानव का ध्यान पशुओं की ओर गया यद्यपि पशुओं का शिकार मानव आदिकाल से करता चला आ रहा था। आखेट के दौरान जब मानव ने कुछ जानवरों या उनके बच्चों को जिंदा पकड़ लिया होगा तो उन्हें कुछ दिनों तक बांध कर रखा होगा। यहीं से मानव आवश्यकता के आधार पर (दूध, माँस एवं सुरक्षा हेतु) विभिन्न पशुओं को पालना प्रारंभ किया होगा। पशुपालन ने आदिमानव में सामूहिक जीवन की भावना को भी जन्म दिया होगा क्योंकि स्वयं को तथा पालतू जानवरों को हिंसक जंगली जानवरों से सुरक्षा के लिए जनसमुदाय का एक साथ रहना अनिवार्य हो गया होगा। परंतु सामूहिक जीवन के साथ–साथ उनका घुमक्कड़ जीवन बना रहा क्योंकि उन्हें भोजन, जल तथा पशुओं के चारे के लिए एक स्थान से दूसरे स्थान पर जाना पड़ता था। इस तरह आदिमानव द्वारा पशुचारण की प्रक्रिया प्रारंभ हुई होगी। उल्लेखनीय है कि आज भी विश्व की कुछ आदिम जातियाँ पशुपालन एवं पशुचारण करती हैं तथा उनकी आजीविका भी इसी पर निर्भर करती है।

(3) पौधपालन एवं कृषि काल–पौधों का घरेलूकरण मानव के कालिक निरीक्षण–पुर्निरीक्षण का परिणाम है। पौधों को भोजन के लिए पालना मनुष्य द्वारा प्राकृतिक पर्यावरण के जैविक

संघटकों पर विजय हासिल करने का महत्त्वपूर्ण प्रयास माना जाता है। मानव प्रारंभ में अपने आवास के आस-पास अपने द्वारा खाए फलों के बिखरे बीजों से उगते पौधों को देखा गया तथा उन्हें पोषित करने की इच्छा जागृत हुई होगी। इस तरह पौधों के पालन के माध्यम से प्राचीन कृषि का विकास हुआ होगा जिस कारण लोगों में स्थायी जीवन व्यतीत करने की शुरुआत हुई होगी। कृषिकला के विकास के साथ सामाजिक संगठन का विकास, सामूहिक कार्य की प्रवृत्ति, कृषि क्षेत्र का विस्तार, पशुधन सुरक्षा, पशुओं का विभिन्न उपयोग, फसलों का सिंचन, वस्तु विनिमय आदि कार्यों की प्रवृत्ति विकसित हुई। इस युग में वनों का व्यापक कटाव हुआ। जनसंख्या वृद्धि; नदी घाटी सभ्यता के विकास को प्रोत्साहन तथा सांस्कृतिक भूदृश्यों का सृजन इस काल की प्रमुख विशेषता रही है।

(4) विज्ञान, प्रौद्योगिकी तथा औद्योगीकरण काल—वैज्ञानिक उपलब्धियों का यह काल मानव एवं पर्यावरण संबंधों की दृष्टि से अत्यंत संवेदनशील है। इस काल में 'औद्योगिक क्रांति' (1860) का प्रारंभ हुआ। तीव्र गति से बढ़ती जनसंख्या, प्राकृतिक संसाधनों का अंधाधुंध विदोहन एवं नए आविष्कार इस काल की प्रमुख विशेषता रही है। औद्योगिक क्रांति से विर्निर्माण उद्योग को बढ़ावा मिला, नगरों का विस्तार हुआ। यातायात एवं संचार के साधन बढ़े, कृषि व्यवसाय में विविधीकरण हुआ तथा पशुपालन एवं बागवानी की दिशाएँ बदलीं, उत्पादन बढ़ा, सुख-सुविधाओं में बढ़ोत्तरी हुई तथा चिकित्सा विज्ञान में प्रगति हुई। जनसंख्या वृद्धि के फलस्वरूप भोजन, वस्त्र, आवास एवं मानव की सामाजिक आवश्यकताओं की पूर्ति हेतु विभिन्न संसाधनों का उपयोग तीव्र गति से होने लगा।

फलस्वरूप सांस्कृतिक भूदृश्य तीव्र गति से बदलने लगे। मानव द्वारा संसाधनों का अति उपयोग पर्यावरणीय चुनौती के रूप में प्रस्तुत हुआ, परिणामस्वरूप मानव-पर्यावरण के संबंध कटु होते गए। जहाँ जनसंख्या वृद्धि तीव्र गति से हो रही है वहीं प्रौद्योगिक मानव क्षेत्र में कृषि के व्यवसायीकरण में लगा हुआ है। क्षेत्र में कृषि विकास की गति ने अनेक पर्यावरणीय समस्याओं को जन्म दिया है। नगरीय क्षेत्रों में बढ़ते प्रदूषण एवं कृषि में प्रयोग किए जाने वाले उर्वरकों एवं कीटनाशकों के प्रयोग ने अनेक पर्यावरणीय समस्याओं को जन्म दिया है। जहाँ एक तरफ शिक्षा, स्वास्थ्य, कला-दर्शन, शोध, प्राविधिक-ज्ञान, विज्ञान, संचार, परिवहन एवं अन्य सार्वजनिक सुविधाओं का विकास हुआ है वहीं दूसरी तरफ विकास खंड की प्राकृतिक न्यायपूर्ण पारंपरिक संस्कृति का लोप होता जा रहा है।

प्रश्न 4. सतत् विकास और संपोषणीयता की संकल्पना पर चर्चा कीजिए।

उत्तर— सतत् विकास प्रौद्योगिकी और समाज द्वारा वर्तमान तथा भावी जरूरतों को पूरा करने की पर्यावरण की क्षमता पर लगाई गई सीमाओं की अवधारणा है। विश्व पर्यावरण और विकास आयोग ने सतत् विकास की इन शब्दों में परिभाषा दी है, "यह परिवर्तन की ऐसी प्रक्रिया है, जिसमें संसाधनों का दोहन, निवेश की दिशा, प्रौद्योगिकी के विकास और संस्थागत परिवर्तनों की दिशा के बीच तालमेल हो और जिससे मानवीय आवश्यकताओं और अपेक्षाओं

को पूरा करने की वर्तमान और भावी क्षमताओं में वृद्धि हो।" इस तरह सतत् विकास की अवधारणा से पर्यावरण नीतियों और विकास कार्यक्रमों की ऐसी समाकलित रूपरेखा स्पष्ट होती है, जिनमें अंतर्राष्ट्रीय, राष्ट्रीय, क्षेत्रीय और स्थानीय स्तर की परिस्थितियों को ध्यान में रखा गया हो। विकास की प्रक्रिया में उन प्राकृतिक प्रणालियों को खतरे में नहीं डाला जाना चाहिए, जिनसे इस पृथ्वी का जीवन बना हुआ है। आज की औद्योगिक दुनिया में अनेक लोग अस्थायी विकास की मानसिकता यानि फ्रंटियर मेन्टैलिटी में जीते हैं। उनका दृष्टिकोण मनुष्य–केंद्रित है और उनके बुनियादी विचारों में निम्न कमियाँ हैं–

- मानव जाति के इस्तेमाल के लिए विश्व में संसाधनों की असीमित आपूर्ति है और यह हमेशा रहेगी।
- मनुष्य प्रकृति से अलग है।
- प्रकृति को जीता जा सकता है।

प्रकृति के प्रति इस दृष्टिकोण पर चलते हुए, प्रौद्योगिकी के विकास से पृथ्वी के संसाधनों के इस्तेमाल की हमारी क्षमता तो बढ़ी है, परंतु साथ ही पर्यावरण को होने वाला नुकसान भी बढ़ा है। लेकिन अब यह बात महसूस की जा रही है कि हम सीमित संसाधनों वाले विश्व में रहते हैं और लगातार बढ़ते भौतिक उपभोग से पर्यावरण के जीवनदायी घटकों को नुकसान पहुँचेगा।

इस तरह, सतत् विकास की धारणा हमें संसाधनों के उपभोग की नई नीति का रास्ता दिखाती है। इस नीति की मुख्य बातें निम्न हैं–

- संरक्षण या संसाधन उपयोग में कमी करना।
- संसाधनों का पुनःचक्रण तथा दोबारा इस्तेमाल।
- तेल और कोयला जैसे गैर–नवीकरणीय संसाधनों की अपेक्षा सौर ऊर्जा जैसे नवीकरणीय संसाधनों का अधिक उपयोग।

सतत् विकास की विशेषताएँ निम्नवत् हैं–

- संसाधनों का सर्वोत्तम उपयोग।
- दीर्घावार्ध विकास।
- महाद्वीपों, देशों, जातियों, वर्गों, लिंग तथा आयु वर्गों के बीच न्यायसंगतता।
- इसके अंतर्गत सामाजिक विकास एवं आर्थिक अवसर आते है।
- पर्यावरण संरक्षण।
- लोगों के जीवन स्तर में सुधार के सिद्धांत पर आधारित है।
- पारिस्थितिक तंत्र की सुरक्षा एवं संरक्षण।
- यह एक ऐसी प्रक्रिया है जिससे जीवन स्तर में सुधार होगा और पर्यावरण पर प्रभाव कम होगा।
- सतत् विकास इस तथ्य पर जोर देता है कि पर्यावरणीय आवश्यकताएँ तथा मानवीय आवश्यकताएँ दोनों परस्पर एक दूसरे पर निर्भर हैं।

दूसरी तरफ 'संपोषणीयता' सहन करने/स्थयित्व की क्षमता है। शब्द 'ससटेनेबिलिटी' लेटिन शब्द 'ससटोनियर' से व्युत्पन्न है (टीनियर–थामे रखना, सस–ऊपर)। शब्दकोशों में ससटेन/धारण करने के 10 से अधिक अर्थ हैं, जिनमें मुख्य हैं 'बनाए रखना', 'सहारा देना', अथवा "सहन करना"। यही नहीं, जैसा कि माइकेल रेडक्लिफ्ट द्वारा कहा गया है संपोषणीयता (sustainability) पर चर्चा बीते वर्षों में, क्रमिक रूप से "मानव आवश्यकताओं" से हटकर लगभग अगोचर रूप से 'मानवाधिकारों' पर चली गई है। इसलिए संपोषणीयता वह प्रक्रिया है जो उस संसाधन आधार को क्षीण किए बगैर जिस पर वह निर्भर करती है, अनंत काल तक जारी रह सकती है। इसलिए, प्राकृतिक जगत के साथ हमारी परस्पर क्रिया की ओर हमारे व्यवहारिक लक्ष्य निर्देशित होने चाहिए। संपोषणीयता के मार्गदर्शी सिद्धांत पारिस्थितिक, आर्थिक, सामाजिक और सांस्कृतिक आयामों तक विस्तारित हैं।

सतत् विकास को प्राप्त करने के लिए प्राथमिकता के क्षेत्र

(1) जनसंख्या वृद्धि को मंदित करना—अन्य सभी प्राथमिकता वाले क्षेत्रों को संबोधित करने के लिए अनिवार्य है।

(2) गरीबी, असमानता और तीसरी दुनिया (अल्पविकसित और विकासशील देशों) के श्रणों को खत्म करना—स्वास्थ्य, साक्षरता और दीर्घजीविता को बढ़ाना, रोजगार के अवसर बढ़ाना इत्यादि। यह प्रजातियों की विलुप्ति/हानि को रोकने, भूमि निम्नीकरण की मात्रा को कम करने और जल प्रदूषण हटाने के लिए महत्त्वपूर्ण है।

(3) कृषि को दीर्घोपयोगी बनाना—इसमें मृदा अपरदन कम करना और हानिकारक कृषि प्रथाओं के उपयोग को कम करना सम्मिलित है। यह जैवविविधता की हानि, भूमि निम्नीकरण और प्रदूषण कम करने के लिए महत्त्वपूर्ण है।

(4) वनों तथा अन्य पर्यावासों का संरक्षण—इसमें बंजरभूमियों पर पुर्नवनरोपण और वनरोपण, अन्य सजीव संसाधनों का संरक्षण, ग्रीन हाउस गैसों तथा ओजोन परत क्षणिता का नियंत्रण सम्मिलित है। यह वायु प्रदूषण, भूमि निम्नीकरण, ऊर्जा के और खनिजों के क्षय को कम करने के लिए महत्त्वपूर्ण है।

(5) जल और ऊर्जा के उपयोग को दीर्घोपयोगी बनाना—इसमें ऊर्जा सक्षमता को बेहतर बनाना, ऊर्जा संरक्षण और नवीकरणीय ऊर्जा संसाधनों को विकसित करना सम्मिलित है। यह वायु प्रदूषण, भूमि निम्नीकरण, ऊर्जा और खनिजों के क्षय को कम करने के लिए महत्त्वपूर्ण है।

(6) जल का दीर्घोपयोग संभव बनाना—इसमें जल उपयोग की सक्षमता और जल की गुणवत्ता को बेहतर बनाना सम्मिलित है। यह जल प्रदूषण और जल की हानि/क्षय कम करने और भूमि निम्नीकरण रोकने के लिए महत्त्वपूर्ण है।

(7) अपशिष्ट उत्पादन कम करना—इसमें उत्पादन प्रक्रियाओं को बेहतर बनाना, अपशिष्ट उपचार और पुर्नचक्रण प्रक्रियाएँ सम्मिलित हैं। यह वायु और जल प्रदूषण को कम करने और ऊर्जा, खनिज तथा जल की क्षीणता को कम करने के लिए महत्त्वपूर्ण है।

प्रश्न 5. पर्यावरण अध्ययन की बहुशास्त्रीय प्रकृति पर संक्षिप्त टिप्पणी लिखिए।

उत्तर— पर्यावरण की समस्या किसी व्यक्ति, किसी गाय, किसी नगर या देश विशेष की समस्या नहीं है। अपितु यह एक मात्र ऐसी समस्या है जिसका समूचे विश्व को दुष्परिणाम भुगतना पड़ रहा है। इसके समाधान के लिए विश्व के सभी देश प्रयासरत हैं।

पर्यावरण संरक्षण में वनों का विनाश और आबादी में दिनोंदिन बढ़ोत्तरी होने के कारण यह समस्या निरंतर गंभीर होती जा रही है। विश्व पर्यावरण संस्थान, अंतर्राष्ट्रीय वन्य संरक्षण संस्थान ने प्रदूषण की समस्या को हल करने के प्रयास किए हैं मगर अब तक संतोषजनक सफलता नहीं मिली है। इसलिए इसमें जन–सामान्य की भागीदारी जरूरी है। अपने लिए, अपने समाज के लिए, अपने राष्ट्र के लिए और संपूर्ण विश्व के "वसुधैव कुटुम्बकम्" के नाते प्रदूषण के प्रति जागरूकता पैदा करने के लिए जन आंदोलन छेड़ने की आज अत्यधिक आवश्यकता है।

पर्यावरण संरक्षण के क्षेत्र में सरकारी और गैर–सरकारी प्रयास चल रहे हैं। अंतर्राष्ट्रीय स्तर पर भी विभिन्न कानून और संधियों का निर्माण हुआ है। राष्ट्रीय और स्थानीय स्तर पर विभिन्न कानून और योजनाएँ प्रचलन में हैं। इन क्षेत्रों में विभिन्न गैर–सरकारी संगठन, समाजसेवी भी कार्यरत हैं लेकिन बिना जनभागीदारी के पर्यावरण संरक्षण संभव नहीं हो पा रहा है। सरकार द्वारा बनाई गई योजनाएँ मूर्त रूप लेने में अक्षम हो रही हैं। जनसहभागिता के अभाव में पर्यावरण कानूनों का क्रियान्वयन भी समूचे रूप से नहीं हो पा रहा है। आमजन के सक्रिय प्रयास से पर्यावरण समस्या से निजात पाना कठिन नहीं है। युवा गाँव–गाँव, नगर–नगर जाकर लोगों को पर्यावरण के खतरे से अवगत करा सकते हैं, लोगों को व्यक्तिगत दायरे से ऊपर उठाकर सामाजिक दायित्व का कर्त्तव्य–बोध करा सकते हैं। वास्तव में पर्यावरण विघटन का मूल कारण लोगों का बदलता हुआ सोचने–विचारने का ढंग है। हम गलत कार्य के लिए दूसरों को जिम्मेदार ठहराते हैं तथा अपनी जिम्मेदारी को भूल जाते हैं। लेकिन लोगों की छोटी–मोटी गलतियाँ ही प्रदूषण बढ़ा रही हैं, लोग अपने घर का कूड़ा अपने आंगन या नाली में ही फेंक देते हैं, सार्वजनिक उद्यान या खेल परिसर आदि का भी ऐसा उपयोग किया जाता है।

भौतिक विलासिता को त्यागने की ओर भी ध्यान देने की आवश्यकता है। उदाहरण के लिए बहुत कम दूरी के लिए भी लोग वाहन का प्रयोग इसलिए करते हैं कि डीजल, पेट्रोल के खर्चे की उन्हें चिंता नहीं रहती। विद्युत का उपयोग भी हम अधिक से अधिक करते हैं लेकिन यह भूल जाते हैं कि विद्युत उत्पादन में कितना पर्यावरण प्रदूषण होता है? लोगों को अपने दायित्वों का बोध कराने में युवाओं और गैर–सरकारी संगठनों की ही भूमिका प्रभावी हो सकती है। युवाओं में अपने साथ–साथ समाज और राष्ट्र के लिए भी समय देने और कुछ करने की भावना रहती है। युवा संगठित होकर सार्वजनिक स्थलों की सफाई, वृक्षारोपण और साक्षरता कार्यक्रम चलाएँ तो इसमें उन्हें सफलता मिलेगी और उनके निःस्वार्थ सेवा भाव से प्रेरित होकर लोग अपनी गलती का अहसास तो करेंगे ही साथ ही साथ अपने घर आंगन आदि में पेड़–पौधे और बागवानी लगाएँगे। गाँव के लोगों में अगर जागरूकता आ गई तो वे अपने खेतों में

वृक्षारोपण कर सकते हैं। वृक्षों की अंधाधुंध कटाई एवं कीटनाशकों के अधिक इस्तेमाल से पड़ने वाले दुष्प्रभाव को भी वे समझेंगे।

सतत् विकास की आवश्यकता भावी मानवता के लिए प्रमुख है। प्रदूषण, वनों और जैव विविधता की हानि, ठोस अपशिष्ट वियोजन, पर्यावरण का निम्नीकरण, भूमंडलीय तापन और जलवायु परिवर्तन, ओजोन परत की क्षीणता और जैव विविधता की हानि जैसे मुद्दों की जारी समस्याओं ने सभी जन को पर्यावरणीय मुद्दों के लिए जागरूक बना दिया है।

प्रश्न 6. सतत् विकास के विभिन्न लक्ष्य बताइए।

उत्तर– अगस्त 2016 में 193 देश निम्नलिखित 17 लक्ष्यों पर सहमत हो गए–

(1) पूरे विश्व से गरीबी के सभी रूपों की समाप्ति।

(2) भूख की समाप्ति, खाद्य सुरक्षा और स्वस्थ जीवन को बढ़ावा।

(3) सभी आयु के लोगों में स्वास्थ्य सुरक्षा और स्वस्थ जीवन को बढ़ावा।

(4) समावेशी और न्यायसंगत गुणवत्ता युक्त शिक्षा सुनिश्चित करने के साथ ही सभी को सीखने का अवसर देना।

(5) लैंगिक समानता प्राप्त करने के साथ ही महिलाओं और लड़कियों को सशक्त करना।

(6) सभी के लिए स्वच्छता और पानी के सतत् प्रबंधन की उपलब्धता सुनिश्चित करना।

(7) सस्ती, विश्वसनीय, टिकाऊ और आधुनिक ऊर्जा तक पहुँच सुनिश्चित करना।

(8) सभी के लिए निरंतर समावेशी और सतत् आर्थिक विकास, पूर्ण और उत्पादक रोजगार और बेहतर कार्य को बढ़ावा देना।

(9) लचीले बुनियादी ढाँचे, समावेशी और सतत् औद्योगीकरण को बढ़ावा।

(10) देशों के बीच और भीतर समानता को कम करना।

(11) सुरक्षित, लचीले और टिकाऊ शहर और मानव बस्तियों का निर्माण।

(12) स्थायी खपत और उत्पादन पैटर्न को सुनिश्चित करना।

(13) जलवायु परिवर्तन और उसके प्रभावों से निपटने के लिए तत्काल कार्यवाही करना।

(14) स्थायी सतत् विकास के लिए महासागरों, समुद्र और समुद्री संसाधनों का संरक्षण और उपयोग।

(15) सतत् उपयोग को बढ़ावा देने वाले स्थलीय पारिस्थितिकीय प्रणालियों, सुरक्षित जंगलों, भूमि क्षरण और जैव विविधता के बढ़ते नुकसान को रोकने का प्रयास करना।

(16) सतत् विकास के लिए शांतिपूर्ण और समावेशी समितियों को बढ़ावा देने के साथ ही सभी स्तरों पर इन्हें प्रभावी, जबावदेह बनना ताकि सभी के लिए न्याय सुनिश्चित हो सके।

(17) सतत् विकास के लिए वैश्विक भागीदारी को पुर्नजीवित करने के अतिरिक्त कार्यान्वयन के साधनों को मजबूत बनाना।

जी.पी.एच. की पुस्तकों का मुख्य उद्देश्य ज्ञान के साथ–साथ अच्छे नम्बर दिलाना है।

प्रश्न 7. पर्यावरण के अध्ययन क्षेत्र तथा महत्त्व की विवेचना कीजिए।

उत्तर— पर्यावरण का अध्ययन क्षेत्र अत्यधिक विस्तृत है, जिसके अन्तर्गत सूक्ष्म पारिस्थितिक तन्त्र से लेकर वृहद् जीव मण्डलीय पारिस्थितिक तन्त्र के अध्ययन को सम्मिलित किया जाता है। पर्यावरण के अन्तर्गत चार प्रमुख घटकों को सम्मिलित किया जाता है—

- **स्थल मण्डल**—इसमें समस्त बाहरी भूपटल, सागर व महासागर की सतह भी सम्मिलित है। पर्यावरण का सर्वाधिक महत्वपूर्ण अवयव है। इसके अंतर्गत धरातल की रचना, मृदा, चट्टान, भू–आकृतियाँ, भूमिगत जलस्रोत और प्राकृतिक संसाधन सम्मिलित हैं। इन सभी से मिलकर पर्यावरण का निर्माण होता है और ये सभी जीवन के हर पहलू को प्रभावित करते हैं। इसकी मोटाई लगभग 50 किलोमीटर मानी जाती है।
- **जल मण्डल**—जल मण्डल के अन्तर्गत पृथ्वी पर पाए जाने वाले सभी जल स्रोतों, सागरों, महासागरों, नदियों, झीलों, तालाबों, कुओं, बावड़ियों और पोखरों को सम्मिलित करते हैं। जल जीवन के लिए सर्वाधिक महत्वपूर्ण घटक है। जल मण्डल व स्थलमण्डल के आयतन में 7:3 का अनुपात है।
- **वायु–मण्डल**—भू–भाग और जलमण्डल के चारों ओर पाया जाने वाला वायु का आवरण वायुमण्डल कहलाता है। इसमें स्थल एवं जल मण्डल दोनों ही समाहित हैं। वायु मण्डल पर्यावरण का गतिशील घटक है, जिसमें निरन्तर मौसमी परिवर्तन होते रहते हैं। इसको भू–भाग की सतह से अधिकतम सीमा लगभग 10,000 किलोमीटर तक स्वीकार की गई है। इसमें ऑक्सीजन, नाइट्रोजन, ऑर्गन, कार्बन डाईऑक्साइड, हाइड्रोजन, हीलियम और ओजोन गैसें विभिन्न अनुपात में पाई जाती हैं। वायुमण्डल में क्षोभमण्डल, समताप मण्डल, मध्यमण्डल और आयनमण्डल चार परतें पाई जाती हैं।
- **जैव मण्डल**—पृथ्वी पर जीवन सम्भव बनाने वाली परत 'जैव मण्डल' कहलाती है। यह परत वायु मण्डल, स्थल मण्डल और जल मण्डल के मिलने से बनी एक पतली पट्टी के रूप में पाई जाती है। जिसमें सभी पौधों और जीवों का जीवन पाया जाता है। इसकी मोटाई भू–पटल की सतह से लगभग 7 किलोमीटर गहराई तक है।

पर्यावरण का महत्व—पृथ्वी का निवासी होने के कारण, हमारा कार्य का तरीका इस उपग्रह तथा उसके निवासियों पर प्रभाव डालता है। चक्रवात, भूकम्प, ज्वालामुखी विस्फोट जैसी कुछ प्रमुख आपदाएँ हमारे पर्यावरण को अत्यधिक प्रभावित करती हैं। मानवीय गतिविधियाँ जैसे कि पर्यावरण में प्रदूषण का प्रभाव, वनों का कटना व नदियों पर बांधों के निर्माण ने हमारे पर्यावरण को नुकसान पहुँचाया है। पर्यावरण अध्ययन वह विज्ञान है जिसके माध्यम से मनुष्य तथा उसके पर्यावरण में सम्बन्धों पर अध्ययन किया जाता है। वर्तमान शताब्दी में जीवन को बनाए रखने के लिए पर्यावरण की गुणवत्ता को बनाए रखना आवश्यक है। यह तभी सम्भव है, जब हम सभी पर्यावरण के महत्व को समझें।

केविन आर. कोक्स ने अपनी पुस्तक पर्यावरणीय गुणवत्ता का भूगोल में स्वस्थ पर्यावरण के निम्न आधार बतलाएँ हैं–

- पर्यावरण में किसी भी प्रकार का प्रदूषण नहीं होना चाहिए।
- पर्यावरण स्वास्थ्यवर्धक होना चाहिए।
- पर्यावरण में पर्याप्त नियोजन की सम्भावना हो।
- पर्यावरण में मनोरंजन की पर्याप्त सुविधा उपलब्ध होनी चाहिए।
- पर्यावरण में उत्तम आवास की व्यवस्था हो।
- पर्यावरण में शिक्षा की सुविधा हो।
- पर्यावरण में पर्याप्त स्वास्थ्य सुविधाएँ उपलब्ध हों।

स्वस्थ पर्यावरण के अंतर्गत किसी भी प्रकार का प्रदूषण नहीं पाया जाता लेकिन पर्यावरण के जैविक और अजैविक घटकों की संतुलित अवस्था से परिवर्तित होने और अवांछित तत्वों के प्रवेश से पर्यावरणीय गुणवत्ता मे ह्रास होना प्रारम्भ हो जाता है, जो पर्यावरण प्रदूषण, जल प्रदूषण, वायु प्रदूषण, ध्वनि प्रदूषण, भूमि प्रदूषण, रेडियोधर्मी प्रदूषण, खाद्य प्रदूषण, जनसंख्या प्रदूषण, मानसिक प्रदूषण जैसे विभिन्न स्वरूपों में हमारे सामने आता है।

प्रश्न 8. पारितंत्र (पारिस्थितिकी तंत्र) की अवधारणा की विवेचना कीजिए।

उत्तर– पारिस्थितिकी एक नया विज्ञान है जिसके अनेक सिद्धांत हैं जो प्राणियों तथा वातावरण के संबंध तथा पारस्परिक निर्भरता को स्पष्ट करते हैं। यह ग्रीक शब्द 'आइकोस' तथा 'लोगोस' से बना है जिसका अर्थ होता है प्राणियों तथा पर्यावरण में संबंधों तथा परस्पर निर्भरता को प्रकट करना। "पारिस्थितिकी प्रणाली के स्वरूप एवं कार्यों के अध्ययन को पारिस्थितिकी कहते हैं।" सरल शब्दों में प्रकृति के स्वरूप एवं कार्यों का अध्ययन पारिस्थितिकी कहलाती है। पारिस्थितिकी की परिभाषा विभिन्न व्यक्तियों ने भिन्न–भिन्न ढंग से की है। कुछ महत्त्वपूर्ण परिभाषाएँ इस प्रकार हैं–

एम.ई. क्लार्क (1973) के अनुसार, "पारिस्थितिकी एक परिस्थिति प्रणालियों का अध्ययन है अथवा सभी प्राणियों तथा उनके वातावरण की पारस्परिक अंतःक्रिया का अध्ययन है। पर्यावरण अंतःक्रिया के अध्ययन का वैज्ञानिक आयाम है जो प्राणियों की भलाई हेतु विस्तार, वितरण, पर्याप्तता, उत्पादकता तथा परिवर्तन को नियंत्रित करती है।"

साउथ बिडे (1976) के अनुसार, "पारिस्थितिकी एक वैज्ञानिक अध्ययन है, जो जीव प्राणियों के पारस्परिक संबंध तथा उनके अपने वातावरण के साथ संबंधों का अध्ययन करता है।" वह अपनी परिभाषा की व्याख्या करता है कि यह व्यक्तियों, समुदायों तथा जनसंख्या के मध्य जैविक अंतर्संबंध का विज्ञान है और साथ ही यह जैविक समुदाय के उनके अजैविक वातावरण से अंतर्संबंध का पर्यावरण संबंधी विज्ञान भी है।

मैकफैडियन (1957) के अनुसार, "पारिस्थितिकी एक विज्ञान है, जिसका संबंध प्राणियों, पौधों, पशुओं तथा उनके पर्यावरण के आंतरिक संबंधों से होता है।"

पिनालिया (1973) के अनुसार, "पारिस्थितिकी प्राणियों तथा संपूर्ण जैविक तथा भौतिक कारकों, प्रभाव या उनको प्रभावित करने वाले, कारणों के ध्येय संबंधों का अध्ययन है।"

सी.जे. क्रेब्स (1985) ने पारिस्थितिकी की एक सरल एवं व्यापक परिभाषा की है, "पारिस्थितिकी प्राणियों एवं प्रकृति के मध्य अंतःक्रिया का वैज्ञानिक अध्ययन है जो प्राणियों के वितरण या विस्तार का निर्धारण करती है।"

जी.एल. क्लार्क (1954) के अनुसार, "पारिस्थितिकी में पौधों तथा जानवरों का उनके वातावरण के साथ आंतरिक संबंधों के संदर्भ में अध्ययन किया जाता है जिसमें जंतुओं, पौधों तथा जानवरों का प्रभाव तथा भौतिक विशेषताओं का अध्ययन किया जाता है।"

एल.आर. टेलर्स (1967) के अनुसार, "पारिस्थितिकी अध्ययन का एक ढंग है जिसमें एक प्राणी, जनसंख्या, जीवों का एक समुदाय परिवर्तन के साथ कैसी प्रतिक्रिया करते हैं का अध्ययन किया जाता है।"

प्रश्न 9. पारिस्थितिक तंत्र की विशेषताएँ बताइए।

उत्तर— पारिस्थितिक तंत्र की विशेषताएँ निम्नलिखित हैं—

(1) संरचनात्मक विशेषताएँ—पारिस्थितिक तंत्र के संरचनात्मक आयाम का अर्थ उन सभी तत्वों से है जो एक पारिस्थितिक तंत्र को बनाते हैं – व्यक्ति और पादपों तथा जंतुओं के समुदाय तथा पारिस्थितिक तंत्र में उपस्थित अजैविक कारक/संरचनात्मक घटकों में सम्मिलित हैं—

(क) अजैविक घटक : निर्जीव घटक

(i) अकार्बनिक यौगिक – कार्बन, नाइट्रोजन, कार्बन डाइऑक्साइड, जल

(ii) कार्बनिक यौगिक – प्रोटीन, कार्बोहाइड्रेट, लिपिड जो अजैविक को जैविक आयामों से जोड़ते हैं।

(iii) जलवायवीय घटक/प्रणालियाँ – तापमान, आर्द्रता, प्रकाश और स्थलाकृति।

(ख) सजीव घटक: जैविक घटक

(i) उत्पादक – पादप

(ii) उपभोक्ता – प्राथमिक, द्वितीयक, तृतीयक

(iii) अपघटक – मृतपोषी

(2) क्रियात्मक विशेषताएँ—क्रियात्मक आयामों का अर्थ उन सभी प्रक्रियाओं और परस्परक्रियाओं से है जिन्हें पारिस्थितिक तंत्र में जीवों द्वारा किया जाता है—

(क) ऊर्जा चक्र

(ख) आहार श्रृंखलाएँ

(ग) विविधता – जीवों के बीच परस्परसंबद्धता

(घ) पोषक चक्र – जैव भू–रासायनिक चक्र

(ङ) अनुक्रमण।

प्रश्न 10. 'जीवमंडल' पर विस्तृत रूप में चर्चा कीजिए।

उत्तर— जीवमंडल पृथ्वी का एक क्षेत्र है जो सभी जीवित जीवों–जानवरों और बैक्टीरिया को शामिल करता है। हमारे ग्रह का जीवमंडल एक विशेषता है जो पृथ्वी को सौर मंडल के अन्य ग्रहों से अलग करता है। जीवमंडल में पृथ्वी का बाहरी क्षेत्र (लिथोस्फीयर) और वायुमंडल का निचला क्षेत्र (क्षोभमंडल) शामिल है। इसमें जलमंडल, झीलों, महासागरों, धाराओं, बर्फ और बादलों का क्षेत्र भी शामिल है, जिसमें पृथ्वी के जल संसाधन भी शामिल हैं। जीवमंडल महासागरों के बहुत आधार से लेकर सबसे ऊँची पर्वत चोटियों तक फैला हुआ है।

जीवमंडल कहा जाने वाला भाग धरती, जल तथा वायुमंडल का वह भाग होता है जिसके भीतर अनेक छोटे–छोटे पारितंत्र मौजूद होते तथा कार्य करते हैं। जीवमंडल के तीन मुख्य उपविभाजन हैं–(1) स्थलमंडल (lithosphere) (ठोस पदार्थ), (2) जलमंडल (hydorsphere) (द्रव्य पदार्थ) तथा (3) वायुमंडल (atmosphere) (वायु) यानी पृथ्वी का गैसीय आवरण जो 22.5 km ऊँचाई तक फैला है। वह क्षेत्र जिसमें ये तीनों घटक मिलते एवं परस्परक्रिया करते हैं, वास्तव में जीवन के लिए यही महत्त्वपूर्ण हैं क्योंकि यही ऐसा क्षेत्र है जिसमें सारा जीवन सीमित है तथा जीवन की आधारभूत प्रक्रियाएँ, जैसे कि प्रकाश–सश्लेषण तथा श्वसन भी इसी क्षेत्र में होती हैं।

सजीव जीवधारी अधिकतर जीवमंडल के उन्हीं भागों तक सीमित रहते हैं जिनमें दिन के समय सौर विकिरण प्राप्त होता रहता है। जीवमंडल पृथ्वी की सतह से लगभग 11,000 मीटर नीचे महासागर की तली से लेकर उच्चतम पर्वत शिखर तक यानी समुद्र तक के ऊपर लगभग 9,000 मीटर की ऊँचाई तक फैला होता है। इसमें भी जहाँ सबसे अधिक संख्या में जीव पाए जाते हैं वह है समुद्र तल के ठीक ऊपर तथा ठीक नीचे का क्षेत्र।

जीवमंडल में प्रचुर मात्रा में पाया जाने वाला जीव समुद्र की सतह से 200 मीटर (600 फुट) नीचे से लेकर समुद्र तल से लगभग 6000 मीटर (20,000 फुट) की ऊपर तक पाया जाता है।

जीवमंडल के भीतर के जीवन के लिए आवश्यक ऊर्जा सूर्य से आती है जिसके बिना जीवमंडल समाप्त हो जाएगा। सजीव जीवधारियों के लिए आवश्यक पोषक कहीं बाहर से नहीं बल्कि वायु, जल और मिट्टी में से ही आते हैं और इन्हीं का बार–बार पुनर्चक्रण होता रहता है जिससे जीवन चलता है। सजीव जीवधारी पूरे जीवमंडल में एक–समान रूप में नहीं फैले होते। ध्रुवीय क्षेत्रों में कुछ थोड़े से ही जीव रहते हैं जबकि उष्णकटिबंधीय वर्षा वनों में पौधों तथा प्राणियों की अत्यधिक प्रचुर विविधता पाई जाती है। जीवमंडल का थलीय भाग अनेक क्षेत्रों में विभाजनीय है जिन्हें जीवोम कहते हैं, जो विशाल पारिस्थितिक तंत्र बनाते हैं। इन तंत्रों की पहचान इनकी जलवायु, वनस्पतियों, जंतु जीवन और सामान्य मृदा प्रकार से होती है। पृथ्वी के एक दर्जन अथवा अधिक जीवोम लाखों वर्ग किलोमीटरों में फैले हुए हैं यहाँ तक कि समस्त महाद्वीपों तक विस्तारित हैं। कोई दो जीवोम एक जैसे नहीं होते हैं। जलवायु किसी भी बायोम की सीमा और उनमें पाए जाने वाले पादपों और जंतुओं की प्रचुरता का निर्धारण करती

है। सबसे महत्त्वपूर्ण जलवयवी कारक जो जीवोम की सीमा का निर्धारण करते हैं, वे तापमान और वर्षण हैं। मानवता भी जीवमंडल का हिस्सा है। दुर्भाग्य से, मानव गतिविधि के कुछ कारक स्वयं सहित कई पारिस्थितिक तंत्रों पर प्रतिकूल प्रभाव डालते हैं। हाल के दशकों में, यह एक विशेष रूप से ध्यान देने योग्य घटना बन गई है। वनों की कटाई के परिणामस्वरूप, बड़े शहरों का विकास, वायुमंडल में प्रदूषकों का प्रसार, जीवमंडल पारिस्थितिकी तंत्र की कुछ भूमि और समुद्र के प्रतिनिधि कुल विलुप्त होने के अधीन हैं।

प्रश्न 11. पारिस्थितिक तंत्र के विभिन्न घटकों का उल्लेख कीजिए।

उत्तर— प्रत्येक पारिस्थितिक तंत्र की संरचना दो प्रकार के घटकों से होती है—

(1) अजैविक या अजीवीय घटक—इनको तीन भागों में बाँटा जाता है—

(क) जलवायु तत्त्व — जैसे सूर्य का प्रकाश, तापक्रम, वर्षा आदि।

(ख) कार्बनिक पदार्थ (Organic Matter) — जैसे प्रोटीन, कार्बोहाइड्रेट आदि।

(ग) अकार्बनिक पदार्थ (Inorganic Matter) — जैसे कैल्शियम, कार्बन, हाइड्रोजन, सल्फर, नाइट्रोजन आदि।

(2) जैविक या जीवीय घटक—किसी पारिस्थितिक तंत्र के जैविक घटक अजैविक पर्यावरण में परस्पर क्रिया करते हैं। जैविक घटक में निम्न सम्मिलित हैं—

(क) उत्पादक/स्वपोषी—उत्पादक (Producer) वे जीव हैं, जो भौतिक पर्यावरण से अपना भोजन स्वयं बना लेते हैं। इन्हें स्वपोषित जीव भी कहते हैं। हरे पौधे प्राथमिक उत्पादक हैं क्योंकि वे सूर्य की ऊर्जा की सहायता से अजैव पदार्थों को जैव पदार्थों में बदलते हैं। इस प्रक्रिया को प्रकाश-संश्लेषण कहते हैं।

प्रकाश संश्लेषण में पौधे वायुमंडल से कार्बन-डाइऑक्साइड व मृदा से खनिज व जल लेकर, सूर्य की ऊर्जा के द्वारा, जैव पदार्थों का संश्लेषण करते हैं। पेड़-पौधों की पत्तियों में मौजूद पर्णहरित (क्लोरोफिल) नामक हरे वर्णक के द्वारा प्रकाश संश्लेषण संभव होता है। महासागरीय जल में पादपप्लवक प्राथमिक उत्पादक हैं, क्योंकि ये सौर ऊर्जा का उपयोग करके अपना भोजन स्वयं बनाते हैं।

(ख) उपभोक्ता/परपोषी—अन्य जीव उपभोक्ता (परपोषित) (Consumer) कहलाते हैं, क्योंकि वे अपने भोजन के लिए दूसरे जीवों पर आश्रित हैं। केवल पौधों से भोजन प्राप्त करने वाले जीव शाकाहारी या प्राथमिक उपभोक्ता कहलाते हैं। खरगोश प्राथमिक उपभोक्ता या शाकाहारी जीव है। जो उपभोक्ता दूसरे जंतुओं को अपना भोजन बनाते हैं, उन्हें माँसाहारी या गौण उपभोक्ता कहते हैं।

शेर माँसाहारी जीव या गौण उपभोक्ता है। मनुष्य सर्वाहारी है, क्योंकि वह पौधों व जंतुओं दोनों से ही अपना भोजन प्राप्त करता है। उपभोक्ता का एक चौथा वर्ग भी है, जो पौधों व जंतुओं के मृत या अपघटित ऊतकों को अपना भोजन बनाते हैं। इन्हें विघटक या अपरदभोजी कहते हैं।

(ग) अपघटक अथवा मृतपोषी अथवा विघटक–अपघटक सूक्ष्म जीव होते हैं जो सभी मृत जीवों (वनस्पतियों व जंतुओं) को उनके पार्थिव अवयवों में तोड़ देते हैं। अपघटन की प्रक्रिया मृत्यु के बाद शुरू हो जाती है जिसे सामान्य तौर पर सड़ने के तौर पर देखा है।

ये वे छोटे–छोटे सूक्ष्मजीव हैं जो मृत जीवों, उनके सड़े गले अंशों व अन्य कार्बनिक अपशिष्टों पर जीवित रहते हैं तथा उन जीवों के अंशों को नष्ट कर वातावरण को स्वच्छ रखते हैं। इनके कारण कार्बनिक पदार्थ पुनः अकार्बनिक पदार्थों में परिवर्तित हो जाते हैं। फफूंद व जीवाणु तथा केंचुआ इस तरह के जीव हैं।

प्रश्न 12. पोषी स्तर को विस्तारपूर्वक समझाइए।

अथवा

पोषी स्तर से क्या तात्पर्य है? समझाइए।

उत्तर– आहार शृंखला का प्रत्येक चरण एक पोषी स्तर बनाता है अर्थात् एक आहार शृंखला में उन जैविक घटकों को जिनमें ऊर्जा का स्थानांतरण होता है, पोषी स्तर कहते हैं। पोषी स्तरों का संख्याकरण किसी जीव के भोजन अथवा ऊर्जा के स्रोत यानी उत्पादक से उनकी दूरी के चरणों अथवा स्तरों की संख्या के अनुसार किया जाता है, आहार शृंखला पोषी स्तर से आरंभ होती है। पोषीस्तर I पारिस्थितिक पिरैमिड का आधार भी होता है। पोषीस्तर I पर प्राथमिक उत्पादक रहते हैं, जिन्हें स्वपोषी कहते हैं। किसी आहार शृंखला या पिरैमिड में अगला पोषीस्तर, पोषीस्तर II होता है जिसमें पाए जाने वाले जीव प्राथमिक उपभोक्ताओं को खाते हैं और प्राथमिक उपभोक्ता अथवा परपोषी या शाकभक्षी कहलाते हैं। परपोषी स्तर III, IV और V पर मांसभक्षी होते हैं। नीचे किसी पारिस्थितिक तंत्र में पाए जा सकने वाले पोषी स्तरों की अनुमानित संख्या और विभिन्न पोषीस्तरों पर पाए जाने वाले जीव समूहों के प्रकारों को दिया गया है–

- हरे पादप (उत्पादक) : पोषी स्तर I – स्वपोषी
- शाकभक्षी (प्राथमिक उपभोक्ता) : पोषीस्तर II परपोषी
- मांसभक्षी (द्वितीयक उपभोक्ता) : पोषीस्तर III परपोषी
- मांसभक्षी (तृतीयक उपभोक्ता) : पोषीस्तर IV परपोषी
- शीर्ष मांसभक्षी (चतुर्थ उपभोक्ता) : पोषीस्तर V परपोषी

इस प्रकार आहार से व्युत्पन्न ऊर्जा भी पोषीस्तरों, उत्पादकों से आगामी पोषी स्तरों तक प्रवाहित होती है। यह ऊर्जा सदैव निचले (उत्पादक) से उच्चतर (शाकभक्षी, मांसभक्षी इत्यादि) पोषीस्तरों तक प्रवाहित होती है। यह कभी विपरीत दिशा में प्रवाहित नहीं होती है। यही नहीं प्रत्येक पोषीस्तर पर कुछ ऊर्जा की अनप्रयुक्त ताप के रूप में हानि होती है जिससे ऊर्जा का स्तर पहले पोषी स्तर से ऊपर जाने पर कम होता जाता है। इसके फलस्वरूप अक्सर चार या पाँच पोषी स्तर होते हैं और बहुत कम ही छह से अधिक होते हैं क्योंकि उसके परे बहुत कम ऊर्जा किसी जीव के द्वारा उपयोग के लिए बची रह जाती है।

खाद्य शृंखला—पारितंत्र में ऊर्जा प्रवाह एकमार्गी प्रक्रम है। हम जीवों के उस क्रम को पहचान सकते हैं जिससे ऊर्जा प्रवाहित होती है तथा यह क्रम खाद्य शृंखला कहलाता है। उदाहरणार्थ, पौधे कीटों द्वारा खाए जाते हैं, कीट मेढ़कों द्वारा खाए जाते हैं, मेंढ़क मछलियों द्वारा खाए जाते हैं और मछलियाँ मनुष्य द्वारा खाई जाती हैं। इस खाद्य शृंखला में पाँच पोषी स्तर हैं। खाद्य शृंखला में प्राणी के स्थान को अनेक महत्त्वपूर्ण कारक निश्चित करते हैं। प्रत्येक जाति विशिष्ट स्थान में रहती है और उसका विशेष अनुकूलन होता है जो उसे उस स्थान में रहने के लिए पूर्ण रूप से योग्य बनाता है।

पारितंत्र में प्रकाश संश्लेषण द्वारा ऊर्जा का प्रवाह सूर्य से स्वपोषी उत्पादकों में, शाकाहारियों (जो प्राथमिक उपभोक्ता हैं) के ऊतकों द्वारा माँसाहारियों (जो द्वितीयक उपभोक्ता हैं) के ऊतकों तक पारितंत्र में प्रत्येक स्तर पर जीवों की संख्या और जीव–भार का परिणाम करता है। पोषण के प्रत्येक उत्तरोत्तर स्तर पर ऊर्जा प्रवाह बहुत कम होता है क्योंकि ऊर्जा रूपांतरण में प्रत्येक चरण पर जीवों द्वारा ऊर्जा का उपयोग किया जाता है और इस प्रक्रम में ऊष्मा के रूप में ऊर्जा की हानि होती है। इसके अतिरिक्त कोई भी परभक्षी अपने शिकार को पकड़ने के लिए पूरी तरह दक्ष नहीं होता है इसलिए शिकार करते समय कुछ ऊर्जा नष्ट हो जाती है। इन्हीं कारणों से प्रत्येक उत्तरोत्तर स्तर पर जीव–भार घटता चला जाता है।

जैसा कि कुछ प्राणी केवल एक ही तरह का खाना खाते हैं इसलिए वे एक खाद्य शृंखला के सदस्य हैं। बहुत से दूसरे प्राणी भिन्न–भिन्न प्रकार का खाना खाते हैं इसलिए वे न केवल विभिन्न खाद्य शृंखलाओं के सदस्य हैं बल्कि भिन्न–भिन्न खाद्य शृंखलाओं में भिन्न–भिन्न स्थान ग्रहण कर सकते हैं। एक प्राणी एक शृंखला में पौधे खाकर प्राथमिक उपभोक्ता हो सकता है, लेकिन शाकाहारी प्राणियों या दूसरे माँसाहारियों को खाकर दूसरी शृंखलाओं में द्वितीयक या तृतीयक उपभोक्ता बन जाता है। उदाहरण के लिए मनुष्य अनेक खाद्य शृंखलाओं के सिरे पर स्थित है। उदाहरण के लिए एक आदमी एक बड़ी मछली खाता है, बड़ी मछली दूसरी छोटी–छोटी मछलियों को खाती है और वे छोटी–छोटी मछलियाँ उन छोटे–छोटे अकशेरूकियों अर्थात् बिना रीढ़ वाले प्राणियों को खाती हैं जिन्होंने शैवाल खाया है। किसी भी प्राणी की आबादी, खाद्य शृंखला में कड़ियों की संख्या, शृंखला में प्रत्येक कदम पर ऊर्जा रूपांतरण की दक्षता और अंततः उस क्षेत्र में पृथ्वी पर प्रकाश ऊर्जा की उपलब्ध मात्रा द्वारा निर्धारित होती है।

चूँकि मनुष्य प्रकाश ऊर्जा की मात्रा को बढ़ा नहीं सकता और ऊर्जा स्थानांतरण की दक्षता को भी केवल थोड़ा बहुत बढ़ा सकता है इसलिए ऊर्जा पाने के लिए परपोषी प्राणियों की बजाय प्राथमिक उत्पादकों यानी स्वपोषी पौधों को खाकर वह केवल खाद्य शृंखला को छोटा कर सकता है। घनी आबादी वाले देशों में लोग ज्यादातर शाकाहारी रहते हैं क्योंकि इस तरह खाद्य शृंखला सबसे छोटी होती है और जमीन का छोटा–सा क्षेत्रफल ज्यादा से ज्यादा लोगों का भरण–पोषण कर सकता है। मान लीजिए कि एक किसान के पास गेहूँ और सब्जियों की फसल है। वह इसे सीधे खा सकता है या इसे अपने पशुओं को खिलाकर उन पशुओं को खा सकता

है। अगर लोग शाकाहारी हैं तो सूर्य की ऊर्जा सबसे प्रभावशाली ढंग से काम में लाई जा सकती है क्योंकि इस विधि से ऊर्जा रूपांतरण के चरणों की संख्या कम से कम रह जाती है।

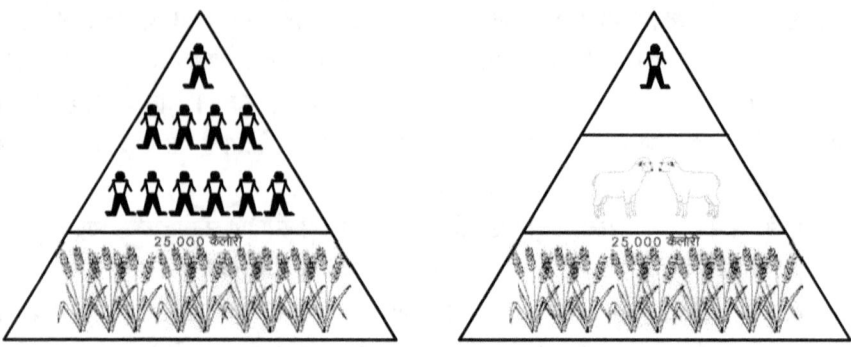

चित्र 1.1 : शाकाहारी और माँसाहारी आहार की सापेक्ष दक्षता

- शाकाहारी भोजन में 25,000 कैलोरी 10 आदमियों का भरण-पोषण कर सकती है।
- उतने ही समय में पौधे की 25,000 कैलोरी माँस खाने वाले एक ही आदमी का भरण-पोषण कर सकती है।

प्रकृति में तीन प्रकार की खाद्य शृंखलाएँ पहचानी गई हैं—

- **चारण खाद्य शृंखला**—खाद्य शृंखला शुरू करने वाले उपभोक्ता, पौधों या पौधों के भाग का उपयोग करते हुए चारण (grazing) खाद्य शृंखला बनाते हैं। खाद्य शृंखला हरे पौधों से शुरू होती है और इसका प्राथमिक उपभोक्ता शाकाहारी जीव है। उदाहरण के लिए, घास→टिड्डी→पक्षी→बाज।
- **परजीवी खाद्य शृंखला**—यह हरे पादप आधार से शुरू होकर, शाकाहारियों तक जाती है। उदाहरण के लिए, शाकाहारी बहुत से जूँ के मेजबान हो सकते हैं। जूँ बाहरी परजीवी के रूप में रहती है।
- **अपरद खाद्य शृंखला**—यह खाद्य शृंखला सड़ रहे प्राणियों और पौधों के कार्बनिक अपशेषों का उपयोग करने वाले सूक्ष्म जीवों से शुरू होकर अपरद खाने वाले जीवों अर्थात् अपरदाहारी जीवों और दूसरे परभक्षियों तक जाती है।

उथले समुद्रों में जीवों के समुदाय में कुल ऊर्जा का लगभग 30 प्रतिशत अपरद शृंखलाओं से होकर प्रवाहित होता है, लेकिन वनों में जहाँ पौधों का जीव-भार ज्यादा और प्राणियों का जीव-भार अपेक्षाकृत कम होता है, ऊर्जा प्रवाह का अधिकांश भाग अपरद मार्गों से होकर प्रवाहित होता है।

प्रश्न 13. पारितंत्र की संरचना एवं कार्यों पर चर्चा कीजिए।

उत्तर— पारितंत्र की कार्य प्रणाली तथा उसकी संरचना का संबंध पारितंत्र में पाए जाने वाले पौधों तथा जंतुओं की प्रजातियों के वर्णन से है। प्रत्येक पारितंत्र में जैविक तथा अजैविक

कारक होते हैं। अजैविक या भौतिक (Abiotic factors) कारकों में तापमान, वर्षा, सूर्य का प्रकाश, आर्द्रता, मृदा की स्थिति व अजैविक या अकार्बनिक तत्त्व (कार्बन डाइऑक्साइड, जल, नाइट्रोजन, कैल्शियम, फॉस्फोरस, पोटाशियम आदि) सम्मिलित हैं। जैविक कारकों (Biotic factors) में उत्पादक, प्राथमिक, द्वितीयक व तृतीयक, उपभोक्ता तथा अपघटक सम्मिलित हैं। उत्पादकों में सभी हरे पौधे सम्मिलित हैं, जो प्रकाश–संश्लेषण प्रक्रिया द्वारा अपना भोजन बनाते हैं। हरे पौधे प्रकाश–संश्लेषण द्वारा कार्बोहाइड्रेट पैदा करते हैं तथा प्रोटीन एवं वसा का संश्लेषण करते हैं। इसलिए हरे पौधे उत्पादक कहलाते हैं। पशु जो उन्हें भोजन के रूप में खाते हैं, 'उपभोक्ता' कहलाते हैं।

शाकाहारी जीव, जैसे–गाय–बैल, हिरण, भेड़–बकरी जो प्रत्यक्ष रूप से पौधों से भोजन (अथवा ऊर्जा) प्राप्त करते हैं, प्रथम श्रेणी के उपभोक्ता कहलाते हैं। माँसाहारी जीव; जैसे–बाघ एवं सिंह द्वितीय श्रेणी के उपभोक्ता हैं। बाघ तथा नेवला जैसे जीव माँसाहारी जीवों पर निर्भर करते हैं। इन्हें चरम स्तर के माँसाहारी कहते हैं। कौआ एवं गिद्ध जैसे जीव मृत जीवों पर निर्भर करते हैं, इन्हें अपघटक कहते हैं। कुछ अन्य अपघटक; जैसे–बैक्टीरिया और अन्य सूक्ष्म जीवाणु मृतकों को अपघटित कर उन्हें सरल पदार्थों में परिवर्तित करते हैं।

पारितंत्र के कार्य

- खाद्य शृंखला में ऊर्जा का प्रवाह।
- पोषकों का चक्रण।
- पारिस्थितिकीय अनुक्रम या पारितंत्र का विकास।
- समस्थापन (या संतात्रिका) या पुनर्भरण नियंत्रण प्रणालियाँ।

प्रश्न 14. पोषण चक्र पर विस्तृत रूप में विवरण दीजिए।

उत्तर– सजीव सृष्टि की निर्भरता पारितंत्र के भीतर ऊर्जा के प्रवाह एवं पोषकों के परिसंचरण पर निर्भर करती है। इन्हीं दोनों पर जीवों की प्रचुरता, उपापचय की वह दर जिस पर जीवित हैं तथा पारितंत्र की सम्मिश्रता निर्भर होती है। पारितंत्रों के भीतर ऊर्जा का प्रवाह होता रहता है जिसके परिणामस्वरूप जीव अपने विविध कार्य कर सकते हैं और अंततः तंत्र के भीतर उपयोगिता की दृष्टि से यह ऊर्जा सदा के लिए निकल जाती है। परंतु इसके विपरीत आहार पदार्थ के पोषक तत्त्व कभी भी हमेशा के लिए समाप्त नहीं हो जाते। उनका अनन्त काल तक बार–बार पुनर्चक्रण हो सकता है। एक उदाहरण से यह स्पष्ट हो जाएगा, हम जब सांस लेते हैं तो हमारे शरीर के भीतर तत्त्वों के लाखों–करोड़ों अणुओं का प्रवेश होता है और हो सकता है कि ये अणु इतिहास के अकबर बादशाह या न जाने कितने अन्य लोगों के द्वारा भी सांस के भीतर लिए गए और बाहर निकाले गए हों। जिन पोषकों की जीवों को अधिक मात्रा में आवश्यकता होती है उन्हें बृहत्पोषक (macronutrients) कहते हैं तथा जो कम मात्राओं में चाहिए उन्हें सूक्ष्मपोषक (micronutrients) कहते हैं। प्रकृति में पाए जाने वाले 100 से अधिक रसायनों में से लगभग 40 ही ऐसे हैं जो सजीव जीवधारियों में पाए जाते हैं।

पोषण चक्रों के प्ररूप (Types of nutrient cycles)—कार्बन, हाइड्रोजन, ऑक्सीजन, नाइट्रोजन तथा फॉस्फोरस या तो तत्त्व के रूप में या यौगिकों के रूप में हमारे शरीर का 97 प्रतिशत भाग बनाते हैं तथा समस्त सजीव जीवधारियों की संहति का 95 प्रतिशत से अधिक होते हैं। इनके अलावा 15 से 25 ऐसे अन्य तत्त्व हैं जो किसी न किसी रूप में पौधों और प्राणियों के स्वस्थ रहने एवं उनकी उत्तरजीविता के लिए आवश्यक हैं। ये तत्त्व अथवा खनिज पोषक पारितंत्र में सदैव निर्जीव से संजीव में फिर सजीव से वापिस निर्जीव घटकों में एक न्यूनाधिक चक्रीय रूप से परिसंचरण करते रहते हैं। इसे जैवभूरासायनिक चक्रण (biogeochemical cycling) कहते हैं। ये चक्र भंडार के स्वरूप पर निर्भर करते हुए दो मूलभूत प्रकार के होते हैं—

(1) गैसीय चक्र (Gaseous cycles)—तीन सर्वाधिक महत्त्वपूर्ण गैसीय चक्र निम्न हैं—

(क) जल चक्र (Water cycle या Hydrologic)—जल जीवन के लिए सर्वाधिक महत्त्वपूर्ण पदार्थ है। जीवन के देह-भार का औसतन 70% भाग जल का होता है। यह एक महत्त्वपूर्ण पारिस्थितिक कारक है जिस पर निर्भर होता कि पारितंत्र की संरचना एवं उसका प्रकार्य क्या होगा। अन्य तत्त्वों का चक्रण भी जल पर ही निर्भर होता है, क्योंकि विभिन्न चरणों में अन्य तत्त्वों का परिवहन माध्यम भी जल ही है और जीवों द्वारा ग्रहण किए जाने वाले तत्त्वों के लिए भी यह एक विलायक माध्यम है।

भू-पृष्ठ का लगभग 75 प्रतिशत भाग झीलों, नदियों, समुद्रों तथा महासागरों के रूप में जल से घिरा है। अकेले महासागरों में ही पृथ्वी के समस्त जल का 97 प्रतिशत भाग समाया हुआ है। शेष का बहुत सा भाग ध्रुवी हिम तथा ग्लेशियरों (हिमनदों) के रूप में पाया जाता है। 1% से भी कम जल हिमरहित अलवण जल के रूप में पाया जाता है जो नदियों, झीलों तथा जल-भृतों (aquifers) में पाया जाता है। फिर भी, हमारे ग्रह के पानी का यह अपेक्षाकृत नगण्य अंश भी यहाँ की तमाम थल एवं जल की जीव-दृष्टि के लिए अति निर्णायक रूप से महत्त्वपूर्ण है। साथ ही भूमिगत जल की आपूर्ति भी विद्यमान है। सतह की निकटवर्ती मृदा में भी विशाल जल-मात्रा का भंडार उपलब्ध है।

जलीय चक्र में जल की गति इस प्रकार होती है—महासागरों से वायुमंडल में वाष्पन के द्वारा तथा वायुमंडल से महासागरों एवं थल पर वर्षा तथा हिमपात के रूप में या वर्षण से, थल से महासागरों तक बह कर, सरिताओं तथा नदियों और भूमि की अवसतह से तथा थल से वाष्पन होकर पुनः वायुमंडल में। यह चक्र सौर ऊर्जा द्वारा चलता रहता है जिसमें लगभग 10×10^{20}g जल को कुल जल का 0.004% होता है और यह मात्रा हमेशा चक्र में चलता रहती है। पृथ्वी का शेष जल, शीत भंडारण में (हिमनदों तथा बर्फ के रूप में) जमा रहता है।

(ख) कार्बन-चक्र (Carbon cycle)—कार्बन वायुमंडल में प्रधानतः कार्बन डाइऑक्साइड (CO_2) के रूप में पाया जाता है। ऑक्सीजन तथा नाइट्रोजन की तुलना में यह

वायुमंडल का एक छोटा–सा रचक है। बिना कार्बन डाइऑक्साइड के जीवन का अस्तित्व नहीं हो सकता क्योंकि पौधों में प्रकाश–संश्लेषण की प्रक्रिया द्वारा कार्बोहाइड्रेटों का बनना इसी पर आधारित है और ये ही कार्बोहाइड्रेट पदार्थ जीवन के निर्माण खंड हैं। यही वह तत्त्व हैं जो कोयले और तेल से लेकर DNA (डीऑक्सी राइबोन्यूक्लिइक अम्ल यानी आनुवंशिक सूचना का वाहक यौगिक) तक सभी जैविक यानी कार्बनिक पदार्थों का आधार है।

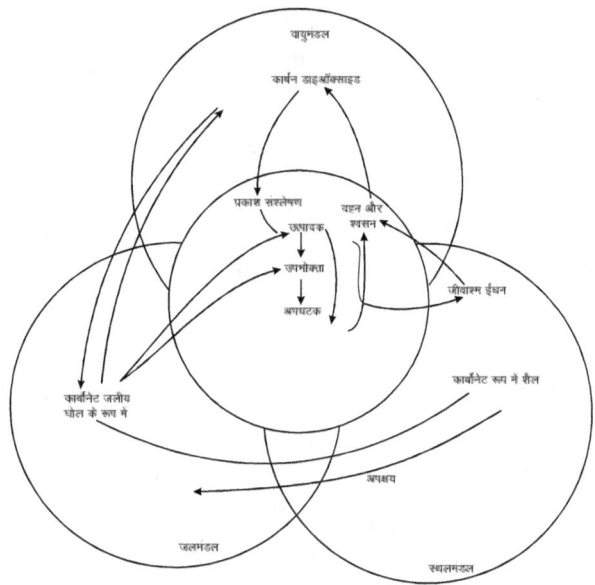

चित्र 1 .2: भूमंडलीय कार्बन चक्र

कार्बन का पर्यावरण में वापिस लौटना लगभग उतनी ही तेजी से होता है जितना कि इसे बाहर निकाल लिया जाना। चित्र 1 .2 विश्व का कार्बन चक्र प्रदर्शित करता है। वायुमंडलीय आगार से कार्बन हरे पौधों में पहुँचता है और फिर उनसे प्राणियों में। अंततः उनसे खाद्य श्रृंखला में विविध पोषण स्तरों पर श्वसर की प्रक्रिया के माध्यम से प्रत्यक्ष रूप में अथवा जीवाणुओं, कवकों तथा अन्य सूक्ष्मजीवों के द्वारा मृत जैविक पदार्थ के विघटन के द्वारा परोक्ष रूप में वापिस वायुमंडल में पहुँच जाता है। मगर कुछ कार्बन दीर्घकालीन चक्र में प्रवेश कर जाता है। यह अविघटित जैविक द्रव्य के रूप में संचित हो जा सकता है जैसे दलदलों एवं मूर भूमियों की पीट–परतों में या फिर अघुलनशील कार्बोनेटों के रूप में (उदाहरणतः विविध समुद्री कवचों के अघुलनशील कैल्सियम कार्बोनेट ($CaCO_3$) के रूप में) जो जलीय तंत्रों की तली अवसादों में इकट्ठा हो जाता है। यह अवसादी कार्बन अंततः अवसादी शैलों (चट्टानों) में परिवर्तित हो जाता है जैसे कि चूना पत्थर तथा डोलोमाइट के रूप में और उसके विमोचन में अत्यधिक समय लग सकता है। गहरे महासागरों में इस प्रकार का कार्बन लाखों–लाखों वर्षों तक भीतर गड़ा रह सकता है और जब कभी भूगर्भी गतियां होंगी तो उनके द्वारा ये चट्टानें समुद्र तल से ऊपर आ सकती हैं। अपरदन होने पर कभी ये चट्टानें टूट सकती हैं जिससे

उनकी कार्बन–हाइऑक्साइड, कार्बोनेट्स तथा बाइकार्बोनेट्स नदियों और झरनों में बह जाते हैं। जिसे हम कठोर जल (hard water) कहते हैं वह किसी न किसी समय किसी स्थान पर चूना पत्थर में से हो कर गुजरा होगा जहाँ उसमें कार्बोनेट मिल गए और जब हम केतली में पानी उबालते हैं तो उसमें कुछ सफेद–सफेद जम जाया करता है वह ये ही कार्बोनेट होते हैं।

जीवाश्म ईंधन जैसे कोयला, तेल, प्राकृतिक गैस आदि भी कार्बन चक्र के ही भाग हैं जिनमें से बहुत वर्षों के बाद कार्बन यौगिक बाहर निकलते हैं। ये जीवाश्म ईंधन कार्बनिक यौगिक होते हैं जो विघटित होने से पूर्व ही जमीन में दब गए थे और समय एवं भूविज्ञानीय प्रक्रियाओं के द्वारा जीवाश्म ईंधनों में परिवर्तित हो गए थे। जीवाश्म ईंधनों के जलाने पर उनके भीतर भंडारित कार्बन कार्बन डाइऑक्साइड के रूप में पुनः वायुमंडल में को विमोचित हो जाता है।

कार्बन चक्र में कार्बन डाइऑक्साइड का मूलतः एक ओर वायुमंडल तथा जीवधारियों के बीच तथा दूसरी ओर वायुमंडल तथ समुद्र के बीच लगातार विनिमय होता रहता है। महासागरों में कार्बन डाइऑक्साइड के विनिमय का तात्कालिक स्रोत जल की सतही परतों तक ही सीमित होता है।

कुल मिलाकर जीवमंडल के भीतर का कार्बन संतुलन जिस एक CO_2 विनिमय द्वारा समन्वित होता है वह वायुमंडल तथा महासागरों (आज के संपन्नतम कार्बन स्रोत) के बीच होता है। महासागरों में वायुमंडल की अपेक्षा 50 गुना अधिक CO_2 होती है। इसी के द्वारा, प्रकाश–संश्लेषण ग्रहणता के बावजूद वायुमंडलीय CO_2 का लगभग 0.032 प्रतिशत स्तर बना रहता है।

(ग) नाइट्रोजन चक्र (Nitrogen cycle)–नाइट्रोजन प्रोटीनों की एक अनिवार्य रचक है और प्रोटीन ही हर प्रकार के जीवित ऊतकों का सृजनकारी खंड होती है। यह भार के हिसाब से सभी प्रकार के प्रोटीनों का लगभग 16 प्रतिशत अंश होती है। वायुमंडल में नाइट्रोजन की अक्षय आपूर्ति होती है, परंतु अधिकतर जीवधारी इसे सीधे तत्त्व स्वरूप में उपयोग में नहीं ला सकते। नाइट्रोजन का "स्थिरीकरण" किया जाना जरूरी है, अर्थात् इसे अमोनिया, नइट्रोइटों अथवा नाइट्रेटों में परिवर्तित किया जाना होता है उसके बाद इसे पौधे ग्रहण कर सकते हैं। पृथ्वी पर नाइट्रोजन का स्थिरीकरण तीन विधियों से होता है–(i) कुछ खास मुक्त जीवी द्वारा और नील–हरित शैवालों द्वारा भी (जैसे–ऐनाबीना (Anabaena), स्पाइरूलाइना (Spirulina) तथा सहजीवी जीवाणु, (ii) मनुष्य द्वारा जिसमें वह औद्योगिक प्रक्रम का प्रयोग करता है, यानी उर्वरक फैक्ट्रियों द्वारा, और (iii) कुछ सीमित मात्रा में वायुमंडलीय परिघटनाओं द्वारा भी जैसे कि आकाश की बिजली और तड़ित द्वारा। इस समय मानव द्वारा उद्योगों में जितना स्थिरीकरण हो रहा है वह प्राकृतिक रूप में जैविकीय तथा वायुमंडलीय दोनों क्रियाओं से होने वाले स्थिरीकरण से कहीं ज्यादा है।

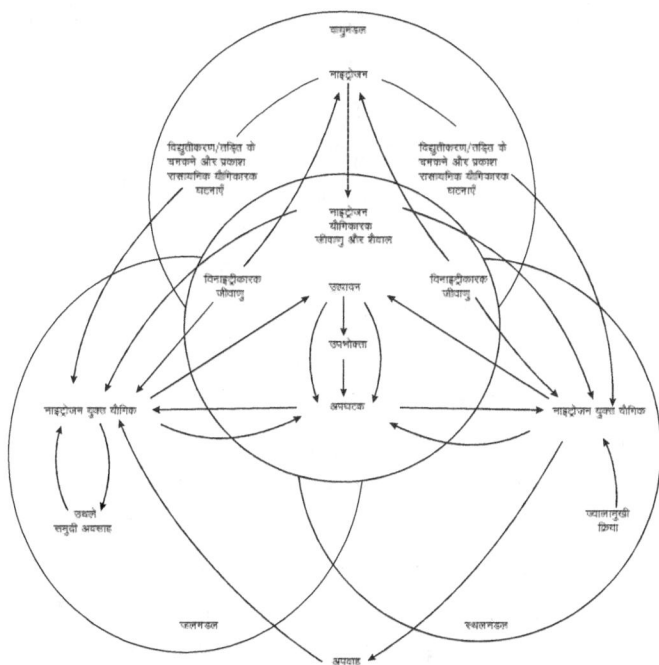

चित्र 1 .3: नाइट्रोजन चक्र

जैसा कि आप चित्र 1 .3 में देख सकते हैं किसी भी समय पर नाइट्रोजन विभिन्न "कक्षों" अथवा "आगारों" में बंधी रहती है जैसे वायुमंडल, मृदा तथा जल और सजीव जीवधारियों में। समय–समय पर तड़ित बिजलियों के द्वारा वायुमंडल की नाइट्रोजन अमोनिया तथा नाइट्रेटों में परिणत हो जाती है और अंततः वर्षण के द्वारा धरती की सतह पर पहुँचती और फिर मृदा में जाती है जहाँ से पौधे उसका उपयोग कर लेते हैं। मगर इससे भी ज्यादा महत्त्वपूर्ण यह है कि ऐसे कुछ खास सूक्ष्मजीव हैं जो वायुमंडलीय नाइट्रोजन को अमोनियम आयनों $\left(NH_4^+\right)$ में बदल देते हैं। इनमें यह सब आते हैं–स्वच्छंदजीवी नाइट्रीकारी जीवाणु जैसे वायवीय ऐजोटोबैक्टर (Azotobacter) तथा अवायवीय क्लौस्ट्रीडियम (Clostridium) तथा सहजीवी नाइट्रीकारी जीवाणु जो गैर–फलीदार पौधों के साथ साहचर्य बना कर रहते हैं तथा सहजीवी जीवाणु जो फलीदार पौधों की मूल ग्रंथिकाओं में रहते हैं (जैसे–राइजोबियम (Rhizobium) और साथ ही नील–हरित (जैसे–ऐनाबीना, स्पाइरूलाइना))। कुछ पौधे नाइट्रोजन के स्रोत के रूप में सीधे अमोनियम आयनों को ही ले लेते हैं, या फिर ये अमोनियम आयन दो वर्गों के विशेषित जीवाणुओं द्वारा ऑक्सीकृत होकर नाइट्राइटों तथा नाइट्रेटों में बदल दिए जाते हैं, जीवाणुओं के इन दो वर्गों में आते हैं एक तो नाइट्रोसोमोनस (Nitrosomonas) जो अमोनिया का नाइट्राइट में परिवर्तन करते हैं। उसके बाद दूसरा जीवाणु नाइट्रोबैक्टर (Nitrobacter) इसे और आगे परिवर्तित करके नाइट्रेट में बदल देता है।

मिट्टी और भीतर जीवाणुओं द्वारा संश्लिष्ट हुए नाइट्रेटों को पौधे ग्रहण करते और उन्हें अमीनों अम्लों में बदल दिया जाता है और ये ही अमीनों अम्ल प्रोटीनों के निर्माण खंड होते हैं। तदुपरांत ये पारितंत्र के उच्चतर पोषण स्तरों में गुजरते हुए आगे–आगे चलते जाते हैं। उत्सर्जन के दौरान तथा सभी जीवों की मृत्यु होने पर ये नाइट्रोजन अमोनिया के रूप में वापिस मिट्टी में पहुँच जाती है। कुछ मृदा नाइट्रेट्स जल में अत्यंत घुलनशील होने के कारण बहते जाते सतही पानी अथवा भूजल के द्वारा पारितंत्र से निकल जाते हैं। मिट्टी में तथा महासागरों में भी कुछ विशेष विनाइट्रीकारी जीवाणु (जैसे स्यूडोमोनस (Pseudomonas)) होते हैं, जिनका काम नाइट्रेटों/नाइट्रोइटों को तत्त्व–रूप नाइट्रोजन में बदल देना है। यह नाइट्रोजन निकलकर वापस वायुमंडल में पहुँच जाती है और चक्र पूरा हो जाता है।

नाइट्रोजन एक प्रदूषक भी बन गई है जिसका कारण मनुष्य द्वारा इसके प्राकृतिक चक्र में हस्तक्षेप करना रहा है और इससे वायु में नाइट्रोजन का संतुलन गड़बड़ा सकता है।

(2) अवसादी चक्र (Sedimentary cycle)—फॉस्फोरस, कैल्सियम तथा मैग्नीशियम का चक्रण अवसाद–चक्र के द्वारा होता है। गंधक कुछ हद तक बीच की है क्योंकि इसके दो यौगिक हाइड्रोजन सल्फाइड (H_2S) तथा सल्फर डाइऑक्साइड (SO_2) सामान्य अवसाद चक्र में गैसीय घटक जोड़ देते हैं। अवसाद चक्र के तत्त्व सामान्यतः वायुमंडल में चक्रण नहीं करते वरन् अपरदन, अवसादन, पर्वत–निर्माण, जवालामुखीय क्रियाकलाप तथा समुद्री पक्षियों के उत्सर्गों के द्वारा मूल रूप से परिसंचरित होते हैं। गंधक–चक्र के उदाहरण के द्वारा वायु, जल और पृथ्वी की पर्पट के बीच के संबंध को बहुत जल्दी अच्छी तरह समझा जा सकता है और इसीलिए यहाँ इसका संक्षिप्त उदाहरण दिया जा रहा है—

गंधक–चक्र (Sulphur cycle)—गंधक–चक्र अधिकतर अवसादी होता है, बस उसकी एक छोटी सी गैसीय प्रावस्था भी होती है। गंधक का विशाल आगार मिट्टी के तथा अवसादों के भीतर है जहाँ यह कार्बनिक (जैविक) रूप में, (कोयले, तेल और पीट में) तथा अकार्बनिक निक्षेपों (पाइराइट चट्टान तथा सल्फर चट्टान) में सल्फेटों, सल्फाइडों तथा कार्बनिक सल्फर के रूप में पाई जाती है। इसका बाहर निकलना चट्टानों के अवक्षय, अपरदन से बहा लिया जाना तथा जैविक पदार्थ के जीवाणुओं एवं कवकों द्वारा विघटन होकर होता है और लवण घोल के रूप में थलीय और जलीय पारितंत्रों में पहुँचा दिया जाता है। सल्फर गैसीय रूप में भी पाई जाती है जो वायुमंडल में हाइड्रोजन सल्फाइड तथा सल्फर डाइऑक्साइड के रूप में थोड़ी मात्रा में पाई जाती है और इस प्रकार वायुमंडल भी इसका एक छोटा आगार है। वायुमंडल में गंधक कई स्रोतों से पहुँचती है जैसे—ज्वालामुखी विस्फोटों, जीवाश्म ईंधनों के ज्वलन, महासागर की सतह से तथा विघटन द्वारा निकली गैसों से। वायुमंडलीय हाइड्रोजन सल्फाइड भी उपचयित होकर सल्फर हाडऑक्साइड (SO_2) बन जाती है। वायुमंडलीय SO_2 वर्षा के जल में घुल कर अशक्त सल्फ्यूरिक अम्ल (H_2SO_4) बनाती है जो वर्षा के द्वारा वापिस पृथ्वी पर आ जाती है। स्रोत कुछ भी रहा हो, सल्फर को सल्फेटों के रूप में पौधे अपने भीतर अवशोषित कर लेते हैं और शृंखलाबद्ध उपापचय प्रक्रियाओं के द्वारा सल्फर–धारी

ऐमीनों अम्ल बना लेते हैं जिसे स्वपोषी ऊतकों के भीतर प्रोटीनों से समा लिया जाता है। उसके बाद यह चारण खाद्य शृंखला में से होकर गुजरती है। सजीव जीवधारी के शरीर में बंधी सल्फर उसके उत्सर्ग तथा मृत जैविक पदार्थ के विघटन से निकल कर वापिस मृदा में, तालाबों तथा झीलों एवं समुद्रों की तली में पहुँच जाती है और यह विघटन वायवीय दशाओं में ऐस्परजिलस (Aspergillus) तथा न्यूरोस्पोरा (Neurospora) जैसे कवकों के द्वारा तथा अवायवीय दशाओं में ऐस्केरिकिया (Escherichia) तथा प्रोटीयस (Proteus) जैसे जीवाणुओं द्वारा होता है।

अवायवीय मृदाओं तथा अवसादों में सल्फेट अपचायी जीवाणुओं जैसे कि डीसल्फैविब्रियों (Desulfavibrio) के द्वारा हाइड्रोजन सल्फाइड बनाते हैं। बेगिऐटोआ (Beggiatoa) की कुछ स्पीशीज द्वारा ऑक्सीकरण द्वारा हाइड्रोजन सल्फाइड से तत्त्व स्वरूप में सल्फर बदल देती है तथा थियोबैसिलस (Thiobacillus) की कुछ स्पीशीज से हाइड्रोजन सल्फाइड का ऑक्सीकरण कर सल्फेट में बदल देती है। इनके अलावा हरे और बैंगनी सल्फर प्रकाशसंश्लेषी बैक्टीरिया भी हैं जो हाइड्रोजन सल्फाइड को सल्फर तत्त्व में ऑक्सीकरण कर देते हैं।

ये चक्र प्रायः अलग–अलग स्वतंत्र रूप में नहीं चलते जाते वरन् कहीं न कहीं किसी बिंदु पर एक–दूसरे के साथ परस्परक्रिया भी करते हैं।

प्रश्न 15. पारिस्थितिक अनुक्रम क्या है? इसके विभिन्न प्रकार भी बताइए।

उत्तर– जैविक समुदायों की प्रकृति गतिक होती है और यह समय के साथ परिवर्तित होते रहते हैं। वह प्रक्रम जिसके द्वारा किसी क्षेत्र में पाई जाने वाली वनस्पति और जंतु प्रजातियों के समुदाय समय के साथ दूसरे समुदाय में परिवर्तित हो जाते हैं या दूसरे समुदाय उनका स्थान ले लेते हैं, पारिस्थितिकीय अनुक्रम कहलाता है। इस परिवर्तन में जैविक तथा अजैविक दोनों घटक सम्मिलित रहते हैं। यह परिवर्तन समुदायों के क्रियाकलापों और उस विशेष क्षेत्र के भौतिक पर्यावरण के द्वारा आते हैं। भौतिक पर्यावरण परिवर्तनों की प्रकृति, दिशा, दर और इष्टतम सीमा को प्रभावित करता है। अनुक्रम के दौरान वनस्पति और जंतु दोनों ही समुदाय परिवर्तन से गुजरते हैं। दो प्रकार के अनुक्रम हैं–

(1) प्राथमिक अनुक्रम (Primary Succession)–प्राथमिक अनुक्रम खाली क्षेत्रों जैसे चट्टानों, नव–निर्मित डेल्टाओं और रेत के टीलों, ज्वालामुखी और द्वीप समूह, बहते हुए लावा, हिमानी हिमोट (पीछे की तरफ हट रही हिम नदी के द्वारा बनाया गया अनावृत कीचड़ भरा क्षेत्र) जहाँ पहले किसी भी समुदाय का अस्तित्व नहीं था, में होता है। वह पौधे जो पहली खाली जगह जहाँ पहले मिट्टी नहीं थी, में उगते हैं, अग्रगामी प्रजाति कहलाते हैं। अग्रगामी पौधों के संग्रह को सामूहिक रूप से अग्रगामी समुदाय कहा जाता है। अग्रगामी प्रजाति की वृद्धि दर बहुत अधिक होती है परंतु जीवनकाल कम होता है।

(2) द्वितीयक अनुक्रम (Secondary Succession)–द्वितीयक अनुक्रम उस समुदाय का विकास है जो उस वर्तमान प्राकृतिक वनस्पति के पश्चात् अस्तित्व में आता है जो समुदाय

की रचना के बाद समाप्त हो जाती है, बाधित हो जाती है या प्राकृतिक परिघटनाओं जैसे तूफान अथवा जंगल की आग या मानव संबंधी परिघटनाओं जैसे फसल की कटाई से नष्ट हो जाती है।

प्रश्न 16. 'पारिस्थितिक तंत्र एवं मानवीय हस्तक्षेप' पर संक्षिप्त टिप्पणी लिखिए।

उत्तर— पर्यावरण और पारिस्थितिकी संकट मौजूदा दौर के ऐसे विषय हैं जिन पर दुनिया भर में सर्वाधिक बहस–मुबाहसे हो रहे हैं। मानव प्राकृतिक समुदायों को बदल सकते हैं और बदल भी रहे हैं। अक्सर हम अनजाने में अथवा जानबूझकर उन अगणित एवं सम्मिश्र कारकों को परिवर्तित कर दिया करते हैं जो पारितंत्रों के नाजुक संतुलन को बनाए रखते हैं। कभी–कभार अतीत की दखल–अंदाजी से हुई गलतियों को ठीक करने के लिए हम सही नीयत से मगर ठीक जानकारी न होते हुए कुछ कदम उठा लेते हैं—तब हमारे प्रयास बेकार हो जाते हैं क्योंकि हमें मूल जानकारी नहीं होती है। इस सबसे स्पष्ट हो जाता है कि हमें अभी तक पारितंत्रों से जिनका स्वयं हम एक अंग हैं सही तालमेल रखकर जीना नहीं आता। हमारी प्रौद्योगिकी पर्यावरण के विषय में हमारी जानकारी और समझ से बहुत आगे निकल चुकी है। इन सबके उत्तर और हल निकालने के लिए जब हम वैज्ञानिक समुदाय की तरफ देखते हैं तब पारिस्थितकीविद् अधिकाधिक रूप हमारे उन तरीकों को बदलने में सहायता करेंगे जिनसे हम प्राकृतिक संसार के साथ परस्परक्रिया करते हैं। हमें यह समझने की आवश्यकता है कि यदि हम अपना पर्यावरण और पारिस्थितिकी बचाने की जिम्मेदारी से बचते रहे तो अपने हाथों ही अपने विनाश की कहानी लिखेंगे।

प्रश्न 17. वन पारितंत्र क्या है? चर्चा कीजिए।

अथवा

वन्य पारितंत्र के कार्य बताइए।

उत्तर— वन पौधों का समुदाय होता है। उसकी संरचना मुख्यतः उसके पेड़ों, झाड़ियों, लताओं और भू–आवरण में निर्धारित होती है। प्राकृतिक वनस्पति सुव्यवस्थित कतारों में बोए पौधों से बहुत भिन्न नजर आती और होती है। अधिकांश अछूते प्राकृतिक वन मुख्यतः हमारे राष्ट्रीय पार्कों और अभयारण्यों में स्थित हैं। वन्य भूदृश्य एक–दूसरे से बहुत भिन्न–भिन्न दिखाई देते हैं और उनकी मनोहारी भिन्नता प्रकृति की सुंदरता को बढ़ाती है।

वन्य पारितंत्र के दो भाग होते हैं—

- **वन के जीवन–विहीन या अजैव पक्ष**—कोई वन किस प्रकार का होगा यह उस क्षेत्र की अजैव दशाओं पर निर्भर करता है। पहाड़, पहाड़ियों के वन नदी–घाटियों के वनों से भिन्न होते हैं। वनस्पति वर्षा और स्थानीय तापमान पर निर्भर होती है; यह अक्षांश, ऊँचाई और मिट्टी के प्रकार के अनुसार अलग–अलग होती है।
- **वन के सजीव या जैविक पक्ष**—पौधों और पशुओं के समुदाय वन के सभी प्रकारों के लिए अलग–अलग होते हैं। जैसे शंकुधारी पेड़ हिमालय क्षेत्र में होते हैं, मैनग्रोव

वृक्ष नदियों के डेल्टाओं में होते हैं, काँटेदार पेड़ शुष्क क्षेत्रों में उगते हैं। बर्फ का तेंदुआ हिमालय क्षेत्र में रहता है जबकि चीते और बाघ शेष भारत के जंगलों में पाए जाते हैं। जंगली भेड़ें और बकरियाँ हिमालय के ऊँचे क्षेत्रों में होती हैं तथा हिमालयी वनों के अनेक पक्षी बाकी भारत के पक्षियों से भिन्न होते हैं। पश्चिमी घाट और पूर्वोत्तर भारत के सदाबहार वनों में पशुओं और पौधों की प्रजातियों की सबसे अधिक विविधता है।

जैविक घटक में बड़े (स्थूल पादप) और सूक्ष्म पौधे और प्राणी शामिल हैं।

पौधों में वनों के पेड़, झाड़ियाँ, लताएँ और घास और जड़ी–बूटियाँ आती हैं। इनमें फूल देने वाली प्रजातियाँ (angiosperms) और फूल न देने वाली प्रजातियाँ (gymnosperms) शामिल हैं, जैसे फर्न, ब्रायोफाइट, शैवाल और कवक। प्राणियों में स्तनपायी, पक्षी, सरीसृप, जलथलचारी (amphibians) मछलियाँ, कीट और दूसरे अकशेरुकी प्राणी और अनेक प्रकार के सूक्ष्मप्राणी शामिल हैं।

एक–दूसरे पर बहुत अधिक निर्भरता के कारण पौधों और प्राणियों की प्रजातियाँ मिलकर अनेक प्रकार के वन्य समुदाय बनाती हैं। मानव इन वन्य पारितंत्रों का भाग है और स्थानीय जनता सीधे–सीधे वनों पर उन अनेक प्राकृतिक संसाधनों के लिए निर्भर होती है जो उनके जीवन के आधार होते हैं। जो लोग वनों में नहीं रहते वे वनों से प्राप्त वन्य वस्तुएँ, जैसे लकड़ी और कागज खरीदते हैं। इस तरह वे लोग बाजार से खरीदकर वन्य पैदावारों का अप्रत्यक्ष उपयोग करते हैं।

वनों के कार्य

- मृदा अपरदन को रोकते हैं।
- वनों से विभिन्न प्रकार की लकड़ियाँ, औषधियाँ एवं खाद्य सामग्री आदि प्राप्त होती है।
- पर्यावरण संतुलन में महत्त्वपूर्ण योगदान देते हैं।
- जैविक विविधता को बनाए रखते हैं।

प्रश्न 18. वन पारितंत्र की मुख्य विशेषताएँ बताइए।

उत्तर– वन पारितंत्र की मुख्य विशेषताएँ निम्नलिखित हैं–

(1) शंकुधारी वृक्ष वन (Coniferous forest)–ये शीतोष्ण वन हैं, जो देश के लगभग 6.5 प्रतिशत वन प्रदेश को अधिकृत करते हैं। अधिक वर्षा तथा प्रबल मौसमी जलवायु वाले ठंडे क्षेत्रों – जहाँ ठंडे मौसम वाले दिन अधिक और गर्मियों के दिन थोड़े होते हैं और जिसकी यह विशेषता है कि उनमें बोरियल (boreal) शंकुधारी वृक्ष वन मिलते हैं जो पारमहाद्वीपीय होते हैं। इसकी विशेषता यह है कि यहाँ पौधों की सदाबहार स्पीशीजें मिलती हैं, जैसे स्प्रूस (पिसिया ग्लॉका, Picea glauca), फर (एबियस बालसैमिया, Abies balsamia) और चीड़ के वृक्ष (पाइनस राक्सबरधाई, Pinus roxburghii), पाइनस स्ट्रोबस (Pinus strobus) और लिक्स, भेड़िया, रीछ, लाल लोमड़ी, पोर्क्यूपाइन, गिलहरियाँ उभयचर प्राणी, जैसे पेड़ का मेंढ़क और तलाब के मेंढ़क जैसे जंतु मिलते हैं।

शंकुधारी वृक्षों की सुइयों से व्युत्पन्न करकट के बहुत ही धीरे–धीरे विच्छिन्न होने और उसमें पोषण पदार्थों की मात्रा अधिक न होने के कारण यहाँ की मृदा में पोषकों की कमी होती है। ये मृदाएँ, अम्लीय होती हैं तथा इनमें खनिजों की कमी होती है। बोरियल वनों की उत्पादनशीलता तथा सामुदायिक स्थायित्व अन्य किसी जीवोम की तुलना में कम होती है।

(2) शीतोष्ण पर्णपाती वन (Temperate deciduous forest)–उच्च अक्षांश की ओर बढ़ने पर अधिक शीतोष्ण पर्णपाती वन मिलते हैं। शीतोष्ण वनों की विशेषता यह है कि वहाँ मध्यम दर्जे की जलवायु पाई जाती है और चौड़ी पत्ती वाले पर्णपाती (deciduous) वृक्ष होते हैं जो सर्दियों में अपनी पत्तियाँ गिरा देते हैं और बसंत के आगमन पर नई पत्तियों को जन्म देते हैं। ये वन उत्तरी अमेरीका, यूरोप, पूर्वी एशिया (चीन व जापान सहित), चिली और ऑस्ट्रेलिया के कुछ भाग में पाए जाते हैं जहाँ शरद ऋतु में ज्यादा ठंडक पड़ती है और वार्षिक वर्षा 75 से 150 से.मी. तक होती है यहाँ साल भर लगभग एक जैसी वर्षा होती रहती है। ये वृक्ष काफी लंबे लगभग 40 से 50 मीटर ऊँचे होते हैं और इनकी पत्तियाँ पतली और चौड़ी होती हैं। इस जीवोम के प्रमुख जीनसों में मेपल (Acer, ऐसर), बीच (Fagus, फैगस), ओक (Quercus, क्वर्कस), हिकोरी (Carya, करया), बासवुड (Tilia, तिलिया), चेस्टनट (Castnea, कैस्टनिया) और कॉटनवुड (Populus, पोपुलस) शामिल हैं। हिमालय में कुछ स्थानों पर प्रमुख वनस्पति है–शंकुधारी वृक्ष सीडार (Cedrus, सीड्रस), जूनीपर के पेड़ (rhododendron, रोडोडेनडरान) सहित तथा विलो (सैलिक्स, Salix आदि)।

शीतोष्ण वनों में रहने वाले जंतुओं में हिरन, भालू, गिलहरियाँ, धूसर लोमड़ियाँ, बॉबकैट (bobcats), जंगली पीरू पक्षी (wild Turkey) और कठफोड़वा (woodpeckers) मुख्य है। सामान्यतः पाए जाने वाले अकशेरुकियों में केचुए, घोंघें, मिलीपिड, कोलिओप्टेरा तथा आर्थोप्टेरा कीट। कशेरुकियों में उभयचर प्राणी जैसे टोड, सालामेंडर, क्रिकेट, मेंढ़क और सरीसृप, जैसे कछुए, छिपकलियाँ, साँप तथा स्तनधारी जैसे रैकून, अपोसम, सुअर, पहाड़ी शेर इत्यादि और पक्षियों में श्रृंगी उल्लू (horned owl), हॉक (बाज) इत्यादि शामिल हैं।

(3) शीतोष्ण सदाबहार वन (Temperate evergreen forest)–ये वन मध्य अक्षांश के तटीय प्रदेशों में स्थित हैं। विश्व के कई भागों में भूमध्यसागरीय किस्म की जलवायु पाई जाती है जिसकी विशेषता उष्ण–शुष्क ग्रीष्म और ठंडा नम शीतकाल है। इनमें सामान्यतः कम ऊँचाई वाले सदाबहार वृक्ष पाए जाते हैं जिनकी पत्तियाँ सुई की तरह या चौड़ी होती हैं। इनमें हेमलौक, ईयू (yew) और मैपल शामिल है। झाड़ियाँ 3–4 मीटर ऊँची होती हैं। शीतोष्ण सदाबहार अरण्य बाज वनों (temperate evergreen woodland chaparral) में पाए जाने वाले विशेष प्रकार के जंतुओं में खच्चर, हिरन, ब्रुश खरगोश, काष्ठ चूहा, चिम्पक और छिपकली इत्यादि हैं।

(4) शीतोष्ण वर्षा–प्रचुर वन (Temperate rain forest)–शीतोष्ण वर्षा–प्रचुर वन किसी अन्य वर्षा–प्रचुर वन से अधिक ठंडे होते हैं और ऋतुओं के अनुसार इनके ताप और वर्षा में स्पष्ट अंतर होता है। यहाँ वर्षा अधिक होती है परंतु कोहरा बहुत ही अधिक पड़ता है

जो स्वयं वर्षा की तुलना में पानी का अधिक महत्त्वपूर्ण स्रोत होता है। पौधों और जंतुओं की विविधता अपेक्षाकृत अधिक गर्म स्थानों की अपेक्षा काफी कम होती है।

(5) उष्णकटिबंधीय वर्षा–प्रचुर वन (Tropical rain forest)—उष्णकटिबंधीय वर्षा वन एक ऐसा क्षेत्र होता है जो भूमध्य रेखा के दक्षिण या उत्तर में लगाया 28 डिग्री के भीतर होता है। ये वन पृथ्वी पर पाए जाने वाले सबसे अधिक विविध समुदायों में गिने जाते हैं। यहाँ ताप और आर्द्रता दोनों ही उच्च रहते हैं और वर्ष भर लगभग एक जैसे रहते हैं। वार्षिक वर्षा 200 से.मी. से भी अधिक होती है और यह सामान्य रूप से वर्ष भर होती रहती है।

उष्णकटिबंधीय वर्षा–प्रचुर वनों में पाए जाने वाले सामान्य कशेरुकीयों में वृक्षवासी उभयचर रेकोफोरस मलाबौरिकस (Rhacophorus malabaricus), जलीय सरीसृप (aquatic reptiles), कैमीलियन, ऐगैमिड, करेल छिपकलियाँ और साँपों की कई स्पीशीजें, पक्षियों की कई स्पीशीजें और स्तनधारियों जैसे तेंदुओं, जंगली बिल्लियों, ऐंटईटरों (ant-eaters), विशालकाय उड़न गिलहरियाँ, बंदर और स्लौथ आदि पाए जाते है। ये वन वर्तमान में मानव गतिविधि के कारण बिखर रहे है।

(6) उष्णकटिबंधीय मौसमी वन (Tropical seasonal forest)—उष्णकटिबंधीय मौसमी वन उन क्षेत्रों में मिलते हैं जहाँ कुल वर्षा बहुत अधिक होती है परंतु यह शुष्क तथा नम कालों में बँटी रहती है। अत्यधिक नम उष्णकटिबंधीय मौसमी वनों में वार्षिक वर्षा उष्णकटिबंधीय वर्षा–प्रचुर वनों से कई गुना होती है जिन्हें सामान्यतः मानसूनी वन (monsoon forests) कहा जाता है। भारत (सेंट्रल इंडिया) तथा दक्षिण पूर्वी एशिया के सर्वाधिक ज्ञात उष्णकटिबंधीय मौसमी वनों में अक्सर बड़े वृक्ष टीक (teak) के होते हैं। इन क्षेत्रों में बाँस भी एक महत्त्वपूर्ण चरम झाड़ी के रूप में पाए जाते हैं।

(7) उपोष्णीय वर्षा–प्रचुर वन (Subtropical rain forest)—बहुत अधिक वर्षा वाले क्षेत्रों में, जहाँ सर्दी और गर्मी के दिनों के ताप में भिन्नताएँ कम स्पष्ट होती हैं, चौड़ी पत्ती वाले सदाबहार उपोष्णीय वन पाए जाते हैं। यहाँ की वनस्पतियों में महोगनी, पाम, ओक, मैंगोलिया और इमली, सभी अधिपादपों (पाइनएपल तथा ऑर्किड कुलों के) से ढके हुए वृक्ष, बेलें और स्ट्रैंग्लर अंजीर (फाइकस ऑरियस Ficus aureus) आदि है। उपोष्णीय वन के जंतुओं का जीवन उष्णकटिबंधीय वर्षा–प्रचुर वनों के जंतुओं से बहुत मेल खाता है।

प्रश्न 19. वनों के महत्त्व को संक्षेप में समझाइए।

उत्तर— वन किसी भी राष्ट्र की अति मूल्यवान संपत्ति हैं, क्योंकि वनों से उद्योगों के लिए कच्चे पदार्थ मिलते हैं; भवन–निर्माण के लिए उपयोगी लकड़ियाँ प्राप्त होती हैं; विभिन्न प्रकार के जंतुओं तथा सूक्ष्म जीवों के लिए अनुकूल आवास सुलभ होते हैं; जैविक एवं पोषक तत्त्वों से भरपूर मिट्टियों का निर्माण होता है; मिट्टियों का अपरदन से बचाव होता है; वर्षा के जल के अधिकतम अंतः संचरण के कारण भूमिगत जल में वृद्धि होती है; धरातलीय वाहीजल में निहायत कमी होती है; परिणामस्वरूप बाढ़ की आवृत्ति तथा परिमाण में पर्याप्त कमी होती है;

वर्षा में वृद्धि होती है; वन कार्बन डाईऑक्साइड का अधिकाधिक मात्रा में अवशोषण करते हैं; लाखों लोगों को जलावन के लिए लकड़ी उपलब्ध होती है; मनुष्य तथा जंतुओं को शरण एवं आहार मिलता है आदि। वास्तव में वन किसी भी राष्ट्र की जीवन रेखा हैं, क्योंकि राष्ट्र विशेष के समाज की समृद्धि तथा कल्याण उस देश की स्वस्थ एवं समृद्ध वन संपदा पर प्रत्यक्ष रूप से आधारित होता है। पारिस्थितिकी तंत्र के जैविक संघटकों में से वन एक महत्त्वपूर्ण संघटक है तथा पर्यावरण की स्थिरता तथा पारिस्थितिकी संतुलन उस क्षेत्र की वन संपदा की दशा पर आधारित होता है।

वन भूतल के लिए प्राकृतिक छतरी का कार्य करते हैं, क्योंकि वे मानव–जनित कार्बन डाईऑक्साइड तथा कारखानों से निस्सृत गैसों को सोखकर वायुमंडल के हरितगृह प्रभाव को कम करते हैं, भूतल एवं वायुमंडल के विकिरण तथा ऊष्मा संतुलन को कायम रखते हैं तथा भूतल की वर्षा की जलबूँदों के प्रहार से बचाकर भूमि अपरदन को कम करते हैं। वनों के अभाव में मानव–जनित कार्बन डाईऑक्साइड की अतिरिक्त मात्रा का अवशोषण नहीं हो पाएगा, जिस कारण वायुमंडल में कार्बन डाईआक्साइड की मात्रा में निरंतर वृद्धि होने के कारण हरितगृह प्रभाव में वृद्धि होने से भूतल एवं निचले वायुमंडल के तापमान में वृद्धि होगी, जिससे पृथ्वी एवं वायुमंडल का ऊष्मा संतुलन अव्यवस्थित हो जाएगा। वनों के ऊपरी वितान वर्षा की जल बूँदों को रोककर उनकी गतिज ऊर्जा को कम करते हैं। वर्षा का जल वृक्षों की पत्तियों, शाखाओं तथा वनों से होकर हवाई सरिता के रूप में धरातल पर पहुँचता है, जिस कारण वर्षा के जल का भूमि में अधिक रिसाव होता है और मिट्टियों का अपरदन न्यूनतम हो जाता है। वन विनाश के कारण वर्षा की जल बूँदें पूर्ण गतिज ऊर्जा के साथ धरातलीय भाग पर प्रहार करती हैं, जिस कारण मिट्टियों का अपरदन बढ़ जाता है। मृदा अपरदन में वृद्धि के कारण नदियों के अवसाद भार में वृद्धि हो जाती है, जिस कारण नदियों की तली का तेजी से भराव होने लगता है। इस प्रक्रिया के कारण नदियों में जल धारण की क्षमता घट जाने से बाढ़ का प्रकोप बढ़ जाता है। यह आम धारणा है कि वनावरण में कमी होने से वर्षा में भी कमी होती है, परंतु इस अवधारणा के पक्ष में अभी तक ठोस प्रमाण नहीं मिल सके हैं। वन विनाश के कारण जलवर्षा के भूमि में कम रिसाव के कारण भूमिगत जल में अल्पता होती जाती है। मसूरी और देहरादून के आसपास वन विनाश के कारण अधिकांश जल के स्रोत सूख गए थे। अर्द्ध शुष्क एवं शुष्क प्रदेशों में वनस्पतियों के विनाश के कारण वायु अपरदन एवं मरुस्थलों के विस्तार में वृद्धि हो जाती है। वन विनाश के कारण कई प्रकार के पौधों एवं जंतुओं के प्राकृतिक आवासों के नष्ट हो जाने से प्रभावित क्षेत्र में पारिस्थितिकीय असंतुलन उत्पन्न हो जाता है।

पारिस्थितिक संतुलन बनाए रखने में वनों की महत्त्वपूर्ण भूमिका है। जल आपूर्ति को नियमित करके, वर्षा जल को सोखकर, बाढ़ों तथा सूखे को रोकते हैं। वनों के द्वारा निम्न सुरक्षात्मक कार्य संपन्न होते हैं–

(1) वायु अपरदन को रोकते हैं–वनों से (शेल्टर बेल्ट्स के कारण) पोषकों से समृद्ध मिट्टी की ऊपरी परत की क्षति नहीं होती है। वनों से बालू के टीलों का स्थिरीकरण होता है।

(2) हिमघाव से रक्षा—यूरोप के ऐल्पाइन देशों में ये हिमघाव से सुरक्षा प्रदान करते हैं।

(3) वन वायु प्रदूषण के लिए फिल्टर का कार्य करते हैं—वृक्ष वाहित कणाकारों को रोकते हैं, किंतु शर्त यह है कि प्रदूषण से वृक्षों को हानि नहीं पहुँचे। धूल, राख, पराग कण तथा धुआँ, जो मानव स्वास्थ्य के लिए हानिकारक हैं तथा धुंध पैदा करते हैं, उन्हें ये वृक्ष रोकते हैं।

(4) वन जल संसाधनों की रक्षा करते हैं—पृष्ठ अपरदन तथा अवसादन को कम करके जल संसाधनों की रक्षा करते हैं, जल प्रदूषकों को छानते हैं, जल की उपलब्धि तथा प्रवाह को नियमित करते हैं, बाढ़ों को कम करते हैं, वर्षा को बढ़ाते हैं और लवणता घटाते हैं।

(5) तटीय क्षेत्रों की रक्षा करते हैं—वन, विशेषकर मैंग्रोव वन, समुद्री तट के अपरदन, गाद भरने तथा सुनामी और समुद्री लहरों के प्रभाव को कम करते हैं। ये भारी धातुओं को छानते और विलग करते हैं।

(6) जलवायु को प्रभावित करते हैं—वृक्षों के कारण ऊष्मा की कम मात्रा वायुमंडल में परावर्तित होती है। वृक्ष वैश्विक कार्बन चक्र में महत्त्वपूर्ण भूमिका निभाते हैं।

जाड़े के दिनों में ये ठंडी हवाओं को रोकते हैं, वायु के वेग को कम करते हैं, मृदा ताप को घटाते हैं तथा आपेक्षिक आर्द्रता बढ़ाते हैं। ये प्रभाव कृषि–वानिकी में लाभकर हैं।

प्रश्न 20. वनों की उपयोगिता को मध्य नजर रखते हुए इसके संरक्षण हेतु किन उपायों को अपनाने की आवश्यकता है?

उत्तर— वनों की उपयोगिता को मध्य नजर रखते हुए हमें इसके संरक्षण हेतु निम्नलिखित उपाय अपनाने की आवश्यकता है—

- वनों के पुराने एवं क्षतिग्रस्त पौधों को काटकर नए पौधों को लगाना चाहिए।
- नए वनों का निर्माण वनारोपण अथवा वृक्षारोपण।
- आनुवंशिकी के आधार पर ऐसे वृक्षों को तैयार करना, जिससे वन संपदा का उत्पादन बढ़े।
- पहाड़ एवं परती जमीन पर वनों को लगाना।
- सुरक्षित वनों में पालतू जानवरों के प्रवेश पर रोक लगाना।
- वनों को आग से बचाना।
- जले वनों की खाली परती भूमि पर नए वन लगाना।
- रोग–प्रतिरोधी तथा कीट–प्रतिरोधी वन वृक्षों को तैयार करना।
- वनों में कवनकनाशकों तथा कीटनाशकों का प्रयोग करना।
- वन कटाई पर प्रतिबन्ध लगाना।
- आम जनता में जागरूकता पैदा करना, जिससे वह वनों के संरक्षण पर ध्यान दें।
- वन तथा वन्यजीवों के संरक्षण के कार्य को जन–आंदोलन का रूप देना।
- सामाजिक वानिकी को प्रोत्साहित किया जाना चाहिए।
- शहरी क्षेत्रों में सड़कों के किनारे, चौराहों तथा व्यक्तिगत भूमि पर पादप रोपण को प्रोत्साहित करना।

अप्रत्यक्ष रूप से कई उद्योगों में कच्चे माल व पदार्थ के रूप में पेड़ों के तने व छाल आदि काम आते हैं। कागज उद्योग, वस्त्र उद्योग, रबर पेंट उद्योग, खेल का सामान बनाने वाले उद्योग आदि सभी वनों से प्राप्त सामग्री पर आधारित हैं। इन सभी मूलभूत आवश्यकताओं की पूर्ति के अलावा वन प्राकृतिक संतुलन बनाए रखने का भी कार्य करते हैं। वे हानिकारक गैसों का अवशोषण करते हैं, मृदा–अपरदन को रोकते हैं, वर्षा कराने में सहायक होते हैं, पृथ्वी के तापमान को नियंत्रित रखने में अपनी भूमिका अदा करते हैं इत्यादि। जी.पी.एच. की पुस्तकों का मुख्य उद्देश्य ज्ञान के साथ–साथ अच्छे नम्बर दिलाना है।

प्रश्न 21. घास–स्थल पारितंत्र क्या है? इसके आर्थिक महत्त्व की विवेचना कीजिए।

उत्तर– चरागाह अथवा घास–स्थल ऐसे क्षेत्र हैं जहाँ वर्षा प्रायः कम होती है और/या मिट्टी की गहराई और गुणवत्ता कम होती है। कम वर्षा होने से बड़ी संख्या में यहाँ पेड़ और झाड़ नहीं उग सकते, पर इतनी वर्षा मानसून में घास के आवरण को पैदा करने के लिए पर्याप्त होती है। गर्मी के महीनों में घास और छोटी झाड़ियाँ सूख जाती हैं और उनकी सतह से ऊपर का भाग मर जाता है। अगले मानसून में बची हुई जड़ों और पिछले साल के बीजों से घास का आवरण फिर से उग जाता है। यह परिवर्तन चरागाहों को अत्यधिक मौसमी रूप दे देता है जिसमें उनकी वृद्धि के काल के बाद एक सुषुप्तावस्था आती है।

अनेक प्रकार की घास, छोटी झाड़ियाँ तथा कीड़ों, पक्षियों और स्तनपायियों की अनेक प्रजातियों का विकास इस तरह से हुआ है कि वे इन खुले और विस्तृत घास के मैदानों में रह सकती हैं। ये पशु ऐसी दशाओं में रह सकते हैं जहाँ वर्षा के बाद भोजन की बहुतायत हो; इसे वे वसा (चर्बी) के रूप में जमा कर लेते हैं जिसका उपयोग वे शुष्क काल में करते हैं जब खाने को कुछ नहीं होता। प्राचीन काल में मनुष्य ने जब पशुओं को पालतू बनाया तो उनको खिलाने के लिए इन चरागाहों का उपयोग आरंभ किया और इस प्रकार वह पशुपालक बन गया। घास–स्थल पारितंत्र वहाँ पाया जाता है जहाँ वर्षा 25 से 75 से.मी. प्रति वर्ष के लगभग होती है। जो वनों के लिए पर्याप्त नहीं होती, परंतु वास्तविक मरुस्थल में होने वाली वर्षा से अधिक होती है। प्ररूपी घास–स्थल, वनस्पतियों वाले ऐसे स्थान होते हैं जो शीतोष्ण जलवायु में पाए जाते हैं। घास की परत विरल होती है और उसमें मुख्यतः एकवर्षीय घास की स्पीशीजें ही होती है।

आर्थिक महत्त्व–भारत का क्षेत्रफल कुल भूमि के क्षेत्रफल का 2.4 प्रतिशत भाग है परंतु यह भू–भाग विश्व भर में पाई जाने वाली भैंसों के आधे से अधिक को, पशुओं के 15 प्रतिशत को; बकरियों के 15 प्रतिशत को और भेड़ों के 4 प्रतिशत को जीवित रखने में सहायक है। पशुधन के रूप में यह संपत्ति भारत के निवासियों के जीवन में महत्त्वपूर्ण भूमिका निभाती है। यह पशुधन हमें जलाने के लिए ईंधन, खाने के लिए पोषक पदार्थ और गाँव उद्योगों के लिए कच्चा माल उपलब्ध कराता है। अनेक पालतू और जंगली शाकाहारी जंतुओं, जैसे घोड़े, खच्चर, गधे, गाय, सुअर, भेड़, बकरी, भैसें, ऊँट, हिरन, जेब्रा इत्यादि की बड़ी

संख्या को जीवित रखने के लिए घास-स्थल जीवोम महत्त्वपूर्ण है जो मनुष्य को भोजन, दूध, ऊन, चमड़ा अथवा परिवहन का साधन आदि देता है।

अतिचारण (overgrazing) के हानिकारक पारिस्थितिकीय प्रभाव भी होते हैं, जैसे भूमि के ऊपर पलवार आवरण (mulch cover) घट जाता है। सूक्ष्म जलवायु अधिक शुष्क हो जाती है और इस भूमि पर मरुद्भिदी पौधे आसानी से उग जाते हैं। ह्यूमस आवरण (humus cover) की अनुपस्थिति में खनिज युक्त मृदा-सतह उस दशा में बहुत अधिक नष्ट हो जाती है जब सतही परत नमी के कारण आलोडित हो जाती है। यह सतही परत पानी को मिट्टी में जाने से रोकती है तथा उसके बह जाने को बढ़ावा देती है जिसके कारण सूखा पड़ता है।

प्रश्न 22. मरुस्थलीय पारितंत्र से क्या तात्पर्य है? इसकी संरचना तथा कार्य पर भी प्रकाश डालिए। मरुस्थलीय पारितंत्रों का संरक्षण कैसे संभव है?

उत्तर— अत्यंत कम व अनियमित वर्षा, शुष्क जलवायु, मरुस्थलीय पारितंत्र का अभिलाक्षणिक गुण है। तापमान के आधार पर मरुस्थल दो प्रकार के होते हैं—शुष्क उष्ण मरुस्थल — जैसे थार, सहारा तथा शुष्क ठंडे मरुस्थल — जैसे ठंडे प्रदेश। दोनों ही प्रकार के मरुस्थलों में जल व वनस्पति न्यूनता सामान्य है। उष्ण मरुस्थल 30° उत्तरी एवं 30° दक्षिणी आक्षांश के मध्य पाए जाते हैं। अफ्रीका में सहारा, नामिव एशिया में गोबी, थार कुछ मुख्य मरुस्थलों में से एक है। मरुस्थलों में वार्षिक वर्षा औसत 50mm से कम, गर्म दिन (तापमान अधिकतम 48° C) तथा ठंडी रातें (तापमान न्यूनतम 5° C) होती है। भारत का थार मरुस्थल 13 लाख किमी वर्ग क्षेत्र (भारत-पाक) में फैला हुआ है तथा 22° 30'N – 32° 05'N आक्षांश तथा 68° 5'E – 75° 45'E देशांतर के बीच स्थित है। मई-जून में धूल भरी आंधियाँ यहाँ का प्रमुख लक्षण है। वाष्पन, वर्षण से ज्यादा होता है।

मरुस्थलीय पारितंत्र की संरचना

(1) **अजैविक घटक—**मृदा में उपस्थित कार्बनिक एवं अकार्बनिक पदार्थ तथा अन्य जलवायवीय कारक जैसे—वायु, प्रकाश, तापमान, वर्षा आदि। उच्च तापमान, धूलभरी आंधियाँ सूखा यहीं की जलवायु की विशेषता है।

(2) **जैविक घटक**

   (क) **उत्पादक**

   अल्पजीवी घास जातियाँ जैसे—सैकेरम, डाइकैन्थियम, लेजुरस (सेंवण घास) तथा क्षुप जैसे—कैपेरिस, लेप्टोडेनिया, स्पाइसिजेरिया, खेजड़ी बबूल, नागफनी आदि। अधिकांश पादप जातियाँ (क्षुप तथा वृक्ष को छोड़कर) केवल वर्षाकाल में ही जीवित रहती हैं, ग्रीष्म काल के शुरू होते ही समाप्त हो जाती हैं।

   (ख) **उपभोक्ता**

   (i) **प्राथमिक उपभोक्ता—**टिड्डी, मकड़ी, दीमक, चूहा, खरगोश, हिरण, एंटीलोप्स, धारीदार गधा, ऊँट, कुछ पक्षी, गोडावन, छोटे स्तनपयी जैसे रेगिस्तान चूहा।

(ii) **द्वितीयक उपभोक्ता**—साँप, छिपकली, लोमड़ी आदि।

(iii) **तृतीयक या उच्च उपभोक्ता**—भेड़िया, बाज आदि।

(ग) **अपघटक**

कुछ कवक, जीवाणु तथा एक्टीनोमाइसिटिज। इनकी मात्रा वर्षा काल में बढ़ जाती है।

कार्य

- यह स्तनधारी, पक्षियों एवं सरीसृप की शरणस्थली का कार्य करते हैं।
- विशिष्ट पादप जातियों को संरक्षण देते हैं।
- राजस्थान का राज्य वृक्ष खेजड़ी, राज्य फूल रोहिड़ा एवं राज्य पक्षी गोडावण घोषित किया गया है।
- प्रदेश में ग्वारपाठा की प्रमुख जातियाँ पाई जाती हैं जिनका औषधि, सौंदर्य प्रसाधन के रूप में काम लिया जाता है।

मरुस्थलीय पारितंत्रों का संरक्षण कैसे संभव है?

मरुस्थलीय पारितंत्र अत्यंत संवेदनशील होते हैं। मरुस्थलों का पारितंत्रीय संतुलन जिसके कारण वे पौधों और प्राणियों के आवास हैं, आसानी से भंग हो सकता है। मरुस्थल निवासियों ने अपने अत्यल्प जल संसाधनों को परंपरागत ढंग से बचाकर रखा है। राजस्थान की बिशनोई जाति के बारे में ज्ञात है कि वह अनेक पीढ़ियों से अपने खेजड़ी पेड़ों और काले हिरनों की रक्षा करती आई है। यह परंपरा तब शुरू हुई जब उनके क्षेत्र के राजा ने अपनी सेना को अपने उपयोग के लिए पेड़ों को काटने के लिए भेजा। कहते हैं कि अपने पेड़ों की रक्षा करते हुए अनेक बिशनोइयों ने अपनी जानें दीं।

आज रेगिस्तानी और अर्धशुष्क क्षेत्रों में स्थित राष्ट्रीय पार्कों और अभयारण्यों में इस पारितंत्र के बचे-खुचे टुकड़ों की रक्षा की तात्कालिक आवश्यकता है। राजस्थान की इंदिरा गाँधी नहर इस महत्त्वपूर्ण प्राकृतिक शुष्क पारितंत्र को नष्ट कर रही है क्योंकि वह इस क्षेत्र को सघन खेती वाले क्षेत्र में बदल देगी। कच्छ में छोटे रन के इलाके, जो जंगली गधों के एकमात्र ठिकाने हैं, लवण निर्माण के प्रसार के कारण नष्ट हो जाएँगे।

विकास की परियोजनाएँ मरुस्थलीय और शुष्क भूदृश्य को बदल रही हैं जिसके कारण यहाँ की विशिष्ट प्रजातियों के लिए उपलब्ध आवास तेजी से घट रहा है और ये विनाश के कगार तक पहुँच चुकी हैं। हमें विकास के ऐसे निर्वहनीय रूप की आवश्यकता है जो रेगिस्तान की विशेष आवश्यकताओं पर ध्यान दें।

प्रश्न 23. जलीय पारितंत्र से आप क्या समझते हैं? इसके विभिन्न प्रकारों पर चर्चा करते हुए यह बताइए कि जलीय पारितंत्रों का संरक्षण कैसे संभव है?

उत्तर— जलीय पारितंत्र में पौधे और प्राणी जल में रहते है। जलीय पारितंत्र जल के गुणों जैसे पानी की किस्म जिसमें उसकी स्वच्छता, खारापन, ऑक्सीजन की मात्रा और प्रवाह

की दर सम्मिलित है, इसके आधार पर इनको दो वर्गों स्वच्छ जल पारितंत्र तथा महासागरीय जल पारितंत्र में विभाजित किया जाता है। स्वच्छ जल एवं महासागरीय जल की गुणवत्ता में अंतर होता है। समुद्री पारितंत्र खारे होते हैं तथा समुद्री तल में लवण की मात्रा 0.5 प्रतिशत से भी कम होती है। भूमंडलीय जलराशियों ने धरातल के लगभग तीन–चौथाई भाग को अलवण जल या खारे पानी के रूप में ढक रखा है जहाँ अलवण जल में नमक का अंश 0.5 प्रतिशत से कम, लवण जल में 3.5 प्रतिशत से अधिक और खारे पानी में अलवण जल और लवण जल के बीच में होता है। ज्वारनदमुख और महासागरों में लवण की मात्रा के अनुसार भिन्न प्रकार के जीव पाए जाते है। इसी आधार पर जलीय पारितंत्रों (Aquatic ecosystem) को तीन श्रेणियों में रखा गया है–(1) अलवण जल पारितंत्र–झील, ताल, अनूप (swamps) कुंड (pools), सरिताएँ (streams) और नदियाँ; (2) समुद्री पारितंत्र–उथले समुद्र और खुले महासागर; (3) खारा जल पारितंत्र–ज्वारनदमुख, लवणकच्छ (marshes), मैंग्रोव अनूप (mangrove swamps) और वन।

(1) जलीय जीव–जीव जलीय पारितंत्र में असामान्य रूप से वितरित हैं लेकिन उनके जीवन रूप के या स्थिति के आधार पर उन्हें पाँच समूहों में वर्गीकृत किया जा सकता है–

(क) पटलक (Neuston)–ये असंलग्न जीव हैं जो वायु–जल अंतरापृष्ठ (interface) पर रहते हैं जैसे कि प्लवमान (floating) पौधे और कई प्रकार के प्राणि। कुछ अपना अधिकांश जीवन वायु–जल अंतरापृष्ठ की चोटी पर बिताते हैं जैसे कि जल द्रतकग (striders) जबकि दूसरे अपना अधिकांश समय वायु–जल अंतरापृष्ठ के एकदम नीचे बिताते हैं और अपना अधिकतर खाना पानी में से प्राप्त करते हैं उदाहरणार्थ, भृंग (beetles) और पृष्ठ तरणक (back swimmers)।

(ख) परिपादप (Periphyton)–ये ऐसे जीव हैं जो तली पंक के ऊपर निकले पदार्थों या जड़ जमाए पौधों के तनों और पत्तियों पर संलग्न या चिपके रहते हैं। आमतौर पर स्थानबद्ध (sessile), शैवाल (algae) और उनके संबद्ध प्राणियों के समूह इस वर्ग के अंतर्गत आते हैं।

(ग) प्लवक (Plankton)–प्लवक एक से अधिक पौष्टिकता स्तर का सदस्य है। प्लवक समुदाय में वे पादप व जंतु आते हैं जो धारा के विपरीत तैर नहीं सकते हैं।

इस वर्ग में तेजी से बहती हुई कुछ जल राशियों को छोड़कर सभी जलीय पारितंत्रों में पाए जाने वाले सूक्ष्म पौधे (पादप प्लवक) और प्राणि (प्राणिप्लवक) दोनों शामिल हैं। प्लवकों की चलन शक्ति सीमित है इसलिए जलीय पारितंत्रों में इनका वितरण मोटे तौर पर धाराओं द्वारा नियंत्रित रहता है। प्लवकों को दो भागों में बाँटा जाता हैं–

(i) पौधे (मुख्य रूप से शैवाल) जो पादपप्लवक कहलाते हैं, और

(ii) प्राणि (मुख्य रूप से क्रस्टेशियाई और प्रोटोजोआ) जो प्राणिप्लवक के रूप में जाने जाते हैं।

लेकिन अधिकतर पादपप्लवकों और प्राणिप्लवकों में कम से कम थोड़ी–सी गति कर सकने की क्षमता होती है। कुछ प्राणिप्लवकों की छोटी साइज को देखते हुए कह सकते हैं कि

वे अत्यधिक सक्रिय हैं और अपेक्षाकृत लंबी दूरियाँ तय कर लेते हैं लेकिन वे इतने छोटे हैं कि उनकी परास अभी भी मौटे तौर पर धाराओं से नियंत्रित की जाती है।

(घ) तरणक (Nekton)—इस वर्ग में वे प्राणि आते हैं जो तैराक हैं। तरणकों को जल धाराओं पर विजय पानी होती है इसीलिए वे अपेक्षाकृत बड़े एवं सामर्थ्य होते हैं। इन प्राणियों की साइज तरणक कीटों जो मात्र 2 मिमी लंबे हो सकते हैं, से लेकर पृथ्वी पर रहने वाले सबसे बड़े प्राणियों तक हो सकती है जैसे कि नीली ह्वेल (blue whale)।

(ङ) नितलक (Benthos)—जो जीव अलवण जल या महासागर की तली पर रहते हैं, उन्हें नितलक कहते हैं। इनमें पर्यावरण के प्रति पर्याप्त अनुकूलन होता है। इसका कारण यह है कि खुले जल अथवा सतह (पृष्ठ) की अपेक्षा तली अधिक विविध (heterogeneous) आवास है और यह विविधता जीवों में प्रतिबिंबित होती है। व्यावहारिक रूप से प्रत्येक पारितंत्र में सुविकसित नितलक होते हैं।

(2) अलवण जलीय पारितंत्र—धरातल पर जल जिसका चक्र निरंतर चलता रहता है और जिसमें अल्प मात्रा में लवण पाए जाते हैं, अलवण जल कहलाता है तथा इसका अध्ययन सरोविज्ञान कहलाता है। अलवण जल पारितंत्र कार्बनिक (organic) और अकार्बनिक (inorganic) पदार्थों की अत्यधिक मात्रा के लिए स्थलीय पारितंत्रों पर निर्भर करते हैं। यह पदार्थ जलीय पारितंत्रों के पास की जमीन पर पनप रहे समुदायों द्वारा इन पारितंत्रों में निरंतर डाले जाते हैं।

अलवण जल पारितंत्रों के दो भागों को निम्न प्रकार से बाँटा जा सकता है—

(क) सरो (lentic) ("लेनिस" शब्द से बना है, जिसका अर्थ है शांत) या स्थिर या फिर बेसिन, श्रेणी पारितंत्र। झीलें, तालाब, कुंड, अनूप और कच्छ आदि इस भाग के उदाहरण हैं।

(ख) सरित (lotic) ("लोट्स" शब्द से बना है, जिसका अर्थ है बहाकर ले जाया गया) या बहते हुए या प्रणाल (चैनल) श्रेणी पारितंत्र। नदियाँ, सरिताएँ और सोते आदि इस भाग के उदाहरण हैं।

झील जल का वह स्थिर भाग है जो चारों तरफ से स्थलखंडों से घिरा होता है। झीलें उन अंतस्थलीय गर्तो यानी गड्डों को कहते है जिनमें ठहरा हुआ पानी भरा रहता है। झीलों के क्षेत्रफल और गहराई में बहुत विभिन्नता होती है। पृथ्वी की अलवण झीलों में 125×10^3मी^{3} पानी भरा हुआ है और अंतर्वाह (inflow) तथा बहिर्वाह (outflow) भी होता रहता है इसके अतिरिक्त उनकी परिसीमाओं के भीतर ही परिसंचरण के विभिन्न प्रतिरूप भी होते हैं और इसलिए इनका पानी पूरी तरह से स्थिर नहीं है। फिर भी, इनमें नदियों की तरह सतत् या लगातार रेखीय या प्रक्षोभी (turbulent) विशिष्ट प्रकार का बहाव नहीं होता। झीलों का जल प्रायः स्थिर रहता है।

झीलें, रुद्धजलागार और आर्द्र भूमियाँ—सरो पारितंत्रों में झीलें, रुद्धलागार एवं आर्द्र भूमियाँ तीनों प्रकार के पारितंत्र आते हैं।

झीलें—सामान्य रूप से झील भूतल के वे विस्तृत गड्डे हैं, जिनमें जल भरा होता है। अधिकांश झीलें वहाँ पाई जाती हैं जहाँ हाल ही में भूमि के स्वरूप में परिवर्तन हुए हैं; पिछले 20,000 वर्षों के भीतर हुए परिवर्तन इस श्रेणी में आते हैं। फिर भी, रूस में बैकल और अफ्रीका में तंगन्यानितिया (Tanganyanitia) जैसी कुछ झीलों के बारे में अनुमान लगाया गया है कि ये 2 करोड़ साल पहले बनी थीं। झील की दूसरी विशेषता उसका स्थायित्व है।

रुद्धजलागार (Impoundment)—मनुष्य द्वारा कृत्रिम रूप से बनाई गई छोटी और बड़ी, दोनों ही प्रकार की अनेक झीलें हैं जो जलाशय या रुद्धजलागार कहलाती हैं। ये विशेष प्रकार की जरूरतों को पूरा करने के लिए बनाई जाती हैं। रुद्धजलागारों की उत्पत्ति के आधार पर उन्हें ऑफस्टेम (offstem) या ऑनस्टेम (onstem) कहा जाता है। ऑनस्टेम जलाशय उच्च भूमि (upland) क्षेत्रों में स्थित हैं और किसी उपयुक्त नदी घाटी में नदी या नाले के रास्ते पर बाँध बनाकर बनाए जाते हैं। भारत में केवल ऑनस्टेम रुद्धजलागार ही पाए जाते हैं। ऑफस्टेम जलाशय किसी नदी से या भूमिगत स्रोत से कुछ दूर तक पानी को पम्प करके निम्न भूमि (low land) वाले क्षेत्रों में बनाए हुए जलाशयों को कहते हैं।

आर्द्र भूमियाँ—आर्द्र भूमि ऐसा भू–भाग होता है जहाँ के पारितंत्र का बड़ा हिस्सा स्थायी रूप से या प्रतिवर्ष किसी मौसम में जल से संतृप्त हो या इसमें डूबा रहे। आर्द्र भूमियाँ स्थायी रूप से या समय–समय पर पानी से ढके रहने वाले क्षेत्र हैं। इन्हें छह मीटर की गहराई तक, कृत्रिम रूप से या प्राकृतिक रूप से, समय–समय पर या स्थायी रूप से पानी से निमग्न (submerged) या संतृप्त (saturated) भूमियों के रूप में परिभाषित किया जा सकता है। यह पानी खारा या नमकीन हो सकता है। जैव विविधता की दृष्टि से आर्द्रभूमियाँ अत्यंत संवेदनशील होती हैं।

आर्द्र भूमियों को दो श्रेणियों में विभक्त किया जा सकता है–

(i) अंतःस्थलीय आर्द्र भूमियाँ – जोकि अंतःस्थलीय स्थल से घिरी रहती हैं और जिनमें अलवणजल भरा रहता है जिसे दलदल (bogs), अनूप आदि।

(ii) तटीय आर्द्र भूमियाँ – ये तट के पास होती हैं और इनमें लवण जल या खारा पानी भरा रहता है, जैसे कि मैंग्रोव अनूप, मैंग्रोव वन आदि।

(3) सरित पारितंत्र – नदियाँ—सरित या बहते हुए पानी के आवासों में नदियाँ, नाले और छोटी नदियाँ शामिल हैं। लगातार बहता पानी इन आवासों के सबसे असाधारण लक्षण हैं। यह पानी तल के अभिलक्षणों को परिवर्तित कर देता है और इसके भीतर जीवों के वितरण पर प्रभाव डालता है।

इसके दो सबसे महत्त्वपूर्ण अभिलक्षण निम्न हैं–

(क) नदियाँ खुली, विवृत या विषमपोषी तंत्र हैं, जबकि झीलें अंतर्वाही अथवा बहिर्वाही नालों से होने वाले कुछ आगतों और निर्गतों को छोड़कर बंद, संवृत या स्वतः पूर्ण तंत्र हैं।

(ख) झील में पोषकों को कई बार काम में लाया जा सकता है, जबकि नदियों में किसी स्थल पर पौधों और प्राणियों के लिए अस्थायी रूप से उपलब्ध पोषकों को काम में लाना आवश्यक है।

नदियों के जीवजात

(i) प्राणी–प्राणी या जंतु या जानवर 'एनिमेलिया' या मेटाजोआ जगत के बहुकोशिकीय, जंतुसम पोषण प्रदर्शित करने वाले और सुकेंद्रिक जीवों का एक मुख्य समूह है। खुली पड़ी रहने वाली चट्टान की सतह के आवास में केवल वे जीव पाए जाते हैं जिनमें एक ही जगह ठहरे रहने के लिए दक्ष साधन हैं। इन प्राणियों में अलवणजल लिम्पेट, डिम्भक (लावा) या अलवण पेनी (रिफल भृंग, riffle beetles), अलवणजन स्पंज और कैडिस मक्खी (caddis files) शामिल हैं। चट्टान खंडों के बीच में पाई जाने वाली खाली जगहों यानी अवकशों में बनने वाला सूक्ष्मआवास थोड़ा–थोड़ा रक्षित है। यहाँ पाषाण मक्खी और ड्रैगनफलाई होती हैं। दोनों ही चिपटी होती हैं और उन्हें यथास्थान बनाए रखने के लिए उनमें व्यावहारिक अनुकूलन होते हैं (जैसे कि सख्त सतह पर चिपके रहने की प्रवृत्ति और अपने आपको धारा के साथ–साथ अभिविन्यस्त करते रहना)। उदाहरण के लिए यहाँ हेलिग्रोमाइट कीट का डिम्भक पाया जाता है जो बड़ा और कांटों में ढका हुआ होने के कारण अपने आपको बह जाने से बचा लेता है।

चट्टानों के नीचे सूक्ष्मआवासों में जहाँ धारा कमजोर होती है वहाँ ऐसे प्राणी होते हैं जिनमें हालाँकि तेज बह रहे पानी में रुके रहने के मूल अनुकूलन होते हैं। यहाँ पाए जाने वाले प्राणियों में एंनेलिड्स, चिपिटकृमि, क्लैम, कुछ घोंघा जातियाँ और अन्य कीट डिम्भक हैं।

तेजी से बहाव वाले आवास में तरणक केवल उन क्षेत्रों में पाए जाते हैं जहाँ धारा ज्यादा शक्तिशाली नहीं है और इसमें ठंडे पानी की मछलियाँ पाई जाती हैं जैसे कि ट्रॉउट या सामन। जिन क्षेत्रों में धारा बहुत शक्तिशाली है, तरणक नहीं होते और ऐसे मामलों में बहुत से और तरह–तरह के नितलक हो सकते हैं और इनसे पूरा समुदाय बन सकता है।

(ii) पौधे–पौधों में यहाँ केवल अच्छी तरह संलग्न रूप ही जीवित बच सकते हैं जैसे कि स्थानबद्ध शैवाल। इस प्रकार केवल कुछ पौधों की उपस्थिति के ही कारण यहाँ प्राणियों के लिए पोषक आधार–कार्बनिक अपरद है, जो अपवाह क्षेत्रों से बहाकर नदियों में लाया जाता है।

(4) समुद्री पारितंत्र–हिंद महासागर, अरब सागर और बंगाल की खाड़ी प्रायद्वीपीय भारत के समुद्री पारितंत्र हैं। पृथ्वी पर समुद्री पारितंत्र सबसे बड़ा और सबसे स्थायी पारितंत्र है और इसका बहुत पारिस्थितिकीय महत्त्व है। समुद्र का पानी नमकीन है और लवणता का 3.5 प्रतिशत है, जिसमें सोडियम क्लोराइड (NACl) का प्रतिशत 27 है, शेष कैल्शियम, पोटैशियम और मैग्नीशियम लवण है। प्रकाश कार्बनिक उत्पादन और समुद्री जीवन के वितरण में एक महत्त्वपूर्ण सीमाकारी कारक है। तापमान भी लगभग स्थिर रहता है वह ध्रुवीय समुद्रों में 2°C से, लेकर उष्णकटिबंधों में 32°C या अधिक तक होता है।

दो भिन्न मंडलों में समुद्री आवास पहचाना जा सकता है–(i) नितलस्थ मंडल (Benthic zone) जिनसे महासागर का बेसिन या तल बनता है भले ही गहराई कुछ भी हो, (ii) वेलापवर्ती मंडल (Pelagic zone) जो मुक्त जल मंडल को दर्शाता है, बेसिन को भरता है।

महासागर के जीवजात–जीवों की विविधता बहुत अधिक होने के कारण, समुद्र में जीवन विशेषतया प्रचुर नहीं है। प्राणियों का लगभग प्रत्येक प्रमुख वर्ग और शैवाल का प्रत्येक

प्रमुख वर्ग महासागर में कहीं न कहीं पाए जाते हैं। संवहनी पौधे और कीट इसके अपवाद हैं। जीवन रूपों में गहराई के हिसाब से मिलने वाले अंतर के आधार पर समुद्री पारितंत्रों के विस्तार को निम्न मंडलों में बाँटा गया है–

(क) वेलांचली (Littoral Zone) मंडल के जीवजात–यह मंडल समुद्री पारितंत्रों के तटीय क्षेत्र के अंतर्गत आता है और इसे तरंगों तथा ज्वारभाटों की प्रचण्डता, जल–स्तर के उतार–चढ़ाव और तापमान, प्रकाश, लवणता तथा आर्द्रता यानी नमी की परिवर्तनशीलता झेलनी पड़ती है। आम बोलचाल की भाषा में अतिवेलांचली मंडल को पुलिन (बीच) कहते हैं। इस मंडल की तली में पर्याप्त प्रकाश घुस जाता है। ज्वार तालों को छोड़कर, यह क्षेत्र दिन में दो बार खुला और निमग्न रहता है। यह अंतराज्वारीय या बेलांचली मंडल एक उच्च उत्पादकता वाला क्षेत्र है। इसका सरल समुदाय है जिसके समुदाय अत्यंत प्रचुर हो सकते हैं।

यहाँ पाए जाने वाले सामान्यतः प्राणी घोंघे, क्लैम (सीपी), बार्नेकल, क्रस्टेशियाई, एनेलिड्स, समुद्री ऐनीमोन और समुद्र अर्चिन हैं। यहाँ के प्राणी ज्वारभाटों के अनुरूप अनुक्षेत्र वर्गीकरण दर्शाते हैं। शुष्कन (सूखे) के प्रतिरोधी प्राणियों की अपेक्षा अधिक प्रतिरोधी प्राणी प्रायः उच्च स्तर पर मिलते हैं।

(ख) नेरिटांचली महासागरीय मंडल के जीवजात–यह मंडल महासागर के कुछ क्षेत्रफल का 75 प्रतिशत है। इस मंडल में प्रकाश काफी गहराई तक वेधन करता है और यहाँ पोषकों की सांद्रता ज्यादा है। इन दो कारणों से इस क्षेत्र में जातियाँ अपेक्षाकृत अधिक होती हैं और उत्पादकता उच्च है।

खुले समुद्र की बजाय इस क्षेत्र में समुदाय अधिक समृद्ध और अधिक विविध है। संसार के किसी दूसरे क्षेत्र में जीवन की ऐसी किस्में उपलब्ध नहीं हैं। उष्णकटिबंधीय वर्षा वनों तक में नहीं है। डायनोफ्लेजिलेट्स और डायटम सबसे अधिक उत्पादक पादपप्लवक हैं, हालाँकि उथले क्षेत्रों में तली से संलग्न भूरे और हरे शैवाल भी महत्त्वपूर्ण हो सकते हैं। यहाँ के प्राणीप्लवक प्रायः वेलापवर्ती मंडल से मिलते–जुलते हैं हालाँकि शुद्ध रूप से खुले समुद्र वाली कुछ जातियों का स्थान नेरिटांचली जातियाँ ले लेती हैं। खुले समुद्र की तुलना में अस्थायी प्राणीप्लवक यहाँ अधिक पाए जाते हैं।

नैरिटांचली मंडल अथवा महाद्वीपीय शेल्फ के ऊपर के महासागर में तरणक विविध हैं। अनेक ऐसे हैं जिनकी जानकारी आम है क्योंकि इनमें लगभग सभी व्यापारिक जातियाँ और व्हेल, सील, समुद्री ऊदबिलाव, समुद्री सांप और बड़े स्क्विड भी शामिल हैं। मछलियाँ बहुत हैं और इनमें शार्क की अनेक जातियाँ तथा हैरिंग जैसी जातियाँ (सार्डीन, हरिंग), कॉड और उनके संबंधी (हैडॉक और पोलैक), समुद्र कछुए और सामन, चिपिट, मीन (सोल, हैलिबट) और बांगडा सहित टूना तथा बोनिटो भी शामिल हैं।

(ग) वेलापवर्ती (Pelagic) मंडल के जीवजात–कुल समुद्र पृष्ठ का 90 प्रतिशत वेलापवर्ती क्षेत्र है। इस मंडल की जातियाँ विशिष्ट हैं। समुद्र की अविच्छिन्नता या निरंतरता के कारण यहाँ पाए जाने वाले जीवों के लिए पर्यावरण एक समान और स्थायी है।

सबसे प्रचुरता में पाए जाने वाले वेलापवर्ती पादपप्लवक केवल डायनोफ्लैजिलेट और डायटम हैं, जो मुख्य प्रकाशसंश्लेषी भरक हैं, दूसरे माँसभोजी हैं। समुद्री कुकम्बर और समुद्री अर्चिन अपरद तथा जीवाणु खाते हुए अधस्तल पर रेंगते हैं तथा माँसाहारी भंगुरतारा और केकड़ों का आहार बनते हैं।

(घ) नितलस्थल मंडल के जीवजात—यह समुद्र का तला बनाता है। यहाँ के जीव विषमपोषी होते हैं। दृढ़मूल जंतु समुद्री लिली, समुद्री कोरल और स्पंज आदि है। घोंघे और सीपियाँ कीचड़ में धंसी रहती हैं जबकि तारामीन, समुद्री कर्कटी और समुद्री अर्चिन इसकी सतह पर घूमते रहते हैं।

(5) ज्वारनदमुख—ज्वारनदमुख (Estuaries) वह स्थान है जहाँ नदी तथा समुद्र का जल मिलता है। यह नदी के मुख पर आंशिक रूप से आच्छादित क्षेत्र है जहाँ इसका अलवण जल, जिसमें उपजाऊ गाद तथा जमीन से आने वाला वाह उपस्थित होता है, समुद्र के लवण जल में मिलता है। यह अलवणजलीय और समुद्री पारितंत्र के मध्य संक्रामी (इकोटोन) है। यहाँ मौजूद जल में लवणता अलग–अलग मात्रा में पाई जाती है क्योंकि यही अलवण जल समुद्री जल में मिलता है।

ज्वारनदमुख अत्यंत गतिशील और उत्पादकशील पारितंत्र हैं क्योंकि इनमें नदी का बहाव, ज्वार–भाटा परास तथा अवसाद वितरण निरंतर बदलते रहते हैं। ज्वारनदमुख के उदाहरण हैं—नदमुख, तटीय खाड़ी, ज्वारीय अनूप, लगून और डेल्टा।

डेल्टा ऐसे त्रिभुजाकार क्षेत्र हैं जो नदी घाटी के मुँह को घेरे रहते हैं। ये उस स्थल से संबंधित हैं जो उभारों के रूप में समुद्र में आगे की ओर निकला होता है।

ज्वारनदमुख में अलवण जल अथवा समुद्र जल की अपेक्षा अधिक पोषक तत्त्व पाए जाते हैं क्योंकि यह अत्यधिक उत्पादकशील होते हैं तथा बहुत अधिक जंतु प्रजातियों को सहारा देते हैं। ज्वारनदमुख के पादपप्लवक सामान्यतः डायटम, डायनोफिलेजिलेट, हरित शैवाल, नीले हरे शैवाल हैं। ज्वारनदमुख के समुद्र तट की ओर बड़े शैवाल और समुद्री घासें होती हैं। नदी के मुख और डेल्टा के निकट मेंग्रोव बने होते हैं। विशाल मैंग्रोव वन तथा चक्रवात तथा धरातल की ओर से आने वाली तेज हवाओं की गति को कम करके तटीय पर्यावास के लिए एक अवरोध का काम करते हैं।

ज्वारनदमुख के सभी पादप और जंतु परिवर्तनशील लवणता के प्रति अनुकूलन कर लेते हैं। शहरीकरण, औद्योगीकरण और जनसंख्या वृद्धि के कारण ज्वारनदमुख क्षतिग्रस्त हो गए हैं। एक्वाकल्चर गतिविधियों जैसे झींगों की खेती (Prawn seed harvesting) के कारण अधिक क्षति पहुँची है। इसके अतिरिक्त उद्योगों के बहिःस्राव के कारण होने वाले प्रदूषण से सदा सुपोषण की स्थिति बनी रहती है।

ज्वारनदमुखों के लक्षण—ज्वारनदमुखों के भौतिक–रासायनिक गुणों में अनेक प्राचलों में बहुत विभिन्नताएँ हैं और यह कभी–कभी जीवों के लिए एक तनाव–भरा पर्यावरण बन जाता है। यह एक कारण है जिससे इस क्षेत्र में छोटे जीवों की अपेक्षा बड़े जीवों की संख्या कम है।

ज्वारनदमुखीय पर्यावरण का सबसे प्रभावी लक्षण लवणता की घट–बढ़ है। हालाँकि ज्वारनदमुख में कभी–कभी लवणता प्रवणता होती है लेकिन स्थलाकृति के साथ, ज्वार–भाटों के साथ और अलवण जल की मात्रा के साथ प्रवणता के प्रतिरूप भी बदलते रहते हैं।

ज्वारनदमुखों में पंकिल अवस्तर प्रमुख हैं, जो प्रायः बहुत मुलायम हैं। कणों का निक्षेपण यानि जमा होना भी धाराओं और कणों की साइज से नियंत्रित है। अगर शक्तिशाली धाराएँ चलती हैं तो अवस्तर स्थूल या मोटा (रेत) होगा, जबकि उस जगह जहाँ पानी शांत है और धाराएँ कमजोर हैं महीन गाद जमा होगी। ज्वारनदमुख में इन कणों की उत्पत्ति स्थलीय और समुद्री, दोनों ही गति से उत्पन्न अनेक कार्बनिक पदार्थों से होती है। इसके फलस्वरूप संचित होने वाला अवस्तर बहुत समृद्ध है।

दूसरा महत्त्वपूर्ण चर, तापमान है, ज्वारनदमुख का तापमान घटता–बढ़ता रहता है। प्रबल वायुमंडलीय परिस्थितियों के अंतर्गत यह ज्यादा तेजी से गरम हो उठता है और ठंडा हो जाता है। इस अंतर का दूसरा कारण आने वाले अलवण जल की मात्रा है। तापमान भी उदग्र रूप से बदलता है। पृष्ठ की तापमान परास सबसे ज्यादा है और अधिक गहरे पानी की तापमान परास सबसे छोटी है।

सभी कारक यानि कि लवणता, अवस्तर का गठन, तापमान, कार्बनिक पदार्थ की मात्रा और उपलब्ध ऑक्सीजन तरंग क्रिया तथा धाराओं द्वारा नियंत्रित होते हैं। ज्वारनदमुखों में तरंग क्रिया छोटी होती है। इसके फलस्वरूप बारीक तलछटों का निक्षेपण या जमाव होता है और जड़ जमाए पौधों का विकास होता है।

ज्वारनदमुखों में धाराएँ मुख्य रूप से ज्वार–भाटा क्रिया और नदी प्रवाह से बनती हैं। आमतौर पर धाराएँ प्रणाली (चैनल) तक सीमित रहती हैं लेकिन वेग अनेक नॉट तक हो सकते हैं। मध्य में सबसे ज्यादा वेग होते हैं, जबकि तली और बगल के किनारे पर वेग सबसे कम होता है। ज्वारनदमुखों में अपरदन और निक्षेपण धाराओं के कारण होते हैं, जो एक प्राकृतिक चक्र है। फिर भी, ज्वारनदमुखों में अपरदन से निक्षेपण कहीं ज्यादा होता है इसलिए गाद इकट्ठी हो जाती है। साल के सूखे के समय के दौरान जल की गति भयंकर रूप से कम हो जाती है जिसकी वजह से प्रगतिरोध, ऑक्सीजन की घटी हुई मात्रा, शैवाल प्रस्फुटनों का बनना और मछलियों के मरने की घटनाएँ होती हैं।

ज्वारनदमुखों का पानी आविल होता है। इसका कारण पानी में निलम्बित कणिकाओं का भारी संख्या में होना है। आविलता मुहाने के पास न्यूनतम है और स्थल की ओर बढ़ती दूरी के साथ–साथ बढ़ती जाती है। आविलता के प्रमुख पारिस्थितिकीय प्रभाव से प्रकाश के भेदन में उल्लेखनीय कमी हो जाती है। इसकी वजह से पादपप्लवक और नितलस्थ पौधों द्वारा किया जाने वाला प्रकाश संश्लेषण कम हो जाता है। इसका नतीजा होता है उत्पादकता में कमी। ज्वारनदमुख–जल एक सबसे महत्त्वपूर्ण कारकों में ऑक्सीजन भी एक है। तापमान और क्षारता बढ़ने के साथ–साथ पानी में ऑक्सीजन की घुलनशीलता घट जाती है इसलिए पानी में ऑक्सीजन की परिशुद्ध यानि ठीक मात्रा इन प्राचलों के साथ बदलती है। तलछटों की उच्च

कार्बनिक मात्रा और उच्च जीवाणवीय संख्या पानी से ऑक्सीजन की भारी माँग बढ़ जाती है। इसलिए ज्वारनदमुखीय तलछटों में जब तक कणों की साइज बड़ी न हो और/या उसमें बिलकारी प्राणी भारी संख्या में न हों यह तलछट पहले कुछ सेंटीमीटरों के नीचे की शेष सभी परतें ऑक्सीजन रहित होती है। बिलकारी प्राणियों में घोस्ट शिम्प, कैलिएनासा और हेमिकॉर्डेट कृमि, बैलेनॉग्लोसस शामिल हैं, जो अपनी गतिविधियों से निचली तलछट परतों का ऑक्सीजनित करते हैं।

ज्वारनदमुखों के जीवजात—ज्वारनदमुखी समुदाय तीन घटकों का मिश्रण है। ये हैं—समुद्री जल, अलवण जल और खारा पानी। लेकिन कुल मिलाकर ज्वारनदमुखीय विविधता अभी भी नदी या समुद्री समुदाय की विविधता से कम है। इसका कारण ज्वारनदमुख के भौतिक पर्यावरण में बहुत भारी फेर–बदल है। इस प्रकार, ज्वारनदमुखों की भारी उत्पादकता एक संकरे आधार पर बनी है।

ज्वारनदमुख के पौधे चार मूल प्रकार के हैं—पादपप्लवक, उपांत कच्छ वनस्पति, पंक–मैदान शैवाल और उपांत कच्छ वनस्पति पर उगने वाले अधिपादपीय पौधे। पानी में आविलता के कारण पादपप्लवक सामान्यतया आम नहीं है। फिर भी कुछ शैवालों के जात यहाँ प्रचुर पाए जाते हैं। इन शैवालों में स्पार्टिना और सैलिकार्निया शामिल हैं। अधिकांश ज्वारनदमुखीय शैवालों की उत्पत्ति समुद्री है। आम वंशों (जेनरा) में उल्वा, एन्टिरोमॉर्फा और कीटोमॉर्फा और क्लैडोफोरा शामिल हैं। ये प्रायः ऋतु के अनुसार प्रचुर संख्या में पाए जाते हैं। कुछ ऋतुओं में ये गायब हो जाते हैं।

जलीय पारितंत्रों का संरक्षण कैसे संभव है?—जलीय पारितंत्रों के निर्वहनीय उपयोग के लिए जल प्रदूषण को रोकना आवश्यक है न कि जल को पहले प्रदूषित होने दिया जाए और फिर उसे साफ करने की कोशिश की जाए।

स्वस्थ नदियों में बाँध बनाए जाने से बचाव करना चाहिए, जल और ऊर्जा की आवश्यकताओं को पूरा करने के लिए अन्य विकल्पों को खोजना चाहिए। बाँध से होने वाले लाभों के अधिक समतामूलक वितरण के लिए उचित योजना और आकलन करना चाहिए जिससे बाँध से प्रभावित लोगों को सुरक्षा प्राप्त हो।

जलीय पारितंत्रों का और खासकर नमभूमियों को अभयारण्यों और राष्ट्रीय पार्कों में शामिल करके उनका संरक्षण उसी प्रकार करना आवश्यक है जैसे हम अपने प्राकृतिक वनों का संरक्षण करते हैं। जलीय पारितंत्रों के ये अभयारण्य अनेक जीवनरूपों को संरक्षण देते हैं तथा महशीर जैसी दुर्लभ मछलियों को भी जो आज बुरी तरह संकटग्रस्त हैं। नमभूमियों वाले अभयारण्यों और राष्ट्रीय पार्कों का सबसे अधिक महत्त्व इसलिए है कि ये हमारे सबसे अधिक संकटग्रस्त पारितंत्रों में एक हैं। चूँकि पृथ्वी की सतह पर नमभूमियों का भाग वनों या घास के मैदानों की तुलना में बहुत ही कम है, इसलिए नमभूमि वाले पारितंत्रों के लिए संकट बहुत गंभीर है।

अध्याय
2

प्राकृतिक संसाधन

भूमिका

मानव जीवन का अस्तित्व, प्रगति एवं विकास संसाधनों पर निर्भर करता है। आदिकाल से मनुष्य प्रकृति से विभिन्न प्रकार की वस्तुएँ प्राप्त कर अपनी आवश्यकताओं को पूरा करता रहा है। संसाधन वे होते हैं जो उपयोगी हों या फिर मनुष्य को अपनी जरूरतों को पूरी करने के लिए उपयोगी बनाए जा सकते हों। ऐसे संसाधन जो उपयोग करने के लिए परोक्ष रूप से प्रकृति से प्राप्त होते हों, प्राकृतिक संसाधन कहलाते है। प्राकृतिक संसाधन हमारे ग्रह पर स्वाभाविक रूप से उपलब्ध हैं। हमें उन्हें प्राप्त करने के लिए किसी भी मानव हस्तक्षेप की आवश्यकता नहीं पड़ती। जीवित प्राणियों के अस्तित्व के लिए ये संसाधन आवश्यक हैं। कुछ प्राकृतिक संसाधन जैसे हवा, पानी और सूरज की रोशनी आदि सीधे उपयोग में लाई जाती है, वहीं अन्य संसाधन, कच्चे माल के रूप में अन्य आवश्यक चीजों को बनाने में प्रयोग किए जाते हैं।

कई प्राकृतिक संसाधन प्रचुर मात्रा तथा नवीकरणीय की स्थिति में मौजूद हैं, जिसका अर्थ है कि हम इनका पुनर्नवीनीकरण करके पुनः उपयोग में ला सकते हैं। हालाँकि, ऐसे कई अन्य अनवीकरणीय पदार्थ भी हैं जिन्हें पुनर्नवीनीकरण करने में हजारों साल लग जाते हैं। कई प्राकृतिक संसाधन तेजी से कम हो रहे हैं। इसके कई कारण हैं उसमें से सबसे प्रमुख कारण हैं, जनसंख्या में प्रतिदिन वृद्धि, जिनकी वजह से प्राकृतिक संसाधन में तेजी से कमी आती जा रही है, तेजी से जनसंख्या में वृद्धि के कारण प्राकृतिक संसाधनों की खपत लगातार बढ़ती जा रही है और इस कारण पर्यावरण गंभीर रूप से नष्ट होता जा रहा है। अतः यह अत्यंत आवश्यक है कि आगे प्राकृतिक संसाधनों के संरक्षण हेतु प्राकृतिक संसाधनों का उपयोग न्यायोचित एवं तर्कसंगत ढंग से किया जाए। उनको व्यर्थ रूप से उपयोग, अपक्षय या अवक्रमित न किया जाए और ये संसाधन वर्तमान एवं भावी दोनों ही पीढ़ियों के लिए उपलब्ध रहें।

प्रश्न 1. नवीकरणीय तथा अनवीकरणीय संसाधन में अंतर बताइए।

उत्तर– नवीकरणीय संसाधन–इसके अंतर्गत ऐसे संसाधन आते हैं जिनका प्रयोग मानव द्वारा पुनः किया जा सकता है। इन संसाधनों का निर्माण निरन्तर प्रकृति में होता रहता है। मानव के संतुलित प्रयोग से इनमें कमी नहीं आती है और इनका पुनः उपयोग किया जा सकता है। इन्हें तीन भागों में विभाजित किया जा सकता है–

- **नवीनीकरण और अपरिवर्तनीय संसाधन**–इसके अंतर्गत महासागरीय जल, सौर ऊर्जा, पवन ऊर्जा, मृत्तिका, वायु आदि को शामिल किया जाता है।
- **नवीनीकरण लेकिन दुष्पयोजनीय संसाधन**–अविवेकपूर्ण उपयोग से ऐसे संसाधनों की मात्रा तथा गुणवत्ता घट जाती है। इसके अन्तर्गत भूमि, वन्य, जीव, जल संसाधन आदि सम्मिलित हैं।
- **संपोषणीय और नवीनीकरणीय संसाधन**–इन संसाधनों की नवीनीकरणीयता इनके उपयोग की विधि पर निर्भर करती है। इमारती लकड़ी, मानव संख्या, भूमि की उर्वरता, भूमिगत जल आदि को इसमें सम्मिलित किया जा सकता है।

दूसरे शब्दों में, नवीकरणीय संसाधन अथवा नव्य संसाधन वे संसाधन हैं जिनके भंडार में प्राकृतिक /पारिस्थितिक प्रक्रियाओं द्वारा पुनर्स्थापन होता रहता है। हालाँकि मानव द्वारा ऐसे संसाधनों का दोहन (उपयोग) अगर उनके पुनर्स्थापन की दर से अधिक तेजी से हो तो फिर ये नवीकरणीय संसाधन नहीं रह जाते और इनका क्षय होने लगता है।

उपरोक्त परिभाषा के अनुसार ऐसे संसाधनों में ज्यादातर जैव संसाधन आते हैं जिनमें जैविक प्रक्रमों द्वारा पुनर्स्थापन होता रहता है। उदाहरण के लिए एक वन क्षेत्र से वनोपजों का मानव उपयोग वन को एक नवीकरणीय संसाधन बनाता है, किंतु यदि उन वनोपजों का इतनी तेजी से दोहन हो कि उनके पुनर्स्थापन की दर से अधिक हो जाए तो वन का क्षय होने लगेगा। उदाहरण–सामान्यतया नवीकरणीय संसाधनों में नवीकरणीय ऊर्जा संसाधन भी शामिल किए जाते हैं जैसे सौर ऊर्जा, पवन ऊर्जा, भू–तापीय ऊर्जा इत्यादि। किंतु सही अर्थों मे ये ऊर्जा संसाधन अक्षय ऊर्जा संसाधन हैं न कि नवीकरणीय।

अनवीकरणीय संसाधन–अनवीकरणीय संसाधन वे संसाधन होते हैं जिनके भंडार में प्राकृतिक प्रक्रियाओं द्वारा पुनर्स्थापन नहीं होता है। ऐसे संसाधन जिनका पुनः उपयोग निकट भविष्य में सम्भव नहीं होता उन्हें अनवीनीकरण संसाधन कहा जाता है। एक बार प्रयोग में लेने के पश्चात् इनके पुनः निर्माण में करोड़ों वर्षों का समय लगता है। इसके अंतर्गत खनिज पदार्थ, पेट्रोलियम, कोयला आदि को सम्मिलित किया जाता है। इन्हें तीन भागों में विभाजित किया जा सकता है–

- **संपोषणीय लेकिन अनवीनीकरणीय संसाधन**–अत्यधिक दोहन व उपयोग के पश्चात् ऐसे संसाधनों के नवीनीकरण की संभावना नहीं रहती। इनमें मृदा के भौतिक पदार्थ एवं जैव–विविधता शामिल है।

- **अनवीनीकरण लेकिन पुनः उपयोग योग्य संसाधन**—जिन खनिजों का उपयोग बार-बार किया जा सकता है, उन्हें इस वर्ग में रखा गया है। ये हैं—रत्न (मणि), खनिज जैसे लोहा, टिन, ताँबा, सोना और चाँदी।
- **अनवीनीकरण लेकिन एक बार उपयोग योग्य संसाधन**—कोयला, पेट्रोलियम, प्राकृतिक गैस और अधात्विक खनिज एक बार उपयोग के बाद ही समाप्त हो जाते हैं।

समस्त धात्विक व अधात्विक खनिज इसी श्रेणी में आते हैं। ये संसाधन प्रकृति की गोद में करोड़ों वर्षों तक छिपने के बाद अपना स्वरूप बदलकर प्राप्त होते हैं। जैसे जली हुई लकड़ी बाद में कोयले का रूप प्राप्त कर लेती है। यह संसाधन समस्त मानव जाति के लिए अति महत्वपूर्ण है और इनकी महत्ता के साथ इनका उपयोग भी अत्यंत आवश्यक है।

प्रश्न 2. नवीकरणीय जल संसाधन क्या है? विस्तारपूर्वक बताइए।

उत्तर— हमारे जीवन में जल का बहुत महत्त्व है। जल के बिना कुछ भी संभव नहीं है। जल के बिना मनुष्य के जीवन की कल्पना नहीं की जा सकती है। पृथ्वी पर जल पाया जाता है इसलिए इसे अनोखा ग्रह कहते हैं। जल के कारण ही आज मनुष्य जाति पृथ्वी पर विकसित हो सकी है।

मनुष्य, पशुओं, पेड़-पौधों सभी के लिए जल आवश्यक होता है। हमारे जल संसाधन सीमित हैं जबकि प्रकट रूप से जल प्रचुर मात्रा में उपलब्ध है। जल की उपयोग योग्य मात्रा की विश्व के बड़े हिस्से में बहुत कमी है। मानव की उत्तरजीविता सदियों से समाज के भूमि और जल संसाधनों के संबंध पर निर्भर है। यह संबंध तब से विकसित हो रहा है जब से नदी के तटों और घाटियों ने मानव बस्तियों की बसावट को प्रभावित किया है। अनेक प्राचीन सभ्यताएँ नदी के तटों पर फली फूली और नदियों की बाढ़ में नष्ट हो गई — कुछ संभवतः दोषपूर्ण जलभर नदी घाटी प्रबंधन के कारण समाप्त हो गई। यद्यपि, अंततः मनुष्यों को जल और भूमि का चक्रीय संबंध समझ में आ गया। इस समझ ने अत्यधिक विकसित अभियंत्रिकी तकनीकों के प्रयोग द्वारा टंकियों को बनाने की शुरुआत की।

मानव जीवन के निर्वहन हेतु मीठा पानी सबसे महत्त्वपूर्ण पदार्थों में से एक है। इसे पंचतत्त्वों — पृथ्वी, अग्नि, वायु, अंतरिक्ष और जल में से एक महत्त्वपूर्ण तत्त्व माना जाता है। इसकी सभी जनों द्वारा श्रद्धा और पूजा की जाती थी और सम्मान किया जाता था। ऐसा इसलिए है क्योंकि पृथ्वी पर पाए जाने वाले जल का महज एक प्रतिशत हम सबके लिए आसानी से उपलब्ध है। इस मात्रा में से, लगभग 73 प्रतिशत कृषि, 20 प्रतिशत उद्योग और शेष घरेलू तथा मनोरंजन आवश्यकताओं जैसे पीने तथा अन्य उपयोगों के लिए प्रयोग किया जाता है। जल संसाधनों का वैश्विक वितरण दर्शाता है कि जल की कुल मात्रा का 3 प्रतिशत से भी कम मीठा जल है। तालिका 2.1 में विभिन्न संसाधनों में कुल मीठे जल की उपलब्धता को देखा जा सकता है—

तालिका 2.1 : कोपेन की जलवायु वर्गीकरण की प्रणाली

मीठे जल का प्रकार	% मीठा जल	% उपलब्ध
1. हिमीकृत	80.00	
2. तरल	20.00	
झीलें	0.2	1.0
मृदा	0.04	0.2
नदियाँ	0.02	0.1
वायुमंडल	0.02	0.1
जैविक (उपापचयी)	0.001	0.005
भूजल	19.7	8.4

उपर्युक्त तालिका से यह स्पष्ट होता है कि मीठे जल का केवल एक बटे पाँचवाँ भाग तरल रूप में उपलब्ध है। यह सीमित मात्रा पुर्नपूर्ति योग्य है इसलिए, मनुष्य द्वारा आवर्ती उपयोग के लिए इस पर निर्भर किया जाता है। इस कमी वाले उत्पाद का 90 प्रतिशत से अधिक भूजल के रूप में है, जबकि सिर्फ 1 प्रतिशत ही झीलों और तालों में है। मृदा प्राचल में सिर्फ 0.2 प्रतिशत है, लेकिन इससे दोगुनी मात्रा नदियों अथवा वायुमंडल में है। भारत, कुल वार्षिक वर्षा के संदर्भ में बहुत भाग्यशाली है। यहाँ 400mham (दस लाख हैक्टेयर मीटर) औसत वर्षा प्राप्त होती है जिसमें से 185mham सतह जल के रूप में उपलब्ध है, 50mham भूजल के रूप में भंडारित है और 165mham मृदा में भंडारित है।

मनुष्य की वर्तमान और भावी आवश्यकताओं की पूर्ति करने के लिए मीठे जल की कुल मात्रा पर्याप्त से भी अधिक है। लेकिन इसके असमान वितरण, व्यापक मौसमी और वार्षिक उतार–चढ़ावों के कारण जल की कमी विश्व के अनेक भागों में एक गंभीर मुद्दा बनी हुई है।

अतः देखा जा सकता है कि विभिन्न उपयोगों जैसे सिंचाई, नौचालन, जल विद्युत उत्पादन तथा घरेलू और औद्योगिक आवश्यकताओं के लिए आवश्यक जल की मात्रा कम है। इसलिए आवश्यक है कि जल संसाधनों का उचित उपयोग किया जाए।

(1) जल चक्र—महासागरों से जल वाष्पित होकर वायुमंडल द्वारा उठा लिया जाता है। यह जल अंततोगत्वा संघनित होता है और भू–पृष्ठ को वर्षा, ओले, ओस, हिम के रूप में लौटा दिया जाता है। जल पर जल की सतत् रूप से गति होती रहती है और ये अनेक जटिल परस्पर संबंधित चक्र बनाता है। जल के चक्रण में वायुमंडल, सागर, पृथ्वी और समस्त जीव जगत सम्मिलित हैं। जल का परिसंचरण अत्यधिक गतिक और वैश्विक स्तर का है। यद्यपि, सुविधा के लिए इसे विभिन्न श्रेणियों में विभाजित किया गया है—

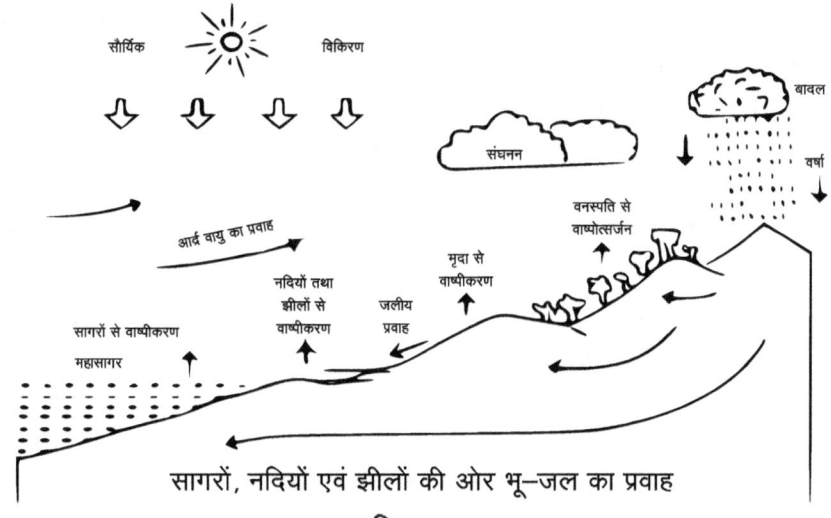

जलीय प्रवाह
सागरों, नदियों एवं झीलों की ओर भू–जल का प्रवाह

चित्र 2.1

(क) वर्षण—वर्षण (Precipitation) या अवक्षेपण एक मौसम विज्ञान की प्रचलित शब्दावली है जो वायुमंडलीय जल के संघनित होकर किसी भी रूप में पृथ्वी की सतह पर वापस आने को कहते हैं। वर्षण के कई रूप हो सकते हैं जैसे वर्षा, फुहार, हिमवर्षा, हिमपात और ओलावृष्टि इत्यादि। अतः वर्षा वर्षण का एक रूप या प्रकार है। जल के वाष्पन के कारण वायुमंडल में जो आर्द्रता प्रवेश करती हैं वह जमीन पर गिरने से पहले या तो तरल (वर्षा) अथवा ठोस (हिम, ओलावृष्टि, हिमीवर्षा) में परिवर्तित हो जाती है। जल वायुमंडल से संघनन, निक्षेपण और वर्षण के द्वारा भूमि और सागरों में वापस आ जाता है। संघनन (condensation) को ऐसी प्रक्रिया के रूप में परिभाषित किया जाता है जिसके द्वारा जल वाष्प प्रावस्था से तरल अवस्था (आस बिंदुकणों के रूप में) में परिवर्तित हो जाता है। निक्षेपण (deposition) वह प्रक्रिया है जिसके द्वारा जल सीधे वाष्प से ठोस (हिम कण) प्रावस्था में परिवर्तित हो जाता है। वायुमंडल में जल की नन्हीं बूंदों और हिमकणों से जो संघनन और निक्षेपण से बनते हैं, बादल बनाते हैं। पृथ्वी पर जल की मुख्य मात्रा वर्षा से प्राप्त होती है। प्रकृति में जलचक्र सूर्य की ऊर्जा द्वारा बना रहता है। सौर ऊर्जा जल को सागर और भूमि से वाष्पित करती है। जलवाष्प वायुमंडल में संघनित होकर बादल बनाती है जो पवन धाराओं से लंबी दूरियों तक ले जाए जाते हैं। वर्षा और पिघली बर्फ नदियों में जल की पुर्नपूर्ति करते हैं, जो इसे वापस समुद्र में ले जाती है। वर्षण का महत्त्व जलविज्ञान में भी है क्योंकि किसी भी जलसम्भर का जल बजट तय करने में इसकी प्रमुख भूमिका होती है।

(ख) वाहित जल—कुछ वर्षा को मृदा द्वारा अवशोषित कर लिया जाता है और अतिरिक्त जल भूमि की सतह पर प्रवाहित क्षेत्र के प्राकृतिक ढाल से होकर बहता है। वाहित जल झीलों और नदियों के लिए जल का मुख्य स्रोत है जो अंततः सागर में चला जाता है। बहता जल मृदा अपरदन और अंतर्निहित चट्टानों के क्षरण के कर्मक की तरह कार्य करता है। बरसाती मौसम में अत्यधिक वाहित जल (Runoff) देश के अनेक भागों में बाढ़ लाता है।

(ग) ऊर्ध्वपातन—ऊर्ध्वपातन (Sublimation) एक भौतिक–रासायनिक प्रक्रिया है जिसमें कोई पदार्थ अपनी ठोस अवस्था से सीधे गैस में परिवर्तित हो जाता है। इस पूरी प्रक्रिया के दौरान पदार्थ की अवस्था किसी मध्यवर्ती द्रव अवस्था में परिवर्तित नहीं होती है। जब तापमान हिमीकरण से काफी नीचे रहता है तो ऐसे कालों में बर्फ के पत्रकों का क्रमिक रूप से लुप्त होना ऊर्ध्वपातन का एक उदाहरण है।

(घ) वाष्पन—वाष्पन (Evaporation), किसी द्रव के सतह के कणों को गैस में बदलने की वह प्रक्रिया है जिसमें द्रव की सतह के ठीक ऊपर स्थित गैस संतृप्त न हो। जल सभी जलीय निकायों से और आर्द्र सतहों से भी वाष्पित होता है। 'वाष्पन' महासागर की सतह से वायुमंडलीय जलवाष्प का सबसे बड़ा स्रोत माना जाता है।

(ङ) वाष्पोत्सर्जन—पौधों द्वारा अनावश्यक जल को वाष्प के रूप में शरीर से बाहर निकालने की क्रिया को वाष्पोत्सर्जन कहा जाता है। इसका अर्थ पादपों की पत्तियों से वाष्प के रूप में जल की हानि से है। थल पर, काफी वाष्पोत्सर्जन (Transpiration) होता है। उदाहरण के लिए, सिर्फ वाष्पोत्सर्जन से ही जल की हानि एक–एक हेक्टेयर के मक्का के खेत से लगभग 35,000 लीटर ($800 गेलन) प्रतिदिन की होती है।

(2) जल के प्रकार/रूप—भूमि पर जल तीन रूपों – मीठा जल, खारा जल और समुद्री जल में पाया जाता है।

(क) मीठा जल—मीठा जल अथवा ताजा जल प्राकृतिक रूप से पृथ्वी पर पाया जाने वाला वह जल है जो समुद्री और समुद्रतटीय लैगूनों के नमक मिश्रित जल से अलग है। जल, जोकि एक सर्व विलायक है, में अनिवार्य रूप से अनेक विलेय लक्षण होते हैं। मीठे जल में, लवण की कुल मात्रा 1.5 प्रतिशत से कम रहती है। विभिन्न प्रकार के विलेय लवण जो चट्टानों के क्षरण, मृदा अपरदन और कार्बनिक तत्त्व के अपक्षय से निर्मुक्त होते हैं, जल में घुल जाते हैं। घुले हुए लवणों का प्लावी जलीय वनस्पतियों और पादपप्लवकों के लिए विशेष महत्त्व होता है। इस जल में लवणों की मात्रा बहुत कम होती है।

(ख) खारा जल—खारा जल प्रकृति में पाए जाने वाले नमक युक्त जल को कहते हैं। खारे जल में घुले हुए लवणों की मात्रा मीठे जल से अधिक होती है और ये 0.5 से 3.5 प्रतिशत के बीच होती है। ये मध्यवर्ती लवणता विस्तार वाले जलीय निकाय ताजे और समुद्री जलों से भिन्न होते हैं। किसी नदमुख (estuary) में जो नदी के अंत को प्रदर्शित करती है, मीठे जल के समुद्री जल में मिश्रित होने से खारा जल बनता है।

(ग) समुद्री जल—समुद्री जल खारा होता है। इसमें लवणों का बाहुल्य होता है। समुद्री जल की औसत लवणता लगभग स्थिर रहती है, जो भारानुसार 35 भाग लवण प्रति 1000 भाग जल है और इसे 3.5 प्रतिशत लिखा जाता है। कुछ लवण की झीलों का लवणता स्तर 35 प्रतिशत तक हो सकता है। ऐसे पर्यावासों में जैविक क्रिया अत्यधिक सीमित होती है।

(3) सतह और भूजल का अत्यधिक दोहन—जल एवं जलवाष्प (वाष्पीकरण) की क्रिया सूर्य एवं गुरुत्व द्वारा निरंतर संचालित होने वाली प्राकृतिक क्रिया है जिसे हाइड्रोलोजिक

(जल) चक्र कहते हैं। समुद्र एवं सतही भूमि से जल का वाष्पोत्सर्जन होकर यही जल पुनः पृथ्वी पर पानी की बूंदों के रूप में वापस आ जाता है। पृथ्वी पर समस्त अलवण जल का स्रोत वर्षा है। जब वर्षा होती है तो पृथ्वी पर गिरने वाला जल धारा के रूप में प्रभावित होकर झरनों, तालाब अथवा झीलों में चला जाता है। यह जल सतही जल (Surface Water) कहलाता है।

इस जल का कुछ भाग भूमि के अंदर मृदा क्षेत्र (Soil zone) में अवशोषित होकर एकत्र हो जाता है। जब मृदा क्षेत्र संतृप्त (भर जाता) होता है तो यह जल नीचे चला जाता है। संतृप्तता का यह क्षेत्र मृदा के उस स्थान पर होता है जहाँ मृदा के सभी छिद्र जल से भरे होते हैं। वर्षा के जल का कुछ भाग धीरे–धीरे संचारित होकर गुरुत्वाकर्षण के कारण भूमि के नीचे चला जाता है। अतः भू–जल बनने की यह क्रिया जलभृत (Aquifer) कहलाती है और संचित जल भू–जल (Ground Water) कहलाता है। भूजल मृदा की दो परतों में पाया जा सकता है। वातन का क्षेत्र, जहाँ मृदा के अंतराल वायु और जल दोनों से भर जाते हैं। इसके नीचे संतृप्तता का क्षेत्र होता है जहाँ अंतराल पूरी तरह से जल से भर जाते हैं। भूजल स्तर चट्टानों/पत्थरों में संतृप्त क्षेत्र और असंतृप्त क्षेत्र के बीच की सीमा होता है और भूजल की मात्रा में वृद्धि अथवा कमी से ये बढ़ता और कम होता है। भूजल हमें विभिन्न कार्यों के लिए निरंतर जलापूर्ति करता है और प्राकृतिक स्थितियों में इसके सूख जाने की संभावना नहीं होती है। सतह जल में सरिताएँ, ताल, झीलें, मानव–निर्मित जलाशय और नहरें तथा मीठे जल के वेटलैंड/आर्द्रभूमि सम्मिलित है। जलचक्र का भाग होने के कारण सतह जल निकाय नवीकरणीय संसाधन माने जाते हैं, यद्यपि ये जलचक्र के अन्य भागों पर निर्भर होते हैं।

जल का सबसे अधिक उपयोग कृषि कार्यों में होता है। लगभग 70 प्रतिशत उपलब्ध जल प्रतिवर्ष विश्वव्यापी रूप से कृषि उत्पादन में खर्च हो जाता है। एशिया में, यह कुल वार्षिक जल निकासी का 86 प्रतिशत है, जबकि उत्तर और मध्य अमेरिका में 49 प्रतिशत और यूरोप में 38 प्रतिशत है। भारत में हरित क्रांति ने ऊर्जा और संसाधन सघन कृषि के युग का सूत्रपात किया। जल हरित क्रांति में सिंचाई, बाढ़ नियंत्रण और निकासी के जरिए प्रमुख निवेश था और इसने पिछले 40 वर्षों में गेहूँ और चावल के उत्पादन वृद्धि में सर्वाधिक योगदान दिया है। भावी कृषि उत्पादन के निहितार्थ जल प्रभावी उपाय विकसित करना है जो प्रति इकाई जल के निवेश पर अधिक उत्पादकता प्रदान कर सकें। इसके लिए सिंचाई प्रणालियों के प्रभावी प्रचालन, ऐसी प्रौद्योगिकियाँ जो जल उपभोग को कम कर सकें, जल और मृदा संरक्षण के उचित तरीकों, फसलों के पैटर्न में और फसलों को उगाए जाने के तरीकों में परिवर्तन की आवश्यकता है जिससे जल का अधिक प्रभावी रूप से उपयोग किया जा सके।

(4) जल स्रोतों का निम्नीकरण—नदियों, झीलों और नहरों आदि का पानी एकदम स्वच्छ नहीं होता। अधिकांश नदियाँ, विशेषतया जो कस्बों और शहरों के पास होती हैं वे दुर्गन्धयुक्त होती हैं। आप पानी की सतह पर झाग तैरता हुआ भी देख सकते है। यह झाग मछलियों और जलीय जीव जंतुओं के लिए आवश्यक ऑक्सीजन की आपूर्ति को कम कर देता है और अंततः उनकी मृत्यु हो जाती है। हमारे अधिकांश जल निकाय जैसे—नदियाँ,

झीलें, महासागर, नदमुख और भूजल निकाय सघन कृषि, शहरीकरण, औद्योगिकीकरण और वनोरोपण के कारण गंभीर प्रदूषण का सामना कर रहे हैं। नदियों और झीलों में मृदा अपरदन के कारण सिल्ट/गाद का जमा होना उनकी जलधारण क्षमता को निरंतर कम करता जाता है जिससे वर्ष दर वर्ष भयंकर बाढ़ आती है। आज हम सुरक्षित पेयजल की कमी की स्थिति का सामना औसत से अधिक वर्षा वाले क्षेत्रों और उन क्षेत्रों में भी कर रहे हैं जहाँ प्रचुर जल निकाय हैं। वाहित मल (सीवेज) और औद्योगिक बहि:स्रावों का जल निकायों में विसर्जन व सिर्फ जल को प्रदूषित करता है बल्कि अक्सर जलीय पादपों और शैवाल प्रफुल्लनों की वृद्धि भी बढ़ा देता है, जिससे अंततः जलनिकाय लुप्त हो जाते हैं। यह जल के विभिन्न जीवों जैसे मछलियों का अपक्षय और विनाश भी करता है। इनके अतिरिक्त जल का निम्नीकरण औद्योगिक रासायनिक अपशिष्ट से भी होता है जो रक्त कैंसर व अन्य कैंसर, एलर्जी, विकलांगता आदि कई गंभीर बीमारियों का कारण बनता है।

(5) बाढ़ और सूखा—बाढ़ और सूखा भी महत्त्वपूर्ण रूप से जल से जुड़े हुए हैं जो हमारे जीवन को प्रभावित करते हैं।

बाढ़ पानी का एक निकाय है जो सामान्य शुष्क भूमि को ढक लेता है। अधिकतर बाढ़ के परिणाम इस प्रकार हैं—

(क) घर और मूल्यवान संपत्ति नष्ट हो जाती है।

(ख) शीर्ष उपजाऊ भूमि ले जाती है, बंजर भूमि छोड़ दी जाती है।

(ग) भोजन और नकदी फसलों दोनों को नष्ट कर देती हैं।

(घ) मानव जीवन और मवेशियों को भारी नुकसान होता है।

(ङ) पहाड़ी क्षेत्रों में भूस्खलन का कारण होती है।

(च) बाँध फटने का कारण होती है।

जब बहुत वर्षा होती है, तब बाढ़ आती है। भारी वर्षा से आकस्मिक बाढ़ (Flash flood) आती है। बर्फ के अचानक पिघलने का परिणाम भी बाढ़ होती है। रेगिस्तान में बिजली से गरजने से भी बाढ़ आती है। कुछ मानव गतिविधियों से जैसे कि वनों की कटाई और अधिक गहन खेती भी बाढ़ के कारण हो सकते हैं।

समुद्री तटों के साथ-साथ वातावरण में तूफान, चक्रवात या कम दबाव वाले क्षेत्रों के विकास से बाढ़ उत्पन्न हो जाती है। बाढ़ों को नियंत्रित किया जा सकता है, यदि पानी को जमा करने के लिए बाँधों का निर्माण करें, अपरदित जमीन पर वृक्ष लगाएँ और बाँधों (dykes) का निर्माण करें, बाढ़–दीवार, तूफान रोधक, तट रेखा समुद्र तट के साथ साथ लगाएँ।

यद्यपि बाढ़ को उचित योजना द्वारा नियंत्रित किया जा सकता है जिसमें (i) पानी का भंडारण जब वह प्रचुर मात्रा में हो, (ii) प्रभावित क्षेत्रों से लोगों का पलायन, (iii) अच्छे समय के दौरान भोजन और चारे का उचित भंडारण, (iv) क्लाउड सीडिंग (Cloud seeding), (v) उचित और जल भराव क्षेत्र (water shedding catchment) या प्रभावी क्षेत्र–प्रबंधन, (vi) वनीकरण आदि सम्मिलित है।

सूखा एक प्राकृतिक आपदा है, जिसका प्रत्यक्ष संबंध जलवायु से है। सूखे को विभिन्न दृष्टिकोण से परिभाषित किया गया है। 'ड्राउट' जलाभाव अथवा 'सूखा' उस स्थिति का प्रतीक है, जिसमें अनावृष्टि के कारण भूमि की सतह पर एवं भूगर्भ में पानी का नितांत अभाव उत्पन्न हो जाता है। सूखा वह प्राकृतिक आपदा है, जिसका संबंध न्यून वर्षा या वर्षा न होने तथा जल के उपलब्ध न होने से है।

जब जलवायु के कारण पानी का गंभीर संकट उत्पन्न होता है, तो सूखा पड़ता है। क्षेत्र में यदि एक से अधिक बार मानसून नहीं आता, तो सूखा पड़ता है। प्रायः शुष्क तथा अर्ध शुष्क क्षेत्रों में सूखे की संभावना रहती है, क्योंकि इन क्षेत्रों में वनस्पति का आवरण नहीं होता, जिससे हमें भू-जल की स्थिति का भी पता चलता है। सूखे के समय पानी की इतनी कमी होती है कि खेतों, उद्योगों, घरों यहाँ तक कि पीने के लिए भी पानी नहीं मिलता। सूखे की मार कितनी गहरी है, यह इस बात पर निर्भर रहता है कि सूखा कितनी देर तक मँडराता रहता है और यदि सूखे का काल बहुत लंबा हो जाए, तो अकाल की स्थिति पैदा हो सकती है।

अतः मानसून के फेल हो जाने के कारण सूखा पड़ता है। जल स्तर का घटना सोने पर सुहागे का काम करता है। यद्यपि मानसून को फेल होने से नहीं रोका जा सकता, परंतु सही जलशाला प्रबंधन के सूखे की गंभीरता को कम किया जा सकता है।

जल की कमी का मुख्य कारण तो वन कटान ही है। अंधाधुंध जंगलों और पहाड़ियों की ढलानों पर वृक्षों को काटने के कारण जल अवमृदा में नहीं पहुँच पाता और जो प्राकृतिक जल स्रोत है, उन्हें पुनः संवर्धित नहीं किया जा सकता। यदि वन रोपण किया जाए, तो पानी के स्रोतों को संजीवनी मिल सकती है।

आवश्यकता इस बात की है कि पानी के उपयोग पर नियंत्रण करें। सूखे के दिनों में संग्रहित जल को पशु तथा वनस्पति जगत के लिए प्रयोग में लाकर सूखे के प्रभाव को कम किया जा सकता है। पानी की कमी वाले क्षेत्र में आर्थिक रूप से संपन्न लोग पम्प आदि लगाकर भू-जल प्राप्त कर लेते हैं।

परिणामस्वरूप निर्धन एवं कमजोर वर्ग के लोगों को पर्याप्त जल नहीं मिल पाता। उद्योगों द्वारा छोड़ा गया प्रदूषित जल, जल स्रोतों में मिलकर उसे मानव उपयोग के अयोग्य बना देता है तथा जल जीवों के लिए मौत का जाल बुना देता है। अतः इस बात पर ध्यान देना होगा कि उद्योग द्रव्य अवशेष का शुद्धिकरण करके ही उसे बाहर छोड़ें, ताकि प्रदूषण न फैले।

इसके अतिरिक्त कारण इस प्रकार हैं—

- पर्यावरण में असंतुलन उत्पन्न होने के कारण।
- वनों के अभाव और वनों के निरंतर ह्रास के कारण।
- राज्य में अनिश्चित, असमान और अपर्याप्त मानसून वर्षा।
- राज्यों में लगातार फैलता मरुस्थल अर्थात् मरुस्थलीयकरण।
- टिड्डी दलों का आक्रमण एवं अन्य फसल विनाशकारी के कारण।
- वनों में अनियंत्रित पशुचारण से।

सूखे के अनेक प्रत्यक्ष और अप्रत्यक्ष प्रभाव होते हैं जो सामान्यतः उस क्षेत्र से परे तक विस्तारित रहते हैं जहाँ वास्तव में जल की कमी होती है। इन्हें निम्न में वर्गीकृत किया जा सकता है–

- आर्थिक–फसल, डेयरी, मवेशी, मछली उत्पादन की हानि
- पर्यावरणीय–पादप और जंतु प्रजातियों को क्षति, मृदा अपरदन
- सामाजिक–भोजन की कमी, स्वास्थ्य की क्षति, जल उपयोगकर्त्ताओं के बीच विवाद

सूखा संभावित क्षेत्रों में जलाशयों का निर्माण करके, आमजन को जल संरक्षण के विषय में शिक्षित करके, वैज्ञानिक खेती और भूजल संसाधनों का इष्टतम उपयोग करके सावधानियाँ बरती जा सकती हैं। चूँकि भारत के अनेक भाग सूखा ग्रस्त हैं, सरकारी संस्थाएँ फसल नहीं होने की स्थिति में अनाज की पूर्ति के लिए अनाज भंडारण बनाए रखती हैं।

जल संचयन के उपाय–जल को एकत्रित कर इसका समुचित उपयोग करना ही जल संचयन है। सूखे से और उसके कारण होने वाली जल की कमी से लड़ने का एक प्रभाव उपाय वर्षाजल संचयन के तरीकों को अपनाना है। जल संरक्षण अनेक तरीकों से किया जा सकता है–

- छतों से वाहित जल को एकत्रित करना।
- कैचमेन्ट/जलग्रहण क्षेत्र से वाहित जल को एकत्रित करना।
- तालाबों और जलाशयों में स्थानीय सरिताओं से बाढ़ के मौसमी जल को एकत्रित करना।
- जलभर प्रबंधन के द्वारा जल का संरक्षण करना।

इन तकनीकों से निम्नलिखित कार्य हो सकते हैं–

- पेयजल प्रदान करना
- सिंचाई के लिए जल प्रदान करना
- भूजल पुर्नभरण में वृद्धि
- बाढ़ का पानी के विसर्जन, शहरी बाढ़ और वाहित मल/सीवेज उपचार संयंत्रों के अतिभराव को कम करना
- तटीय क्षेत्रों में समुद्रीतल के आने को कम करना।

अनेक जल प्रबंधन कार्यनीतियाँ स्थानीय स्तर पर आजकल उपयोग में लाई जा रही हैं जो कभी–कभी जल प्रबंधन के लिए व्यापक स्तर पर केंद्रीकृत, पूँजी–गहन तरीकों को प्रदान करने वाले बेहतर विकल्प देती है। ये व्यापक पहुँच वाले जल प्रबंधन तरीकों की भी पूरक हो सकती हैं। देश के विभिन्न क्षेत्रों में अनेक तरीके जल संचयन की पारंपरिक प्रणालियों में उपयोग किए जा रहे हैं। उदाहरण के लिए, जोहड़ों तालाबों के सतह जल निकायों और कुंडों (भूमिगत टंकियों) का चलन देश के अनेक भागों में है। उत्तर–पूर्वी पहाड़ियों में जल संरक्षण के लिए बांस से ट्रप्स सिंचाई (drip irrigation) की जाती है।

(6) जल संसाधनों का संरक्षण और प्रबंधन–आज भारत में लगातार बढ़ती हुई जनसंख्या के लिए पेयजल एवं कृषि फसलों की सिंचाई हेतु अलवणीय जल की आवश्यकता

निरंतर बढ़ती जा रही है लेकिन स्वच्छ जल के स्रोत सूखते जा रहे हैं या प्रदूषित हैं परिणामस्वरूप जल की निरंतर आपूर्ति कम होती जा रही है। अतः इस प्रकार की जल दुर्लभता को दूर करने के लिए जल संरक्षण एवं प्रबंधन की आवश्यकता महसूस की जा रही है, ताकि हम अपने देश को जल संकट से मुक्त कर सकें। जल निरंतर एक कमी वाला उत्पाद बनता जा रहा है। इसकी कमी हम सभी के लिए खतरा है – जो हमारी आजीविका और कभी–कभी हमारे जीवन के लिए भी खतरा हो सकती है। करोड़ों जनों के लिए मीठे पानी की कमी को अपर्याप्त मात्रा के रूप में ही नहीं बल्कि खराब गुणवत्ता के जल के रूप में भी परिभाषित किया जाता है जैसा कि 2001 में संयुक्त राष्ट्र जनसंख्या कोष/युनाइटेड नेशन्स पोपुलेशन फंड (UNFPA) द्वारा रिपोर्ट किया गया है, अगले 25 वर्षों में, विश्व की एक तिहाई जनसंख्या जल की गंभीर कमी हो झेलेगी। अभी भी, एक अरब से अधिक लोगों की सुरक्षित पेयजल तक पहुँच नहीं है और 3 अरब जनों (पृथ्वी की जनसंख्या के आधे) की मूलभूत सीवेज प्रणालियों तक पहुँच नहीं है। विकासशील देशों में उत्पन्न होने वाले कुछ सीवेज का 90 प्रतिशत से अधिक थल और जल में अनुपचारित वापस लौट जाता है। जब तक जल संसाधनों का उचित प्रबंधन नहीं होगा हम विरोधाभासी स्थितियों जैसे औसत से अधिक वर्षा वाले क्षेत्रों में भी प्रदूषण के कारण पेयजल की कमी को झेलते रहेंगे।

जैसे–जैसे आबादी (population) का विस्तार होता है और आर्थिक विकास सघन होता है, जल संसाधनों के पुर्नउत्पादन, नियंत्रण, आवंटन और उपयोग के लिए दीर्घकालिक नीतिगत निर्णय लिए जाने चाहिए। भविष्य में, सुरक्षित पेयजल और सफाई के साथ ही औद्योगिक और कृषि कार्यों के बीच जल के लिए विरोधी माँगें बढ़ेंगी।

जल संसाधनों के प्रबंधन का अर्थ जल के भंडार अथवा स्रोत के जीवन को खतरे में डाले बिना विभिन्न उपयोगों के लिए अच्छी गुणवत्ता के जल की पर्याप्त आपूर्ति प्रदान करने के कार्यक्रम से है। अन्य शब्दों में, ये देखने के लिए प्रयत्न किए जाने चाहिए कि (क) सभी प्रकार के उपयोगों के लिए उचित गुणवत्ता का जल उपलब्ध हो (ख) इस बहुमूल्य संसाधन का दुरुपयोग अथवा बर्बादी न हो। जल प्रबंधन में भूजल के भंडारों का पुर्नभरण और अधिकता वाले क्षेत्र से कमी वाले क्षेत्र में आपूर्ति को प्रदान करना सम्मिलित हैं।

जल प्रबंधन का सबसे महत्त्वपूर्ण पहलू भूजल का पुर्नभरण है। पर्वतों और पहाड़ियों पर, जलभर वनस्पतियों से ढ़के रहते हैं। जलभर की घासफूस से ढ़की मृदा वर्षाजल के अंतःभरण को संभव बनाती है, जो फिर जलभर में चला जाता है।

ग्रामीण और शहरी क्षेत्रों में बाढ़ का पानी, प्रयुक्त जल अथवा घरेलू नालियों को गढ्ढ़ों, खन्दकों अथवा किसी पोखर में भरा जा सकता है, जहाँ ये भूमिगत् रूप से निष्पादित हो जाता है। बाढ़ के पानी को जलभरों में गहरे गर्तों की शृंखला द्वारा डाला जा सकता है अथवा इसे पोखरों के संजाल द्वारा खेतों में फैलाया जा सकता है। सामान्य और बाढ़ के पानी के भी अतिरिक्त प्रवाह को जल की कमी वाले क्षेत्रों में भेजा जा सकता है। इससे न सिर्फ बाढ़ के पानी से होने वाली क्षति के खतरे को दूर किया जा सकता है बल्कि कमी वाले क्षेत्रों को भी लाभ हो सकता है।

समुद्री जल का विलवणीकरण—विलवणीकरण उन कई प्रक्रियाओं को संदर्भित करता है जो पानी से नमक तथा दूसरे खनिजों को निकालती हैं। सौर ऊर्जा के प्रयोग द्वारा समुद्री जल को आसवित किया जा सकता है, अतः अच्छी गुणवत्ता का मीठा पानी प्राप्त हो सकता है। समुद्री जल के विलवणीकरण की यह विधि हमारे देश में गुजरात में भावनगर और राजस्थान में चुरू में उपयोग की जा रही है।

जल का आवश्यकता से अधिक उपयोग इस बहुमूल्य और कमी वाले संसाधन का अक्षम्य दुरुपयोग है। हमारे देश में, बहते/रिसते नलों और खराब नल कार्य के कारण बहुत सा जल व्यर्थ हो जाता है। अत्यधिक सिंचाई पर भी नियंत्रण लगाया जाना आवश्यक है।

अपशिष्ट जल—झाग से भरपूर, तेल मिश्रित, काले, भूरे रंग का जल जो सिंक, शौचालय, लौंड्री आदि से नालियों में जाता है, वह अपशिष्ट जल कहलाता है। घरेलू और नगरपालिका अपशिष्ट जल कार्बनिक पोषकों से समृद्ध होता है। यदि इस प्रकार के जल को रोग पैदा करने वाले रोगाणुओं और विषैले तत्त्वों से मुक्त कर दिया जाए, तो इसका उपयोग खेतों बगीचों और अन्य वनस्पतियों की सिंचाई के लिए किया जा सकता है। वाहित मल को टंकी अथवा तालाब में अनेक दिनों के लिए उपचारित किया जाता है। ऐसा करने से भारी कण स्वयं तली में बैठ जाते है जबकि अधिक बारीक कणों को फिटकरी और कॉस्टिक सोडा डालकर तली में एकत्रित किया जाता है। स्वच्छ तरल को फिर निस्यंदकों (filters) या बालू अथवा मिट्टी से गुजरा जाता है और अंत में उसमें वायु प्रवाहित की जाती है। ये उपचार न सिर्फ कार्बन डाईऑक्साइड और हाइड्रोजन सल्फाइड को निकाल देता है जो सामान्यतः अपशिष्ट जल में घुली रहती है, बल्कि निस्यंदित जल में ऑक्सीजन भी मिला देता है, जिससे शोधन में सहायता मिलती है। जल का क्लोरीन की उचित मात्रा से उपचार हानिकारक रोगाणुओं को मार देता है ओर जल को उपयोग योग्य बना देता है। शैवालों अथवा जलकुंभी को उगाने से, जो कि एक वन्य पादप है जो नदियों और तालों में प्लावी पिंडों में आती है, दोहरा कार्य करती है। ये जल से प्रदूषकों जैसे फॉस्फेटों और नाइट्रेटों को साफ कर देती है जो इन पादपों के लिए पोषक का कार्य करते हैं और इन पादपों का बायोगैस बनाने हेतु भी उपयोग किया जा सकता है। अपशिष्ट जल को उपचारित करने के प्रक्रम को अपशिष्ट जलोपचार कहते हैं। जी.पी.एच. की पुस्तकों का मुख्य उद्देश्य ज्ञान के साथ–साथ अच्छे नम्बर दिलाना है।

प्रश्न 3. भूमि संसाधन से आप क्या समझते हैं?

उत्तर— भूमि सभी प्राकृतिक संसाधनों में सबसे प्रमुख और आधारभूत प्राकृतिक संसाधन है। क्योंकि अन्य सभी संसाधनों का जन्म, विकास और उपयोग भूमि पर ही होता है। मनुष्य के जीवन की आधारभूत आवश्यकताओं की पूर्ति के लिए भूमि की बड़ी महत्ता है। भारत का कुल भौगोलिक क्षेत्रफल 32.8 करोड़ हेक्टेयर है। देश की कुल भूमि के उपयोग संबंधी आँकड़ों के अनुसार 92.7 प्रतिशत भूमि उपयोग की जानकारी हमें उपलब्ध है।

भूमि संसाधन भारत का विशाल एवं विविधतापूर्ण आकार वाला सर्वाधिक महत्वपूर्ण संसाधन है। कुल भूमि का लगभग 43 प्रतिशत मैदानी क्षेत्र खेती के लिए अनुपयुक्त आधार प्रदान करता है। लगभग 30 प्रतिशत पर्वतीय भाग प्राकृतिक संसाधनों का भंडारण गृह है तथा दृश्य सौंदर्य एवं पारिस्थितिक पहलू से भी अत्यंत महत्वपूर्ण है। भारत के 27 प्रतिशत भू–क्षेत्र में पठारों का विस्तार है। यहाँ खनिज भंडारों के अतिरिक्त वनों एवं कृषि भूमि का अस्तित्व भी है। पर्वतीय एवं पठारी भागों में उपजाऊ नदी घाटियाँ भी पाई जाती हैं, जहाँ मानवीय संकेंद्रण के लिए उपयुक्त वातावरण पाया जाता है। हालांकि भूमि एक सीमित संसाधन है और बढ़ती मानव एवं जंतु आबादी ने साल दर साल भूमि उपलब्धता में कमी की है। 1951 में प्रति व्यक्ति भूमि उपलब्धता 0.89 हेक्टेयर थी, 1991 में यह घटकर 0.37 हेक्टेयर रह गई और 2035 तक इसके 0.20 हेक्टेयर रह जाने को प्रक्षेपित किया गया है।

प्रश्न 4. मृदा संसाधन क्या है? विभिन्न प्रकार की मृदाओं का विश्लेषण कीजिए।

उत्तर— मिट्टी अथवा मृदा सबसे महत्त्वपूर्ण नवीकरण योग्य प्राकृतिक संसाधन है। यह पौधों के विकास का माध्यम है जो पृथ्वी पर विभिन्न प्रकार के जीवों का पोषण करती है। मृदा एक जीवंत तंत्र है। कुछ सेंटीमीटर गहरी मृदा बनने में लाखों वर्ष लग जाते हैं। मृदा बनने की प्रक्रिया में उच्चावच, जनक शैल अथवा संस्तर शैल, जलवायु, वनस्पति और अन्य जैव पदार्थ और समय मुख्य कारक हैं। प्रकृति के अनेकों तत्त्वों जैसे तापमान परिवर्तन, बहते जल की क्रिया, पवन, हिमनदी और अपघटन क्रियाएँ आदि मृदा बनने की प्रक्रिया में योगदान देती हैं। मृदा में होने वाले रासायनिक और जैविक परिवर्तन भी महत्त्वपूर्ण हैं। मृदा जैव (ह्यूमस) और अजैव दोनों प्रकार के पदार्थों से बनती है।

भारत की मृदाओं को निम्नलिखित छह प्रकारों में बाँटा जाता है—

(1) जलोढ़ मृदा—जलोढ़ मृदाएँ भारत की सबसे महत्त्वपूर्ण मृदाएँ हैं। सतलुज, गंगा और ब्रह्मपुत्र नदियों के विस्तृत घाटी क्षेत्रों और दक्षिणी प्रायद्वीप के सीमावर्ती भागों में पाई जाती हैं। भारत की सबसे उपजाऊ भूमि के 6.4 करोड़ हैक्टेयर क्षेत्र में जलोढ़ मृदाएँ फैली हुई हैं। जलोढ़ मृदाओं का गठन बलुई–दोमट में मृत्तिका–दोमट तक होता है। इसमें पोटाश की अधिकता होती है, लेकिन नाइट्रोजन एवं जैव पदार्थों की कमी होती है। सामान्यतया ये मृदाएँ धुँधले से लालामी भूरे रंग तक की होती हैं। इन मृदाओं का निर्माण हिमाचल पर्वत और विशाल भारतीय पठार से निकलने वाली नदियों द्वारा बहाकर लाई गई गाद और बालू के लगातार जमाव से हुआ है। तरुण होने के नाते इन मृदाओं में परिच्छेदिका के विकास की कमी है। अत्यधिक उत्पादन होने के नाते इन मृदाओं को दो उप–विभागों में बाँटा गया है—नवीन जलोढ़क (खादर) और प्राचीन जलोढ़क (बांगर)। दोनों प्रकार की मृदाएँ संरचना, रासायनिक संघटन, जलविकास क्षमता एवं उर्वरता में एक दूसरे से भिन्न हैं। नवीन जलोढ़क हल्का भुरभुरा दोमट है जिसमें बालू और मृत्तिका का मिश्रण पाया जाता है। यह मृदा नदियों की

घाटियों, बाढ़ मैदानों और डेल्टा प्रदेशों में पाई जाती है। इसके विपरीत प्राचीन जलोढ़क दोआबा (दो नदियों के बीच की ऊँची भूमि) क्षेत्र में पाया जाता है। मृत्तिका का अनुपात अधिक होने के कारण यह मृदा चिपचिपी है और जलनिकास कमजोर हैं। इन दोनों प्रकार की मृदाओं में लगभग सभी प्रकार की फसलें पैदा की जाती हैं।

(2) काली मृदाएँ (रेगड़ मृदा)—काली मृदा दक्कन के लावा प्रदेश में पाई जाती है। यह मृदा महाराष्ट्र के बहुत बड़े भाग, गुजरात, कर्नाटक, आंध्रप्रदेश तथा तमिलनाडु के कुछ भागों में पाई जाती है। इस मृदा का निर्माण ज्वालामुखी के बेसाल्ट लावा के विघटन के परिणामस्वरूप हुआ है। इस मृदा का रंग सामान्यतया काला है जो इसमें उपस्थित अलुमीनियम और लोहे के यौगिकों के कारण है। इस मृदा का स्थानीय नाम रेगड़ मिट्टी है और यह लगभग 6.4 करोड़ हैक्टेयर भूमि पर फैली है। यह सामान्यतया गहरी मृत्तिका (चिकनी मिट्टी) से बनी है और यह अपारगम्य है या इसकी पारगम्यता बहुत कम है। मृदा की गहराई भिन्न–भिन्न स्थानों में अलग–अलग है। निम्न भूमियों में इस मृदा की गहराई अधिक है जबकि उच्चभूमियों में यह कम है। इस मृदा की सबसे प्रमुख विशेषता यह है कि शुष्क ऋतु में भी यह मृदा अपने में नमी बनाए रखती है। ग्रीष्म ऋतु में इसमें से नमी निकलने से मृदा में चौड़ी–चौड़ी दरारें पड़ जाती है और जल से संतृप्त होने पर यह फूल जाती है और चिपचिपी हो जाती है, इस प्रकार मृदा पर्याप्त गहराई तक हवा से युक्त और आक्सीकृत होती है जो इसकी उर्वरता बनाए रखने में मदद देते हैं। मृदा की इस प्रकार लगातार उर्वरता बनी रहने के कारण यह कम वर्षा के क्षेत्रों में भी बिना सिंचाई के कपास की खेती करने के लिए अनुकूल है। कपास के अतिरिक्त यह मृदा गन्ना, गेहूँ, प्याज और फलों की खेती करने के लिए अनुकूल है।

(3) लाल मृदा—प्रायद्वीपीय पठार के बहुत बड़े भाग पर लाल मृदा पाई जाती है, इसमें तमिलनाडु, कर्नाटक, गोवा, दक्षिण–पूर्व महाराष्ट्र, आंध्र प्रदेश, उड़ीसा, छोटानागपुर पठार और मेघालय पठार के भाग सम्मिलित हैं। लाल मृदा के ये क्षेत्र कपास की काली मृदा के भूभाग को घेरे हुए हैं। यह मृदा ग्रेनाइट और नींस जैसी रवेदार चट्टानों पर विकसित हुई है और यह कृषि भूमि के 7.2 करोड़ हैक्टेयर क्षेत्र पर फैली है। इस मृदा में लोहे के यौगिकों की अधिकता के कारण इसका रंग लाल है, परंतु इसमें जैव पदार्थों की कमी है। यह मृदा सामान्यतया कम उपजाऊ है और काली मृदा अथवा जलोढ़ मृदा की तुलना में लाल मृदा का कृषि के लिए कम महत्त्व है। परंतु इसकी उत्पादकता सिंचाई और उर्वरकों के प्रयोग द्वारा बढ़ाई जा सकती है। यह मृदा चावल, ज्वार–बाजरा, मक्का, मूँगफली, तंबाकू और फलों की पैदावार के लिए उपयुक्त है।

(4) लैटराइट मृदा—लैटराइट मृदा कर्नाटक, तमिलनाडु, मध्य प्रदेश, झारखंड, उड़ीसा, असम और मेघालय के ऊँचे एवं भारी वर्षा वाले भूभागों में पाई जाती है। इस मृदा का विस्तार 1.3 करोड़ हैक्टेयर से भी अधिक क्षेत्रफल पर है। इस मृदा का निर्माण उष्ण एवं आर्द्र जलवायु दशाओं में होता है। लैटराइट मृदा विशेषतया ऋतुवत भारी वर्षा वाले ऊँचे सपाट अपरदित सतहों पर पाई जाती है। तीव्र निक्षालन क्रिया द्वारा पोषक तत्त्वों का नाश हो जाना,

इस मृदा का सामान्य लक्षण है। इस मृदा का पृष्ठ गिट्टीदार होता है। जो आर्द्र और शुष्क अवधियों के प्रत्यावर्तन के परिणामस्वरूप बनता है। अपक्षय के कारण लैटराइट मृदा अत्यंत कठोर हो जाती है, इस प्रकार लैटराइट मृदा की प्रमुख विशेषताएँ है—जनक शैल का पूर्णतया रासायनिक विघटन, सिलिका का संपूर्ण निक्षालन, अलुमीनियम और लोहे के ऑक्साइडों द्वारा मिला लाल—भूरा रंग और ह्यूमस की कमी। इस मृदा में पैदा की जाने वाली सामान्य फसलें चावल, ज्वार—बाजरा और गन्ना निम्न भूमियों में और रबर, कहवा और चाय जैसी रोपण फसलें उच्च भूमियों में है।

(5) मरुस्थलीय मृदा—मरुस्थलीय मृदाएँ पश्चिमी राजस्थान, सौराष्ट्र, कच्छ, पश्चिमी हरियाणा और दक्षिणी पंजाब में पाई जाती है। इन क्षेत्रों में इस मृदा के पाए जाने का सीधा संबंध वहाँ पर विद्यमान मरुस्थलों एवं अर्ध—मरुस्थलों की दशाओं का होना तथा छः महीनों तक पानी की अनुपलब्धता है। जैव पदार्थों की कमी सहित बलुई एवं पथरीली मृदा, ह्यूमस का कम होना, वर्षा का कमी—कभी होना, आर्द्रता की कमी और लंबी शुष्क ऋतु मरुस्थलीय मृदा की विशेषताएँ हैं। इस मृदा में संस्तरों का विकास कम हो गया है। इस मृदा के क्षेत्र में पौधे एक दूसरे से बहुत दूरी पर मिलते हैं। रासायनिक अपक्षय सीमित है। मृदा का रंग लाल या हल्का भूरा हैं। सामान्यतया इस मृदा में कृषि के लिए आधारभूत आवश्यकताओं की कमी है। परंतु जब पानी उपलब्ध होता है तो इससे विविध प्रकार की फसलें जैसे कपास, चावल, गेहूँ आदि उर्वरकों की उपयुक्त मात्रा देकर पैदा की जा सकती है।

(6) पर्वतीय मृदा—पर्वतीय मृदाएँ जटिल हैं और इनमें अत्यधिक विविधता मिलती है। यह नदी द्रोणियों और निम्न ढलानों पर जलोढ़ मृदा के रूप में पाई जाती है। ऊँचे भागों पर अपरिपक्व मृदा या पथरीली है। पर्वतीय भागों में भू आकृतिक, भूवैज्ञानिक, वानस्पतिक एवं जलवायु दशाओं की विविधता तथा जटिलता के कारण यहाँ एक ही तरह की मृदा के बड़े—बड़े क्षेत्र नहीं मिलते। खड़े ढाल वाले उच्चावच प्रदेश मृदा विहीन होते हैं। इस मृदा के विभिन्न प्रदेशों में अलग—अलग प्रकार की फसलें उगाई जाती है, जैसे चावल नदी घाटियों में, फलों के बाग ढलानों पर और आलू लगभग सभी क्षेत्रों में पैदा किया जाता है।

प्रश्न 5. मृदा के निर्माण में शामिल विभिन्न प्रक्रियाओं की विवेचना कीजिए।

उत्तर— मिट्टी को बनाने वाली प्रक्रियाओं का अध्ययन निम्नलिखित शीर्षकों के अंतर्गत किया जा सकता है—

(1) शैलों का अपक्षय—मृदा निर्माण की प्रक्रिया मंद, क्रमिक और सतत होती है। उन सभी प्राकृतिक प्रक्रियाओं को जिनके कारण जनक शैलों (parent rocks) का विघटन (disintegration) होता है सामूहिक रूप से अपक्षय कहते हैं और इनमें भौतिक, रासायनिक या जीवीय (biological) एजेंसियाँ कार्य करती हैं।

(2) भौतिक अपक्षय—कुछ यांत्रिक बलों (mechanical forces) का कारण शैलों का भौतिक अपक्षय होता है। एक ऐसे यांत्रिक बल का उदाहरण है तापमान। तापमान के

घटने–बढ़ने से शैल–सतह फैलती या सिकुड़ती है। जिसके कारण चट्टाने चटक जाती है और इनमें दरारें पड़ जाती है। अत्यधिक ठंड के कारण चट्टानों की विदरिकाओं (crevices) में मौजूद जल जम जाता है तथा बर्फ के बन जाने से यह फैलता है चूँकि इसका आयतन बढ़ जाता है इसके फैलने के बल (force of expansion) से चट्टानों के टुकड़े–टुकड़े हो जाते हैं जब यह टुकड़े ढाल से लुढ़क कर नीचे गिरते हैं तो इनके और भी छोटे–छोटे टुकड़े हो जाते हैं। ओले, वर्षा तथा तेजी से बहने वाली जल धाराएँ भी भौतिक अपक्षय के महत्त्वपूर्ण कारक है। आपने ऋषिकेश और हरिद्वारा में (जहाँ गंगा की तेज धाराएँ हिमालय में गंगोत्री से निकलकर मैदानी भाग में पहुँचती है) गंगा–तल में पत्थरों के अनेकों प्रकार के गोल–गोल टुकड़े देखे होंगे। हवा भी भौतिक अपक्षय का अन्य कारक है, खास तौर पर यह रेल धूलि (sand-dust) ले जाती है जो लुढ़कते शिला–खंडों के साथ रगड़ाव के कारण अपघर्षण (abrasion) पैदा करता है। विंध्याचल पर्वत के जंगलों में आम तौर पर यह देखा जाता है कि पेड़ों की जड़ें चट्टानों की विदरिकाओं में घुस जाती हैं और कुछ समय के बाद जब ये जड़ें मोटाई में काफी बढ़ जाती हैं तो इस यांत्रिक बल के कारण भी उन चट्टानों के टुकड़े–टुकड़े हो जाते हैं।

(3) रासायनिक अपक्षय–चट्टानों के विघटन के दौरान इनमें रासायनिक परिवर्तन भी हो सकते हैं। रासायनिक परिवर्तनों के लिए जल एक महत्त्वपूर्ण कारक है क्योंकि यह शैल–पदार्थों के एक या अधिक घटकों के साथ विलयन (dissolution) या अभिक्रिया (reaction) करता है। घुले हुए पदार्थों की उपस्थिति और उष्ण तापमान, रासायनिक अपक्षय में सहायक होते हैं। कुछ शैल–घटक घुल (dissolve) सकते हैं और पुनः अवक्षेपित हो सकते हैं जिनके कारण शैल गठन (rock texture) बारीक धूलि गठन में बदल जाता है। फेल्डस्पार (feldspar) और अभरक (mica) जैसे कुछ पदार्थ उद्कन क्रिया (hydration) द्वारा नरम पड़ जाते हैं और आसानी से अपक्षय–योग्य हो जाते हैं। रासायनिक अपक्षय की एक और महत्त्वपूर्ण प्रक्रिया जल अपघटन (hydrolysis) द्वारा होती है। जिसमें जल का वियोजन (dissociation) खासकर कार्बन डाइक्साइड और कार्बनिक अम्लों (organic acids) की उपस्थिति में, H^+ और OH^- आयनों में होता है और जो ऑर्थोक्लेज की तरह सिलिकेट पर कार्य करता है और सिलिकेट मृत्तिका (silicate clays) बनाता है। रासायनिक अपक्षय के अन्य साधन ऑक्सीकरण (oxidation) अपचयन (reduction) और कार्बेनिटीकरण (carbonation) हैं, जिनमें जनक शैलों के खनिज घटकों में क्रमशः ऑक्सीजन का जोड़ना, ऑक्सीजन का हटाना और कार्बनिक अम्लों की क्रिया शामिल है।

यह जानना महत्त्वपूर्ण है कि चट्टानों का अपक्षय बहुत मंद प्रक्रिया है। जनक शैल पदार्थ की प्रकृति के अनुसार इस प्रक्रिया में सैकड़ों या हजारों वर्ष लग सकते हैं। यह एक सतत चलने वाली परिघटना है जिससे पृथ्वी की सतह पर धीरे–धीरे मिट्टी जमा होती रहती है।

(4) खनिजीभवन और ह्यूमसभवन–अपक्षय के कारण मृदा चट्टाने छोटे–छोटे कणों में टूटती हैं लेकिन यह परिपक्व मृदा नहीं है और इस प्रकार से बने पदार्थों में पौधे पनप नहीं

सकते हैं। अपक्षीण (weathered) पदार्थों की उत्पत्ति के बाद उनमें अनेकों परिवर्तन होते हैं, तब कहीं ये पदार्थ मृदा का रूप लेते हैं।

मृदा निर्माण की आरंभिक अवस्थाओं में अपरिपक्व मृदा में कार्बनिक पदार्थ की मात्रा अधिक नहीं होती है क्योंकि वनस्पति और इसके साथ पाए जाने वाले प्राणिजात अधिक संख्या में नहीं होते। ऐसे मृदा में प्रारंभ में कुछ साधारण किस्म के पौधे जैसे शैवाल, लाइकेन (lichen) मॉस (moss) और अनेकों नन्हें पौधे उगते, जनन करते तथा अंत में मर जाते हैं। अतः जिन कार्बनिक पदार्थों से वे बने होते हैं, उनमें कई परिवर्तन होते हैं और फिर वे मिट्टी के साथ मिल जाते हैं। कुछ समय के बाद विविध प्रकार के पौधे, प्राणी और सूक्ष्मजीवी ऐसी मृदा को अपना घर बना लेते हैं। ये अपने अवशिष्ट पदार्थों (wastes) तथा मृत अवशेषों के रूप में मृदा में कार्बनिक पदार्थ का योगदान करते हैं। बाद में यह कार्बनिक मलबा (organic debris) सरल उत्पादों में बदल जाता है। यह प्रक्रिया अपघटन (decomposition) कहलाती है। जो कई प्रकार के सूक्ष्मजीवों जैसे जीवाणु (bacteria) कवक आदि के कारण होती है। ये सूक्ष्मजीव कार्बनिक पदार्थों को कई यौगिकों (compounds) जैसे पालीसैकेराइड, प्रोटीन, वसा (fats), लिग्निन (lignin), मोम (wax), रेजिन (resin) आदि में बदल देते हैं। बाद में ये यौगिक भी सरल उत्पादों जैसे कार्बन डाइऑक्साइड, जल और खनिजों में बदल जाते हैं। बाद वाली प्रक्रिया को खनिजीभवन कहा जाता है। खनिजी–भवन के पश्चात अपूर्ण रूप से विघटित जो अवशिष्ट पदार्थ बच जाता है उसे ह्यूमस (humus) कहते हैं और ह्यूमस के बनने की प्रक्रिया को ह्यूमसभवन कहते हैं। ह्यूमस एक अक्रिस्टलीय (amorphous) कोलॉइडी और गहरे रंग का पदार्थ है जो कई प्रकार की मृदाओं में पाया जाता है। ह्यूमस खनिज पोषकों का महत्त्वपूर्ण स्रोत है। किसी भी भूमि की उर्वरता आमतौर पर उसमें मौजूद ह्यूमस की मात्रा पर निर्भर करती है। यह अधिकांश मृदा जीवों के लिए भोजन का स्रोत है। ह्यूमस कार्बनिक पदार्थ मुख्यतः सैलुलोस और लिग्निन का बना होता है और मिट्टी में विघटन की विभिन्न अवस्थाओं में यह प्रोटीन के साथ मिला होता है। कार्बनिक पदार्थ मत जड़ों, पौधों, प्राणियों और मृदावासी अन्य जीवों के अवशेषों के बने होते हैं। नाइट्रोजनी कार्बनिक यौगिकों पर कई प्रकार के जीवाणु और कवक कार्य करते हैं तथा अंत में नाइट्रेडों (nitrates) में बदल जाते हैं, जो पौधों के द्वारा अवशोषित कर लिए जाते हैं। ह्यूमस महत्त्वपूर्ण है क्योंकि यह मृदा के कणों को ढीला कर देती है जिससे कि वायु का इसमें आसानी से आना–जाना हो सके। अपनी कोलॉइडी प्रकृति के कारण इसमें जल को सोखने तथा उसे धारण करने की क्षमता होती है। यह मिट्टी को काफी अच्छी श्रेणी का बना देता है।

प्रश्न 6. निम्नलिखित पर संक्षिप्त टिप्पणी लिखिए–

(i) कृषि एवं अधिक चरान के कारण उत्पन्न परिवर्तन

उत्तर– कृषि एवं अधिक चरान के कारण टिकाऊ खेती के लिए प्रयुक्त उत्पादक भूमि का अत्यधिक दोहन हुआ है। मानव विकास प्रतिवेदन 1998 में इस बात का उल्लेख है कि

दुनिया की उत्पादक भूमि में से 2 अरब हेक्टेयर भूमि, जो लगभग 1/6 हिस्सा बैठती है, को नुकसान पहुँचा है। विकासशील देशों में जहाँ दुनिया के दो तिहाई गरीब लोग रहते हैं, उनमें अधिक हानि पहुँची है। आधुनिक कृषि में प्रदूषण के लिए अकुशल सिंचाई, अविवेकपूर्ण रासायनिक उर्वरकों तथा कीटनाशकों के प्रयोग, स्थानांतरित कृषि आदि भूमि उत्तरदायी है।

अकुशल सिंचाई से लवणता एवं जल ठहराव की समस्याएँ उत्पन्न होती हैं। परिणामस्वरूप, हरी–भरी आर्द्र मरू में बदल जाती है। आजकल फसल का उत्पादन बढ़ाने के लिए बड़े स्तर पर अकार्बनिक खादों का प्रयोग किया जाता है। इससे बहते हुए तथा भूमिगत जल में संदूषण उत्पन्न होता है। दुनिया–भर में आदिवासी लोग स्थानांतरित कृषि तकनीकी को अपनाते हैं, जिसके कारण वे जंगलों को काटकर, जलाकर फसल के योग्य भूमि तैयार करते हैं।

पशुधन जनसंख्या दर में वृद्धि हो रही है, लेकिन चरानो की भूमि सिकुड़ रही है, जिसके कारण प्राकृतिक संसाधनों का अधिक दोहन हो रहा है। भूमि पर से वनस्पतियों के विलुप्त होने तथा मुद्रा जीवों के धीरे–धीरे कम होने से उपजाऊ भूमि बंजर भूमि में बदल जाती है।

(ii) उर्वरकों की समस्या

उत्तर— मृदा में यदि संतुलित मात्रा में उर्वरकों का उपयोग किया जाए तो वह हानिकारक नहीं होता है। मृदा परीक्षण के बगैर ही जब इनका अधिक मात्रा में उपयोग किया जाता है तो ये हानिकारक होते हैं। इनके प्रयोग के समय यदि जल या नमी की समुचित मात्रा न हो तो पौधे जलकर नष्ट हो जाते हैं। लगातार उर्वरकों का प्रयोग किए जाने से मृदा में इनका संचय होता रहता है। जिससे मृदा के भौमिक एवं रासायनिक गुणों में निम्नीकरण हो जाता है तथा भूमि कठोर हो जाती है। इनके अत्यधिक प्रयोग से मृदा में पाए जाने वाले सूक्ष्म जीवाणु नष्ट हो जाते हैं। जिससे नाइट्रोजन स्थिरीकरण की प्रक्रिया बाधित होती है। नाइट्रोजन युक्त उर्वरक, नदी, नालों आदि से बहकर जल स्रोतों में इकट्ठे हो जाते हैं। जल में नाइट्रोजन की अधिकता के होने के कारण इनके अत्यधिक प्रयोग से मृदा में अम्लीयता या क्षारीयता विकसित हो जाती है। जलीय पादपों एवं जंतुओं द्वारा ये नाइट्रेट मानव की खाद्य श्रृंखला में प्रवेश कर जाते हैं जिससे हीमोग्लोबीन मैट–हीमोग्लोबिन में परिवर्तित हो जाता है तथा उसकी ऑक्सीजन धारण क्षमता कम हो जाती है। इसी कारण मनुष्य में 'ब्लू बेबी' रोग उत्पन्न हो जाता है।

प्रश्न 7. भूमि निम्नीकरण से आप क्या समझते हैं? इसके विभिन्न कारण भी बताइए।

उत्तर— भूमि के निम्नीकरण से अभिप्राय भूमि की गुणवत्ता में अवांछनीय अथवा हानिकारक या विघ्न उत्पन्न करने वाले परिवर्तनों से है। यह किसी क्षेत्र के पौधों और जंतुओं की प्रजातियों में परिवर्तन लाता है तथा प्रायः उस क्षेत्र की भूमि की गुणवत्ता तथा उत्पादकता में कमी लाता है। भूमि अपने प्राकृतिक पोषक पदार्थ, खनिज पदार्थ तथा जैविक पदार्थ (जिन्हें ह्यूमस कहते

प्राकृतिक संसाधन
63

हैं) खो देती है जो स्थानीय जैव तंत्र के संतुलन को अस्त-व्यस्त कर देता है। इस प्रकार भूमि पौधों और फसलों को उगाने के लिए अयोग्य अथवा अनुपयुक्त हो जाती है।

तालिका 2.2 में विश्व में प्रमुख भूमि निम्नीकरण की मात्रा और कारणों को दिया गया है—

तालिका 2.2: विश्व में भूमि निम्नीकरण की मात्रा और उसके कारण

निम्नीकरण की मात्रा	भूमि निम्नीकरण के कारण
58 करोड़ हैक्टेयर	**वनोरोपण:** खेती और शहरी उपयोग के लिए वनों के विशाल प्रारक्षित क्षेत्रों को व्यापक स्तर पर पेड़ काटकर साफ कर दिया गया। 20 करोड़ हैक्टेयर से भी अधिक के उष्णकटिबंधी वनों को 1975-1990 के काल में मुख्य रूप से खाद्य उत्पादन के लिए नष्ट कर दिया गया।
68 करोड़ हैक्टेयर	**अतिचराई :** विश्व के लगभग 20 प्रतिशत चारागाह और मैदानी क्षेत्र क्षतिग्रस्त हो गए हैं। वर्तमान में अफ्रीका और एशिया में सबसे गंभीर हानि हुई है।
13.7 करोड़ हैक्टेयर	**जलावन का उपभोग :** लगभग 17.30 करोड़ घन मीटर जलावन की लकड़ी को वनों और बागानों से प्रतिवर्ष काटा जाता है।
55 करोड़ हैक्टेयर	**कृषि कुप्रबंधन :** जल अपरदन के कारण मृदा की हानि का आकलन 2500 करोड़ टन वार्षिक का है। मृदा लवणीकरण, जलप्लावन, रसायनिक निम्नीकरण और मरूस्थलीकरण विश्व स्तर पर लगभग 4 करोड़ हैक्टेयर भूमि को प्रभावित करता है।
1.95 करोड़ हैक्टेयर	**औद्योगिकीकरण और शहरीकरण :** शहरी वृद्धि, सड़क निर्माण, खनन, और उद्योग विभिन्न क्षेत्रों में भूमि निम्नीकरण के प्रमुख कारक है। बहुमूल्य कृषि भूमि अक्सर नष्ट हो जाती है।

प्रश्न 8. 'भूमि उपयोग के लिए योजना और प्रबंधन' पर चर्चा कीजिए।

उत्तर— भूमि सभी प्राकृतिक संसाधनों में से सबसे प्रमुख और आधारभूत प्राकृतिक संसाधन है। यह एक समाप्त हो जाने वाला संसाधन है और ये जलवायु परिवर्तन तथा भौतिक

प्रक्रमों के लिए अत्यधिक संवेदनशील होती है। भूमि का उपयोग उसकी उपयुक्तता और क्षमता के अनुसार किया जाना चाहिए। किसी क्षेत्र में संपूर्ण भूमि का विभिन्न कार्यों के लिए किए जाने वाले उपयोग को भूमि उपयोग कहते हैं।

भूमि की उपयुक्तता और क्षमता का मूल्यांकन उसकी भार वहन करने की क्षमता और उर्वरता द्वारा किया जाता है। चूँकि बढ़ती जनसंख्या के लिए भोजन के लिए और खेती के लिए अधिक भूमि की आवश्यकता है, अतः उर्वर कृषि भूमि का गैर–कृषि कार्यों जैसे सड़कों और इमारतों के निर्माण के लिए अतिक्रमण कम से कम होना चाहिए। उद्योगों के विकास, बांधों तथा जलाशयों के निर्माण और खनन कार्यों के लिए स्थान का चयन करने में अत्यधिक सावधानी बरती जानी चाहिए जिससे उस क्षेत्र में रहने वाले जनों की सामाजिक–आर्थिक स्थिति तथा पर्यावरण का नुकसान न हो। पहाड़ी क्षेत्रों को जहाँ तक संभव हो सके वनाच्छादित रखना चाहिए क्योंकि वन ईंधन, चारे और इमारती लकड़ी के संसाधन का कार्य करते हैं और पशुपालन के लिए स्थान प्रदान करते हैं। इसके अतिरिक्त वन भूजल को बढ़ाने में सहायक होते हैं क्योंकि ये मुक्त सतह वाहजल के प्रवाह में बाधा पहुँचाते हैं जिससे जल का भूमि द्वारा अवशोषण हो जाता है तथा बाढ़ से बचाव होता है।

मृदा प्रबंधन—मृदा एक मूल्यवान संसाधन है। हमारा अधिकतर भोजन और वस्त्र, मिट्टी में उगने वाली भूमि–आधारित फसलों से प्राप्त होता है। दैनिक आवश्यकताओं की पूर्ति के लिए हम जिस मिट्टी पर निर्भर करते हैं उसका विकास हजारों वर्षों में होता है। मृदा का प्रबंधन दो तरीकों से होता है यानी (1) मृदा अपरदन को कम करना या रोकना और (2) मृदा की उत्पादकता को पुनः प्राप्त करना।

मृदा अपरदन का नियंत्रण—मृदा अपरदन के नियंत्रण के लिए सबसे महत्त्वपूर्ण उपाय हैं—(1) घास, झाड़ियाँ एवं वृक्ष उगाना और (2) जल के स्वतंत्र व अनियंत्रित प्रवाह को रोकने के लिए जल निकास प्रणाली का निर्माण करना। जल प्रवाह के कारण पहले तंग नालियाँ बनती हैं जो धीरे–धीरे गहरी तंग घाटियाँ बन जाती हैं और बाद में खड्ड भूमि (ravine land) का रूप धारण कर लेती हैं। प्रसिद्ध चंबल खड्ड भूमि गंभीर मृदा अपरदन के कारण ही बनी है और यह प्रक्रिया अभी तक चल रही है। बहुत से निरोधक बाँध बना कर इस पर नियंत्रण किया जा सकता है। ये बाँध जल के प्रवाह और तंग घाटियों को चौड़ा होने से रोकते हैं। महाराष्ट्र, केरल, आंध्र प्रदेश और उड़ीसा के तटों पर पत्थर की चौड़ी दीवार का निर्माण, समुद्री तरंगों और धाराओं द्वारा अपरदन पर नियंत्रण रखने में बहुत प्रभावी सिद्ध हुआ है। रेगिस्तानों और रेतीले तटों में वायु के तेज झोंकों से रेत का उड़ना, वायु के मार्ग में वृक्षों और झाड़ियों को उगा कर रोका जा सकता है। पहाड़ों और पर्वतीय क्षेत्रों में स्वप्रजननी (self-propagating) वृक्षों और झाड़ियों के तने और शाखाएँ लगाने से न केवल ढलान ही सुदृढ़ बनती है, बल्कि इससे कृषकों को ईंधन की लकड़ी और चारा भी मिलता है। फसलों की क्यारियों के साथ घास, झाड़ियों, वृक्षों, मक्का, ईख, कपास, तंबाकू आदि जैसे अपरदन प्रतिरोधी वनस्पतियों की एकांतर पट्टियों के लगाने से तथा पर्वतीय और पहाड़ी क्षेत्रों के ढलानों पर सीढ़ीदार खेत बनाने से खेतों की मृदा स्थिर हो जाती है।

अपरदन और पहाड़ों पर भू–स्खलन जैसे वृहत संचलन (mass movement) पर नियंत्रण पाने के लिए जलनिकास खाइयाँ बनाई जाती हैं। इन खाइयों को ईटों या पत्थरों के टुकड़ों से भर दिया जाता है ताकि जल उनसे होता हुआ निकल जाए। यह उपाय बहुत ही प्रभावशाली है। पहाड़ी ढालों पर दीवार बनाने से जल अपने साथ मिट्टी लिए बिना प्रवाहित होता है और ढाल की मृदा स्थिर हो जाती है। महत्त्वपूर्ण ढालों पर वनस्पति आवरण उगाया जाता है और प्रारंभ में बीजों को नारियल के रेशों या झाड़–फूस से बनी चटाई से ढक दिया जाता है जो भूमि पर मजबूती से गड़ी होती है। यह चटाई मृदा अपरदन को रोकती है, मृदा कणों को बाँधे रखती है और मृदा में पोषक तत्त्वों की वृद्धि करती है। तेजी से घास की वृद्धि मृदा को स्थिर बनाती है।

मृदा शिथिलता के उपचार—विश्राम के बिना, अत्यधिक इस्तेमाल के कारण मृदा में आवश्यक पोषक तत्त्वों की कमी हो जाती है और इसकी उर्वरकता समाप्त हो जाती है। मटर और फलियों जैसी फसलों के आवर्तन (rotation of crop) से पोषक तत्त्वों की कमी को पूरा करने में सहायता मिलती है। मटर जैसे पौधों से मृदा में नाइट्रोजन की वृद्धि होती है और इस प्रकार मिट्टी के बद्धता गुण (binding property) और उसकी उत्पादकता में वृद्धि होती है। फसलों की जड़ों एवं शाखाओं और अवशेषों के कुछ समय तक खेतों में पड़े रहने से मृदा का अपरदन से बचाव होता है।

यह पाया गया है कि अत्यधिक सिंचाई के कारण मृदा जल से पूर्ण संतृप्त (saturation) या जलाक्रांत (water logging) हो जाती है, जिसके कारण यह अपनी उत्पादकता, पूर्णरूप से या आंशिक रूप से, खो बैठती है। कुछ क्षेत्रों में अति सिंचाई के कारण मृदा की लवणता या क्षारता में वृद्धि हो जाती है और वह "शिथिल" बन जाती है और इस प्रकार की मृदा शिथिलता पर नियंत्रण रखने के लिए सबसे पहले नहरों, जलाशयों, कुंडों और तालाबों से जलस्राव के सभी स्थानों को बंद करना होगा और जल की केवल आवश्यक मात्रा का ही उपयोग करना होगा। मृदा की लवणता और क्षारता, वानस्पतिक खादों और उर्वरकों के अतिरिक्त जिप्सम, (जिप्सम चॉक जैसा एक पदार्थ है जिससे प्लास्टर ऑफ पेरिस बनाया जाता है), फास्फोजिप्सम (फास्फेट सहित जिप्सम) और पायराइट (कॉपर, आयरन आदि के सल्फाइड) जैसे कुछ रसायनों के उपयोग से कम की जा सकती है। जौ, बाजरा, सोया, कपास, पालक और खजूर के पेड़ जैसे लवण प्रतिरोधी पौधों के लगाने से भी मृदा की लवणता की समस्या को हल किया जा सकता है।

प्रश्न 9. एक संसाधन के रूप में वनों के महत्त्व को समझाइए।

अथवा

वन संसाधन क्या हैं?

उत्तर— वन पुनः नवीकृत होने वाले प्राकृतिक संसाधन हैं। वास्तव में पृथ्वी के स्थलमंडल का अधिकांश भाग वनों से ढका हुआ है। वन जैव विविधता के महत्त्वपूर्ण केंद्र हैं तथा ये

विभिन्न प्रकार के जंगली जीवों, वृक्षों, झाड़ियों, जीव जंतुओं तथा वनस्पतियों, सूक्ष्म मृदा जीवों तथा और बहुत कुछ के लिए पर्यावरण को बदलते रहते हैं। वन न केवल आर्थिक, ऐतिहासिक, सांस्कृतिक, मनोरंजन, सौंदर्यपरक तथा धार्मिक दृष्टिकोण के कारण मूल्यवान हैं, बल्कि उनके संसाधन भी मनुष्य जाति के लिए बहुत ही महत्त्वपूर्ण हैं। अभी भी लगभग 1/3 जनसंख्या के लिए लकड़ी ईंधन का काम करती है। जहाँ जंगलों के इर्द–गिर्द रहने वाले आदिवासी अपने जीवन तथा आजीविका के लिए जंगलों पर निर्भर हैं, वहीं बाकी जनसमुदाय भी अप्रत्यक्ष रूप से वनों पर आश्रित हैं।

अधिकांशतः घर, फर्नीचर, कागज, कपड़े, रंग, गोंद, राल तथा लाख लकड़ी से अथवा वनों के अन्य उत्पादों से बनते हैं। वास्तव में पौधों का प्रकाश संश्लेषण ही मनुष्य द्वारा ली जाने वाली ऑक्सीजन तथा वायुमंडल में निसरित की जाने वाली कार्बन डाइऑक्साइड को नियंत्रित करता है। व्यापक रूप से वनों द्वारा किए जाने वाले सभी कार्यों को तीन प्रमुख शीर्षकों में वर्गीकृत किया जा सकता है—आर्थिक, पारिस्थितिक और सामाजिक।

(1) आर्थिक महत्त्व—वन मानव जीवन के लिए प्रकृति के अनुपम उपहार हैं। ये पृथ्वी ग्रह पर उपलब्ध सबसे विशाल नवीकरणीय संसाधन (renewable resources) हैं। ये विविध प्रकार की वस्तुएँ और सेवाएँ प्रदान करते हैं जिनमें भोजन, पशु चारा और ईंधन सम्मिलित हैं। लकड़ी का उपयोग घर, फर्नीचर, माचिस, हल, सेतु और नौका बनाने के लिए किया जाता है। वन उत्पाद जैसे टैनिन, गोंद, मसाले, मोम, शहद, कस्तूरी और जानवरों की खालें सभी वनों के जंतु और वनस्पतिजात् द्वारा प्रदान किए जाते हैं। पादपों के फल, पत्तियाँ, जड़े और कंद वन के जनजातीय जनों को भोजन होते हैं। लकड़ी और बांस के पल्प (लुगदी) का उपयोग कागज और रेयॉन बनाने में किया जाता है। वनों के जंतु और वनस्पतिजात् अनेक जीवन निर्वहन पदार्थों जैसे औषधियों, कीटनाशियों और पीड़कनाशियों को भी प्रदान करते हैं। इन पदार्थों की कटाई दीर्घोपयोगी रूप से की जानी चाहिए जिससे कि यह दीर्घकालिक रूप से वन के संसाधन मूल्य को बढ़ा सकें।

(2) पारिस्थितिक महत्त्व

(क) भूमंडलीय जलवायु का संतुलन—प्राकृतिक चक्रों जैसे जलचक्र और कार्बन चक्र को प्रभावित करके वन भूमंडलीय जलवायु को प्रभावी रूप से स्थिरीकृत करते हैं। वर्षा का स्थानिक और कालिक पैटर्न वनों द्वारा अत्यधिक प्रभावित होता है। कितना पानी मृदा में बना रहेगा और कितना बह जाता है जिससे कभी–कभी बाढ़ आ जाती है, यह भी वनाच्छद (tree cover) पर निर्भर करता है। इसी प्रकार वन वायुमंडलीय कार्बन डाई ऑक्साइड के स्तर को भी प्रभावित करते हैं। वृक्ष जीवमात्रा कार्बन–डाइऑक्साइड को एक नियत स्तर पर बनाए रखती है। इसलिए वन कार्बन सिंक यानी वायुमंडल से कार्बन डाइऑक्साइड को अवशोषित करने की क्षमता के प्रमुख स्रोत की तरह काम करते हैं। दूसरे शब्दों में कार्बन सिंक एक प्राकृतिक या कृत्रिम रिजर्वायर (भंडार) होता है जो कुछ कार्बन युक्त रासायनिक यौगिकों को अनिश्चितकाल तक के लिए एकत्रित और भंडारित कर सकता हैं जब लकड़ी को जलाते हैं

तो यह निर्मुक्त होती है। इसका ग्रीनहाउस प्रभाव की मात्रा और भूमंडलीय तापन (global warming) पर सीधा असर होता है। दूसरे शब्दों में, अधिक वनों के होने से प्रकाश संश्लेषण के काल में वायुमंडलीय कार्बन डाइऑक्साइड का अधिक उत्सर्जन होता है जिससे वायुमंडल में ग्रीनहाउस प्रभाव में कमी आती है। इसलिए व्यापक स्तर पर ग्रीनहाउस प्रभाव को कम करने के एक उपाय के रूप में वृक्षारोपण किया जाता है।

(ख) जैवविविधता का संरक्षण—वन धरती पर सदियों से हैं तथा ये वन ही हैं जिनके कारण विश्व की जैव विविधता में निरंतरता बनी रहती है। वन जमीन पर जैवविविधता के सामान्य भंडार हैं क्योंकि ये सजीवों की उत्तरजीविता और वृद्धि के लिए आदर्श स्थितियाँ प्रदान करते हैं। प्रति इकाई क्षेत्र में प्रजातियों की संख्या वन में किसी भी अन्य थलीय पारिस्थितिक तंत्र की अपेक्षा कहीं अधिक होती है। उदाहरण के लिए, उष्णकटिबंधी वर्षावन पृथ्वी के भूक्षेत्र का 7% से भी कम क्षेत्र घेरते हैं लेकिन यहाँ सभी ज्ञात जीव प्रजातियों की 50 प्रतिशत से भी अधिक पाई जाती है। सभी ज्ञात पादपों में से लगभग 62% इन वर्षा वनों में पाए जाते हैं। इसीलिए अमेजन और नील बेसिन के वर्षा वनों को बचाने के लिए अभियान निरंतर बढ़ते जा रहे हैं।

(ग) प्राकृतिक पारिस्थितिक तंत्रों और प्रक्रियाओं को सहारा देना—वन कुछ ऐसे कार्यों को करते हैं जो पारिस्थितिक तंत्रों और प्रक्रियाओं को प्रत्यक्ष रूप से सहारा देने के लिए महत्त्वपूर्ण हैं। इनमें से कुछ कार्य और प्रक्रियाएँ निम्न हैं—

(i) वन, पवन और जल की क्रिया की रोकथाम करके मृदा अपरदन को रोकते हैं। इस तरह ये उर्वर उपरिमृदा का संरक्षण करते हैं।

(ii) ये भूस्खलन को रोकते हैं और चक्रवातों तथा बाढ़ की प्रबलता को कम करते हैं।

(iii) मृदा अपरदन की रोकथाम करके; वन जलाशयों/रिर्जवॉयर समेत जलनिकायों में गाद के जमा होने (सिल्टिंग) को कम करते हैं।

(iv) ये जलभरों (watershed) की सुरक्षा करते हैं और मीठे पानी की वर्षों तक आपूर्ति को सुनिश्चित करते हैं।

(v) वन विषैली गैसों तथा कणमय पदार्थों को अवशोषित करके वायु की गुणवत्ता को बेहतर बनाते हैं।

(घ) सामाजिक–सांस्कृतिक महत्त्व—'वन' सभ्यता के प्रारंभ से ही हमारी सामाजिक और सांस्कृतिक प्रकृति का भाग रहे हैं। हमें आज के आधुनिक और भौतिकतावादी जीवन में भी इन सांस्कृतिक बंधों के संकेत मिलते हैं। वनों का सौंदर्यबोधक मनोरंजन हेतु और आध्यात्मिक महत्त्व भी है।

प्रश्न 10. वनोन्मूलन (वन अपरूपण) से आप क्या समझते हैं? इसके प्रमुख कारणों का वर्णन कीजिए।

उत्तर— वनोन्मूलन एक व्यापक अर्थ वाला शब्द है जिनके अंतर्गत पेड़ों की कटाई, जिसमें बार–बार की जाने वाली काट–छांट, पेड़ों का गिरना, जंगल के कूड़े–करकट की

सफाई, मवेशियों का चरना, जंगल में घूमना और नए पौधों के साथ छेड़छाड़ करना सब कुछ सम्मिलित है। इसको ऐसे भी परिभाषित किया जा सकता है कि जंगलों की हरियाली को इस हद तक हानि पहुँचाना कि उसका प्राकृतिक सौंदर्य, फल-फूल आदि विकसित न हो सकें।

वनोन्मूलन के प्रमुख कारण निम्नलिखित हैं—

- **कृषि**—वनोन्मूलन के प्रमुख कारणों में से एक कारण कृषि का विस्तृत होना है। मनुष्य ने प्राकृतिक पारितंत्रों को सदा ही इस प्रकार परिवर्तित किया है कि फसलों की वृद्धि के लिए यह अनुकूल हो जाए चाहे कृषि की पारंपरिक या आधुनिक कोई भी पद्धति अपनाई जाए। जैसे-जैसे कृषि उत्पादों की माँग बढ़ती गई अधिक से अधिक भूमि पर खेती शुरू होती गई और इसके लिए जंगलों को समाप्त करते चले गए। घास के हरे मैदान यहाँ तक कि दलदल और पानी के नीचे की भूमि को भी खेती के लिए प्रयोग में लाया जाने लगा। इस प्रकार उपज प्राप्ति से अधिक पारिस्थितिकीय विनाश ही ज्यादा हुआ। जंगलों की भूमि सफाई के बाद भी पोषक तत्त्वों के पूर्ण रूप से समाप्त होने के कारण लम्बे समय तक खेती के उपयोग में नहीं आ सकी। खेती के लिए अनुपयुक्त होने वाली भूमि को मृदा अपरदन और अपक्षीर्णन (पतन) उठाना पड़ता है।

- **स्थानांतरीय जुताई**—मानव इतिहास के आदि काल में शिकार और संग्रहण जीविका के मुख्य साधन थे। स्थानांतरणीय जुताई या झूम कृषि 12,000 वर्ष पुरानी विधि है जिसके कारण मानव सभ्यता ने भोजन संग्रह से भोजन उत्पादन की ओर कदम बढ़ाया। इसे खेती की स्लैश और बर्न विधि के नाम से भी जाना जाता है। इस विधि से खेती करने के लिए 5 लाख हेक्टेयर जंगलों को प्रतिवर्ष साफ कर दिया जाता है। इस प्रकार की खेती में औजारों का बहुत कम प्रयोग होता है और वह भी बहुत उच्च स्तर के यंत्र नहीं होते थे। परंतु इस प्रकार की खेती ने वनों का विनाश सबसे अधिक किया है, क्योंकि दो तीन वर्षों की खेती के बाद उस भू-भाग को स्वाभाविक रूप से पुनः ठीक होने के लिए छोड़ दिया जाता था। इस प्रकार की खेती केवल स्थानीय जरूरतों को ही पूरा करती थी या खेती करने वाले गाँव वालों की सामयिक आवश्यकताओं की पूर्ति करती थी। आज भी आसाम, मणिपुर, मेघालय, मिजोरम, नागालैंड, त्रिपुरा राज्यों और अंडमान निकोबार द्वीप समूह में "स्थानांतरीय खेती" की विधि प्रयोग की जाती है।

- **जलावन लकड़ी की माँग**—जलावन की लकड़ी (ईंधन) को खाना पकाने और गर्माहट आदि के लिए ऊर्जा के स्रोत की तरह प्रयोग किया जाता है। लगभग विश्व की कुल लकड़ी में से 44% लकड़ी संसार की ईंधन की आवश्यकता को पूरा करती है। भारतवर्ष में लगभग 135-170 मिलियन टन जलावन लकड़ी का प्रयोग होता है जिसके लिए 10-15 हेक्टेयर वन्यावरण को काटना पड़ता है तब शहर और गाँवों के गरीबों की ईंधन की आवश्यकता पूरी हो पाती है।

- **औद्योगिक और व्यावसायिक उपयोग के लिए लकड़ी**—लकड़ी, एक बहुपयोगी वन्य उत्पादन है, इसका उपयोग बहुत से औद्योगिक कार्यों जैसे लकड़ी की पेटियां, पैकिंग के बॉक्स, फर्नीचर, माचिस, लकड़ी के बक्से बनाने के लिए, कागज और लुग्दी के लिए तथा प्लाईवुड के लिए किया जाता है। विभिन्न औद्योगिक उपयोगों के लिए 1.24 लाख हेक्टेयर जंगल काट दिए जाते हैं। लकड़ी का अनियंत्रित दोहन और अन्य व्यावसायिक कार्यों के लिए लकड़ी के उत्पादों का प्रयोग जंगलों के घटने का मुख्य कारण है। लकड़ी की देश में वार्षिक खपत का 2% कागज उद्योग में लगता है और इसकी 50% जरूरत बाँस की लकड़ी से पूरी होती है। इस कारण प्रायद्वीपीय भारत के अधिकतम भाग में बाँस के भंडार में निरंतर कमी आती है। उदाहरण के लिए हिमालय के क्षेत्र में सेबों की खेती के कारण देवदार अन्य प्रजाति के वृक्षों का बहुत विनाश हुआ है। सेबों के परिवहन के लिए लकड़ी के बक्से चाहिए। इसी प्रकार चाय और अन्य उत्पादों के परिवहन के लिए प्लाइवुड की पेटी (क्रेट) चाहिए।
- **शहरीकरण तथा विकास परियोजना**—प्रायः विकासशील गतिविधियाँ वनोन्मूलन को साथ लाती हैं। आधारभूत ढाँचे के साथ ही वनों का उन्मूलन सड़कों, रेलवे लाइन, बाँध–निर्माण, बस्तियाँ, बिजली आदि के लिए शुरू हो जाता है। तापीय शक्ति संयंत्र, कोयले, खनिज और कच्चे माल के लिए खनन आदि वनों के उन्मूलन के महत्त्वपूर्ण कारण हैं।

प्रश्न 11. वन अपरूपण के परिणामों का उल्लेख कीजिए।

उत्तर— वन अपरूपण के विभिन्न परिणाम निम्नलिखित हैं—

(1) वनस्पति आच्छादन में कमी के कारण मृदा अपरदन में वृद्धि,

(2) वन्य जीवों के आवासों का नष्ट होना। वृक्षों पर रहने वाले जंतु आश्रय और भोजन से वंचित हो जाएँगे,

(3) पादपों द्वारा प्रकाश संश्लेषण के द्वारा निर्मुक्त की जाने वाली ऑक्सीजन में कमी,

(4) लकड़ी जलाने और पादपों द्वारा कार्बन के कम यौगिकीकरण के कारण प्रदूषण का बढ़ना,

(5) पादप, जंतु और सूक्ष्मजीवी जैवविविधता में कमी,

(6) ईंधन की लकड़ी की कमी और वनों के आसपास रहने वाले व्यक्तियों की आमदनी और जीवन की गुणवत्ता में कमी,

(7) अधिक वाह जल और इस कारण भूजल के अत्यधिक दोहन से भूजल स्तर में कमी,

(8) वनस्पतियों को जलाने से वायु के कार्बन डाइऑक्साइड के स्तर में वृद्धि के कारण भूमंडलीय तापन हो रहा है जिससे हिम गोप और ग्लेशियर पिघल रहे हैं और इस कारण तटीय क्षेत्रों का जलस्तर बढ़ रहा है,

(9) वन उत्पादों की उपलब्धता में कमी।

प्रश्न 12. पर्यावरण, वनों एवं जैव विविधता पर खनन, बाँध निर्माण और अन्य विकासात्मक कार्यों के प्रभाव का विश्लेषण कीजिए।

उत्तर– खनन कार्य, बाँध बनाने और लकड़ी की कटाई विकासशील देश की जरूरतों को पूर्ण करने के लिए अभिन्न भाग हैं। दुर्भाग्य से वन ऐसे क्षेत्रों में स्थित हैं जो खनिज संसाधनों से समृद्ध हैं। खनिज आधारित उद्योग जैसे लोहा और इस्पात, एल्यूमिना परिशोधनशाला इत्यादि भी इन क्षेत्रों में स्थित हैं। देश के शीर्ष 50 खनिज उत्पादक जिलों में, लगभग आधे से अधिक जिलों में अनुसूचित जनजाति सर्वाधिक है। औसत वनाच्छान इन जिलों में 28% है, जोकि राष्ट्रीय औसत 20.9% से बहुत ज्यादा है (सेंटर फॉर साइंस और एनवायरमेंट, 2008)।

नदी घाटियों के गहरे तटबंधों को भी वन आच्छादित किए रहते हैं जो हाइडल (पनबिजली) और सिंचाई परियोजनाओं के विकास के लिए बहुत उपयुक्त होते हैं। अतः संरक्षण और विकास के बीच निरंतर हितों की लड़ाई जारी रहती है। हमें ये समझने की जरूरत है कि दीर्घावधि पारिस्थितिक हितों को अल्पावधि आर्थिक हितों के लिए बलिदान नहीं किया जा सकता है जिससे दुर्भाग्यवश वन अपरूपण होता है। ये वन जहाँ विकास परियोजनाओं की योजना बनाई जाती है हजारों जनजातीय जनों को विस्थापित कर सकते हैं जो इन योजनाओं का क्रियान्वयन किए जाने पर अपने घर खो बैठते हैं।

सूखा, बाढ़ व भूस्खलन इन क्षेत्रों में अधिक ज्वलंत मुद्दे है। वन, जैवविविधता के रूप में प्रकृति के उपहार बहुमूल्य भंडारगृह है और उन्हें नष्ट करने से, हम इन स्पीशीज को बिना जाने ही खो रहे है। ये स्पीशीज बेहतर रूप से आर्थिक और औषधीय मूल्य हो सकते थे। लेकिन, वन अपरूपण के परिणाम के कारण इन स्पीशीज के भंडारगृह की कमी हुई है जो कि, वह लाखों वर्षों पहले एक चक्र में उत्पन्न हुए थे।

प्रश्न 13. 'जनजातीय जनसंख्या और उनके अधिकारों पर प्रभाव' पर संक्षिप्त में टिप्पणी लिखिए।

अथवा

किस तरह से वन अधिकार अधिनियम 2006, जनजातीय और अन्य वन निवासी को सक्षम, वन संरक्षण को मजबूती जबकि रोजी–रोटी और भोजन सुरक्षा को सुनिश्चित करता है।

उत्तर– 'गरीबी बीच में बहुतायक है, प्रकृति भरपूर है फिर भी जनजाति गरीब है' यह कथन हमारे देश में अधिकांश जनजातीय जनसंख्या की स्थिति का वर्णन करता है। देश के प्रमुख जनजातीय क्षेत्रों के पास संपदा से संपन्न वन आच्छादन, खनिज असर क्षेत्र और पर्याप्त संख्या में मुख्य नदियों के जल विभाजन है। वन भोजन, दवा और अन्य जरूरी उत्पाद जनजातीय लोगों को उपलब्ध कराते हैं और ये एक महत्त्वपूर्ण भूमिका वन में रहने वाले लोगों के जीवन में निभाते हैं।

विकास की क्रियाओं जैसे बांध का निर्माण, खनन, खनिज आधारित उद्योगों की स्थापना इत्यादि ने जनजातीय लोगों को उनकी भूमि से हस्तांतरित कर दिया। इस हस्तांतरण ने उन लोगों को रोटी-रोटी को वंचित कर दिया जो जनजातीय लोग मुख्यतः प्राकृतिक संसाधन आधारित अनौपचारिक अर्थव्यवस्था पर निर्भर थे। उनकी यह प्राकृतिक संसाधन आधारित अनौपचारिक अर्थव्यवस्था मुख्यतः कृषि, जो स्थिर और झूम दोनों थे, दूसरी ओर गैर लकड़ी वन उत्पाद जैसे औषधीय जड़ी बूटी, खाद्य फूल पत्तियाँ और फल पर निर्भर थे। वे छोटी लकड़ी और जलाने योग्य लकड़ी की प्राप्ति भी वन से ही करते थे। इस वजह से, विकास की सीमा ने उनके कृषि और वन भूमि को प्रभावित किया जोकि प्राथमिक रूप से उनके रोजी-रोटी थे। विकास की प्रक्रिया ने उन्हें अनौपचारिक से औपचारिक अर्थव्यवस्था में धकेल दिया और बिना किसी तैयारी के — यह उनके लिए नया था।

प्रश्न 14. भारत में वन संसाधनों के संरक्षण और प्रबंधन उपायों को समझाइए।

उत्तर— वन तेजी से लुप्त होते जा रहे हैं इसका कारण इमारती व जलाने की लकड़ी तथा अन्य वन उत्पादों के लिए वनों के अत्यधिक दोहन और उनके पुर्नजनन के लिए पर्याप्त प्रयास नहीं किया जाना है। इससे पर्यावरणीय असंतुलन हो गया है। उदाहरण के लिए, अधिकांश वर्षाजल वाह जल के रूप में लुप्त हो जाता है जो पहाड़ी ढलानों पर अबाध गति से प्रवाहित होकर अक्सर बाढ़ का कारण बनता है। उपरि मृदा के अत्यधिक मात्रा में बह जाने से उर्वरता कम हो जाती है और फसल उत्पादकता घट जाती है। हमारी सरकार ने वन अपरूपण के इन परिणामों के कारण वनों के संरक्षण और अधिक वृक्ष उगाने हेतु एक सशक्त वन नीति को अपनाया है।

(1) वैकल्पिक स्रोत विकसित करना और विकल्पों को प्रोत्साहन देना—वैकल्पिक ईंधनों और कागज, खेल सामग्रियों, पैकेजिंग के बक्सों, फर्नीचर और इमारतों के दंडों के लिए विकल्पों का पता लगाना अनिवार्य हो गया है। वैकल्पिक स्रोतों के विकास के लिए अनुसंधान किए जा रहे हैं, कुछ मामलों में प्लास्टिक और मिश्रित/सम्मिश्र पदार्थ इमारती लकड़ी के उपयोग को विस्थापित करने में उपयोगी रहे हैं।

(2) ऐसे वनों के क्षेत्रफल को बढ़ाना जो स्थायी रूप से इमारती लकड़ी के उत्पादन के लिए संरक्षित हैं—दीर्घोपयोगी वन प्रबंधन में सबसे गंभीर बाधा समर्पित वनों, विशेषरूप से ऐसे वनों की कमी है जिन्हें विशेषरूप से इमारती लकड़ी के उत्पादन के लिए अलग रखा गया है। यदि वन में इमारती लकड़ी के उत्पादन के लिए समर्पित दीर्घावधि समय काल नहीं होगा तो वनों के दीर्घावधि हितों की देखरेख के लिए कोई प्रोत्साहन नहीं होगा। एफएओ (2001) ने पाया कि औद्योगिकीकृत देश में 89 प्रतिशत वनों का किसी न किसी रूप में प्रबंधन किया जा रहा है लेकिन विकासशील देशों में सिर्फ लगभग छह प्रतिशत वनों का ही प्रबंधन हो रहा है। यदि 20 प्रतिशत वन क्षेत्र को अलग रखा जा सके तो न सिर्फ इमारती लकड़ी की आवश्यकता को दीर्घोपयोगी रूप से पूरा किया जा सकता है बल्कि संरक्षित क्षेत्रों को सुदृढ़ीकृत करने के लिए बफर मंडल/जोन भी बनाए जा सकते हैं।

(3) वन रोपाई के क्षेत्रफल में वृद्धि—वृक्षों की रोपाई खाली या अनुपयुक्त भूमि और व्यर्थ, निम्नीकृत और सीमांत भूमि पर विशेष रूप से सड़क किनारे, रेल पथों के दोनों ओर, समोच्च रेखाओं पर और कृषि उत्पादन के लिए अनुपयुक्त भूमि पर की जा सकती हे। वनों के बाहर के क्षेत्रों में वृक्षों की रोपाई से इमारती लकड़ी, चारे और जलावन की लकड़ी के लिए वनों पर दबाब कम होगा। इसके अतिरिक्त वन अपरूपित क्षेत्रों पर वृक्षारोपण की आवश्यकता है।

(4) वनों के दीर्घोपयोगी प्रबंधन को अपनाना और प्रोत्साहित करना—पारिस्थितिक दीर्घोपयोगिता प्राप्त करने का अर्थ है कि वन के पारिस्थितिक महत्त्व को निम्नीकृत न किया जाए और यदि संभव हो उन्हें बेहतर बनाया जाए। इसका अर्थ है कि वनवर्धन और प्रबंधन जैवविविधता को कम न करें, मृदा अपरदन को नियंत्रित किया जाए, मृदा के उर्वरता लुप्त न हो, वनों के स्थान पर और उनके बाहर जल की गुणवत्ता बनी रहे और वनों के स्वास्थ्य और जीवनक्षमता की सुरक्षा की जानी चाहिए। यद्यपि अकेले पर्यावरणीय सेवाओं का प्रबंधन आर्थिक और सामाजिक रूप से दीर्घोपयोगी नहीं है। यह तब तक नहीं होगा जब तक विकासशील देश विकास और समृद्धि के उस चरण तक न पहुँच जाए कि वे ऐसा करने की लागतों का समायोजन करने में सक्षम हो सके। अप्रयुक्त भूमि के विशाल क्षेत्र हैं जिसमें से कुछ निम्नीकृत और कम उर्वरता के हैं। इस भूमि को वापस उपजाऊ बनाने के लिए प्रोद्यौगिकीय विकास किए जा रहे हैं। यह एक प्रमुख प्राथमिकता होनी चाहिए क्योंकि काटे गए उष्णकटिबंधी वनों का काफी भाग अंततः कम उर्वरता वाली निम्नीकृत भूमि में परिवर्तित हो जाएगा।

(5) सूचना बेस/आधार और नियमित निगरानी के लिए एक विश्वसनीय कार्यविधि विकसित करना—वन क्षेत्र कितना है कहाँ पर है और वहाँ कौन सी वनस्पतियाँ हैं, इसकी जानकारी होना बड़ा सामान्य प्रतीत होता है लेकिन आश्चर्य की बात है कि यह सबसे मूलभूत जानकारी भी सदैव उपलब्ध नहीं होती है। किसी वन पारिस्थितिक तंत्र का उचित प्रबंधन पहले उसे समझे बिना करना संभव नहीं है। नई सुदूर संवेदन (रिमोट सेन्सिंग) तकनीकों ने वन अपरूपण के मुख्य स्थानों (हॉट स्पॉट) को चिह्नित करना व्यवहारिक और वहनीय बना दिया है। अंतर्राष्ट्रीय समुदाय निगरानी के प्रयासों की जिम्मेदारी ले सकता है जिसके तात्कालिक लाभ होंगे। पहली प्राथमिकता भूमंडलीय वन अपरूपण और वनों की कमी के कारणों, स्थानों और दर की निगरानी को समन्वित करने के लिए वित्तीय सहायता और परियोजना तथा नीतिगत हस्तक्षेपों के प्रभाव को जानने की है।

(6) सामाजिक वानिकी और कृषि वानिकी को प्रोत्साहन देना—सामाजिक वानिकी का उद्देश्य ईंधन, चारे, फल, इमारती लकड़ी की आवश्यकता और अन्य आवश्यकताओं को पूरा करना है। ग्रामीण जन अपने जलावन की लकड़ी और इमारती लकड़ी की आवश्यकताओं को आंशिक रूप से तेजी से वृद्धि करने वाले वृक्षों को अपने गाँव की सीमाओं में फुटपाथ, सड़कों के किनारें, रेलपथों के किनारे और गलियों अथवा नहरों और नदियों के किनारे, खेतों के चारों ओर खाली स्थानों पर उगाकर पूरा करते हैं।

(7) भागीदारी से वन प्रबंधन और अधिकार—वन की नियति में दिलचस्पी रखने वाले सभी पक्षों को इसकी योजना बनाने, प्रबंधन (management) और लाभ की साझेदारी में शामिल होना चाहिए। अधिकारों का संतुलन सार्वजनिक स्वामित्व वाले अत्यधिक संरक्षित क्षेत्रों के रूप में समाज के हितों की ओर उन्मुख हो सकता है। राज्य स्वामित्व और प्रबंधन को बनाए रखा जा सकता है लेकिन दीर्घोपयोगी रूप से इमारती लकड़ी की कटाई की अनुमति होनी चाहिए। अभी तक विश्व के अधिकांश उष्णकटिबंधी वन राज्य/राष्ट्र के स्वामित्व वाले हैं लेकिन वनों के स्वामित्व में समुदाय की भागीदारी को प्रोत्साहित करने की आवश्यकता है। वन अपरूपण की समस्या को संबोधित करने के लिए भूमि सुधार अनिवार्य है। यद्यपि इन सुधारों को मजबूत करने के लिए किसानों के हित में एक सशक्त स्थानांतरण की आवश्यकता है। यही नहीं, स्थानीय वन निवासियों तथा अन्य जनों के अधिकारों को प्रोत्साहित किया जाना चाहिए जो अक्षुण्ण वनों पर निर्भर करते हैं। इसलिए, स्थानीय निवासियों के पारंपरिक कानूनों की स्थानीय अधिकारों के रूप में पहचान से वनों के स्वामित्व और प्राकृतिक संसाधनों के उपयोग से संबंधित पारंपरिक और वैधानिक नियम कानूनों के बीच विवाद को संबोधित किया जा सकेगा और साथ ही वन संसाधनों का संरक्षण सुनिश्चित होगा।

(8) वनों में आग लगने को रोकने के लिए एक प्रभावी तंत्र को स्थापित करना।

(9) वृक्षों की अनाधिकृत कटाई से निपटने के लिए कानूनों को सख्ती से लागू करना।

प्रश्न 15. 'संयुक्त वन प्रबंधन' कार्यक्रम पर संक्षेप में लेख लिखिए।

उत्तर— संयुक्त वन प्रबंधन कार्यक्रम, 1988 की राष्ट्रीय वन नीति पर आधारित है जिसमें जीविका के लिए गरीब ग्रामीणों के वन स्रोतों पर निर्भर रहने की बात साफतौर पर स्वीकार की गई है। इस नीति में वनभूमि के विकास और उसके संरक्षण में जन–सहभागिता के महत्त्व को स्वीकार किया गया है। पिछले 150 वर्षों से देश का लगभग 23 प्रतिशत भौगोलिक भाग (3290 लाख हेक्टेयर) जिसे वन भूमि माना जाता है, नियोजित और वैज्ञानिक वानिकी के बहाने सरकार के नियंत्रण मे है। इस दौरान ध्यान केवल इमारती लकड़ी के उत्पादन और जरूरतों के अनुरूप उसके शोषण पर ही रहा। वन भूमि पर उद्योगों की जरूरतों के अनुरूप पौधों की किस्में लगाने को बढ़ावा दिया गया। इसके लिए मिश्रित जाति के वनों का कटाव भी किया गया जो 1947 में आजादी के बाद से आज भी जारी है। इससे वनों का ह्रास और ग्रामीण क्षेत्रों में गरीबी और बेरोजगारी बढ़ी।

वन संपदा पर अधिकार के मुद्दे को लेकर और स्थानीय समुदाय को आजीविका के लिए लंबे समय से चले आ रहे स्रोतों से अलग कर देने से सामाजिक संघर्ष बढ़ा। वनों का ह्रास बिना रुके जारी रहा और वनों पर आधारित उद्योगों के विकास से यह समस्या और बढ़ी। कृषि भूमि में कमी (वर्ष 1951 से 1980 के बीच) 2.623 मिलियन हेक्टेयर वन भूमि सरकारी तौर पर कृषि के लिए स्थानान्तरित की गई। अनाधिकृत कब्जों, विकास गतिविधियों के लिए वन भूमि का प्रयोग और उद्योगों को वनों से कच्चा माल कम कीमत पर मिलते रहने

से वनों के ह्रास में और तेजी आई। यह काम गरीब ग्रामीणों के हितों की ताक पर रखकर होता है। जी.पी.एच. की पुस्तकों का मुख्य उद्देश्य ज्ञान के साथ–साथ अच्छे नम्बर दिलाना है।

प्रश्न 16. जैव विविधता क्या है? इसके विभिन्न स्तरों का वर्णन कीजिए।

उत्तर– जैव विविधता को अंग्रेजी में Biodiversity कहते हैं जो दो शब्द Bio और Diversity से मिलकर बना है। यहाँ Bio का अर्थ जीव है तथा Diversity का अर्थ विविधता है। अत: जैव–विविधता या जैविक–विविधता का आशय पारिस्थितिक तंत्र में विद्यमान सजीव प्राणियों की विविधता तथा संग्रह से है।

जैव–विविधता शब्द का प्रथम प्रयोग 1985 में डब्ल्यू. जी. रोजेन ने किया था। हालाँकि इस शब्द का संकल्पनात्मक प्रयोग वैज्ञानिक विल्सन द्वारा 1986 में अमेरिकी जैव–विविधता फोरम में किया गया था। वर्ष 1992 में ब्राजील के रियो–डी–जेनेरियो में आयोजित पृथ्वी सम्मेलन के दौरान विभिन्न सदस्य देशों द्वारा हस्ताक्षरित जैव–विविधता समझौते के अनुसार स्थलीय, समुद्री तथा अन्य जलीय पारिस्थितिकी तंत्र और पारिस्थितिकी परिसरों में रहने वाले सभी जीवों के बीच पाए जाने वाली असमानता को जैव–विविधता के रूप में परिभाषित किया जा सकता है। इसमें एक ही प्रजाति के जीवों के बीच विविधता, प्रजातियों के बीच विविधता और पारितंत्रीय विविधता शामिल है। वैज्ञानिकों के अनुसार पूरी पृथ्वी पर सर्वाधिक जैव विविधता भूमध्यरेखीय क्षेत्र में पाई जाती है।

जैव–विविधता के स्तर–जैव–विविधता को मुख्यत: तीन स्तरों में बाँटा जाता है, जो निम्नलिखित हैं–

- **आनुवांशिक विविधता**–एक ही प्रजाति के विभिन्न जीवों में जीनों के क्रम की भिन्नता के कारण जो भिन्नता होती है उसे आनुवांशिक विविधता कहते हैं। आनुवांशिक विविधता किसी प्रजाति के प्रत्येक सदस्य में विशिष्ट लक्षण एवं विशेषताओं का समावेश करता है। इसी कारण समान प्रजाति के अंदर कुछ प्राणी दूसरों से लंबे होते हैं, कुछ की आँखें भूरी तो कुछ की नीली होती है। आनुवांशिक विविधता के कारण ही एक प्रजाति के जीव की अलग–अलग नस्लें होती हैं। उदाहरण के लिए, कुत्तें की अलग–अलग नस्लें आनुवांशिक विविधता का ही परिणाम है। आनुवांशिक विविधता विशिष्ट जीव या संपूर्ण प्रजाति को बदलते पर्यावरण से अनुकूलन में सहायता करती है और पर्यावरणीय कारकों में दबाव की स्थिति में संपूर्ण प्रजाति के विलुप्त होने के खतरे को कम करती है।
- **प्रजाति विविधता**–प्रजाति विविधता का आशय एक विशेष पारिस्थितिकी तंत्र में प्रजातियों की संख्या अथवा विविधता से है। अलग–अलग प्रजाति के जीवों में आनुवांशिक अनुक्रम में स्पष्ट रूप से भिन्नता होती है और उनके बीच प्रजनन नहीं होता है। यद्यपि निकट से संबंधित प्रजातियों के आनुवांशिक गुणों में बहुत अधिक समानता होती है। जैसे–मानव और चिम्पांजी के लगभग 98.4% जीन समान हैं।

एक विशेष पारिस्थितिक तंत्र में प्रजाति विविधता को 0–1 के बीच मापा जाता है। 0 एक आदर्श स्थिति होती है जो उस पारिस्थितिक तंत्र में अनंत विविधता दर्शाती है। वहीं "1" दर्शाता है कि उस विशिष्ट पारिस्थितिक तंत्र में केवल एक प्रजाति निवास करती है।

- **पारिस्थितिक विविधता**—पारिस्थितिक विविधता का आशय किसी भौगोलिक क्षेत्र में पारिस्थितिक तंत्रों की विविधता से है। विश्व में विभिन्न प्रकार के पारिस्थितिक तंत्र हैं जिनमें वन, घास के मैदान, मरुस्थल, पर्वत, नदी, झील, समुद्र आदि प्रमुख हैं। प्रत्येक पारिस्थितिक तंत्र की अपनी विशिष्टता होती है।

   आनुवांशिक विविधता तथा प्रजातीय विविधता की अपेक्षा पारिस्थितिकीय विविधता (Ecosystem Diversity) की माप कठिन होती है, क्योंकि सामान्यतया पारितंत्रीय सीमाएँ व्यवस्थित रूप से निर्धारित नहीं होती है, सभी पारिस्थितिकीय विविधताओं में प्रवाल पारिस्थितिकीय तंत्र में सर्वाधिक जैव–विविधता पाई जाती है।

प्रश्न 17. भारत के जैव–भौगोलिक क्षेत्र और इनकी जैव विविधता की सूची बनाइए और उनका विश्लेषण कीजिए।

उत्तर– भारत को दस जैव भौगोलिक क्षेत्रों (Biogeographic Zones) में बाँटा जा सकता है। इन क्षेत्र में विभिन्न प्रकार के पारितंत्र मिलते हैं। जैसे–पर्वत, पठार, नदी, जंगल, मरुस्थल, आर्द्रभूमि, झील, मैंग्रोव (कच्छ वनस्पति), कोरल, समुद्री किनारा, समुद्र एवं द्वीप।

(1) **हिमालय पार (Trans-Himalayan) क्षेत्र**–यह क्षेत्र भारत के कुल भौगोलिक भूभाग के 5.6 प्रतिशत पर फैला है जिसमें अत्यंत ऊँचाई वाले ठंडे तथा शुष्क पर्वतीय क्षेत्र लद्दाख, जम्मू एवं कश्मीर, उत्तरी सिक्किम एवं हिमाचल के लाहौल एवं स्पीति जिले आते हैं।

इस क्षेत्र में पर्वतीय वनस्पति मिलती है जिसमें काफी स्थानीय प्रजातियाँ हैं तथा यह जंगली भेड़ों एवं बकरों के दुनिया की सबसे बड़ी आबादी का निवासस्थल है। इनके अतिरिक्त यहाँ पर जंगली तेंदुए एवं प्रवासी काली गर्दन वाले सारस पाए जाते हैं। यहाँ का शुष्क मरुस्थल एक अत्यंत कोमल (Fragile) पारितंत्र का द्योतक है।

(2) **हिमालय (Himalayan Zone)**–सुदूर उत्तर में हिमालयी क्षेत्र भारत के कुल भौगोलिक क्षेत्र के 6.4 प्रतिशत भूभाग पर है जिसमें दुनिया की कुछ सर्वाधिक ऊँची चोटियाँ आती हैं।

अत्यधिक वर्षा, तीव्र ढाल एवं सघन वर्षा के कारण यहाँ का पारितंत्र भी संवेदनशील है। पर्वतीय एवं उपपर्वतीय (Subalpine) जंगल, चरागाह एवं आर्द्रमिश्रित पर्णपाती वन इस क्षेत्र को विभिन्न संकटग्रस्त प्रजातियों जैसे–भारत, इबेक्स, मारखोर, तहर, ताकिन, हंगुल एवं मुस्क डीर, कस्तूरी मृग।

(3) **भारतीय रेगिस्तान (Indian-Desert Zone)**–भारत की लगभग 6.6 प्रतिशत भूभाग पर रेगिस्तान है जिसमें थार एवं कच्छ शामिल हैं। इनमें रेगिस्तान के साथ घास के

मैदान भी हैं जिसमें विभिन्न स्तनधारियों को विभिन्न संकटग्रस्त प्रजातियाँ पाई जाती हैं, जैसे—भेड़िया एवं हौबारा बस्टर्ड तथा ग्रेट इंडियन बस्टर्ड।

(4) अर्द्ध शुष्क क्षेत्र (Semi-Arid Zone)—यह भारत के 16.4 प्रतिशत भूभाग पर फैला है जो रेगिस्तान एवं पश्चिमी घाट के घने जंगलों के बीच है। प्रायद्वीपीय भारत में दो बड़े अर्द्ध शुष्क क्षेत्र हैं।

इन क्षेत्रों में बहुत से कृत्रिम तथा प्राकृतिक झीलें एवं दलदली क्षेत्र हैं। इन क्षेत्रों में सांभर एवं चीतल, शोर, सियार एवं भेड़िया जैसे जीव पाए जाते हैं।

(5) पश्चिमी घाट (Western Ghat)—यह भारत के कुल 4.0 प्रतिशत क्षेत्र पर फैला है और यह भारत में सदाबहार वनों का एक प्रमुख क्षेत्र है। यह तापी नदी के दक्षिण के पहाड़ी क्षेत्र से आरंभ होकर कन्याकुमारी के उत्तर तक जाता है।

यह क्षेत्र जैव विविधता का एक प्रमुख क्षेत्र (Hot-spot) है, जिसमें उच्च पादपों की 15,000 प्रजातियाँ पाई जाती है। जिनमें से 4000 (27 प्रतिशत) स्थानीय है। पश्चिमी घाट में ही प्रायद्वीपीय भारत में पाए जाने वाले कशेरूकी जंतुओं की प्रजातियों का मुख्य हिस्सा निवास करता है। यहाँ पाई जाने वाली स्थानिक प्रजातियों में नीलगिरी लंगूर, शेर पूंछ बंदर, भूरी गिलहरी, मालाबार सीवेड, नीलगिरी ताहर एवं मालाबार ग्रेट हार्नबिल आदि है।

दो संकटग्रस्त प्रजातियाँ त्रावनकोर कछुआ एवं केन कछुआ पश्चिमी घाट के एक छोटे से हिस्से में बचे हैं।

(6) दक्कन का पठार (Deccan Plateau)—भारत में 42 प्रतिशत भूभाग पर फैला हुआ यह अर्द्धशुष्क प्रदेश पश्चिमी घाट के वर्षा छाया क्षेत्र में पड़ता है। यहाँ पर पर्णपाती, कोणीय वन एवं छोटे पौधों वाले घास के मैदान हैं जिसमें पर्याप्त जैव विविधता पाई जाती है।

पीतल, सांभर, नीलगाय, चौसिंगा इत्यादि इस क्षेत्र के प्रमुख जंतु हैं। इनके अतिरिक्त हाथी (बिहार, झारखंड, उड़ीसा एवं कर्नाटक, तमिलनाडु), जंगली भैसें—(ओडिसा, मध्य प्रदेश, महाराष्ट्र) एवं स्वाम्प डियर एवं हॉग डियर (मध्यप्रदेश) में भी मिलते हैं।

(7) गंगा का मैदान (Gengetic Plain)—भारत के 10.8 प्रतिशत भूभाग पर फैला है। यह भौगोलिक रूप से सैकड़ों किलोमीटर तक बिना किसी भौगोलिक परिवर्तन के है। यहाँ पर गैंडा, हाथी, भैसें, खरगोश, स्वाम्प डियर एवं डॉग डियर जैसे जंतु पर्याप्तता में मिलते हैं।

(8) पूर्वोत्तर क्षेत्र (North East Region)—यह भारत के 5.2 प्रतिशत भूभाग पर है और यह तीन विभिन्न जैव भौगोलिक क्षेत्रों का मिलस्थल है। यह तीन क्षेत्र हैं—भारतीय, भारतीय मलय एवं भारतीय चीनी, साथ ही यह हिमालय एवं प्रायद्वीपीय भारत का भी मिलन स्थल है।

अतः पूर्वोत्तर भारत के पादपों एवं जंतुओं के लिए एक महत्त्वपूर्ण स्थल है और यह एक जैव विविधता के मुख्य स्थलों में आता है। यहाँ के विशेष पर्यावरणीय स्थितियों के कारण काफी स्थानिक प्रजातियों का विकास हुआ।

(9) समुद्री किनारे (Coasts)—भारत के लगभग 2.5 प्रतिशत भाग समुद्री किनारों के रूप में है। गुजरात से लेकर कच्छ तक भारत की समुद्री सीमा 5,423 कि.मी. लंबी है। लगभग 25 छोटे द्वीपों से मिलकर लक्षद्वीप बना है। इस पूरे क्षेत्र में कोरल, मैंग्रोव, रेतीले किनारे, कीचड़ के मैदान एवं समुद्री आवृत्तबीजी पाए जाते हैं। सभी क्षेत्र जैव विविधता के लिए बहुत समृद्ध हैं।

(10) अंडमान–निकोबार द्वीपसमूह (Andaman-Nicobar Islands)—यह भारत के कुल भौगोलिक क्षेत्र के 0.3 प्रतिशत भूभाग पर है और भारत के पाए जाने वाले तीन उष्ण कटिबंधीय आर्द्र वर्षा सदाबहार वनों में से एक है।

यहाँ ऐसे पादप एवं जंतु पाए जाते हैं जो कहीं और नहीं मिलते हैं। अंडमान के 348 द्वीपों की जैव भौगोलिक समानता म्यांमार के साथ है, जबकि दक्षिणी निकोबार द्वीपों की जैव भौगोलिक समानता द.पू. एशियाई देशों के साथ है।

प्रश्न 18. जैव विविधता हॉट स्पॉट पर संक्षिप्त टिप्पणी लिखिए।

उत्तर— जैव विविधता न केवल पृथ्वी के भौगोलिक क्षेत्रों में समान रूप से वितरित नहीं है बल्कि विश्व के कुछ क्षेत्र भी जैवविविधता के मामले में अत्यधिक समृद्ध हैं। ऐसे क्षेत्रों को हम "मैगा डाईवर्सिटी क्षेत्र" (Mega diversity region) कहते हैं। हम इन्हें "हॉट स्पॉटस (Hot spot)" भी कहते हैं। उदाहरण के लिए भारत विश्व के भूभाग का केवल 2.4% है, परंतु इस प्रकार के क्षेत्रों के अस्तित्व के कारण भूमंडलीय विविधता में भारत का योगदान 8% है।

एक ब्रिटिश पारिस्थितिकीविद् नार्मन मायर्स ने हॉट स्पॉट की अवधारणा को यथास्थान संरक्षण के लिए प्राथमिकता क्षेत्रों को नामित करने के उद्देश्य से 1988 में विकसित किया था। उनके अनुसार हॉट स्पॉट पृथ्वी पर जैव विविधता के सबसे समृद्ध एवं संकटापन्न संग्रह है। किसी हॉट स्पॉट का निर्धारित करने के मानदंड निम्नलिखित हैं—

(1) इस क्षेत्र में 1500 से अधिक स्थानिक स्पीशीज होनी चाहिए।

(2) इसका 70% से अधिक मूल पर्यावास नष्ट हो चुका हो।

विश्वभर में पच्चीस जैव विविधता हॉट स्पॉट की पहचान की गई है। असाधारण उच्च जैवविविधता इन हॉटस्पॉट की विशेषता है। उदाहरण के लिए इन पच्चीस हॉट स्पॉट का कुल क्षेत्र कुल भूभाग का 1.4% है। यहाँ 4.4% पादप एवं 35% स्थलीय कशेरूकी पाए जाते है।

विश्व के 25 हॉट स्पॉट में से केवल 2 भारत में पाए जाते है—पश्चिमी घाट एवं पूर्वी हिमालय। देश के ये दो क्षेत्र पुष्पीय पादपों, उभयचर, तितलियों एवं स्तनधारियों की कुछ स्पीशीजों से असाधारण रूप से संपन्न है।

पूर्वी हिमालयी हॉट स्पॉट उत्तर–पश्चिम भारत तथा भूटान तक फैले हुए हैं। 1780 से 2500 मी. की ऊँचाई तक समशीतोष्ण वन पाए जाते हैं। कई गहरी एवं अर्द्ध–पृथक्कृत घाटियाँ असाधारण रूप से स्थानिक पादप स्पीशीजों से संपन्न है।

पश्चिमी घाट क्षेत्र भारतीय प्रायद्वीप के पश्चिमी तट के समांतर है और महाराष्ट्र, कर्नाटक, तमिलनाडु एवं केरल में लगभग 1600 किमी. तक फैला हुआ है। कम ऊँचाई पर

(औसत समुद्र तल से 500 मी. ऊपर) पाए जाने वाले वन अधिकतर सदाबहार हैं जबकि 500–1500 मी. की ऊँचाई पर अर्द्ध–सहाबहार वन पाए जाते है। जी.पी.एच. की पुस्तकों का मुख्य उद्देश्य ज्ञान के साथ–साथ अच्छे नम्बर दिलाना है।

प्रश्न 19. जैव विविधता के उपयोगिता मूल्यों पर प्रकाश डालिए।

उत्तर– अपनी प्रजातियों और पारितंत्रों के कारण जैव–विविधता से अनेक प्रकार के पर्यावरण संबंधी लाभ होते हैं जो अंतर्राष्ट्रीय, क्षेत्रीय और स्थानीय स्तरों पर महत्त्वपूर्ण हैं। ऑक्सीजन का उत्पादन, कार्बन डाइऑक्साइड में कमी, जल–चक्र की निरंतरता और मिट्टी की सुरक्षा, ऐसे कुछ महत्त्वपूर्ण लाभ हैं।

जैविक–विविधता पारितंत्रीय प्रक्रियाओं के लिए भी अनिवार्य है, जैसे पोषक तत्त्वों का पुनर्चालन, मृदा का निर्माण, जल और वायु का परिचालन और उनकी सफाई, विश्वस्तर पर जीवन के आधार (पौधे CO_2 लेकर O_2 छोड़ते हैं) को बनाए रखना, पारितंत्रों के अंदर जल के संतुलन की निरंतरता को बनाए रखना, जलविभाजक (watershed) संरक्षण, वर्षभर नदियों और नालों में प्रवाह की निरंतरता, अपरदन पर नियंत्रण और स्थानीय बाढ़ों की कमी।

भोजन, वस्त्र, आवास, ऊर्जा और दवाएँ – ये सभी ऐसे संसाधन हैं जिनका जैवमंडल की जैव–विविधता से प्रत्यक्ष या अप्रत्यक्ष संबंध है। यह बात जनजातीय समुदायों के सिलसिले में सबसे स्पष्ट है जो वनों से सीधे संसाधन पाते हैं या मछुआरों के लिए भी जो समुद्र या ताजे जल के पारितंत्रों में मछलियाँ पकड़ते हैं। कृषक जैसे दूसरे समुदायों के मामले में जैव–विविधता का उपयोग पर्यावरण के अनुकूल फसलें उगाने के लिए किया जाता है। आमतौर पर नगरीय समुदाय ऐसी वस्तुओं और सेवाओं का उपयोग सबसे अधिक करता है जो प्राकृतिक पारितंत्रों से अप्रत्यक्ष रूप से प्राप्त होती है।

आज यह बात स्पष्ट है कि मानवजाति के कल्याण और जीवनरक्षा के लिए जैविक संसाधनों का संरक्षण अनिवार्य है। निर्जन स्थानों पर तथा हमारी फसलों और पशुधन के रूप में मौजूद जीवित प्राणियों की यह विविधता मानव के विकास में महत्त्वपूर्ण भूमिका निभाती है। इसलिए जैव–विविधता का संरक्षण ऐसी किसी भी रणनीति का अभिन्न अंग है जिसका उद्देश्य मानव जीवन की गुणवत्ता को बढ़ाना है।

(1) प्रत्यक्ष उपयोगिता मूल्य–प्रत्यक्ष उपयोग के मूल्य वे हैं, जिनके लिए वस्तुओं को प्रत्यक्ष रूप से सुनिश्चित किया जाता है, उदाहरण के लिए खाद्य और इमारती लकड़ी। जैविक विविधता के घटकों के व्यापक परास का रखरखाव प्रत्यक्ष उपयोग का हो सकता है, खास तौर पर कृषि, दवा और उद्योग के क्षेत्र में। प्रत्यक्ष उपयोग में जंगलों, आर्द्र भूमि और अन्य पारिस्थितिक प्रणालियों को शामिल किया जा सकता है जहाँ से इमारती लकड़ी निकाली जाती है, गैर इमारती उत्पादों का संग्रह किया है, मछली पकड़ने आदि का कार्य किया जाता है।

प्रत्यक्ष उपयोग मूल्यों का महत्त्व निष्कर्षणात्मक उपयोग के कारण हो सकता है, जहाँ संसाधनों का निष्कर्षण या खपत की जाती है या गैर–निष्कर्षणात्मक उपयोग के कारण हो

सकता है, जब इन संसाधनों का निष्कर्षण या निकास नहीं किए जाते हैं, जिन्हें उपयोग किया जाता है (उदाहरण के लिए पक्षी देखना, और पारितंत्र में वैज्ञानिक अनुसंधान)।

(2) अप्रत्यक्ष उपयोगिता मूल्य—अप्रत्यक्ष मूल्य उन सेवाओं के लिए होता है जो खपत के मदों को आधार देती हैं।

(क) गैर खपत मूल्य—यह प्रकृति की सेवाओं से अधिक संबंधित है, जो समाज कल्याण में योगदान के साथ पारिस्थितिक प्रक्रियाओं को भी बढ़ावा देती है, जिनके बिना हमारा ग्रह (पृथ्वी) रहने योग्य नहीं होगा।

(ख) सौंदर्यात्मक मूल्य—जैव–विविधता का अंतर्निहित मूल्य, उसका सौंदर्य और हमारे ज्ञान–वृद्धि में उसका योगदान उसे सुरक्षित रखने के अन्य कारण हैं। भोजन के लिए वन्य प्राणियों के शिकार से एकदम अलग पर्यटन के आकर्षण के रूप में भी उसका महत्त्व है। जैव–विविधता प्रकृति का सुंदर और अद्‌भुत पक्ष है। जंगल में बैठकर पक्षियों को चहचहाते हुए सुनिए। मकड़ी को एक पेचीदा जाल बुनते देखिए। मछली को कुछ निगलते देखिए। यह सब कितना सुंदर और मनमोहक है।

विशेषकर भारत में हमारी संस्कृति ओर इतिहास में पौधों और प्राणियों के बिंब भरे पड़े हैं। वन्य प्रजातियों के प्रतीकों की, जैसे हिंदू धर्म के सिंह, बौद्ध धर्म के हाथी, भगवान गणेश जैसे देवताओं तथा अनेक देवी–देवताओं के वाहक पशुओं की हजारों वर्षों से पूजा की जाती रही है। ऋषि वाल्मीकि ने एक शिकारी द्वारा एक क्रौंच पक्षी के शिकार के बाद एक श्लोक कहकर अपने महाकार्य का आरंभ किया था। पवित्र तुलसी (Basil) को सदियों से हर घर के आँगन में उगाया जाता रहा है।

(ग) सामाजिक मूल्य—जैव–विविधता को एक बड़ी सीमा तक पारंपरिक समाजों ने संभाल कर रखा हुआ है जो इसे एक संसाधन के रूप में मूल्यवान मानते हैं और समझते हैं कि इसके विनाश से उनके समाज को बहुत बड़ी क्षति होगी। अतः विविध जैव–उत्पादों के स्थानीय प्रयोग या बिक्री के अतिरिक्त, उनके सामाजिक पक्ष पर भी विचार करना होगा। उदाहरण के लिए, भारत में अनेक पेड़–पौधों और जीव–जंतुओं को पवित्र मानकर उनकी पूजा की जाती है, जैसे तुलसी, पीपल, गाय, साँप और अन्य प्रजातियाँ।

(घ) सांस्कृतिक और धार्मिक मूल्य—दुनिया की सभी संस्कृतियों में प्रजाति और प्रकृति ने कई गीतों को प्रेरणा दी है, इनके साथ अंध विश्वासी मान्यताएँ, कहानियाँ और लोक कथाएँ जुड़ी है, इनके साथ कई नृत्य और नाटक, कविताएँ, पारंपरिक दस्तकारी, स्थानीय और राष्ट्रीय व्यंजन, स्थानीय रीति–रिवाजों, स्थानों के नाम और यहाँ तक कि परिवार के नाम करण की विधि को भी प्रेरणा मिली है। मानव समाज की जैव विविधता का सांस्कृतिक मूल्य का आमतौर पर जीवन के रूपों के लिए आदर या जैव विविधता के घटकों के प्रतीक के रूप में वर्णन किया जाता है। कुछ देशों में बाघ, शेर, छिपकली, कछुए और गैर धार्मिक तथा आध्यात्मिक मान्यताओं के प्रतीक हैं। उदाहरण के लिए, हनुमान लंगुर (सेम्नोपिथेकसय एंटेलस) जिसे भारत में पवित्र माना जाता है।

(ङ) नैतिक मूल्य—जैव–विविधता के संरक्षण से संबंधित नैतिक मूल्यों का आधार है सभी जीवनरूपों के संरक्षण को महत्त्व देना। अधिकांश धार्मिक और धर्मनिरपेक्ष विश्वासों के अनुसार पृथ्वी पर सभी जीवनरूपों को अस्तित्व का अधिकार है। मानव पृथ्वी के विशाल प्रजाति–वंश का मात्र एक छोटा–सा अंग है; पौधों और पशुओं को भी हमारी पृथ्वी पर रहने और जीने का अधिकार है। हमें नहीं पता कि क्या किसी और ग्रह पर वैसा जीवन है जैसा हमारी पृथ्वी पर है? क्या हमें जीवनरूपों को नष्ट करने का अधिकार है? या उनकी रक्षा करना हमारा कर्त्तव्य है?

जैव–विविधता के संरक्षण के आर्थिक महत्त्व के अलावा सभी जीवनरूपों की पवित्रता से अनेक सांस्कृतिक और नैतिक मूल्य भी जुड़े हुए हैं। भारतीय सभ्यता स्थानीय परंपराओं के माध्यम से अनेक सदियों से प्रकृति का संरक्षण करती आई है। प्रकृति का संरक्षण प्राचीन दर्शन का एक महत्त्वपूर्ण अंग है। हमारे देश के अनेक राज्यों में अनेक पवित्र बाग या "देवराई" हैं जिनको जनजातीय लोगों ने बचाकर रखा है। प्राचीन तीर्थों और मंदिरों के पास स्थित पवित्र बाग वन्य पौधों के लिए जीन बैंक का काम करते हैं।

(3) गैर उपयोगिता मूल्य—इन वस्तुओं/जीवों/इकाइयों के लिए मूल्य – जिन्हें हम उपयोग नहीं करते किंतु यदि ये अनुपस्थित हो जाए तो हम इन्हें खोया हुआ मानते हैं। इनमें संभावित या वैकल्पिक मूल्य, पारंपरिक मूल्य और अस्तित्व मूल्य शामिल हैं।

(क) वैकल्पिक मूल्य—भविष्य में उपयोग के लिए संभावनाओं को खुला रखना वैकल्पिक मूल्य (Optional value) कहलाता है। यह कह सकना मुश्किल है कि भविष्य में कौन–कौन सी प्रजातियाँ या पौधों और मवेशियों की कौन–कौन सी परंपरागत किस्में हमारे लिए सबसे अधिक उपयोगी होंगी। फसलों और पशुधन में सुधार जारी रखने के लिए हमें पौधों और पशुओं के वन्य संबंधियों की ओर लौटना होगा। इस तरह जैव–विविधता के संरक्षण में पौधों और मवेशियों की पहले से मौजूद परंपरागत किस्में भी शामिल होनी चाहिए।

(ख) अस्तित्व मूल्य—जैविक विविधता के घटकों के लिए गैर उपयोग अस्तित्व मूल्य भी हो सकते हैं, जिसका कारण पूरी तरह जैव विविधता पर आधारित मूल्य होते हैं जो इसके निरंतर अस्तित्व से जुड़े होते हैं, चाहे यह कभी इस्तेमाल किया जाएगा या नहीं।

प्रश्न 20. ऊर्जा के पारंपरिक व गैर–पारंपरिक स्रोतों पर विस्तारपूर्वक चर्चा कीजिए।

उत्तर— ऊर्जा के पारंपरिक स्रोत इस प्रकार हैं—

(1) तेल (जीवाश्म ईंधन)—प्रागैतिहासिक जीवों (जैसे पेड़–पौधों और जंतुओं) के अवशेषों से भूमि के नीचे गहराई से बने प्राकृतिक ईंधन (natural fuels), जीवाश्म ईंधन (fossil fuels) कहलाते हैं। कोयला (coal), पेट्रोलियम (petroleum) और प्राकृतिक गैस (natural gas) जीवश्म ईंधन हैं। जीवाश्म ईंधनों को भूमि से खोदकर निकाला जाता है। घरों, वाहनों (transport vehicles) और उद्योगों में सीधे प्रयुक्त होने के अतिरिक्त, जीवाश्म ईंधन विद्युत संयंत्रों में बिजली उत्पन्न करने के लिए ऊर्जा के प्रमुख स्रोत हैं।

भारत अपना अधिकांश तेल बॉम्बे हाई फील्ड ऊपरी आसाम, कैम्बे, कृष्णा-गोदावरी बेसिन और कावेरी बेसिन से प्राप्त करता है। आकलनों के अनुसार हमारे तेल भंडार 4.7 अरब बैरल के हैं। बॉम्बे हाई फील्ड, जोकि भारत का सबसे बड़ा उत्पादक क्षेत्र है, से 1998 में 250,000 बैरल/दिन और 1999 में 210,000 बैरल प्रतिदिन तेल का उत्पादन हुआ था।

पेट्रोलियम उत्पादों का उपयोग 1991-1992 में 5.7 करोड़ टन से बढ़कर 2000 में 10.7 करोड़ टन तक हो गया। इंडिया हाइड्रोकार्बन विजन 2005 की रिपोर्ट का आकलन है कि 2025 तक भावी रिफाइनरी माँग 36.8 करोड़ टन की हो जाएगी। अतः पेट्रोलियम उत्पादों के लिए भारत एक प्रमुख वैश्विक बाजार बन रहा है।

(2) प्राकृतिक गैस—प्राकृतिक गैस एक अन्य महत्त्वपूर्ण जीवाश्म ईंधन है। प्राकृतिक गैस आसानी से जलती है और काफी अधिक मात्रा में ऊष्मा उत्पन्न करती है। प्राकृतिक गैस में एथेन और प्रोपेन की थोड़ी मात्राओं के साथ, मुख्य रूप से मेथेन (CH_4) होती है। प्राकृतिक गैस में, वस्तुतः 95% तक मेथेन होती है, शेष एथेन तथा प्रोपेन होती है। प्राकृतिक गैस, भू-पर्पटी के नीचे गहराई में या तो अकेले या पेट्रोलियम निक्षेपों के ऊपर तेल के साथ पाई जाती है। अतः भूमि के भीतर खोदे गए कुछ कुएँ केवल प्राकृतिक गैस उत्पादित करते हैं, जबकि अन्य प्राकृतिक गैस के साथ-साथ पेट्रोलियम तेल भी उत्पादित करते हैं। प्राकृतिक गैस, जल के नीचे स्थित वानस्पतिक पदार्थ के अपघटन द्वारा भूमि के नीचे बनती है। यह अपघटन, ऑक्सीजन की अनुपस्थिति में अनाक्सी जीवाणुओं द्वारा संपन्न किया जाता है। प्राकृतिक गैस अनेक कार्यों के लिए ईंधन के रूप में प्रयोग की जाती है।

(क) प्राकृतिक गैस को घरेलू तथा औद्योगिक ईंधन के रूप में उपयोग किया जाता है। प्राकृतिक गैस शीघ्र जलकर काफी अधिक मात्रा में ऊष्मा उत्पन्न करती है। इसलिए, कई क्षेत्रों में प्राकृतिक गैस को घरेलू तथा औद्योगिक तापन कार्यों के लिए प्रमुख ईंधन के रूप में उपयोग किया जाता है।

(ख) संपीडित प्राकृतिक गैस को परिवहन वाहनों (जैसे कारों, बसों और ट्रकों) में ईंधन के रूप में बहुतायत के साथ उपयोग किया जा रहा है। यह पेट्रोल और डीजल का एक अच्छा विकल्प है क्योंकि यह कोई वायु प्रदूषण नहीं उत्पन्न करता है।

(ग) प्राकृतिक गैस को, बिजली उत्पन्न करने के लिए, तापीय विद्युत् संयंत्रों के ईंधन के रूप में उपयोग किया जाता है।

(3) कोयला—कोयला कार्बन, हाइड्रोजन और ऑक्सीजन के यौगिकों का एक जटिल मिश्रण है। कोयले में नाइट्रोजन और सल्फर यौगिकों की भी थोड़ी सी मात्राएँ उपस्थित होती है। यह पृथ्वी की सतह के नीचे काफी गहराई में कोयले की खानों में पाया जाता है। कोयला महत्त्वपूर्ण होता है क्योंकि कोयले को, उसी रूप में, ऊर्जा के रूप में उपयोग किया जा सकता है अथवा उसे ऊर्जा के अन्य रूपों जैसे कोल-गैस, बिजली तथा तेल (संश्लेषित पेट्रोल) में परिवर्तित किया जा सकता है। ऊर्जा के स्रोत के रूप में, कोयले ने ही औद्योगिक क्रांति को संभव बनाया था।

जब कोयले को जलाया जाता है, कोयले में उपस्थिति कार्बन वायु में उपस्थित ऑक्सीजन के साथ अभिक्रिया करके कार्बन डाइऑक्साइड बनाता है। कोयले के जलते समय बहुत अधिक मात्रा में ऊष्मा उत्पन्न होती है जो उसे एक उत्तम ईंधन बनाती है। कोयले के जलने से, तथापि, काफी अधिक मात्रा में धुआँ उत्पन्न होता है जो वायु का प्रदूषण करता है। जब कोयले का भंजक आसवन (destructive distillation) कराया जाता है (वायु की अनुपस्थिति में तेजी से गर्म करके), तो कोयले से सभी वाष्पशील पदार्थ निकल जाते हैं और कोक (coke) बनता हैं कोक 98% कार्बन होता है। कोक, कोयले से एक उत्तम ईंधन होता है क्योंकि वह अधिक ऊष्मा उत्पन्न करता है (कोयले की समान मात्रा से), और जलते समय वह धुआँ नहीं उत्पन्न करता है। अतः कोक का जलना (दहन) वायु प्रदूषण नहीं उत्पन्न करता है। कोक, तथापि, अधिक मूल्यवान होता है जब धातुओं के, उनके अयस्कों से, निष्कर्षण में अवकारक (reducing agent) के रूप में उपयोग किया जाता है।

(4) हाइड्रोपावर/पनबिजली—हाइड्रोपावर/पनबिजली सबसे सस्ती और स्वच्छ होती हैं, अतः ये ऊर्जा का श्रेष्ठ स्रोत है। यद्यपि, विशाल बाँधों से बिजली उत्पादन से हाल के वर्षों में काफी विवाद हुए हैं और छोटे पनबिजली संयंत्र इसके उपयुक्त विकल्पों के रूप में प्रचलित हो रहे हैं ये संयंत्र सुदूर और ग्रामीण इलाकों में बिजली की आवश्यकताओं को पूरा करते हैं जहाँ ग्रिड आपूर्ति उपलब्ध नहीं है।

(5) परमाणु अथवा आणविक ऊर्जा—परमाणु अथवा आणविक ऊर्जा अणुओं की संरचना को बदलने से प्राप्त की जाती है। जब ऐसा परिवर्तन किया जाता है तो ऊष्मा के रूप में काफी ऊर्जा विमुक्त होती है; और इनका उपयोग विद्युत ऊर्जा उत्पन्न करने में किया जाता है। इस कार्य के लिए उपयोग की गई युक्ति को परमाणु रिएक्टर कहते हैं। परमाणु रिएक्टर ताप उत्पन्न करते हैं जिसका उपयोग वाष्प के उत्पादन के लिए किया जाता है जिससे बिजली उत्पादन के लिए टरबाइनों को घुमाया जाता है। यह आकलन किया गया है कि 1kg प्राकृतिक यूरेनियम से, जिसे 235U के रूप में लिखते हैं 35000kg कोयले द्वारा उत्पादित ऊर्जा के बराबर ऊर्जा का उत्पादन होता है। परमाणु ईंधन जैसे यूरेनियम से यह ऊर्जा अपेक्षाकृत स्वच्छ और प्रभावी है तथा कोयले और पेट्रोलियम का विकल्प बन सकता है। यद्यपि, परमाणु रिएक्टरों को मानव आबादी से दूर स्थित स्थानों पर स्थापित किया जाना चाहिए। इन्हें कड़े सुरक्षा नियंत्रण में प्रचलित करना चाहिए; जिससे रेडियोधर्मी पदार्थ के दुर्घनावष रिसाव को रोका जा सके।

ऊर्जा के गैर–पारंपरिक स्रोत इस प्रकार हैं—

(1) बायोमास (जीवमात्रा) ऊर्जा—बायोमास ऊर्जा (Biomass energy), मानव द्वारा इस्तेमाल किया जाने वाला प्राचीनतम ईंधन है। हमारे पूर्वज लकड़ियों को जलकार गुफाओं को गर्म रखते थे। बायोमास एक नवीकरणीय ऊर्जा स्रोत है जो वनस्पतियों एवं पशुओं के अपशिष्ट से बनता है। बायोमास से ऊर्जा का उत्सर्जन (बायोमास परिवर्तन) प्रकाश संश्लेषण के दौरा बने जैविक परमाणुओं के रासायनिक बंधों के टूटने या जलने से होता है। इस प्रकार

बायोमास सौर ऊर्जा के अप्रत्यक्ष रूप को दर्शाता है। बायोमास ईंधनों का प्रयोग प्रत्यक्ष रूप से होता है अथवा उन्हें और भी सरल रूप में बदलकर तब इस्तेमाल किया जा सकता है।

बायोमास को ऊर्जा का एक प्रमुख स्रोत माना जाता है और विश्वभर में कोयला, तेल और प्राकृतिक गैस के बाद सबसे महत्त्वपूर्ण ईंधन है। बायोमास से वायुमंडल में कार्बन–डाईऑक्साइड का उत्सर्जन नहीं होता है क्योंकि यह उतनी ही मात्रा में कार्बन को वृद्धि के काल में अवशेषित कर लेता है। इसका यह लाभ है कि इसका उपयोग उन्हीं उपकरणों अथवा बिजली संयंत्रों से बिजली उत्पादन के लिए किया जा सकता है जिनमें जीवाश्म ईंधनों को जलाया जाता है।

बायोगैस ईंधन भारत देश में उपयोग लिए जाने वाले कुछ ईंधन का लगभग एक तिहाई भाग होते हैं। 90 प्रतिशत से अधिक ग्रामीण परिवार और लगभग 15 प्रतिशत शहरी परिवार बायोमास ईंधनों (जैसे लकड़ी, गोबर के उपले, फसल अपशिष्ट, बुरादे आदि) का उपयोग करते हैं। पारंपरिक चूल्हों में ऐसे ईंधनों के अपर्याप्त दहन से घरों के अंदर वायु प्रदूषण और उससे होने वाले स्वास्थ्य संकटों की गंभीर समस्या पैदा हो गई है। यही नहीं, जलाने की लकड़ी के उपभोग के अधारणीय (unsustainable) स्तर के कारण वनोरोपण (deforestation) और मरूस्थलीकरण (desertification) हो रहा है; जो पर्यावरण को निम्नीकृत कर रहा है। अतः एक संसाधन के रूप में बायोमास का उचित प्रबंधन अत्यंत आवश्यक है। इस संदर्भ में बायोमास के उपयोग द्वारा पर्याप्त और वहन करने योग्य स्वच्छ ऊर्जा प्रणालियों और सेवाओं के लिए तकनीकी समाधान, संस्थागत, व्यवस्थाएँ, वित्तीय सहायता और प्रशिक्षण योजनाएँ अत्यधिक महत्त्वपूर्ण हैं। इस दिशा में गैर–पारंपरिक ऊर्जा स्रोत मंत्रालय (Ministry of Non-conventional Energy Sources; MNES) द्वारा एक पहल की गई है। यह अधिक ऊर्जा के निष्कर्षण, जलाने की लकड़ी के घरेलू उपभोग को कम करने, रोजगार सृजन और ग्रामीण जनता के जीवन स्तर को बेहतर बनाने के उद्देश्य से बायोमास ईंधनों के प्रभावी उपयोग के लिए देशी रूप से विकसित की गई प्रोद्यौगिकियों को बढ़ावा दे रहा है।

(2) सौर ऊर्जा—सूर्य, संपूर्ण ऊर्जा का स्रोत है। सूर्य हमें निःशुल्क ऊष्मा और प्रकाश ऊर्जा प्रदान करता है। सूर्य से प्राप्त ऊर्जा, सौर ऊर्जा कहलाती है। सूर्य के भीतर होने वाली नाभिकीय संलयन अभिक्रियाएँ विशाल मात्राओं में ऊष्मा और प्रकाश ऊर्जा विमुक्त करती रहती हैं। यह ऊष्मा और प्रकाश ऊर्जा, सौर ऊर्जा के रूप में सूर्य द्वारा सभी दिशाओं में विकिरित की जाती है। आज हम जो ऊर्जा जीवश्म ईंधनों से प्राप्त कर रहे हैं, वह भी वास्तव में सौर ऊर्जा ही है। जिसे लाखों वर्ष पूर्व पादपों द्वारा बद्ध/पाशित कर लिया गया था। पादप अपना भोजन और वृद्धि के लिए प्रकाश संश्लेषण सौर ऊर्जा के उपयोग द्वारा ही करते हैं। लाखों वर्ष पूर्व, विशाल वन क्षेत्र भूपटल के भीतर दब गए थे और वे सभी अत्यधिक दाब और तापमान के तहत् कोयले और तेल में रूपांतरित हो गए। इसीलिए कोयले और तेल को जीवाश्म ईंधन कहते हैं। यह एक प्रकार का कई वर्षों पहले बना प्राकृतिक ईंधन है।

(3) ईंधन सेल (फ्यूल)—ईंधन सेल काफी प्रभावशाली पावर उत्पादनकारी प्रणाली है जो ईंधन (हाइड्रोजन) तथा ऑक्सीजन को एक विद्युतरासायनिक प्रक्रिया में जोड़कर विद्युत

उत्पन्न करते हैं। ईंधन सेल में दो इलैक्ट्रोडों के बीच में एक इलेक्ट्रोलाइट (विद्युत अपघट्य) होता है। ऐसे सेल के लिए सबसे उपयुक्त ईंधन हाइड्रोजन अथवा हाइड्रोजन युक्त यौगिकों का मिश्रण होता है। एक इलैक्ट्रोड से हाइड्रोजन और दूसरे से ऑक्सीजन प्रवाहित की जाती है और ये विद्युत रासायनिक रूप से अभिक्रिया करके विद्युत, जल और ताप का उत्पादन करती है। या हम कह सकते हैं कि ईंधन सेल एक विद्युतरासायनिक उपकरण है जो एक ईंधन की रासायनिक ऊर्जा को सीधे एवं बड़े कुशल तरीके से विद्युत एवं ताप में परिवर्तित करता है और इससे दहन की प्रक्रिया से बचा जा सकता है।

ईंधन सेल चालित वाहनों की ऊर्जा रूपांतरण क्षमता बहुत अधिक होती है। (वर्तमान में उपयोग किए जाने वाले इंजनों से लगभग दोगुनी) उत्सर्जन काफी कम होते हैं (सिर्फ CO_2 और जलवाष्प का ही उत्सर्जन होता है)। ईंधन–सेल चालित विद्युत वाहन बैटरी चालित वाहनों से अधिक क्षमता वाले और आसान एवं त्वरित पुर्नईंधन भरण (refueling) के संदर्भ में बेहतर होते हैं। ईंधन सेल प्रणाली लघु स्तर पर विकेंद्रीकृत बिजली उत्पादन के लिए उत्कृष्ट है। अंतरिक्ष यानों, शहरी वायु प्रदूषण को अत्यधिक कम करने के लिए विद्युत चालित वाहनों में भी ईंधन सेलों का उपयोग किया जा सकता है।

(4) तरंग और ज्वारीय ऊर्जा–महासागरों के पृष्ठ पर आर–पार बहने वाली प्रबल पवनें तरंगें उत्पन्न करती हैं तथा समुद्रों में उत्पन्न ज्वार–भाटा के कारण प्राप्त ऊर्जा को ज्वारीय ऊर्जा कहते हैं। तरंगों (waves) और ज्वार (tide) से भी ऊर्जा प्राप्त की जा सकती है, ये तरंगे और ज्वार ऊर्जा के अन्य स्रोत हैं जो सतत् हैं और जिनका बिजली उत्पादन के लिए दोहन किया जा सकता है, विशेष रूप से ऐसे क्षेत्रों में जहाँ सागर का जल संकरे पथों से गुजरता हो, जो प्राकृतिक रूप से नदी के सागर में मिलने के स्थान द्वारा प्रदान किया जाता है। अंदर आने वाले बाहर और जाने वाले ज्वार दोनों को ही बांध द्वारा बद्ध रखा जाता है। जल स्तरों में अंतर दोनों दिशाओं में बिजली का उत्पादन करता है क्योंकि जल उत्क्रमणीय टर्बोजेनरेटरों से होकर बहता है।

जल द्वारा लाई हुई ऊर्जा को व्यापक रूप से पहाड़ी क्षेत्रों में उपयोग किया जाता है, जहाँ एक पैडल वाला चक्का तेज प्रवाह की धारा में रखे जाने पर घूमता है। इस सिद्धांत पर बनी छोटे साइज की आटा चक्कियाँ कश्मीर में लंबे समय तक प्रयोग में लाई जाती थी। वास्तव में, बड़े 'जलविद्युत' बिजलीघर इसी सिद्धांत पर काम करते हैं। आधुनिक प्रकार के पैडल पहिए को घुमाने के लिए जिसे टरबाइन कहते हैं, प्राकृतिक अथवा कृत्रिम जलप्रपात का उपयोग किया जाता है। यह घूमने पर ऊर्जा का उत्पादन करता है।

(5) भूतापीय ऊर्जा–'Geo' का अर्थ होता है 'earth' (भू या धरती) और 'thermal' का अर्थ होता है 'heat' (ताप या ऊष्मा)। अतः, भूतापीय ऊर्जा, धरती या भूमि के भीतर उपस्थित गरम चट्टानों से प्राप्त ऊष्मा (या ताप) ऊर्जा होती है। इस ऊष्मा को बिजली उत्पन्न करने के लिए ऊर्जा के स्रोत के रूप में प्रयोग किया जा सकता है। भूतापीय ऊर्जा, ऊर्जा के कतिपय स्रोतों में से एक है जो सौर ऊर्जा (या सूर्य की ऊर्जा) से प्रत्यक्ष अथवा अप्रत्यक्ष रूप से नहीं

आती है। ज्वालामुखी, तप्त स्रोतों और गर्म पानी के स्रोत (गीजर) और सागरों तथा महासागरों में जल के अंदर पाई जाने वाली मीथेन भूतापीय ऊर्जा के स्रोत हैं (भूतापीय का अर्थ है पृथ्वी से प्राप्त ताप)।

कुछ देशों जैसे अमेरिका में जल को भूमिगत, तप्त जल भंडारों से पंप किया जाता है और घरों को गर्म करने के लिए उपयोग में लाया जाता है। तत्प स्रोतों के गर्म जल और अतितप्त वाष्प का उपयोग बिजली उत्पादन के लिए किया जा सकता है। अपने देश में 46 जलतापीय क्षेत्र हैं जहाँ स्रोतों के जल का तापमान 150°C से अधिक होता है। बिजली उत्पादन, इमारतों और घरों के तापन तथा ठंडे क्षेत्रों में सब्जियाँ उगाने के लिए, ग्रीनहाउसों के तापन के लिए तप्त स्रोतों की ताप ऊर्जा का उपयोग किया जा सकता है।

उत्तर पश्चिमी हिमालय और पश्चिमी तट को भारत में भूतापीय क्षेत्र माना जाता है। उपग्रहों जैसे IRS-1 ने भूतापीय क्षेत्रों का पता लगाने में भूमि के इन्फ्रारेड फोटोग्राफ (अवरक्त चित्र) लेकर महत्त्वपूर्ण भूमिका निभाई है। भारतीय भूवैज्ञानिक सर्वेक्षण पहले ही 350 से अधिक ऐसे तप्त स्रोतों/स्थलों की पहचान कर चुका है जिनका भूतापीय ऊर्जा के दोहन के क्षेत्रों के रूप में पता लगाया जा सकता है। लद्दाख क्षेत्र की पूंगा घाटी में एक परीक्षणात्मक 1 KW उत्पादन क्षमता की परियोजना का उपयोग कुक्कुट पालन, मशरूम की खेती और पशमीना ऊन के प्रसंस्करण के लिए किया जा रहा है। इन सभी के लिए उच्चतर तापमान आवश्यक होता है।

(6) पवन ऊर्जा—पवन ऊर्जा लागतमुक्त ऊर्जा है, यह स्वच्छ होती है तथा कोई पर्यावरणीय प्रदूषण भी नहीं करती है। पवन ऊर्जा तंत्र वायु की गति से संबद्ध गतिक ऊर्जा (kinetic energy) को अधिक उपयोगी बिजली में परिवर्तित कर देते हैं। वायु टरबाइन पवन की ऊर्जा को यांत्रिक ऊर्जा में रूपांतरित कर देती है, जिसे फिर सीधे पिसाई आदि के लिए अथवा बिजली उत्पादन के लिए उपयोग किया जा सकता है। पवन चक्कियाँ एकल रूप से अथवा समूहों में प्रयोग की जाती है, जिन्हें 'पवन ऊर्जा फार्म' (wind farms) कहते हैं। पवन चक्कियाँ अनेक देशों में लंबे समय से प्रयोग में लाई जा रही है लेकिन भारत में ये हाल ही में चलन में आई हैं। पवन ऊर्जा (wind energy) का उपयोग सैंकड़ों वर्षों से नौकायन, अनाजों की पिसाई और सिंचाई के लिए किया जा रहा है।

(7) बायोगैस—जंतु एवं पादप अपशिष्ट जल की उपस्थिति में अवायवीय सूक्ष्मजीवों (anaerobic microorganisms) द्वारा आसानी से अपघटित कर दिए जाते हैं। इस प्रक्रिया में गैसे जैसे—मीथेन, कार्बन डाइऑक्साइड, हाइड्रोजन, हाइड्रोजन सल्फाइड, अमोनिया आदि उत्पन्न होती हैं। गैसों का यह मिश्रण बायोगैस कहलाता है। मिश्रण का प्रमुख घटक मेथेन एक अच्छा ईंधन होता है।

बायोगैस विभिन्न रूपों में पर्याप्त मात्रा में उपलब्ध कार्बनिक अपशिष्ट से प्राप्त होने वाला वैकल्पिक ईंधन है। बायोगैस संयंत्रों से प्राप्त होने वाली गैस में 55 से 66 प्रतिशत तक मीथेन, 35 से 40 प्रतिशत कार्बन डाईऑक्साइड तथा अन्य गैसों की कुछ मात्रा होती है।

पारिवारिक जरूरत के बायोगैस संयंत्रों को बढ़ावा देने के लिए राष्ट्रीय बायोगैस विकास परियोजना 1981–82 में की गई थी। इसका उद्देश्य गाँवों में स्वच्छ तथा सस्ते ऊर्जा स्रोत उपलब्ध कराना, समृद्ध जैविक खाद तैयार करना, सफाई व स्वच्छता की स्थिति सुधारना और स्त्रियों को शारीरिक श्रम से मुक्ति दिलाना है। इस कार्यक्रम के अंतर्गत के.वी.आई.सी. डिजाइन के, तैरते हुए ड्रम प्रकार के, स्थिर गुबंद प्रकार के और रबड़युक्त नाइलोन के कपड़े से बने तथा आसानी से ले जा सकने वाले थैलानुमा डाइजेस्टर किस्म के तीन प्रकार के डिजाइनों वाले बायोगैस संयंत्र बनाए जा रहे हैं। खाना पकाने, रोशनी करने और उपकरणों को चलाने जैसे कई कार्यों में बायोगैस उत्कृष्ट ईंधन साबित हुई है।

प्रश्न 21. 'पृथ्वी के ऊर्जा आधार की धारण क्षमता' पर संक्षिप्त टिप्पणी लिखिए।

अथवा

मानव धारण क्षमता के विभिन्न मापनों की संक्षेप में चर्चा कीजिए।

उत्तर– पृथ्वी पर मानव स्पीशीज के लिए सतत् धारण क्षमता, संसाधन उपलब्धता के साथ–साथ संस्कृति और आर्थिक विकास के स्तर के अनुसार भी परिवर्ती होती है। अतः मानव धारण क्षमता के दो मापन इस प्रकार हैं–

(1) जैवभौतिक धारण क्षमता–यह वह अधिकतम जनसंख्या है जिसे प्रोद्यौगिकी के दिए गए स्तर पर पृथ्वी के संसाधनों द्वारा समर्थित किया जा सकता है।

(2) सामाजिक धारण क्षमता–किसी दी गई सामाजिक रचना में दीर्घकालिक जैवभौतिक धारण क्षमता है जिसमें उपभोग और व्यापार के पैटर्न सम्मिलित हैं।

जीवन की गुणवत्ता से संबंधित होने के कारण, सामाजिक धारण क्षमता जैवभौतिक धारण क्षमता से कम होनी चाहिए। इसके साथ ही यह हमें सतत् तरीके से वर्तमान जीवन स्तर पर समर्थन किए जा सकने वाले मनुष्यों की संख्या का आँकड़ा भी देती है।

पृथ्वी द्वारा दीर्घकाल तक वहन की जा सकने वाली जनसंख्या का आकलन करने हेतु जीवनशैली और उपभोग स्तर का चयन अथवा पूर्वानुमान अवश्य किया जाना चाहिए। ऐसे में, सामाजिक मुद्दों की जानकारी महत्त्वपूर्ण हो जाती है। उदाहरण के लिए, बहुत अधिक विश्व जनसंख्या होने पर भोजन उपभोग का स्तर बहुत कम हो सकता है और संभवतः भुखमरी के कगार पर पहुँच सकता है। इसका परिणाम सामाजिक रूप से अस्थिर समाज होगा। सामाजिक रूप से दीर्घकालिक धारण क्षमता उपभोग के ऐसे स्तर पर आधारित होनी चाहिए जो मनुष्य की भोजन, जल और स्थान की मूलभूत आवश्यकताओं को पूरा करने के साथ ही सामाजिक–राजनीतिक अधिकारों, स्वास्थ्य, शिक्षा और कल्याण के अवसर भी प्रदान करने में सक्षम हो।

'संसाधनों का समान वितरण' सामाजिक संपोषणीयता (sustainability) का एक अन्य महत्त्वपूर्ण पहलू है। 'संपदा का असमान वितरण' सामाजिक अस्थिरता और विघटन की स्थिति ला सकता है।

प्रश्न 22. भावी ऊर्जा आवश्यकताओं व उसके संरक्षण पर चर्चा कीजिए।

उत्तर— औद्योगिक विकास के लिए ऊर्जा को अनिवार्य निवेश माना गया है। ऊर्जा का उत्पादन व्यावसायिक स्रोतों जैसे—कोयला, पेट्रोलियम, जलविद्युत/हाइड्रोइलैक्ट्रिक योजनाओं के साथ ही गैर—व्यावसायिक स्रोतों जैसे—गोबर, जलाने की लकड़ी और कृषि अपशिष्ट से भी होता हैं। व्यावसायिक ऊर्जा के प्रतिव्यक्ति उपभोग का उपयोग कभी—कभी किसी देश द्वारा अर्जित आर्थिक विकास के सूचक के रूप में भी किया जाता है। भारत का प्रति व्यक्ति व्यावसायिक ऊर्जा उपभोग यद्यपि, बहुत कम है, यह विश्व औसत का सिर्फ एक बटे आठवां भाग है। व्यावसायिक ऊर्जा देश में उपयोग की जाने वाली कुल ऊर्जा के आधे से थोड़ा अधिक है, शेष गैर व्यावसायिक क्षेत्र से आता है। व्यावसायिक ऊर्जा में उपभोग से कृषि का भाग पिछले ढाई दशक में तेजी से बढ़ा है। 1985—86 में, देश में उद्योगों ने विद्युत ऊर्जा के 62 प्रतिशत और कोयले के 78 प्रतिशत भाग का उपभोग किया है। परिवहन क्षेत्र ने वर्ष 1989 के काल में कुछ तेल उपभोग के 56 प्रतिशत का उपयोग किया था। इन क्षेत्रों के साथ ही घरेलू क्षेत्र में भी ऊर्जा उपभोग तेजी से बढ़ रहा है। इसलिए ऊर्जा कार्यनीति को न केवल देशी उपलब्धता में वृद्धि की योजना बनानी है बल्कि इसका उद्देश्य उसके प्रभावी उपयोग का भी है।

संरक्षण और ऊर्जा—पर्यावरण संरक्षण और ऊर्जा उत्पादन दो ऐसे मुद्दे हैं जो मनुष्य द्वारा प्राकृतिक संसाधनों के उपयोग की परस्परक्रिया से उठते हैं। बिजली उत्पादन हेतु कोयला और तेल के अत्यधिक उपयोग ने अम्ल वर्षा और वायुमंडल में कार्बन डाइऑक्साइड के बढ़ते स्तर जैसी अनेक समस्याएँ उत्पन्न की हैं।

विशाल बांध भारत जैसे बिजली की कमी वाले विकासशील देशों में आर्थिक विकास में काफी भूमिका निभा सकते हैं लेकिन किसी भी बड़े स्तर के विद्युत उत्पादन विकल्प की भाँति ही इसमें भी कुछ विवाद हैं। जलाशय वनों, खेतों और वन्य जीव आवासों को जलमग्न कर देते और स्थानीय जनों के समूचे समुदायों को विस्थापित कर देते हैं।

देश की ऊर्जा आवश्यकताओं का उत्तर सिर्फ गैर—पारंपरिक ऊर्जा के स्रोतों को अपनाने में निहित है। भारत सरकार द्वारा एक शुरुआत की गई है कि वैकल्पिक ऊर्जा स्रोतों को विकसित करने के लिए उसी प्रकार की सहायता और संसाधन प्रदान किए जाएँ, जैसे अभी तक पारंपरिक ऊर्जा स्रोतों के विकास के लिए दिए जाते रहे हैं।

अप्रदूषणकारी ऊर्जा तंत्रों का विकास

(1) चूल्हा में सुधार—विकासशील देशों जैसे भारत में, ग्रामीण गरीबजनों की ऊर्जा की आवश्यकता ज्यादातर ईंधन की लकड़ी जलाकर पूर्ण होती है। खाना पकाने के पारंपरिक तरीके, पकाने वाले के लिए अत्यधिक अस्वास्थ्यकर होते हैं क्योंकि इनसे बहुत सारा धुंआ निकलता है। साथ ही जलाने पर निकलने वाले ताप का भी उचित उपयोग नहीं हो पाता है। भारतीय ऊर्जा विज्ञानियों ने धुंआरहित चूल्हें बनाए हैं, जो विशेष रूप से भारतीय स्थितियों के अनुकूल है। ये 'चूल्हा' धुंआरहित होते हैं जिनमें पकाने में कम समय लगता है और ईंधन की

बचत भी होती है। इन बेहतर चूल्हों को सभी संबंधितजनों से अत्यधिक अच्छी और सकारात्मक प्रतिक्रिया मिली है। लगभग 3000 गाँव इस अर्थ में 'धुंआविहीन' हो गए हैं कि इन घरों में प्रत्येक घर में, या तो बेहतर 'चूल्हा' अथवा बायोगैस संयंत्र का उपयोग खाना पकाने के लिए किया जाता है। 50,000 व्यक्तियों से अधिक का प्रशिक्षित कार्यबल, जिनमें मुख्य रूप से महिलाएँ हैं, को बेहतर चूल्हे बनाने हेतु मुख्य शिल्पकारों के रूप में नियुक्ति की गई थी।

(2) शहरी वाहित मल (सीवेज) से ऊर्जा—शहरी वाहित मल (सीवेज) उपचार संयंत्र मानव मल/मूत्र से मीथेन गैस के निष्कर्षण के लिए जो आपंक (sludge) के रूप में होता है, अवायुजीवी पाचन इकाइयों का उपयोग करते हैं। आपंक से उत्पादित होने वाली गैस आपंक गैस कहलाती है, जिसमें बायो गैस की भाँति बड़ी मात्रा में मीथेन होती है। उत्तर प्रदेश, मध्य प्रदेश और दिल्ली में सीवेज आधारित बायोगैस संयंत्र स्थापित करने में अपारंपरिक ऊर्जा स्रोत विभाग सहायक सिद्ध हुआ है।

ओखला, दिल्ली में पहले से ही एक बड़े शहरी अपशिष्ट पुर्नचक्रण संयंत्र का प्रचालन किया जा रहा है। संयंत्र में 15 डाइजेस्टर हैं जो 15 गैस संग्राहकों से जुड़े हैं। संयंत्र से होने वाला गैस का कुल उत्पादन लगभग 6 लाख घन फुट प्रतिदिन का है जिसका तापमूल्य 700–800 'BTU' प्रतिघन फुट है (500–570 कैलोरी प्रति घनमीटर के समतुल्य)। इस गैस की चार किलोमीटर क्षेत्र के दायरे में लगभग 800 परिवारों को आपूर्ति की जाती है। यह गैस LPG गैस से लगभग 50 प्रतिशत सस्ती होती है। एक अन्य ऐसी परियोजना को हाल ही में उत्तर प्रदेश में पंडरोना में लगाया गया है। ऐसे संयंत्र यू.पी. में अयोध्या, दिल्ली में इंशाओपुर और मध्य प्रदेश के भोपाल में निर्माणाधीन है, जबलपुर में, नगर निगम एक कचरा–आधारित संयंत्र स्थापित कर रहा है जिसमें प्रतिदिन 7 मेगावाट (MW) बिजली का उत्पादन होगा।

अनेक जैवकार्बनिक अपशिष्टों का निगमन भारत में डिस्टिलरी (शराब कारखानों) से सहउत्पाद के रूप में होता है। देश में पहली बार गुजरात की एक डिस्टिलरी द्वारा अपशिष्ट पुर्नचक्रण और निस्तारण के लिए एक नई तकनीक विकसित की गई है। इस प्रोद्यौगिक में, 45,000 लीटर अपशिष्ट के उपचार के साथ ही 10 टन कोयले द्वारा एक दिन में प्रदान की जाने वाली ऊर्जा के समतुल्य ऊर्जा का उत्पादन भी होगा। अपशिष्ट से ईंधन का उत्पादन, भस्म का उपयुक्त संवर्धन माध्यम से यीस्ट के साथ किण्वन (fermentation) करके किया जाता है। 1 करोड़ लीटर क्षमता की डिस्टिलरी को अपनी 50 प्रतिशत ऊर्जा की आवश्यकता की पूर्ति अपने अपशिष्ट के पुर्नचक्रण से हो सकती है। यदि देश के सभी 150 डिस्टिलरी इस प्रौद्योगिकी को अपना लें तो वार्षिक रूप से 30 करोड़ रुपये अथवा 5,00000 टन कोयले की बचत हो सकती है, इससे अपशिष्टों का पर्यावरणीय रूप से सुरक्षित निस्तारण भी हो सकेगा।

(3) सौर ऊर्जा—बायो गैस विभिन्न गैसों का मिश्रण है। यह एक सस्ता और प्रभावी ईंधन है और इसका फीडस्टॉक (feedstock) नवीकरणीय है। हाल ही में, ऊर्जा उत्पादन के अन्य नवीकरणीय स्रोतों का भी पता लगाया गया है। हमारे ग्रामीण निर्धनजनों की माँगों को

पूरा करने के लिए सौर ऊर्जा के दोहन के क्रमबद्ध प्रयास किए जा रहे हैं। यह एक विकेंद्रीकृत ऊर्जा प्रणाली है, जिसका उपयोग भारतीय जनता की विविध आवश्यकताओं को पूरा करने के लिए किया जा सकता है। सौर ऊर्जा से खाना पकाना, पानी गर्म करना, पानी का विलवणीकरण, स्थान को गर्म करना, फसल को सुखाना आदि तापीय रूपांतरण के कुछ तरीके हैं। उच्च तापमान उपयोगों के लिए सस्ते सौर संग्राहक विकसित करने के लिए प्रयास किए जा रहे हैं। देश में 380 से अधिक सौर ऊर्जा चालित पानी गर्म करने के संयंत्र प्रचालन में हैं।

सौर ऊर्जा को वैद्युत ऊर्जा में भी बदला जा सकता है। सौर पैनल बड़ी मात्रा में प्रकाश ऊर्जा को फोटोवोल्टाइक सेलों पर सकेंद्रित करते हैं जो बैटरियों को चार्ज करती हैं और बिजली के स्रोत के रूप में काम करती हैं। इस बिजली का उपयोग पंप चलाने, सड़कों की लाइट जलाने अथा फ्रिज चलाने के लिए भी किया जा सकता है। 160 से अधिक सौर फोटोवोल्टाइक पंप ग्रामीण इलाकों में संस्थापित किए गए हैं जिससे वहाँ पीने और सिंचाई के लिए पानी प्रदान किया जा सके। सौर चालित फोटोवोल्टाइक सड़क प्रकाश व्यवस्था प्रणालियों को भारत सरकार द्वारा 150 से अधिक गाँवों में परीक्षणात्मक आधार पर प्रदान किया गया है। ये तंत्र सुदूर गाँवों में संस्थापित किए गए हैं जिन्हें ऊर्जाग्राम भी कहते हैं, ये गाँव बिजली की लाइनों से काफी दूर हैं, यहाँ सौर ऊर्जा से उन लोगों के लिए बिजली उपलब्ध हो रही है जो अन्यथा ताप या हाइडल विद्युत ऊर्जा का सपना भी नहीं देख सकते थे।

(4) पवन ऊर्जा—यह नवीकरणीय वैकल्पिक ऊर्जा का एक अन्य स्रोत है। यह क्रमबद्ध उपयोग के लिए विश्वसनीय है। अधिकतम दोहन क्षमता का आकलन लगभग 3.2×10^8 जूल/वर्ष का है। इसे यांत्रिक और वैद्युत ऊर्जाओं में परिवर्तित किया जा सकता है और यह विशेषरूप से सुदूर क्षेत्रों में उपयोगी हो सकता है। पवन ऊर्जा से टरबाइन चलाकर बिजली का उत्पादन किया जा सकता है। भारतीय मौसमविज्ञान के अनुसार प्रायद्वीपीय और मध्य भारत में अनेक स्थानों पर 3kwh/m2/दिन (किलोवाटघंटा प्रति वर्गमीटर प्रतिदिन) का औसत वार्षिक पवन घनत्व पाया जाता है। कुछ क्षेत्रों में, सर्दियों में ये घनत्व 10kwh/m2/दिन से अधिक का हो जाता है क्योंकि तब ऊर्जा की आवश्यकता बहुत अधिक होती है और यह $4kwh/m^2$/दिन का वर्ष में 5–7 महीने रहता है। वर्तमान में इस ऊर्जा का उपयोग अजमेर, राजस्थान में चार स्थानों पर भूजल को पंप करने के लिए किया जा रहा है। DNES ने देशभर में 924 पवन ऊर्जा चालित (विंड) पंप लगाए हैं। उपयुक्त स्थानों (जैसे लद्दाख) पर पवन ऊर्जा जेनरेटरों का विचार किया जा रहा है जिनकी कुल क्षमता 2MW (मैगावाट) होगी, जो प्रकाश व्यवस्था और पानी को पंप करने के लिए बैटरियों को चार्ज करने की युक्तियों में भी काम करेंगे। आठवीं योजना में, भारत में विभिन्न स्थानों पर 85 नई पवन–चालित मिलें लगाने का प्रस्ताव है, जहाँ स्थान की वायुगतिकी (aerodynamics) इस उद्यम के लिए उपयुक्त स्थितियाँ प्रदान करेगी।

विद्यार्थीगण GPH की पुस्तकें क्यों चुनते हैं?

- विश्वविद्यालयों/परीक्षा बोर्डों/संस्थानों द्वारा निर्धारित पाठ्यक्रमों का पूर्ण समावेश।

- आसानी से समझी जा सकने वाली भाषा तथा प्रारूप (फॉर्मेट) जिससे विद्यार्थियों को थोड़े समय में परीक्षा की तैयारी करने में सहायता मिलती है।

- हमारी पुस्तकें परीक्षा को ध्यान में रखकर प्रश्न-उत्तर शैली में तैयार की जाती हैं जिससे विद्यार्थीगण सही उत्तर को तुरंत समझ पाते हैं।

- पिछले वर्षों के प्रश्न-पत्रों को हल करके शामिल किया जाता है ताकि विद्यार्थीगण को परीक्षा के उस खास ढाँचे को समझने में सहायता मिल सके और वे परीक्षा की तैयारी बेहतर ढंग से कर सकें।

- दोनों छमाहियों (जून-दिसम्बर) के प्रश्न-पत्रों को हल करके पुस्तक में शामिल किया जाता है।

- आँकड़ों में जब भी कोई परिवर्तन होता है तो उसे अपडेट कर दिया जाता है।

- पुनरावृत्त (रिसाइकल किए गए) कागज का प्रयोग।

- सुविधाजनक आकार तथा उचित मूल्य।

- अपने सामाजिक दायित्वों के अनुरूप हम बेची गई प्रत्येक पुस्तक से समाज/संस्थाओं/एन.जी.ओ./वंचितों को सहयोग देते हैं।

पर्यावरणीय मुद्दे और चिंताएँ

भूमिका

गत सौ वर्ष में मनुष्य की जनसंख्या में भारी बढ़ोतरी हुई है। इसके कारण अन्न, जल, घर, बिजली, सड़क, वाहन और अन्य वस्तुओं की माँग में भी वृद्धि हुई है। परिणामस्वरूप हमारे प्राकृतिक संसाधनों पर काफी दबाव पड़ रहा है और वायु, जल तथा भूमि प्रदूषण बढ़ता जा रहा है। हमारी आज भी आवश्यकता है कि विकास की प्रक्रिया को बिना रोके अपने महत्त्वपूर्ण प्राकृतिक संसाधनों को खराब होने और इनके अवक्षय को रोकें और इसे प्रदूषित होने से बचाएँ।

तेजी से बढ़ती हुई जनसंख्या, पर्यावरण क्षरण, बड़े पैमाने पर कृषि का विस्तार तथा जंगलों का नष्ट होना; भारत में पर्यावरण संबंधी समस्याओं के प्रमुख कारण हैं। प्रमुख पर्यावरणीय मुद्दों में वन और कृषि–भूमि क्षरण, संसाधन रिक्तीकरण, पर्यावरण क्षरण, जलवायु परिवर्तन, ओजोन परत की कमी, वैश्विक तापन, जैव विविधता में कमी आदि शामिल हैं।

प्रश्न 1. जैव विविधता की हानि में कौन–कौन से कारण शामिल हैं? चर्चा कीजिए।

उत्तर– आवासों का नष्ट होना एवं विखंडित होना, गैर–स्थानिक जातियों का प्रवेश, संसाधनों का अत्यधिक दोहन, मिट्टी, जल तथा वातावरण का प्रदूषण और गहन कृषि तथा वानिकी आदि जातियों का विलुप्तीकरण एवं जैव–विविधता को क्षति पहुँचाने वाले महत्त्वपूर्ण घटक हैं।

अधिवास की हानि—वे क्षेत्र जहाँ प्रजातियाँ भोजन, आवास का इस्तेमाल करती हैं और प्रजनन करती हैं, अधिवास है। वन्य पादपों और जंतु प्रजातियों के लिए सबसे बड़ा जोखिम उनके अधिवासों के विनाश या बदलाव के कारण है। यदि एक जंतु का अधिवास नष्ट हो जाता है या इसमें बाधा आती है तो उसे नए बदलाव से अनुकूलन अवश्य करना चाहिए, उन्हें कहीं और जाना चाहिए अन्यथा मौत हो सकती है। जब उन्हें अपने क्षेत्र से बाहर जाने के लिए मजबूर किया जाता है और यदि उसे एक उचित अधिवास मिल जाता है तो संभावना है कि उस अधिवास को पहले से उपयोग किया जा रहा हो। परिणामस्वरूप एक समान प्रजाति और अन्य जंतुओं की स्थानीय आबादी के साथ इन्हें प्रतियोगिता करनी पड़ती है। इसका दूसरा विकल्प यह है कि इसे एक उपेक्षित अधिवास में चले जाना, जहाँ यह हमलावार का शिकार हो सकते हैं, उन्हें भूखे रहना पड़ सकता है या रोग हो सकते हैं। कुछ जीव जैसे—कबूतर, गौरेया, कृदंतक (जैसे चूहे और मूषक) और हिरण संशोधित अधिवासों में भली भाँति रहते हैं, जो उन्हें मानवीय गतिविधियों द्वारा प्रदान किए जाते हैं, किंतु कई मामले में ऐसा नहीं भी होता है।

कुछ अधिवास प्रजातियों के लुप्त होने के लिए अधिक संवेदनशील होते हैं, इन्हें भंगुर अधिवास कहते हैं। कोरल, रीफ, महासागर के द्वीप और पर्वतों के शिखर महत्त्वपूर्ण भंगुर अधिवास हैं।

आज वैश्विक जैव विविधता के लिए अधिवास के विनाश को सबसे महत्त्वपूर्ण जोखिम के रूप में मान्यता दी गई है और इस पर दुनिया भर की अधिकांश प्रजातियों के नष्ट हो जाने का दायित्व है। इसमें सम्मिलित हैं–

- भूमि उपयोग के लिए जंगलों को काटना (उदाहरणतः विकास, खेती आदि के लिए इन्हें काटना), बड़े पैमाने पर लकड़ी का इस्तेमाल और छोटे पैमाने पर टुकड़ों में खेती। खेती के लिए विस्थापन (Shifting cultivation) को अफ्रीका में 70 प्रतिशत जंगलों की कटाई, एशिया में 50 प्रतिशत जंगलों की कटाई और अमेरिका में 35 प्रतिशत जंगलों की कटाई के लिए जिम्मेदार माना जाता है।
- मत्स्य संवर्धन (aquaculture) के लिए मैंग्रोव स्थानों (mangrove sites) का विनाश
- कोरल (corals) का खनन और विनाश
- भूमि उपयोग के लिए झीलों का रूपांतरण
- इमारती लकड़ी और जलावन लकड़ी का बहुत अधिक इस्तेमाल

- अधिवासों को मनुष्यों द्वारा जलाना (उदाहरण के लिए विस्थापन खेती के लिए जंगलों को जलाना और मवेशियों के लिए चारे की मात्रा बढ़ाने हेतु घास के मैदानों में आग लगाना।)
- नदियों के बाँध
- प्रदूषण से भी प्राकृतिक अधिवासों में बहुत अधिक बाधा आती है। औद्योगिक अपशिष्ट से गंभीर नुकसान होता है, खास तौर पर जलीय अधिवासों पर। उदाहरण के लिए, 1950 और 1960 के दशक में कीटनाशकों, खासतौर पर क्लोरीन युक्त हाइड्रोकार्बन (जैसे डीडीटी) से कई पक्षियों की आबादी में कमी आई, जैसे बाल्ड इगल (bald eagle), ब्राउन पेलिकन (brown pelican)।
- मीठे पाने के जलाशयों में तलछट और कीचड़ का जमाव।

अनेक देशों में कुछ ही ऐसे प्राचीन क्षेत्र हैं, जिन्हें मनुष्यों द्वारा किसी भी प्रकार से अब तक बदला नहीं गया है। जब इन अधिवासों को पूरी तरह नष्ट नहीं किया जाता तो उन्हें वे छोटे टुकड़ों में बाँट देते हैं, विकास के दौर में अधिवास के द्वीप बना दिए जाते है। विभाजन करने से प्रजातियों को अधिक प्रकाश, हवा और तापमान मिलता है जो प्राकृतिक तौर पर मिलने वाली मात्रा से अधिक होता है और इस प्रकार प्रजातियों की उत्तर जीविता के लिए उनके भोजन और पानी के स्रोतों में कमी आती है और प्रजनन के लिए भी कुछ साथी ही मिलते हैं। विभाजित दृश्यावली (fragmented landscapes) में कई प्रजातियों में अपने प्रकार की जातियों से अलग होने के परिणामस्वरूप आंतरिक प्रजनन (inbreeding) होने लगता है जिससे उनके आनुवंशिक विविधता को हानि पहुँचती है तथा स्थानीय स्तर पर वे लुप्त हो जाती हैं।

आज प्रजातियों की तीन चौथाई से अधिक संख्या को उनके वन्य अधिवासों के विनाश के कारण लुप्त होने का खतरा है। इन प्रजातियों की बड़ी संख्या उष्ण कटिबंधी क्षेत्रों से हैं, जहाँ मानव आबादी बहुत अधिक विस्फोटक रूप से बढ़ी है और अधिवासों का विनाश तेजी से हुआ है। उष्ण कटिबंधी वर्षा वनों में धरती की सतह का केवल 7 प्रतिशत आता है, फिर भी यहाँ कुल प्रजातियों में से लगभग तीन चौथाई प्रजातियाँ निवास करती हैं। चिंताजनक दर से आज इन जंगलों को नष्ट किया जा रहा है।

प्रश्न 2. जैव विविधता के संदर्भ में मनुष्य–वन्य जीव संघर्ष पर प्रकाश डालिए।

उत्तर– कृषि या उद्योग के लिए इस्तेमाल होने के कारण या जल, वायु और मिट्टी के प्रदूषण के कारण प्राकृतिक पारितंत्रों का विनाश हो रहा है। इस कारण प्रजातियों का विनाश भी होता है।

भारत में वनों तथा घास के मैदानों को लगातार खेती के कामों की ओर मोड़ा जा रहा है। अतिक्रमण को अनेक बार कानूनी बनाया गया है। इसी तरह हमारे प्राकृतिक दलदलों को सुखाकर कृषिक भूमि में बदल दिया गया है जिससे जलीय प्रजातियों की हानि हुई है। घास के

जिन मैदानों को कभी मनुष्यों और उनके पशुओं को अपेक्षाकृत कम संख्या निर्वहनीय ढंग से इस्तेमाल करती थी, आज उनका दुरुपयोग, अति–उपयोग या भिन्न प्रकार से उपयोग हो रहा है।

हमारे प्राकृतिक वन इमारती लकड़ी के लिए नष्ट किए जा रहे हैं और वहाँ इमारती लकड़ी के पेड़, जैसे टीक और साल लगाए जा रहे हैं। एक प्रकार के पौधे वाले वन अथवा बागान बहुपक्षीय प्राकृतिक वन की तरह जैव–विविधता को सहारा नहीं दे सकते जिसमें एक बंद प्राकृतिक छतरी होती है और नीचे जमीन पर अनेक पौधे उगते रहते हैं। एक ही प्रकार के पौधे वाले वन मिट्टी को पुनर्जीवन भी नहीं दे सकते।

पेड़ों की शाखाएँ काटकर वन से जब भारी मात्रा में जलावन जमा की जाती है तो वन की छतरी खुल जाती है और इससे स्थानीय जैव–विविधता में बदलाव आता है। चरने वाले मवेशी वन के पुनर्जनन की गति धीमी करते हैं, क्योंकि छोटे–छोटे पौधे लगातार उनके खुरों से कुचलते रहते हैं।

प्रजातियों का चयनात्मक विनाश–किसी भी प्रजाति का चयनात्मक विनाश होने से मौजूदा जंतुओं में बराबर मात्रा में दुर्भाग्यशाली परिणाम उत्पन्न होते हैं। उक्त चयनित विनाश के अनपेक्षित परिणामों का प्रदर्शन यात्री कबूतर के उदाहरण से समझा जा सकता है। 19वीं शताब्दी के मध्य, यात्री कबूतर (एक्टोपिस्टस माइग्रेटोरियस Ectopistes migratorius) संभवतः धरती पर सबसे अधिक संख्या में पाया जाने वाला पक्षी था। प्रवास के दौरान इनके झुंड से आकाश भर जाता है और इनका एक झुंड के उड़ान की लंबाई 400 कि. मी. लंबी होती थी तथा इसमें कम से कम दो बिलियन पक्षी होते थे। इनकी संख्या इतनी अधिक होती थी कि पक्षियों के भार से पेड़ों की शखाएँ टूट जाती थीं। एक स्थान से इस झुंड को निकलने में घंटों का समय लगता था। लगभग पाँच कि. मी. चौड़े और 67 कि. मी. लंबे जंगल के हिस्से में प्रति पेड़ लगभग 90 घोंसले थे। अनुमान लगाया गया कि वर्ष 1871 में 136 मिलियन कबूतर यात्रियों ने मध्य विस्कोंसिन, यू.एस.ए. के 2200 वर्ग कि. मी. क्षेत्रफल में घोंसले बनाएँ। जहाँ इन यात्री कबूतरों ने अपने घर बनाए, वहाँ इनकी टनों बीट के गिरने से जंगल की उर्वरता बढ़ जाती थी। इनकी बड़ी संख्या के बावजूद आज धरती पर एक भी यात्री कबूतर नहीं है।

चयनात्मक प्रजातियों को पालतू बनाना–मनुष्य सिर्फ उन जीवित प्रजातियों की देखभाल करता है जो उनके लिए प्रयोग करने योग्य हैं और इसके लिए व्यापक प्रजनन कार्यक्रम चलाए जाते हैं, जिससे उत्पादों का अधिकतम लाभ प्राप्त होता है। इस प्रक्रिया के दौरान प्रजातियों ने कुछ उपयोगी विशेषताएँ खो दी है, जिसके कारण इनके ये रूप अब प्रकृति में अपने आप जीवित नहीं रह सकते हैं। इसका बहुत अच्छा उदाहरण मक्का है, जिसे मानव द्वारा इतनी अधिक देखभाल मिली है कि अगर इसे अपने आप पर छोड़ दिया जाए तो यह जीवित नहीं रह सकता। आज मनुष्य के पास घरेलू पशुओं के बड़े झुंड होते हैं। ये पशु भूमि की अत्यधिक चराई द्वारा जंतु आबादी में कमी लाने में उल्लेखनीय भूमिका निभाते हैं और इस प्रकार उस वनस्पति को नष्ट किया जाता है जिस पर वे तथा वन्य जंतु निर्भर करते हैं।

एक विशेष क्षेत्र के मूल वन्य जीवन में वहाँ के मूल पौधों के उपयोग की क्षमता होती है जो वहाँ लाए गए पशुओं की तुलना में अधिक होती है और इस प्रकार की भी कम संभावना होती है कि वहाँ उपजाऊ इलाके रेगिस्तान में बदल जाएँ। एक अन्य महत्त्वपूर्ण प्राचल यह है कि घरेलू पशु कई रोगों के वाहक है जिन्हें वे वन्य जंतुओं में फैला सकते है। उदाहरण के लिए विशाल गैडें के स्थाई पुनर्वास में गंभीर नुकसान हुआ, जब उन्हें स्थानीय घरेलू मवेशियों के द्वारा पशु महामारी (rinderpest disease) हुई।

कीटनाशकों का उपयोग—वन्य कीट परागण करने वाले जीवों को कीटनाशकों से हानि होती है जिसमें प्रबंधित मधुमक्खी की आबादी शामिल है जो फसल की उत्पादकता में कमी ला सकती है। नदियों, झीलों और तटीय परिवेशों में धीरे–धीरे अपवाह के बहाव द्वारा जाने से ये संपूर्ण जलीय परिस्थितिक तंत्र पर नकारात्मक प्रभाव (negative effect) डाल सकते हैं।

अनेक कीटनाशकों जैसे—डी.डी.टी., डी.डी.ई. और पी.सी.बी. को अमेरिका में प्रतिबंधित किया गया है जो कई विकासशील देशों में अब तक आयात किए जा रहे हैं। ये पदार्थ जीवित जीवों में पाए जाने वाले सामान्य हार्मोन पर बाधा पैदा करते हैं या उनके समान कार्य करते है। घड़ियालों, टर्न (terns), सालमन (salmon) और गलों (gulls) में उनके परिवेश से कीटनाशकों और जंतु हार्मोन के रासायनिक स्तरों के उच्च होने के कारण प्रजनन संबंधी समस्याओं का आगमन हुआ है।

वैश्विक जलवायु परिवर्तन—कुछ सारभूत साक्ष्यों से स्पष्ट होता है कि लोग वैश्विक जलवायु में पर्याप्त बदलाव करने के लिए जिम्मेदार हैं जो जीवन के लिए घातक है। जीवाश्म ईंधनों जैसे—तेल, प्राकृतिक गैस और कोयले को जलाने तथा पेड़ों को जलाने से हम वातावरण में कार्बन डाईऑक्साइड की मात्रा बहुत अधिक बढ़ा देते हैं। वैज्ञानिकों को कार्बन डाईऑक्साइड के बढ़ने का सही प्रभाव ज्ञात नहीं है, फिर भी उनका अनुमान है कि इससे वैश्विक तापमान में समग्र वृद्धि होगी, समुद्र का स्तर ऊँचा होगा और जलवायु के प्रतिरूप में परिवर्तन उत्पन्न होंगे।

परिवेश की बदली हुई परिस्थितियाँ जो वैश्विक तापन (global warming) के फलस्वरूप हुई हैं उससे तूफान आ सकते हैं और लंबी अवधि तक सूखा पड़ सकता है। दूसरी ओर जलवायु में बदलावों की अपेक्षित गति से प्राकृतिक अधिवासों को प्रत्यक्ष नुकसान पहुँचता है, जिससे कुछ प्रजातियों में जल्दी अनुकूलन नहीं हो पाता है। वे लुप्त हो सकते हैं, उनके लुप्त होने की संभावना स्थानीय या अधिक व्यापक रूप से होती है और प्राकृतिक तंत्रों में उनकी भूमिका हमेशा के लिए समाप्त होने के कगार पर हो सकती है।

प्रश्न 3. निम्नलिखित पर संक्षिप्त टिप्पणी लिखिए—

(i) वन्य जीवों का अवैध शिकार

उत्तर— कुछ पशुओं का शिकार भारी आर्थिक लाभों के कारण किया जाता है। बाघों की खाले और हड्डियाँ, हाथियों के दाँत, गेंडों के सींग और कस्तूरी मृग की कस्तूरी का विदेशों में

व्यापक उपयोग होता है। कुछ जंतु प्रजातियों का बड़ी संख्या में शिकार और निर्यात करना इनकी संख्या में अत्यधिक कमी लाने वाला एक अन्य महत्त्वपूर्ण कारक है। शिकार तीन मुख्य प्रकारों के होते हैं–

(1) वाणिज्यिक शिकार (Commercial hunting)–जिसमें जंतुओं को उनके फर, हड्डी या अंगों की बिक्री से लाभ कमाने के लिए मारा जाता है।

(2) खेल के रूप में शिकार (Sport hunting)–मनोरंजन के लिए जंतुओं को मारना। जबकि निर्वाह के लिए शिकार कुछ प्रजातियों के लुप्त होने का एक समय पर प्रमुख कारण होता था, अब अधिकांश क्षेत्रों में इसमें बहुत कमी आई है। खेल के तौर पर शिकार को अब अधिकांश देशों में नियमित किया गया हे, खेल में शामिल प्रजातियों को खतरा तभी होता है जब इनके लिए सुरक्षात्मक नियम या तो मौजूद नहीं होते है या इन्हें लागू नहीं किया जाता है।

(3) निर्वाह शिकार (Subsistence hunting)–जंतुओं को अपनी उत्तर जीविता के लिए भोजन प्रदान करते हेतु मारना।

वाणिज्यिक शिकार से, विश्वव्यापी आधार पर, बड़े जंतुओं के प्रजातियों की संख्या घटने का खतरा है। जेगुआर, शेर, बर्फीला चीता और चीता जैसे जंतुओं का शिकार उनकी खाल के लिए किया जाता है, हाथियों को उनके हाथी दांत (एक साल में लगभग 90000 हाथियों को मार दिया जाता है) और गैंडे (rhinoceros) को उनके सींग के लिए मारा जाता है। एक सींग वाले गैंडा–जिस पर बहुत घने बाल होते है–काले बाजार में इसकी कीमत 24000 अमेरिकी डॉलर है। इसे उत्तरी यमन में सजावटी चाकुओं के हैंडल बनाने में और पाउडर बनाने में इस्तेमाल किया जाता है जिसे एशिया के कुछ भागों में दवा के तौर पर, खास तौर पर बुखार मिटाने के लिए दिया जाता है। ऐसा माना जाता है कि यह एक यौन उद्दीपक है जबकि इसमें मौजूद केरेटिन (keratin) नामक पदार्थ बालों की कतरन और अंगुली के नाखून खाकर प्राप्त किया जा सकता है। इनका बाजार मूल्य बहुत अधिक होने के कारण लगभग 60 देशों ने राइनों के सींगों के आयात या निर्यात पर रोक लगाने, इनके गैर कानूनी व्यापार को प्रतिबंधित करने के लिए सहमति दी है।

एक अन्य विलक्षण वाणिज्यिक शिकार व्हेल का किया जाता है। व्हेल का उद्योग आमतौर पर बड़ी, लाभकारी बालिन व्हेल के आस पास केंद्रित है, जिन्हें उनके बलुब्बेर और बालिन, इनकी हड्डी की चलनी के कारण मार दिया जाता था, जिससे वे समुद्री पानी को छानती थी। बलुब्बेर से लैम्प और मशीनों के लुब्रीकेशन के लिए उच्च ग्रेड का तेल बनाया जाता था। बालिन या "व्हेल बोन" का उपयोग कोर्सेट स्टे, कंघा और अन्य समान प्रकार के उत्पाद बनाने में किया जाता था।

(ii) जैविक आक्रमण

उत्तर– अनेक बार दुर्घटनावश या जानबूझ कर लोग गैर मूल प्रजातियों को ऐसे नए स्थानों पर ले आते हैं, जहाँ उन प्रजातियों के कम या कोई प्राकृतिक भक्षक नहीं होते हैं, ताकि

इनकी आबादी पर नियंत्रण रखा जा सके। ये आक्रामक प्रजातियाँ–जिन्हें एलियन (alien), लाई गई या विशिष्ट प्रजाति भी कहा जाता है–ये मूल जैव विविधता की हानि का सबसे महत्त्वपूर्ण कारण मानी गई हैं। ये आक्रामक या एलियन प्रजातियाँ वे प्रजातियाँ है जो नए क्षेत्रों में लाई गई और इनसे जैविक आक्रमण (biological invasions) होता है ये सूक्ष्मजीवों से लेकर स्तनधारी तक होती हैं। आक्रामक प्रजातियों से आर्थिक और पर्यावरण संबंधी आपदाएँ भी आती हैं। आक्रामक प्रजातियों से मूल पारिस्थितिक तंत्र के अग्नि चक्र, पोषक तत्त्व चक्र और जल विज्ञान और ऊर्जा के बजट में बदलाव कर सकती हैं।

आक्रामक प्रजातियों की समस्या जलवायु बदलाव से बहुत अधिक गंभीर हो जाएगी। कुछ अन्य आक्रामक प्रजातियों के उदाहरण आगे दिए गए हैं जिनमें आप देख और अनुभव कर सकते हैं कि ये स्थानीय वनस्पति को किस प्रकार नष्ट करते हैं।

- जलकुंभी (Water hyacinth) पानी में पाया जाने वाला पौधा है जिसके सुंदर बैंगनी फूल होते हैं और यह ब्राजील का मूल निवासी है और अब इसे प्रत्येक महत्त्वपूर्ण जलनिकाय में बाधा पहुँचाने वाले जलीय पौधे के रूप में दुनिया भर में देखा जाता है। यह पानी के बहाव, बिजली के उत्पादन, परिवहन, पानी की गुणवत्ता और स्वदेशी जैव विविधता को प्रभावित करता है। भारत ने इसे 1886 में बंगाल में एक सजावटी, तलाब के पौधे के रूप में लाया गया था। इसके बाद से यह एक अप्रिय जलीय खरपतवार के रूप में पूरे भारत में फैल गया है और एक बड़े क्षेत्रफल पर पाया जाता है। इस खरपतवार के कारण हर वर्ष मछली और चावल की फसलों में लाखों रुपए का नुकसान होता है।
- पार्थेनियम हिस्टेरोफोरस को कांग्रेस खरपतवार के रूप में भी जाना जाता है जो यूएसए से भारत लाए गए खाद्यान्न के साथ यहाँ आई और फैल गई है। यह बीजों से मुक्त रूप से प्रजनन करती है। इसके परागकणों से भी त्वचा में एलर्जी पैदा होती है।
- भारत के अर्ध शुष्क भागों में पाया जाने वाला प्रोसोपिस जूलीफ्लोरा (मेसीक्यूट mesquite) ने इस इलाके के अन्य वनस्पतियों को विस्थापित कर दिया है, जहाँ ये जैव विविधता के लिए गंभीर रूप से आक्रामक बन गई।
- गोल्डन एप्पल स्नेल सबसे खतरनाक आक्रामक एलियन प्रजातियों में से एक है। यह 1980 में लातीन अमेरिका से दक्षिण पूर्वी एशिया में लाया गया था।

प्रश्न 4. हमें जैव विविधता को क्यों संरक्षित करना चाहिए?

उत्तर– हमें जैवविविधता को क्यों संरक्षित करना चाहिए – इसके बहुत से स्पष्ट तथा अस्पष्ट कारण हैं, जो कि समान रूप से महत्त्वपूर्ण हैं। इन्हें तीन श्रेणियों में बाँटा जा सकता है जैसे संकुचित संकीर्णतः उपयोगी, व्यापक रूप से स्वार्थ उपयोगी व नैतिक।

जैव विविधता के संरक्षण के लिए संकीर्ण रूप से उपयोगी तर्क स्पष्ट हैं। जैसे मानव को प्रकृति से प्रत्यक्ष रूप से अनगिनत आर्थिक लाभ हैं जैसे–खाद्य (अनाज, दालें, फल आदि)

ईंधन, रेशा, इमारती सामान, औद्योगिक उत्पाद जैसाकि टैनिन, स्नेहक (लुब्रिकैंट), रंजक (डाई), रेजिन, इत्र आदि तथा औषधीय उत्पाद। विश्व बाजार में बिक रही 25 प्रतिशत से अधिक औषधियाँ पादपों से बनाई जाती है। 25,000 से अधिक पादप जातियाँ विश्व के लोगों द्वारा पारंपरिक दवाइयाँ बनाने में उपयोग हो रही हैं। यह किसी को ज्ञात नहीं है कि कितने और नए औषधीय महत्त्व के पादपों की उष्ण कटिबंधीय वर्षा वनों में खोज होना शेष है। जैव संभावना से समृद्ध राष्ट्र इसका और अधिक लाभ उठा सकते हैं। यदि अधिक से अधिक संसाधनों का जैवी–अंवेषण (आर्थिक महत्त्व के उत्पादों, आणविक, आनुवंशिक तथा जाति स्तर पर) किया जाए।

व्यापक रूप से उपयोग संबंधी तर्क कहता है कि प्रकृति द्वारा प्रदान की गई जैवविविधता की अनेक पारितंत्र सेवाओं में मुख्य भूमिका है। तीव्र गति से नष्ट हो रहा अमेजन वन पृथ्वी के वायुमंडल को लगभग 20 प्रतिशत ऑक्सीजन प्रकाश संश्लेषण द्वारा प्रदान करता है। क्या प्रकृति द्वारा प्रदान की गई इस सेवा का हम आर्थिक मूल्य आंक सकते हैं? अपने किसी पड़ोसी अस्पताल में एक ऑक्सीजन सिलेंडर पर होने वाले खर्च से आप इसका अनुमान लगा सकते हैं। परागण, जिसके बिना पौधे फल तथा बीज नहीं दे सकते, पारितंत्र की दूसरी ऐसी सेवा है जो परागणकारियों जैसे मधुमक्खियाँ, गुंज मक्षिका, पक्षी तथा चमगाड़ द्वारा की जाती है। प्राकृतिक परागणकारियों की अनुपस्थिति में परागण को पूरा करने की लागत कितनी होगी? हम प्रकृति से अन्य अप्रत्यक्ष सौंदर्यात्मक लाभ उठाते हैं–वनों में घूसते समय, बसंत ऋतु में पूरे खिले हुए फूलों को निहारते समय या प्रातः बुल–बुल के गीतों का आनंद। क्या हम ऐसे चीजों की कोई कीमत लगा सकते हैं?

जैव विविधता संरक्षण के नैतिक तर्क का संबंध पृथ्वी ग्रह पर उपस्थित उन लाखों जंतु, पादप व सूक्ष्मजीव जातियों से है, जिनके साथ हम रहते हैं। दार्शनिक व आध्यात्मिक रूप से हमें यह समझने की आवश्यकता है कि प्रत्येक जाति का अपना नैज मूल्य (इंट्रिंजिक वैल्यू) होता है, भले ही इसका हमारे लिए चालू या आर्थिक मूल्य न हो। हमारी नैतिक जिम्मेदारी बनती है कि हम उनकी देखरेख करें और इस जैविक धरोहर को आने वाली पीढ़ी के लिए अच्छी हालत में रखें।

प्रश्न 5. जैव विविधता को हम कैसे संरक्षित रख सकते हैं?

उत्तर– जब हम संपूर्ण पारितंत्र को सुरक्षित तथा संरक्षित करते हैं तब इसकी जैवविविधता के सभी स्तर भी संरक्षित तथा सुरक्षित हो जाते हैं। एक बाघ को सुरक्षित रखने के लिए सारे जंगल को सुरक्षित रखना होता है। इसे स्वस्थाने (इन सिटू) संरक्षण कहते हैं। जब कभी किसी जीव को विलोपन के संकट से (वे जीव जिनके निकट भविष्य में वन से विलुप्त होने का बहुत अधिक संकट है) बचाने के लिए त्वरित सहायता की आवश्यकता होती है तब इस स्थिति को हम वाह्य स्थाने (एक्स सिटू) संरक्षण कहते हैं।

स्वस्थाने (इन सिटू) संरक्षण–विकास तथा संरक्षण के बीच टकराव का सामना करते हुए भी बहुत से देश अपनी सारी जैविक संपदा के संरक्षण को अस्वाभाविक और आर्थिक रूप

से व्यावहारिक नहीं समझते। जितने संरक्षण के साधन उपलब्ध हैं, उनसे सभी विलोपन से बचाने के लिए जितनी जातियाँ है उनको बचाना दूर की बात है। भूमंडलीय स्तर पर इस समस्या की ओर कुछ श्रेष्ठ संरक्षणविदों ने ध्यान आकर्षित किया है। उन्होंने अधिकतम सुरक्षा के लिए कुछ 'जैवविविधता हॉट–स्पॉट' पहचाने हैं। जैवविविधता हॉट–स्पॉट वे क्षेत्र होते हैं, जहाँ पर जातीय समृद्धि बहुत अधिक और उच्च स्थानिकता (एंडेमिज्म) होती है जातियाँ अन्य स्थानों पर नहीं होती है। सर्वप्रथम 25 जैवविविधता हॉट–स्पॉट चिह्नित किए गए थे, तत्पश्चात् इस सूची में 9 हॉट–स्पॉट और सम्मिलित किए गए। संसार में कुल 34 जैव विविधता हॉट–स्पॉट हैं। ये हॉट–स्पॉट त्वरित आवासीय क्षति के क्षेत्र भी हैं। इनमें से 3 हॉट–स्पॉट पश्चिमी घाट और श्रीलंका, इंडो–वर्मा व हिमालय हैं जो हमारे देश की असाधारण रूप से उच्च जैवविविधता को दर्शाते हैं। यद्यपि जैवविविधता के सारे हॉट–स्पॉट आपस में मिलकर संसार का दो प्रतिशत से भी कम है परंतु इन क्षेत्रों में आवासित जातियों की संख्या अत्यधिक है तथा इन हॉट–स्पॉट की विशेष सुरक्षा द्वारा विलोपन की दर को 30 प्रतिशत तक कम किया जा सकता है।

भारत में पारिस्थितिकतः अद्वितीय और जैवविविधता समृद्ध क्षेत्रों को राष्ट्रीय उद्यानों, वन्यजीव अभ्यारणों, जीवमंडल आरक्षितियों (बायोस्फीयर रिजर्व) के रूप में कानूनी सुरक्षा प्रदान की गई है। अब भारत में 14 जीवमंडल संरक्षित क्षेत्र, 90 राष्ट्रीय उद्यान तथा 448 वन्य जीव अभ्यारण हैं। भारत में सांस्कृतिक व धार्मिक परंपरा का इतिहास जो प्रकृति की रक्षा करने पर जोर देता है। बहुत सी संस्कृतियों में वनों के लिए अलग भूभाग छोड़े जाते थे और उनमें सभी पौधों तथा वन्यजीवों की पूजा की जाती थी। इस तरह के पवित्र उपवन या आश्रय मेघालय की खासी तथा जयंतिया पहाड़ी, राजस्थान की अरावली, कर्नाटक तथा महाराष्ट्र के पश्चिमी घाट व मध्यप्रदेश की सरगूजा, चंदा व बस्तर क्षेत्र है। मेघालय के पवित्र उपवन बहुत सी दुर्लभ व संकटोत्पन्न पादपों की अंतिम शरणस्थली है।

बाह्यस्थाने (एक्स सीटू) संरक्षण—इस संरक्षण में संकटोत्पन्न पादपों तथा जंतुओं को उनके प्राकृतिक आवास से अलग एक विशेष स्थान पर उनकी अच्छी देखभाल की जाती है और सावधानीपूर्वक संरक्षित किया जाता है। जंतु उद्यान, वनस्पतिय उद्यान तथा वन्य जीव सफारी पार्कों का यही उद्देश्य है। ऐसे बहुत से जंतु है जोकि वनों में विलुप्त हो गए हैं, लेकिन जंतु उद्यानों में सुरक्षित हैं। आजकल संकटोत्पन्न जातियों को परिबद्ध घेरे में रखने के बजाय बाह्य स्थाने संरक्षण दिया जाता है। अब संकटग्रस्त जातियों के युग्मकों (गेमीट) को जीवित व जननक्षम स्थिति में निम्नताप परीक्षण (क्रायोपिजरवेशन) तकनीकों के द्वारा लंबे समय तक परिरक्षित किया जा सकता है अंडो को पात्रे (in vitro) निषेचित किया जा सकता है और पादपों का ऊतकीय संवर्धन विधि द्वारा प्रवर्धन (प्रोपेगेशन) किया जा सकता है। व्यापारिक महत्त्व के पौधों के विभिन्न आनुवंशिक प्रभेदों (स्ट्रेन) के बीज लंबे समय तक बीज बैंक में रखे जा सकते हैं।

जैवविविधता के लिए कोई राजनैतिक परिसीमा नहीं है। इसलिए इसका संरक्षण सभी राष्ट्रों का सामूहिक उत्तरदायित्व है। वर्ष 1992 में रियोडिजिनरियो में हुई 'जैवविविधता' पर

ऐतिहासिक सम्मेलन (पृथ्वी) में सभी राष्ट्रों का आवाहन किया गया कि वे जैवविविधता संरक्षण के लिए उचित उपाय करें उनसे मिलने वाले लाभों का इस प्रकार उपयोग करें कि वे लाभ दीर्घकाल तक मिलते रहें। इसी क्रम में सन् 2002 में दक्षिण अफ्रीका के जोहान्सबर्ग में सतत् विकास पर विश्वशिखर-सम्मेलन हुआ, जिससे विश्व के 190 देशों ने शपथ ली कि वे सन् 2010 तक जैवविविधता की जारी क्षति दर में, वैश्विक, प्रादेशिक व स्थानीय स्तर पर महत्त्वपूर्ण कमी लाएँगे।

प्रश्न 6. प्राकृतिक आरक्षित क्षेत्र क्या है? चर्चा कीजिए।

अथवा

जीवमंडल आरक्षित क्षेत्र पर टिप्पणी लिखिए।

उत्तर— जैव विविधता के संरक्षण हेतु प्राकृतिक आरक्षित क्षेत्र (nature reserve) महत्त्वपूर्ण क्षेत्र है। जैव विविधता के बढ़ते विनाश से प्राकृतिक आरक्षित स्थानों के मूल्यवान योगदान को बल मिला है। ये क्षेत्र संसाधनों से भरपूर हैं और जैव विविधता की हानियों से निपटने के उपयोगी साधन हैं तथा जलवायु के प्रभावों से समाज को सुरक्षा देने तथा महत्त्वपूर्ण पारिस्थतिक सेवाओं के रखरखाव में सहायक हैं।

जैवमंडलीय आरक्षित क्षेत्र—जैवमंडलीय आरक्षित क्षेत्र स्थलीय और तटीय पारिस्थितिकी प्रणाली में आनुवंशिक विविधता बनाए रखने वाले बहुउद्देशीय क्षेत्र हैं। यूनेस्को के मानव और जैवमंडल (एम.ए.बी.) कार्यक्रम के तहत इस क्षेत्र को अंतर्राष्ट्रीय स्तर पर मान्यता मिली है। यूनेस्को द्वारा तैयार जैवमंडलीय आरक्षित क्षेत्र के विश्व व्यापी ढाँचे में शामिल होने के लिए आरक्षित क्षेत्रों को कुछ निश्चित शर्तों और कुछ न्यूनतम मानकों को पूरा करना पड़ता है। इसके अंतर्गत विश्व की प्रमुख पारिस्थितिकी प्रणालियाँ और भू-दृश्य (लैंडस्केप) आते हैं। इसका उद्देश्य प्रमुख भू-दृश्यों के संरक्षण और पौधों, जीव जंतुओं तथा सूक्ष्म जीवों की विविधता तथा संपूर्णता को बनाए रखना। सांस्कृतिक विरासत और पर्यावरण एवं पारिस्थितिकी विज्ञान को बनाए रखने वाली आर्थिक और मानव विकास से संबंधित गतिविधियों को प्रोत्साहन देना और शिक्षा, सूचना का आदान-प्रदान, अनुसंधान, निगरानी और प्रशिक्षण देना है। अब तक 14 जैवमंडलीय आरक्षित क्षेत्र स्थापित किए जा चुके हैं। ये आरक्षित क्षेत्र हैं—नीलगिरी, नंदादेवी, नोकरेक, ग्रेटनिकोबार, मन्नार की खाड़ी, मानस, सुंदरवन, सिमलीपाल, डिब्रू, दैखोबा, देहंग देबंग, पंचमढ़ी, कंचनजंगा और अगस्तमलइ और मार्च 2005 में घोषित अचानकमार-अमरकंटक। 14 जैवमंडलीय आरक्षित क्षेत्रों में से 4 को यूनेस्को जैवमंडलीय आरक्षित क्षेत्र के विश्व नेटवर्क पर मान्यता प्रदान की गई है। ये चार क्षेत्र हैं, नीलगिरी, सुंदर वन, मन्नार की खाड़ी और उत्तराखंड का जैवमंडलीय आरक्षित क्षेत्र नंदादेवी।

आर्द्रभूमि—आर्द्रभूमि वह भूक्षेत्र है जो शुष्क और जलीय इलाके से लेकर कटिबंधीय मानसूनी इलाके में फैली है और वह क्षेत्र होता है जहाँ उथले पानी की सतह से भूमि ढकी रहती है। यह क्षेत्र बाढ़ नियंत्रण से प्रभावी है और तलछट कम करती है। ये क्षेत्र शीतकाल के लिए पक्षियों और जीवजंतुओं के शरणगाह हैं। विभिन्न प्रकार की मछलियों और जंतुओं के प्रजनन के लिए भी यह उत्तम क्षेत्र है। इनमें समुद्री तूफान और अंधड़ के प्रभाव को सहन

करने की उच्च क्षमता होती है। यह समुद्री तटरेखा को स्थिर करती है और समुद्र द्वारा होने वाले कटाव से तटबंध की रक्षा करती है। इसके अलावा शैक्षणिक और वैज्ञानिक दृष्टि से भी आर्द्रभूमि बहुमूल्य है इनमें इसे टिकाऊ लकड़ी, जलावन, जानवरों का पौष्टिक धारा, फल, वनस्पति और जड़ी बूटियाँ मिलती हैं।

आद्रभूमि की पहचान निम्नलिखित तीन तत्त्वों पर निर्भर करती है (1) जब कोई क्षेत्र स्थायी रूप से या समय–समय पर जलमग्न रहता है। (2) जब कोई क्षेत्र हाइड्रिक जल में पैदा होने वाली वनस्पतियों के बढ़ने में मददगार होता है। (3) जब किसी क्षेत्र में हाइड्रिक मिट्टी के लंबे समय तक संकुचित रहने से ऊपरी परत निरक्षेप हो जाती है।

इन मानदंडों पर रामसर सम्मेलन में दलदली भूमि वाले क्षेत्र, जलभरण वाले इलाके, शुष्क प्रदेश, समुद्री तटबंधी क्षेत्र और छह मीटर से कम ज्वार वाले क्षेत्रों को आद्रभूमि के रूप में परिभाषित किया गया है। इसके अंतर्गत कच्छ वनस्पतियाँ, प्रवाल, नदी–मुहाना, खाड़ियाँ, सोता, जलप्लावित क्षेत्र, झील इत्यादि आते हैं। आद्रभूमि के संरक्षण के लिए मंत्रालय द्वारा 1987 से एक कार्यक्रम चलाया जा रहा है। इस कार्यक्रम का उद्देश्य आर्द्रभूमि से प्राप्त संसाधनों का अनुमान, देश के लिए आर्द्रभूमि की महत्ता, अनुसंधान एवं विकास गतिविधियों को बढ़ावा देना और इस समय 22 राज्यों में चिह्नित किए गए 66 आर्द्रभूमि क्षेत्रों के लिए कार्ययोजनाओं को बनाना और उन्हें लागू करना है। इस कार्यक्रम में राज्यों के आर्द्रभूमि संरक्षण से संबंधित विभागों से सदस्य लिए गए हैं।

हाल ही में इस कार्यक्रम के पैमाने में एक महत्त्वपूर्ण और बड़ा विस्तार हुआ जब राष्ट्रीय आर्द्रभूमि संरक्षण कार्यक्रम में शामिल किए जाने वाले आर्द्रभूमि क्षेत्रों की संख्या 21 राज्यों में 71 हो गई, जबकि 1987 में इनकी संख्या 21 थी।

प्रश्न 7. प्रदूषण क्या है? इसका वर्गीकरण कीजिए।

उत्तर– आधुनिक युग में मानव जैसे–जैसे प्रगति के अनेक सोपान तय कर रहा है, इसके साथ ही इस वैज्ञानिक युग के अभिशाप उसे ग्रसित करने लगे है। पर्यावरण प्रदूषण को संभवतः आज के समय का सबसे बड़ा अभिशाप कहा जा सकता है।

बढ़ते हुए औद्योगिकरण, जनसंख्या वृद्धि व वनों के घटने के कारण पर्यावरण में अवांछनीय परिवर्तन हो रहे हैं जिसका दुष्प्रभाव सभी जीव जंतुओं पर पड़ रहा है इसे ही प्रदूषण कहते हैं इसका अध्ययन आज के संदर्भ में अति आवश्यक है।

प्रदूषण (Pollution) का शाब्दिक अर्थ है 'गंदा या अस्वच्छ करना' साधारण शब्दों में प्रदूषण पर्यावरण के जैविक तथा अजैविक तत्त्वों के रासायनिक, भौतिक तथा जैविक गुणों में होने वाला वह अवांछनीय परिवर्तन है जो कि मानवीय क्रियाकलापों के कारण होता है। वस्तुतः प्रदूषण का मूल तात्पर्य शुद्धता के ह्रास से है। लेकिन वैज्ञानिक शब्दावली में पर्यावरण के संघटन में उत्पन्न कोई बाधा जो संपूर्ण मानव जाति के लिए घातक हो, उसे प्रदूषण कहा जाता है।

लॉर्ड केनेट के अनुसार, पर्यावरण में उन तत्त्वों या ऊर्जा की उपस्थिति को प्रदूषण कहते हैं, जो मनुष्य द्वारा अनचाहे उत्पादित किए गए हों।

वातावरण को प्रदूषित करने में जो पदार्थ या रसायन योग देते हैं, वे प्रदूषक कहलाते हैं। ऐसे प्रदूषक रसायनों में आर्गेनोफॉस्फोरस कम्पाउंड, ट्रेस गैस, रेडियो न्यूक्लिड, नियोकैमिकल पदार्थों में धूल तथा कण होते हैं। कहने का अर्थ है—प्रदूषक एक विजातीय तत्त्व है।

प्रदूषकों को दो श्रेणियों में विभाजित किया जा सकता है—

(1) अजैवनिम्नीकरणीय प्रदूषक (Non-Biodegradable polluatants)—ऐसे पदार्थ जो सूक्ष्म जीवों द्वारा अपघटित नहीं हो पाते हैं, अजैवनिम्नीकरण प्रदूषक कहलाते हैं। ये प्रदूषक बहुत लंबे समय तक अपरिवर्तित रूप में बने रहते हैं जैसे पीड़कनाशी भारी धातुएँ, रबड़, नाभिकीय अपशिष्ट आदि। प्लास्टिक भी इसी श्रेणी में आते हैं। ऐसे पदार्थ जीवाणुओं द्वारा विखंडित अथवा विघटित नहीं होते।

(2) जैवनिम्नीकरणीय प्रदूषक (Biodergradable pollutants)—वे पदार्थ जो सूक्ष्म जीवों द्वारा अपघटित होकर अपने विषाक्त प्रभाव को खो देते हैं, जैवनिम्नीकरणीय कहलाते हैं। कुछ प्रकार के प्रदूषक जैसे कि कागज, उद्यान कचरा, घरेलू जल—मल, कृषि आधारित अपशिष्ट तथा उर्वरक आदि जीवाणुओं की विघटन प्रक्रियाओं के द्वारा विघटित होकर सरलतर अंत्य-उत्पादों में परिवर्तित हो जाते हैं। ये सरल उत्पाद प्रकृति की कच्ची सामग्री होते है। जब पर्यावरण में 'निवेश' विघटन क्षमता से अधिक हो जाता है, तब जैवविघटनशील प्रदूषक एक खतरा बन जाते हैं।

निश्चित स्रोतों अथवा अनिश्चित स्रोतों से प्रदूषकों का पर्यावरण में प्रवेश हो सकता है। निश्चित स्रोत (point sources) वे स्पष्ट एवं परिसीमित स्रोत होते हैं जहाँ से प्रदूषक/बहिःस्राव किसी चिमनी द्वारा या किसी विसर्जन नली द्वारा छोड़े जाते हैं जैसे कि उद्योगों अथवा नगर निगमों के क्षेत्रों के पाइपों अथवा सुरंगों के द्वारा। अनिश्चित स्रोत (non-point sources) अर्थात् क्षेत्र स्रोत ऐसे विसृत होते हैं जिनमें विसर्जित होने वाले प्रदूषक एक बड़े क्षेत्र में फैल जाते हैं। इनके कुछ उदाहरण हैं—निर्माण क्षेत्रों से तथा कृषि भूमियों से होने वाले अप-प्रवाह। अनिश्चित स्रोतों से निकलने वाले प्रदूषण का उपचार करना कठिन है क्योंकि इसके स्रोत व्यापक क्षेत्र में फैले होते हैं, परंतु निश्चित स्रोतों से निकलने वाले प्रदूषकों का स्थान—गत उपचार करके उन्हें नियंत्रण किया जा सकता है।

प्रश्न 8. प्रदूषण के कारण व नियंत्रण के उपाय बताइए।

उत्तर— पर्यावरण प्रदूषण का मुख्य कारण अदूरदर्शिता, भावी परिणामों के प्रति लापरवाही माना जा सकता है। जिसके कारण यह गंभीर समस्या और भी अधिक घातक हो जाती है और हमारा यही नकारात्मक दृष्टिकोण समस्या को सुलझाने में निरंतर बाधा उत्पन्न करता है। प्रो. राजेंद्र सिंह एवं डॉ. तेज बहादुर सिंह के संयुक्त अध्ययन के अनुसार प्रदूषण का वर्गीकरण निम्न प्रकार है—

- **प्रकृति जन्य प्रदूषण**—प्रकृति जन्य प्रदूषण के अंतर्गत वे प्रक्रियाएँ शामिल हैं जो प्रकृति से उत्पन्न होकर भी किसी प्रकार प्राकृतिक प्रदूषण उत्पन्न करने में सहायक

होती है वस्तुतः प्रकृति द्वारा उत्पन्न प्रदूषण अधिक घातक नहीं होता जैसे—ज्वालामुखी विस्फोट, प्राकृतिक आपदाएँ, भूमि क्षरण इत्यादि।

- **मानव जन्य प्रदूषण**—मानव जन्य प्रदूषण ही वास्तव में प्रदूषण का मुख्य कारक होता है। प्रत्यक्ष अथवा अप्रत्यक्ष सभी प्रदूषण मानव निर्मित ही होते है जैसे—ध्वनि प्रदूषण, औद्योगिक प्रदूषण, जल प्रदूषण एवं सांस्कृतिक प्रदूषण।

प्रदूषण नियंत्रण के उपाय—हम दिनों दिन पर्यावरण की सुरक्षा के प्रति लापरवाह होते जा रहे हैं, जिसके परिणामस्वरूप भविष्य में घातक परिणाम हो सकते हैं। पर्यावरण के प्रति संवेदनशील होकर अगर ध्यान न दें तो जन–जीवन के लिए परिणाम घातक हो सकते हैं। इसके लिए निम्न कार्य किए जाने आवश्यक हैं—

- **वृक्षारोपण कार्यक्रम**—वृक्षारोपण कार्यक्रम युद्ध स्तर पर चलाना, परती भूमि, पहाड़ी क्षेत्र, ढलान क्षेत्र में पौधा रोपण करना।
- **प्रयोग की वस्तु दोबारा इस्तेमाल**—डिस्पोजेबल ग्लास, नैपकिन, रेजर आदि का उपयोग दुबारा किया जाना।
- **भूजल संबंधित उपयोगिता**—नगर विकास, औद्योगिकरण एवं शहरी विकास के चलते पिछले कुछ समय से नगर में भूजल स्रोतों का तेजी से दोहन हुआ। एक ओर जहाँ उपलब्ध भूजल स्तर में गिरावट आई है, वहीं उसमें गुणवत्ता की दृष्टि से भी अनेक हानिकारक अवयवों की मात्रा बढ़ी है। शहर के अधिकतर क्षेत्रों के भूजल में विभिन्न अवयवों की मात्रा, मानक से अधिक देखी गई है। 35.5 प्रतिशत नमूनों में कुल घुलनशील पदार्थों की मात्रा से अधिक देखी गई। इसकी मात्रा 900 मिग्रा. प्रतिलीटर अधिक देखी गई। इसमें 23.5 प्रतिशत क्लोराइड की मात्रा 250 मिलीग्राम प्रति लीटर से अधिक थी। 50 प्रतिशत नमूनों में नाइट्रेट, 96.6 प्रतिशत नमूनों में अत्यधिक कठोरता विद्यमान थी।
- **पॉलीथिन का बहिष्कार**—पर्यावरण संरक्षण के लिए पॉलीथिन का बहिष्कार, लोगों को पॉलीथिन से उत्पन्न खतरों से अवगत कराएँ।
- **कूड़ा–कचरा निस्तारण**—कूड़ा–कचरा एक जगह पर एकत्र करना, सब्जी, छिलके, अवशेष, सड़ी–गली चीजों को एक जगह एकत्र करके वानस्पतिक खाद तैयार करना।
- **कागज की कम खपत करना**—रद्दी कागज को रफ कार्य करने, लिफाफे बनाने, पुनः कागज तैयार करने के काम में प्रयोग करना।

प्रश्न 9. वायु प्रदूषण क्या है? वायु प्रदूषकों के विभिन्न प्रारूप बताते हुए कुछ प्रमुख वायु प्रदूषकों का विवरण दीजिए।

उत्तर— वायुमंडल की रचना मूलतः विभिन्न प्रकार की गैसों से हुई है। वायु अनेक गैसों का आनुपातिक सम्मिश्रण है। इसमें गैसों का अनुपात इतना संतुलित है कि उसमें थोड़ा परिवर्तन भी संपूर्ण व्यवस्था अथवा चक्र को प्रभावित कर देता है और इसका प्रभाव पृथ्वी के जीव जगत पर पड़ता है। वायु में उपस्थित गैसों पर प्राकृतिक अथवा मानवीय प्रभाव ही वायु प्रदूषण के लिए उत्तरदायी है।

वायुमंडल में किसी भी प्रकार की अवांछनीय वस्तु या गैस की उपस्थिति या मुक्त होना जो कि मनुष्य, प्राणियों एवं वनस्पतियों आदि को हानिकारक हो वायु प्रदूषण कहलाता है।

विश्व स्वास्थ्य संगठन ने वायु प्रदूषण को इस प्रकार परिभाषित किया है–

"वायु प्रदूषण एक ऐसी स्थिति है, जिसमें बाह्य वातावरण में मनुष्य और उसके पर्यावरण को हानि पहुँचाने वाले तत्त्व सघन रूप से एकत्रित हो जाते हैं।"

"वायुमंडल में विद्यमान सभी अवांछनीय अवयव की वह मात्रा, जिसके कारण जीवधारियों को हानि पहुँचती है, वायु प्रदूषण कहलाता है।"

(1) वायु प्रदूषकों के प्रारूप–वायु–प्रदूषकों को निम्नलिखित तीन प्रकारों में वर्गीकृत किया जा सकता है–

(क) प्राकृतिक प्रदूषक–बिजली गिरने, जंगल में आग लगने, पराग कणों का हवा में बिखरने, मृदा–अपरदन होने, ज्वालामुखी के फटने, पेड़ों और पत्तियों से वाष्पशील कार्बनिक यौगिकों के निकलने, कार्बनिक पदार्थों के अपघटित होने तथा प्राकृतिक रेडियोधर्मिता के होने आदि जैसे प्राकृतिक स्रोतों से निकलने वाले प्रदूषकों को प्राकृतिक प्रदूषक कहते हैं। इस प्रकार का वायुमंडलीय प्रदूषण होना कोई नई बात नहीं है। इस प्रकार के प्रदूषण संभवतः उतने ही पुराने हैं जितनी कि यह धरती है। ऐसे प्रदूषकों से निपटने के लिए प्रकृति की अपनी व्यवस्था होती है। किसी भी हालात में प्राकृतिक स्रोतों से उत्पन्न प्रदूषकों की सांद्रता प्रायः बिल्कुल कम होती है और इसके परिणामस्वरूप कोई गंभीर क्षति कभी–कभी होती है।

(ख) प्राथमिक प्रदूषक–किसी प्राथमिक प्रदूषक को एक हानिकारक रसायन के रूप में परिभाषित किया जा सकता है। यह प्राकृतिक घटना या मानव–क्रियाकलापों के परिणामस्वरूप वायुमंडल में सीधे प्रवेश करता है। उदाहरणार्थ–जब कोयला, प्राकृतिक गैस या लकड़ी जलाई जाती है तब कार्बन डाईऑक्साइड और कार्बन मोनोऑक्साइड बनती है। मोटर–गाड़ियों से भी भारी मात्रा में कार्बन मोनोऑक्साइड निकलती है। ये सभी गैसें वायुमंडल में प्रवेश करती हैं। इसका अन्य महत्त्वपूर्ण प्रदूषक सल्फर डाईऑक्साइड (SO_2) है, जो विद्युत शक्ति संयंत्रों में कोयले तथा तेल के जलने तथा जिसमें गंधक अशुद्धता के रूप में रहती है और वायुमंडल में मिल जाती है। अन्य प्राथमिक प्रदूषक नाइट्रोजन ऑक्साइड, हाइड्रोकार्बन और निलंबित कणाकार पदार्थ होते हैं।

(ग) द्वितीयक प्रदूषक–द्वितीयक प्रदूषक दो या दो से अधिक घटकों के बीच हानिकर रासायनिक अभिक्रिया के फलस्वरूप बनते हैं। उदाहरणार्थ–सल्फर डाइऑक्साइड, प्राथमिक प्रदूषक है और यह वायुमंडल में ऑक्सीजन के साथ अभिक्रिया करती है जिससे द्वितीयक प्रदूषक सल्फर ट्राइऑक्साइड (SO_3) बनता है–

$$2SO_2 + O_2 \rightarrow 2SO_3$$

इसके बाद सल्फर ट्राइऑक्साइड, वायुमंडल में जलवाष्प के साथ अभिक्रिया करके सल्फ्यूरिक अम्ल (H_2SO_4) की बूंदें बनाता है जो द्वितीयक प्रदूषक है।

$$SO_3 + H_2O \rightarrow H_2SO_4$$

(2) प्रमुख वायु प्रदूषक

तालिका 3.1 : मुख्य वायु प्रदूषक, उनके स्रोत तथा मानवों एवं पर्यावरण पर उनके प्रभाव

प्रदूषक	उत्पादन–स्रोत	प्रभाव
• **कार्बन के ऑक्साइड** (CO_2)–कार्बन डाइऑक्साइड (CO)–कार्बन डाइऑक्साइड	कोयला, तेल तथा अन्य ईंधनों का ऊर्जा–उत्पादन के लिए दहन, निर्माण एवं परिवहन, जैवसंहति का जलाया जाना	CO_2 की एक अहम् भूमिका ग्रीन–हाऊस प्रभाव पैदा करने में है, इससे हल्का कार्बोनिक अम्ल बनता है जो अम्ल वर्षा में योग देता है, CO हीमोग्लोबिन के साथ आबंधित होकर मानव स्वास्थ्य को प्रभावित करती है, जिससे श्वासावरोध (asphyxia) हो जाता है।
• **सल्फर के ऑक्साइड** (**SO_2**)–सल्फर डाइऑक्साइड (SO_2)–सल्फर ट्राइऑक्साइड (SO_3)–सल्फेट (SO_4)	सल्फर युक्त ईंधन जैसे कोयले का दहन, पेट्रोलियम, निष्कर्षण तथा इनकी विनय, कागज निर्माण, नगरपालिका कचरा जलाना, अयस्क पिघला कर धातु निष्कर्षण	SO_2 में सर्वाधिक हानिकारक प्रभाव होते हैं क्योंकि यह मानवों एवं अन्य प्राणियों के फेफड़ों में गंभीर हानि पहुँचा सकती है तथा अम्ल वर्षा की एक महत्त्वपूर्ण पुर्ववर्ती होती है, इसके हानिकारक प्रभावों में आते हैं रंग–रोगन और धातुओं का संक्षारण तथा प्राणियों और पौधों को क्षति एवं उनकी मृत्यु।
• **नाइट्रोजन के ऑक्साइड** (**NO_2**)–नाइट्रोजन ऑक्साइड (NO)–नाइट्रोजन ऑक्साइड (NO_2)–नाइट्रस ऑक्साइड (NO_2) नाइट्रेट (NO_3)	ईंधनों का जलना, जैवसंहति का जलना, उर्वरकों की निर्माण प्रक्रिया के उत्पाद	द्वितीयक प्रदूषक पेरॉक्सी एंसीटिल नाइट्रेट (PAN) तथा नाइट्रिक अम्ल, (HNO_3) का बनना, पादप वृद्धि का दमन और ऊतक क्षति, आँखों में चिरमिराहट।
• **हाइड्रोकार्बन्स (HC_s) इन्हें वाष्पशील कार्बनिक यौगिक भी कहते हैं** (**VOC_s**)–मीथेन (CH_4)–ब्यूटेन (C_4H_{10})–ऐथिलीन (C_2H_4)–बेंजीन (C_6H_6)–बेंजोपाइरीन ($C_{20}H_{12}$)–प्रोपेन (C_3H_8)	गैसोलीन टैंकों, कार्ब्युरेटर्स से वाश्पन, ईंधनों, जैवसंहति का जलना, नगरनिगमों के भूमि–भराव, जल–मल की सूक्ष्मजैविकी क्रिया, औद्योगिकी प्रक्रिया जिसमें विलायक निहित होते हैं	इनका मानवों पर कैंसरजनी प्रभाव हो सकता है, उच्चतर सांद्रण पौधों और प्राणियों के लिए विषैले हो सकते हैं, वायुमंडल में होने वाले जटिल रासायनिक परिवर्तनों के द्वारा ये हानिकारक यौगिकों में बदल सकते हैं, इनमें से कुछ सूर्य के प्रकाश के साथ ज्यादा अभिक्रियक होते और प्रकाशरासायनिक धूमकोहरा बनाते हैं।

प्रदूषक	उत्पादन–स्रोत	प्रभाव
• **अन्य कार्बनिक यौगिक–** क्लोरोफ्लूरोकार्बन्स (CFC_s)–फार्मेल्डीहाइड (CH_2O)–मेथिलीन क्लोराइड (CH_2Cl_2)–ट्राइक्लोरो एथिलीन (C_2HCl_3)–वीनाइल क्लोराइड (C_2H_3Cl)–कार्बन टेट्राक्लोराइड (CCl_4)–एथिलीन ऑक्साइड (C_2H_4O)	ऐरोसॉल स्प्रे. फास्ट–फूड पात्र बनाने के लिए फॉम तथा प्लास्टिक, रेफ्रिजरेशन	CFS_2 से समतापमंडलीय ओजोन की मात्रा में कमी जिससे पृथ्वी की सतह पर पराबैगनी प्रकाश का अधिक प्रवेश होता है, अधिक मात्रा में आती हुई UV विकिरणों से त्वचा–कैंसर होता है तथा उनसे विविध जीव स्वरूपों पर घातक प्रभाव हो सकता है।
• **धातुएँ तथा अन्य अकार्बनिक यौगिक–** सीसी (Pb), पारा (Hg)–हाइड्रोजन सल्फाइड (H_2S)–हाइड्रोजन फ्लोराइड (HF)	तेल कुएँ तथा रिफाइनरी, परिवहन वाहन, नगरपालिका भूमि–भराव, उर्वरक, सिरैमिक्स, कागज, रसायन तथा पेंट उद्योग, पीड़कनाशी, कवकनाशी, ऐलुमिनियम उत्पादन, कोयला गैसीभवन।	श्वसन समस्याएँ पैदा होती हैं, विशालुता आती है जिनसे मानवों तथा अन्य प्राणियों की मृत्यु तक हो सकती है, फसलों को क्षति, कैंसरजनी प्रभाव।
• **तरल बुंदिकाएँ–** सल्फ्यूरिक अम्ल (H_2SO_4)–नाइट्रिक अम्ल (HNO_3)–तेल–पीड़कनाशी जैसे DDT तथा मैलेथिऑन	कृषि पीड़कनाशी, धूमन, तेल विनय, वायुमंडल में प्रदूषकों की अभिक्रियाएँ।	अम्ल वर्षा में योगदान, संक्षारण, विविध जीवों की क्षति
• **निलम्बित कणिकीय पदार्थ (SPM– ठोस कण)–**धूल, मिट्टी, सल्फेट लवण, भारी धातु लवण, कार्बन (कालिख) के अग्नि कण, ऐस्बेस्टॉस, तरल स्प्रे, कुहासा आदि	ईंधन दहन, भवन निर्माण, खनन, ताप बिजलीघर, पत्थर तोड़ना, औद्योगिक प्रक्रियाएँ, दावानलें, अपशिष्ट भस्मीकरण	श्वसन–तंत्र पर चिरकालिक प्रभाव, हरी पत्तियों की सतह पर जमाव जिससे CO_2 के अवशोषण तथा O_2 के विमोचन में बाधा आती है, सूरज की रोशनी में रुकावट, कणों के आकार जो 0.1 से 10 μm के बीच के होते हैं, उनसे सबसे ज्यादा फेफड़ा क्षति होती है।
• **प्रकाश रासायनिक ऑक्सीडेंट्स**–ओजोन (O_3)–पेरॉक्सी एसिल नाइट्रेट्स (PANs)–फॉर्मेल्डीहाइड (CH_2O)–ऐसीटएल्डिहाइड ($C_2H_{-4}O$)–हाइड्रोजन पेरॉक्साइड (H_2O_2)–हाइड्रॉक्सिल मूलक (HO)	वायुमंडल में प्रकाश रासायनिक अभिक्रियाएँ सूर्य के प्रकाश में होने वाली, नाइट्रोजन के ऑक्साइड तथा हाइड्रोकार्बन	धुंध पैदा करते हैं, आँखों, नाक तथा गले में जलन, श्वसन समस्याएँ, सूर्य के प्रकाश आने में बाधा

(3) वायु प्रदूषण तथा वायुमंडलीय समस्याएँ—जहाँ एक ओर वायु प्रदूषण से साज-सामान, पौधों तथा प्राणियों के समुदायों को क्षति पहुँचती है एवं मनुष्य में स्वास्थ्य संबंधी समस्याएँ खड़ी होती हैं, वहीं दूसरी ओर वायुमंडलीय प्रक्रियाओं में भी परिवर्तन आते हैं। अम्ल वर्षा, धूमकोहरा, वैश्विक ऊष्मायन, ओजोन-रिक्तिकरण आदि कुछ ऐसे ही प्रभाव हैं जो हमारे वायुमंडल में प्रदूषण के कारण हो रहे हैं। वायुमंडल में वायु प्रदूषण के कारण होने वाली समस्याएँ निम्न हैं—

(क) निलम्बित कणिकीय पदार्थ—निलम्बित कणिकीय पदार्थ (SPM) में वे सब ठोस एवं निम्न वाष्प दाब वाले द्रव कण आते हैं जो वायुमंडल में तिरते रहते हैं एवं जिनका आकार $0.01\,\mu m$ (माइक्रोमीटर) से $100\,\mu m$ तक के बीच का होता है। आस-पास की हवा में पाया जाने वाला SPM विभिन्न प्रकार के कणों का, जिनमें अनेक रासायनिक घटक भी हो सकते हैं, एक सम्मिश्र होता है एवं इसका मिश्रण अदलता-बदलता रहता है। इसमें पाए जाने वाले बड़े कण औद्योगिक धूलि, ज्वालामुखीय कणों तथा पादप परागों से आते हैं। सूक्ष्म कण दहन प्रक्रियाओं से बनते हैं। शहरी क्षेत्रों में पाए जाने वाले SPM में मुख्यतः सल्फेट, कार्बन कण और बहुनाभिकीय ऐरोमैटिक हाइड्रोकार्बन्स (Polynuclear Aromatic Hydrocarbons; PAHs) होते हैं, इनमें से बृहतर कण हमारी नाक के भीतर के बालों में तथा श्वास नलियों में अटका लिए जाते हैं। $10\,\mu m$ से छोटे आकार के कण जिन्हें PM10 कहते हैं, श्वसनशील निलम्बित कणिकीय पदार्थ कहलाते हैं।

(ख) अम्ल वर्षण—मानव के लिए जल विभिन्न उपयोगों हेतु महत्त्वपूर्ण है। यह जल मुख्य रूप से वर्षा से प्राप्त होता है। वर्तमान समय में मानवजनित स्रोतों से निःसृत सल्फर डाईऑक्साइड (SO_2) वायुमंडल में पहुँचकर जल से मिश्रित होकर सल्फेट तथा सल्फ्यूरिक अम्ल (H_2SO_4) का निर्माण करती है। जब यह अम्ल वर्षा के साथ धरातल पर पहुँचता है तो उसे अम्ल वर्षा (acid rain) कहते हैं। जल की अम्लीयता pH में मापते हैं। जब जल की अम्लीयता pH7 हो तो उसे तटस्थ जल (neutral water) कहते हैं।

वैज्ञानिकों का मानना है कि अम्ल वर्षा सल्फर डाईऑक्साइड और नाइट्रोजन ऑक्साइड उगलने वाले औद्योगिक एवं परिवहन स्रोतों के क्षेत्र तक सीमित नहीं होती, वरन् वह स्रोत क्षेत्रों से दूर अत्यधिक विस्तृत क्षेत्रों को प्रभावित करती है, क्योंकि अम्ल वर्षा के उत्तरदायी कारक प्रदूषक (जैसे-सल्फर डाईऑक्साइड) गैसीय रूप में होते हैं, जो हवा एवं बादलों द्वारा दूर तक फैल जाते हैं। उदाहरण के लिए-जर्मनी तथा इंग्लैंड स्थित मिलों से निकली सल्फर डाईऑक्साइड तथा नाइट्रोजन के ऑक्साइड के कारण नार्वे तथा स्वीडन में अम्लीय वर्षा के कारण अधिकांश झीलों की जैविक संपदा प्राप्त हो गयी है। ऐसी झीलों को अब जैविकीय दृष्टि से 'मृत झील' कहते हैं।

अम्ल वर्षा के कारण मृदा उत्पादकता प्रभावित होती है। अम्लता के कारण मृदाओं के खनिज तथा अन्य पोषक तत्त्व नष्ट हो जाते हैं। अम्ल वर्षा वनों को भी प्रभावित करती है। उत्तरी अमेरिका (यू.एस.ए., कनाडा, मैक्सिको तथा पश्चिमी द्वीप समूह) तथा यूरोपीय देशों

(नार्वे, स्वीडन, जर्मनी तथा मध्य यूरोपीय देश) में अम्ल वर्षा ने काफी वनों को नष्ट कर दिया है। इसका प्रभाव वृक्षों की पत्तियों तथा जड़ों की अवरोधक गति में प्रभावशीलता से देखा जा सकता है। अम्ल वृष्टि से प्राचीन ऐतिहासिक भवन भी प्रभावित हो रहे हैं। अनेक ऐतिहासिक इमारतें तथा स्मारक जो संगमरमर तथा लाल पत्थर से निर्मित हैं, उन पर अम्ल वृष्टि से संक्षारण (corrosion) के कारण क्षति हो रही है। भारत में ताजमहल, मोती मस्जिद, लाल किला आदि की अम्ल वृष्टि से क्षति हो रही है। मथुरा तेल शोधन कारखाने से निःसृत सल्फर डाईऑक्साइड का प्रभाव ताजमहल की संगमरमरी दीवारों पर पीलेपन के रूप में दृष्टिगत हो रहा है।

भारत में वर्तमान समय में अम्ल वर्षा की समस्या अमेरिकी एवं पश्चिमी देशों की तुलना में इतनी विकराल नहीं है। भाभा परमाणु अनुसंधान केंद्र तथा विश्व मौसम विज्ञान संगठन द्वारा किए गए अध्ययन से पाया गया है कि अधिकांश भारतीय नगरों में वर्षा जल का अम्लता स्तर सुरक्षा सीमा से कम ही है। कुछ बड़े शहरों (दिल्ली, मुंबई, चेन्नई तथा कोलकाता) के वायुमंडल में सल्फर के स्तर में वृद्धि पाई जाती है।

(ग) वायुमंडलीय उत्क्रमण (Atmospheric inversion)—वायुमंडल नीचे से ही गर्म होता है और गर्म हवा ऊपर उठती है। मगर ऐसी भी स्थिति हो सकती है कि हवा ऊपर को उठ ही न सके। ऐसी स्थिति को उत्क्रमण कहते हैं। यह वह स्थिति है जिसमें गर्म हवा की परत ठंडी हवा के ऊपर तैरती रहती है। उत्क्रमण का एक कारण वायु का वह प्रवाह है जो दूर-दूर तक फैले ठंडे महासागरों पर से होकर बहता रहता है। यहाँ गतिशील वायु नीचे से गर्म न होकर ठंडी होती जाती है। ये हवाएँ सतही हवाओं के निम्नताप के कारण अपेक्षाकृत शुष्क होती हैं, हालाँकि भले ही वे महासागरों पर से होकर गुजर रही होती हैं और इस प्रकार के उत्क्रमण के नीचे आने वाला थल रेगिस्तान का रूप ले सकता है। वायुमंडलीय उत्क्रमण अथवा तापमान उत्क्रमण तब होता है जब ठंडी वायु के ऊपर उष्णतर वायु की एक स्थाई परत बन जाती है। इस कारण बढ़ती जाती ऊँचाई के साथ-साथ तापमान के गिरते जाने की सामान्य प्रक्रिया उलट जाती है जिससे संवहनी वायु धाराएँ, जिनसे सामान्यतः प्रदूषक बिखर जाया करते है, नहीं चल पाती। परिणामस्वरूप एक उल्टी ताप-प्रवणता बन जाती है, वायु परिसंचरण सीमित हो जाते हैं तथा प्रदूषक निचले वायुमंडल की स्थिर वायु संहति में फंस कर रह जाते हैं।

(4) केस स्टडीः भोपाल गैस त्रासदी—भोपाल आपदा, जिसे भोपाल गैस त्रासदी भी कहते हैं, भारत में गैस रिसाव की एक दुर्घटना थी, जिसे विश्व की सबसे घातक औद्योगिक आपदा माना जाता है। यह घटना भोपाल, मध्य प्रदेश में स्थित कीटनाशी संयंत्र यूनियन कार्बाइड इंडिया लिमिटेड (यूसीआईएल) में 2 तथा 3 दिसंबर, 1984 के मध्य रात्रि में हुई थी। लगभग 5,00,000 लोग मिथाइल आइसोसिनेट गैस तथा अन्य रसायनों के प्रभाव में आए थे। इसके विषैले तत्त्व संयंत्र के आस-पास स्थित गरीब बस्तियों में फैल गए। इस दुर्घटना में मृतकों के आँकड़ों में भिन्नता है। आधिकारिक रूप से इस दुर्घटना में तत्काल मृतकों की संख्या 2,250 थी। मध्य प्रदेश सरकार ने गैस रिसाव के कारण कुल 3,787

लोगों की मृत्यु की पुष्टि की थी। अन्य अनुमानों के अनुसार, इस घटना के दो सप्ताह के भीतर 8,000 लोगों की मृत्यु हुई और तत्पश्चात् गैस रिसाव रोगों के कारण अब तक 8,000 और लोगों की मृत्यु हो चुकी है। वर्ष 2006 में सरकारी दस्तावेज बताते हैं कि गैस रिसाव के कारण 5,58,125 लोग पीड़ित हुए जिनमें से 38,478 लोग आंशिक रूप से अपंग हो गए और लगभग 3,900 लोग गंभीर तथा स्थायी रूप से अपंग हुए।

सुरक्षा मानकों की जिन कमियों की वजह से इस त्रासदी को बढ़ावा मिला उनमें से कुछ निम्नलिखित हैं—

(क) उद्योग की विभिन्न इकाइयों में, जिनमें MIC भंडारण टैंक भी शामिल थे, तापमान और दाब में होने वाले परिवर्तनों को मापने के लिए इस्तेमाल किए जाने वाली युक्तियों का रख—रखाव इतना खराब था कि वहाँ के कर्मी संभावित मुसीबत के आरंभिक चिह्नों की भी अनदेखी करने लग गए थे।

(ख) उद्योग यूनिट का रेफ्रीजरेशन प्लांट जिनमें MIC भंडारण टैंक को निम्न ताप पर रखने के लिए था, ताकि कभी यदि जल जैसा संदूषक भी टैंक के भीतर प्रवेश कर जाए तो अधिक बढ़ जाने वाली गर्मी एवं प्रसार को, इसकी ठंडक द्वारा न्यूनतम रखा जा सके। मगर यह प्लांट कुछ समय से बंद पड़ा था।

(ग) एक गैस—स्क्रबर रिसती हुई MIC गैस का उदासीनीकरण करने के लिए लगा था, मगर यह ठीक से निर्मित नहीं था और ऊपर से यह मरम्मत के लिए कुछ दिनों से बंद रखा हुआ था। इस स्क्रबर की क्षमता अधिकतम दाब पर रिस सकने वाली कुछ MIC की केवल 25% मात्रा को ही संभाल सकने की थी।

(घ) वह फ्लेम—टावर जो गैस—स्क्रबर से बचकर निकल जाने वाली MIC को जलाने के लिए था, वह भी एक खराब हुई पाइप के प्रतिस्थापन हेतु बंद किया हुआ था। और तो और यह फ्लेम टावर भी निकलने वाली कुछ MIC गैस के केवल एक—चौथाई भाग को ही संभाल सकने की क्षमता रखता था।

जो लोग इस त्रासदी के दौरान उद्भासन से प्रत्यक्ष अथवा परोक्ष रूप में स्वास्थ्य की दृष्टि से प्रभावित हुए उस संबंध में ICMR के आँकड़े इस प्रकार हैं—

(क) 1987 से 1989 तक किए गए अध्ययनों से पता चला कि गैस उद्भासित बच्चों (आपदा के समय 5 वर्ष की आयु के रहे बच्चे) में उसी उम्र के अनुद्भासित आबादी के बच्चों की तुलना में ज्वर (बुखार), दम घुटना, उल्टियाँ आना और खाँसी का पीड़न दो से चार गुना ज्यादा रहा।

(ख) काफी समय बाद 1990 तक अनुद्भासित महिलाओं की अपेक्षा उद्भासित महिलाओं में स्वत: गर्भपात दर तीन गुना ज्यादा रही।

(ग) 22.6% उद्भासित लोगों में फेफड़े को फाइब्रोसिस, मानसिक डिप्रेशन, चिंता और साइकोसिस पाया गया।

जी.पी.एच. की पुस्तकों का मुख्य उद्देश्य ज्ञान के साथ—साथ अच्छे नम्बर दिलाना है।

प्रश्न 10. जल प्रदूषण पर विस्तारपूर्वक विवेचन कीजिए।

अथवा

जल प्रदूषण से क्या तात्पर्य है? जल प्रदूषकों के विभिन्न प्रारूपों पर चर्चा कीजिए।

उत्तर– जल की भौतिक, रासायनिक तथा जीवीय विशेषताओं में हानिकारक प्रभाव उत्पन्न करने वाले परिवर्तन को जल प्रदूषण कहते हैं।

विश्व स्वास्थ्य संगठन के अनुसार, जल प्रदूषण को निम्न रूप में परिभाषित किया है, "प्राकृतिक या अन्य स्रोतों से उत्पन्न अवांछित बाहरी पदार्थों के कारण जल दूषित हो जाता है तथा वह विषाक्तता एवं सामान्य स्तर से कम ऑक्सीजन के कारण जीवों के लिए हानिकारक हो जाता है तथा संक्रामण रोगों को फैलाने में सहायक होता है।"

गिलपिन के अनुसार, "मानव क्रियाओं के फलस्वरूप जल के रासायनिक, भौतिक तथा जैविक गुणों में लगाया गया परिवर्तन जल प्रदूषण कहलाता है। इन परिवर्तनों के कारण यह जल उपयोग में आने योग्य नहीं रहता है।"

वैसे जल में स्वतः शुद्धिकरण की क्षमता होती है, किंतु जब शुद्धिकरण की गति से अधिक मात्रा में प्रदूषक जल में पहुँचते हैं, तो जल प्रदूषित होने लगता है। यह समस्या तब पैदा होती है, जब जल में जानवरों के मल, विषैले औद्योगिक रसायन, कृषीय अवशेष, तेल तथा उष्मा जैसे पदार्थ मिलते हैं। इनके कारण ही हमारे अधिकांश जल भंडार, जैसे–झील, नदी, समुद्र, महासागर, भूमिगत जल स्रोत धीरे–धीरे प्रदूषित होते जा रहे हैं। प्रदूषित जल का मानव तथा अन्य जीवों पर घातक प्रभाव पड़ता है।

(1) जल प्रदूषकों के प्रारूप–जल प्रदूषकों को निम्नलिखित तीन मुख्य वर्गों में विभाजित किया जा सकता है–

(क) जैविकीय कारक–जहाँ तक मानव स्वास्थ्य का संबंध है, रोगजनक जीव जैसे विषाणु, जीवाणु तथा प्रोटोजोआ गंभीर प्रकार के जल प्रदूषक हैं। हैजा, जीवाणुवीय तथा अमीबी पेचिश, जठरांत्रशोध, टाइफाइड, पोलियों, वाइरल हेपेटाइटिस, कृमि संक्रमण, फ्लू आदि कुछ खास जल–वहनी रोग हैं। कुछ कीट जिनके जलीय लार्वा होते हैं, मलेरिया, डेंगू, पीत ज्वर तथा फाइलेरिऐसिस फैलाते हैं। भारत में वर्षा ऋतु के आरंभ होने पर प्रायः ऐसी महामारियाँ शुरू हो जाया करती है। घनी आबादी वाले क्षेत्र, अनियोजित औद्योगिक एवं मानव बस्तियाँ तथा उचित नागरिक सुविधाओं के अभाव आदि से अक्सर इन बीमारियों को योगदान मिलता है। मानव अपशिष्टों, जानवरों के अपशिष्टों, घरेलू जल–मल तथा चमड़ा–शोधशालाओं एवं बूचड़खानों से निकले अपशिष्ट जल विसर्जनों से जल का प्रदूषण होता है।

प्रदूषण श्यमान स्वरूप जैसे कि जल का रंगदार हो जाना अथवा उसमें झाग बन जाना, जल के उपयोग को हतोत्साहित करता है। अतः कभी–कभार इस प्रकार के दृष्यमान प्रदूषक अधिक महत्त्वपूर्ण मुद्दे बन जाया करते है, जबकि इनसे भी ज्यादा गंभीर प्रदूषक वे होते हैं जो जल में घुल जाते हैं तथा कोरी आँखों को दिखाई नहीं पड़ते।

(ख) रासायनिक कारक–रासायनिक प्रदूषक हो सकते हैं, जलविलयशील, जल–अविलयशील या फिर फास्फेटस ऑक्सीजन–माँग वाले अपशिष्ट। ये अकार्बनिक (Inorganic) हो सकते हैं, जैसे–नाइट्रेटस, अम्ल, लवण तथा विषैली भारी धातुएँ। कार्बनिक (Organic) रासायनिक प्रदूषकों में आते हैं तेल, गैसोलीन, पीड़कनाशी, रंग–रोगन, प्लास्टिक्स, धुलाई में काम आने वाले विलायक, डिटर्जेंट तथा जैविक अपशिष्ट जैसे घरेलू जल–मल, पशु जल अपशिष्ट आदि। रेडियोसक्रिय पदार्थ (Radioactive substances) जो तीसरी श्रेणी के रासायनिक प्रदूषक होते हैं, यूरेनियम अयस्क के संसाधन के फलस्वरूप तथा शोध प्रयोगशालाओं से निकले अपशिष्ट होते हैं।

अकार्बनिक पोषक तथा जैविक अपशिष्ट जैसे कि विविध फॉस्फेट तथा नाइट्रेट जल निकायों को संपन्न बना देते हैं जिससे वहाँ जलसुपोषण हो जाता है। अकार्बनिक लवण जल में आयनीकृत होकर एकत्र हो जाते हैं तथा जल को कठोर बना देते हैं।

विभिनन प्रकार के रसायन जैसे अम्ल, क्षार, डिटर्जेंट तथा ब्लीचिंग साधन विविध उद्योगों से निकल कर आते हैं। इनसे जल निकायों में कुछ परिवर्तन आ जाते हैं जैसे पानी के रंग में परिवर्तन होना (आयरन ऑक्साइड से लाल रंग आता है तथा आयरन सल्फेट से पीला रंग), डिटर्जेंटों से झाग पैदा होना आदि। इस प्रकार के परिवर्तनों से इन जल निकायों पर निर्भर जीवों को क्षति पहुँचती है।

(ग) भौतिक कारक–अवसादी ठोस पदार्थ, निलंबित ठोस पदार्थ और तापमान ऐसे भौतिक कारक हैं जिनसे जल की गुणवत्ता प्रभावित होती है। इन जल प्रदूषकों से कई प्रकार के कुप्रभाव होते हैं, जैसे गाद बनना, जल मार्गों का अवरूद्ध हो जाना, बाँधों का भर जाना तथा पानी का गंदा हो जाना। जलीय जीवों को इस प्रकार के जल में अपने गिलों (क्लोमों) से साँस लेना समस्या बन जाती है। निलंबित कार्बनिक तथा खनिज ठोस पदार्थ, विषैले पदार्थों, जैसे भारी धातुओं को अधिशोषण कर लेते हैं और उन्हें खाद्य–श्रृंखला में पहुँचा देते है। जल निकाय में ऊष्मा–धारी जल के मिलने से जल निकाय में ताप प्रदूषण उत्पन्न होता है।

तालिका 3.2: प्रमुख जल प्रदूषक, उनके स्रोत एवं प्रभाव

प्रदूषक	स्रोत	प्रभाव
जैविक कारक जीवाणु, परजीवी, कवक तथा प्रोटोजोआ	मानव जल–मल, प्राणि एवं पादप अपशिष्ट, सड़ता–गलता जैविक पदार्थ, औद्योगिक अपशिष्ट (तेल शोधक कारखाने, पेपर–मिल, खाद्य–संसाधन इकाइयाँ), प्राकृतिक तथा शहरी अप्रवाह	ऑक्सीजन–भोगी जीवाणु इन जैविक अपशिष्टों को खाते हैं जिससे जल निकाय की ऑक्सीजन समाप्त होने लगती हैं, ऑक्सीजन के अभाव में जीव नष्ट हो जाते हैं दुर्गंध निकलती है, मवेशियों में विष पहुँचता है।
रासायनिक कारक अकार्बनिक रसायन तथा खनिज अम्ल, लवण, धातुएँ जैसे कि सीसी और पारा, पादप पोषक जैसे फॉस्फेट्स तथा नाइट्रेट्स	थल से प्राकृतिक अपप्रवाह, शहरी तूफान, औद्योगिक अपशिष्ट, अम्ल जमाव, सीसा युक्त गैसोलीन, सीसी–गलन, सिंचाई, पीड़कनाशी, कृषि अपप्रवाह, खनन तेल खनन स्थान, घरेलू जल–मल, खाद्य संसाधन उद्योग, डिटर्जेंट जिनमें फॉस्फेट होते हैं	खाद्य–शृंखला के माध्यम से विविध प्रकार के जीवों एवं मानवों के लिए आविशी, जिनसे आनुवंशिक एवं जन्मजात दोष पैदा हो सकते हैं, हानिकारक खजिनों की जल में अधिक विलयशीलता, घरेलू, कृषि एवं औद्योगिक उपयोग के लिए जल को अनुपयुक्त बना देते हैं, मृदा में लवणता वर्धन, जल निकायों के पारितंत्र में गड़बड़ी तथा जल–कुपोषण पैदा होता है।
कार्बनिक रसायन पीड़कनाशी, शाकनाशी, डिटर्जेंट, क्लोरीन के यौगिक, तेल, ग्रीज तथा प्लास्टिक्स	कृषि, वानिकी, पीड़क नियंत्रण उद्योग, घरेलू तथा औद्योगिक अपशिष्ट, जल विसंक्रमण प्रक्रियाएँ, कागज उद्योग, ब्लीचिंग प्रक्रिया, मशीन तथा पाइपलाइन अपशिष्ट, तेल बिखराव	जलीय जीवन के लिए आविशी तथा उन जीवों के लिए भी जो ऐसे जल निकायों पर निर्भर करते हैं, जल निकायों का सुपोषण
रेडियोसक्रिय पदार्थ	शोध प्रयोगशालाओं तथा अस्पतालों से निकले नाभिकीय अपशिष्ट, यूरेनियम अयस्क का संसाधन, नाथिकीय संयंत्र	रेडियोन्यूक्लाइड खाद्य–शृंखला में प्रवेश करते हैं और जन्मजात एवं आनुवंशिक दोष पैदा करते हैं, कैंसर के उत्पन्नकारी कारक
भौतिक कारक कणिकाएँ तथा ऊष्मा	मृदा अपरदन, कृषि से अपप्रवाह, खनन, वानिकी तथा भवन–निर्माण क्रियाकलाप, बिजलीघर, औद्योगिक शीतलन	जल–मार्गों, बंदरगाहों तथा निकायों में भराव, तापमान की वृद्धि से जल में ऑक्सीजन की विलयशीलता कम हो जाती है, जल–राशियों में जीव–सृष्टि का ह्रास

(2) समुद्रीय प्रदूषण—महासागर जो पृथ्वी के धरातल के करीब 71 प्रतिशत भाग को घेरे हुए हैं पर्यावरण को ठीक रखने में निर्णायक भूमिका अदा करते हैं क्योंकि वे जीवमंडल में मूलभूत ऑक्सीजन एवं कार्बन डाईऑक्साइड के बीच संतुलन बनाए रखते हैं जिस पर मानव और जंतुओं का जीवन निर्भर करता है। पृथ्वी पर पाए जाने वाली ऑक्सीजन का करीब 20 प्रतिशत समुद्र के पादपप्लवकों से बनता है। सागरों का जल वाष्पित होकर बादल बनता है जो मैदानों और पहाड़ों की ओर वायु द्वारा ले जाया जाता है। जहाँ वे बादल बारिश करते हैं। पृथ्वी पर उपलब्ध जल का मुख्य स्रोत समुद्र है। मनुष्य के हस्तक्षेप जैसे प्रदूषकों की मात्रा में कृत्रिम वृद्धि, सागरीय संसाधनों का विवेकहीन उपयोग, तेल का अधिप्लाव और नाभिकीय परीक्षण इत्यादि से सार्वभौम जल चक्र में प्रबल असंतुलन आ जाने का खतरा है और इससे जलवायु का प्रारूप भयानक रूप में बदल सकता है।

समुद्र के किनारे स्थित नदियों के अंतिम भाग को "मुहाना" अथवा "ज्वारनदमुख" कहते हैं। पृथ्वी पर पाए जाने वाले वे सबसे अधिक उत्पादनशाली पारितंत्र हैं। समुद्री तट को अपरदन या अवकर्ष से बचाने में मुहाने महत्त्वपूर्ण भूमिका अदा करते हैं। हरे भरे पेड़ पौधों से भरे होने के कारण वे समुद्र और नदी के बीच में समन्वयकारी क्षेत्र का काम करते हैं।

इसी प्रकार मूँगा चट्टानें समृद्धतम जैव विविधता वाले वास हैं जो प्राकृतिक सुंदरता की मिसाल हैं। ये चूनेदार संघजीवी सीलेन्ट्रेट, प्राणियों और उनके अस्थिपंजर से बनती हैं। पृष्ठवंशी जीवों में मछलियों और अपृष्ठवंशियों की बहुत–सी प्रजातियों के लिए ये बहुमुखी सूक्ष्म आवास का काम करती हैं।

समुद्री पारितंत्र का प्रदूषण अधिकतर मानव की आर्थिक गतिविधियों का परिणाम है। जबकि कुछ समस्याएँ पुरानी हैं और इसलिए कुछ देशों में काफी जटिल भी हैं किंतु अन्य देशों में अपेक्षाकृत सरल प्रकार की हैं। भारत की करीब 7,000 किलोमीटर लंबी तट रेखा है। जिसमें समुद्री किनारे के पास बसे जन समुदाय, उद्योग और कृषि फार्म समुद्र में 1645 घन कि.मी. अपजल छोड़ते हैं। भारत की चौदह बड़ी नदियाँ अपने बहिःस्राव का 85 प्रतिशत जल भारतीय महासागर में लाकर गिराती हैं और अपने साथ लाए गए प्रदूषकों को भी समुद्र में विसर्जित कर समुद्री जल के प्रदूषण का कारण बनती हैं।

(3) थर्मल प्रदूषण (तापीय प्रदूषण)—पावर प्लांट्स ऊष्मीय और नाभिकीय, रासायनिक तथा अन्य अनेक उद्योग ठंडा करने के उद्देश्य के लिए बहुत मात्रा में जल का प्रयोग करते हैं (लगभग संपूर्ण प्राप्त जल का 30 प्रतिशत जल) और प्रयोग किया हुआ गर्म पानी नदियों, जलधाराओं और समुद्र में छोड़ दिया जाता है। बॉयलर और गर्म करने की प्रक्रिया से निकली बेकार (व्यर्थ) ऊष्मा ठंडा करने वाले जल का तापमान बढ़ा देती है। गर्म पानी जिस जल में मिलता है उसका तापमान आस–पास के जल के तापमान से 10 से 15°C तक अधिक बढ़ जाता है। यह तापीय प्रदूषण (thermal pollution) कहलाता है। पानी का तापमान बढ़ने से पानी में घुली ऑक्सीजन कम हो जाती है जिसके कारण जलीय जीवन पर प्रतिकूल (विपरीत) प्रभाव पड़ता है। स्थलीय पारितंत्र से विपरीत जलनिकायों का तापमान स्थिर और स्थायी रहता

है, बहुत अधिक परिवर्तित नहीं होता। अतः जलीय जीवन को एक से स्थिर तापमान में रहने का अभ्यास हो जाता है और जल के तापमान में थोड़ा सा उतार-चढ़ाव जलीय वनस्पति और जीवों पर गहरा प्रभाव डालती है। उन्हें तापमान में बहुत परिवर्तन का अनुभव नहीं होता है। अतः पावर प्लांट से निष्कासित गर्म जल जलीय जीवों पर विपरीत प्रभाव डालता है। जलीय वनस्पति और जीव तो गर्म उष्ण कटिबंधीय जल में रहते हैं, वे खतरनाक रूप से तापमान की उच्चसीमा में रहते हैं। विशेषकर भीषण गर्म महीनों के दौरान तापमान की सीमा में हल्का-सा परिवर्तन इन जीवों पर तापीय दबाव पैदा कर देता है।

जलनिकायों में गर्म पानी का विसर्जन मछलियों के खान-पान पर असर डालता है, उनका उपापचय बढ़ जाता है जो उनके वृद्धि पर प्रभाव डालता है। उनकी तैरने की क्षमता घट जाती है। जीवभक्षी पशुओं से दूर भागना और अपने शिकार का पीछा करना उनके लिए कठिन हो जाता है। बीमारियों से उनकी लड़ने की प्रतिरोधक क्षमता कम हो जाती है। तापीय प्रदूषण के कारण जैवविविधता कम हो जाती है। तापीय प्रदूषण को कम करने का सबसे अच्छा तरीका है कि गर्म पानी को ठंडा करने वाले तालाब में इकट्ठा कर लिया जाए और ठंडा होने के बाद ही उसे किसी जल निकाय में विसर्जित करना चाहिए।

(4) जल गुणवत्ता मापक—जल की गुणवत्ता का निर्धारण करने हेतु कई मानक प्रयोग किए जाते हैं। जल के नमूनों की इन मानकों के अनुसार जाँच की जाती है जिससे उसकी उपयोगिता को सुनिश्चित किया जा सकें।

(क) घुली ऑक्सीजन—यह मानक किसी जल स्रोत के जल में घुली ऑक्सीजन मात्रा को दर्शाता है। घुली ऑक्सीजन (Dissolved Oxyge) की उच्च मात्रा का अर्थ जल की अच्छी गुणवत्ता है। घुली ऑक्सीजन के निम्न सांद्रण जल के भीतर जैविक अपशिष्ट प्रदूषण को व्यक्त करते हैं।

(ख) जैविकीय ऑक्सीजन माँग (BOD)—BOD उस ऑक्सीजन का माप है जो जीवाणु जैसे—सूक्ष्मजीवों को विविध प्रकार के जैविक पदार्थों के विघटन के लिए, जैसे—जल-मल, पादप पत्तियाँ व भोजन अपशिष्टों के विघटन में प्रयुक्त होते हैं। यदि जल स्रोत के भीतर जैविक अपशिष्टों की मात्रा अधिक होगी, तो जीवाणु अधिक संख्या में होंगे व ऑक्सीजन का प्रयोग करेंगे। इस प्रकार की प्रदूषित दशाओं में ऑक्सीजन की माँग अधिक होगी। इस प्रकार BOD मान ऊँचा होगा। BOD के उच्च स्तरों के होने पर जल के भी घुली ऑक्सीजन OD के स्तर कम हो जाते हैं।

(ग) रासायनिक ऑक्सीजन माँग (COD)—यह वह ऑक्सीजन मात्रा होती है जो अवशिष्ट जल के अंदर उपस्थित कार्बनिक रासायनिक यौगिकों के निम्नीकरण के द्वारा प्राप्त होती है।

(घ) सर्वाधिक संभाव्य संख्या (MPN)—जल में जैविक अपशिष्टों का प्रदूषण होता है उसमें ई. कोलाई (E.Coli) व कोली स्वरूप जैसे जीवाणुओं की भारी संख्या पाई जाती है। MPN परीक्षण की सहायता से ई. कोलाई व कोली स्वरूप जीवों को पहचाना जा सकता है।

MPN विधि से सांख्यिकी रूप में जल निकाय में मौजूद इन जीवों की संख्या की पूर्व घोषणा की जा सकती है। कोली स्वरूप जीव मानव अंतड़ियों में पाए जाते हैं। इनका जल में पाया जाना अपशिष्ट का सूचक है। प्रदूषित जल में MPN के उच्चतर मान पाए जाते हैं।

(ङ) सम्पूर्ण घुले ठोस (TDS)—जल में घुले ठोसों व लवणों की कितनी मात्रा है इसको TDS व लवणता मात्रा का परीक्षण करके मापा जाता है। जल की गुणवत्ता गिराने वाले घुले पदार्थ – कैल्सियम, फॉस्फोरस, आयरन सल्फेट, कार्बोनेट्स, नाइट्रेट्स, क्लोराइड्स व अन्य लवण होते हैं। भारी धातुएँ भी इसी श्रेणी में आती हैं। TDS की अधिक मात्रा से जल की गुणवत्ता गिर जाती है।

प्रश्न 11. मृदा प्रदूषण का विस्तारपूर्वक विवेचन कीजिए।

उत्तर— मृदा प्रदूषण मृदा में होने वाले प्रदूषण को कहते हैं। यह मुख्यतः कृषि में अत्यधिक कीटनाशक का उपयोग करने या ऐसे पदार्थ जिसे मृदा में नहीं होना चाहिए, उसके मिलने पर होता है, जिससे मृदा की उपज क्षमता में भी बहुत प्रभाव पड़ता है।

डोक्याशेव के अनुसार "मृदा मात्र शैलों, पर्यावरण, जीवों व समय की आपसी क्रिया का परिणाम है।"

मिट्टी में विविध लवण, खनिज, कार्बनिक पदार्थ, गैसें एवं जल एक निश्चित अनुपात में होते हैं, लेकिन जब इन भौतिक एवं रासायनिक गुणवत्ता में अतिक्रम आता है, तो इससे मृदा में प्रदूषण हो जाता है।

अपने भूक्षेत्रों की ओर हमारी बेरूखी से हुए कुछ नुकसान इस प्रकार हैं—

(1) जैव विविधता की हानि (Loss of Biodiversity)—पिछले कुछ दशकों से, जनसंख्या वृद्धि के कारण, प्राकृतिक संसाधनों का उपयोग अधिक होने लगा है। इससे संसार के विभिन्न भागों में प्रजातियों तथा उनके आवास स्थानों में तेजी से कमी हुई है। उष्ण कटिबंधीय क्षेत्र, जो विश्व के कुल क्षेत्र का मात्र एक चौथाई भाग है, यहाँ संसार की तीन चौथाई जनसंख्या रहती है। इस विशाल जनसंख्या की जरूरत को पूरा करने के लिए संसाधनों का दोहन और वनोन्मूलन अत्यधिक हुआ है।

इंटरनेशनल यूनियन फॉर कंजर्वेशन ऑफ नेचर के अनुसार अनुमान लगाया गया है कि सन् 2050 तक लगभग 50,000 पादप स्पीशीज विलुप्त हो जाएँगे या संकटापन्न स्तर तक पहुँच जाएँगे। वैज्ञानिकों के अनुसार इस समय 4500 प्राणी स्पीशीज तथा 20,000 पादप स्पीशीज संकटापन्न माने जा रहे हैं।

(2) मृदा अपरदन (Soil Erosion)—भूमि से शीर्षस्थ मृदा कणों का शिथिल हो जाना या इनका विस्थापन होना, मृदा अपरदन कहलाता है।

मृदा अपरदन एक प्राकृतिक प्रक्रिया है जो सभी प्रकार की भूमियों पर होती है। मृदा अपरदन की प्रक्रिया तीव्र अथवा धीमी दर से हो सकती है। यह वह प्रक्रिया है जिसमें मृदा घटकों का और विशेषकर उपरिमृदा (topsoil) के कणों का ढीला होना, अलग–अलग हो

जाना तथा वहाँ से हटा लिया जाना शामिल है। मृदा अपरदन दो साधनों–तेज हवाओं तथा बहते पानी से होता है। मगर ये दोनों कारक तभी कार्यशील हो जाते हैं जब भूमि सतह से वनस्पति आवरण समाप्त हो चुका होता है। उपरिमृदा की अत्यधिक हानि से मृदा–उर्वरता कम हो जाती है और परिणामस्वरूप यह अपरद मृदा नदियों की तली में आकर जम जाती है, यानी जल निकायों में गाद का जमना होता है।

(3) अम्लता तथा क्षारता (Acidity and Alkalinity)–मृदा में अम्लता अथवा क्षारता के बढ़ जाने से उसकी उर्वरता कम हो जाती है तथा कुछ फसलों के लिए यह अच्छा नहीं होता है। यदि मौसम सूखा रहा और वर्षा कम हुई तो कैल्सियम कार्बोनेट जैसे खनिज तथा क्षारीय यौगिक मिट्टी में जमा हो जाते हैं। इससे मृदा की क्षारता बढ़ जाती है। मृदा की इस प्रकार की दशा के मुख्य कारण है भूमि का बिना सोचे–समझे उपयोग और अनुचित कृषि प्रथाएँ–और ये दोनों ही मानव–जनित कारण हैं। मृदा की अम्लता और क्षारीयता की माप पी एच मान (PH value) के रूप में की जाती है जो मृदा के कण में विद्यमान हाइड्रोजन आयन के संकेंद्रण को दर्शाता है।

(4) अपशिष्ट–निक्षेप द्वारा भूमि प्रदूषण (Land Pollution by Waste Deposit)–हम अपनी भूमि को एक चरम कूड़ादान कह सकते हैं क्योंकि मुख्यतः मानव क्रियाकलापों से ही जन्मा कूड़ा इसी के अंदर गाढ़ा अथवा इसी में फेंका जाता है। अपशिष्ट के मुख्य प्ररूप एवं उनके स्रोतों को निम्न तालिका में सूचीबद्ध किया गया है। जैसा कि अन्य एशियाई देशों में हो रहा है भारत में भी अधिकतर ठोस अपशिष्ट भूमि भराव में डाले जा रहे हैं अपशिष्टों को अक्सर यूं ही डाल दिया जाता हैं। भूमि–भरावों से सभी प्रकार का अपशिष्ट डाल दिया जाता है और जब पानी उनमें से होकर रिसता है तब वह संदूषित हो जाता तथा और आगे परिवेशी क्षेत्रों में प्रदूषण फैलाता है। भूमि–भरावों के द्वारा होने वाला भूमि एवं जल संदूषण निक्षालन (लिचिंग) कहलाता है। खुला, अनुपचारित और अपृथक्कृत ठोस अपशिष्टों को यूं ही खुले में डाल दिया जाता है। ऐसे कूड़ा–स्थलों से होकर वर्षा जल के अपप्रवाह से निकटवर्ती भूमि तथा जल निकायों का संदूषण होता है।

तालिका 3.3: विभिन्न स्रोतों से पैदा होने वाले मुख्य अपशिष्ट प्रारूप जिनसे हमारे भू–क्षेत्र प्रदूषित होते हैं।

शहरी अपशिष्ट	औद्योगिक अपशिष्ट	घरेलू अपशिष्ट	ग्रामीण अपशिष्ट	नाभिकीय संयंत्र अपशिष्ट
नगर निगमी,, जल–मल, औद्योगिक बहिःस्राव, घरेलू बहिःस्राव, अस्पताल अपशिष्ट	स्लैग, ब्राइन चूना स्लज, कीचड, धातु, काँच, लौह एवं अलौह धातु, ऊन, सूत तथा कागज का कचरा, फ्लाई ऐश, प्लास्टिक्स, चर्मशालाओं तथा लघु उद्योगों से निकला अपशिष्ट, अपशिष्ट जल बहिःस्राव	रसोई से निकला जैविक अपशिष्ट क्रॉकरी, टिन के डिब्बे, प्लास्टिक के डिब्बे, शीशियाँ थैले, काँच की शीशियाँ, फटे–कपड़े, लत्ते, कागज के टुकड़े, गत्ते के डिब्बे, राख	पीड़कनाशी शाकनाशी, कृषि अपप्रवाह	रेडियोसक्रिय खतरनाक अपशिष्ट

प्रश्न 12. ध्वनि प्रदूषण क्या है? इसके कारणों, स्रोतों, प्रभाव व नियंत्रण के उपायों पर प्रकाश डालिए।

उत्तर– ध्वनि शब्द लेटिन के शब्द 'नॉजिला' (Nausea) से व्युत्पन्न किया गया है, जिसका अर्थ होता है मिचली अर्थात् आमाशयिक रोग को उल्टी होने तक महसूस करना। शोर (Noise) को अनेक प्रकार से परिभाषित किया जाता है, जैसे कि–

- शोर बिना किसी परिमाण/उपयोग की ध्वनि है।
- शोर वह ध्वनि है जो ग्राह्यता के द्वारा पसंद नहीं की जाती है।

ध्वनि प्रदूषण को भी विभिन्न प्रकार से परिभाषित किया जाता है–

- शोर प्रदूषण धूम कोहरे समान मृत्यु का एक धीमा कारक है।
- निरर्थक या अनुपयोगी ध्वनि ही शोर प्रदूषण है।
- मेक्सवेल के अनुसार शोर एक वह ध्वनि है जो कि अवांछनीय है और वायुमंडलीय प्रदूषण का एक साधारण प्रकार है।

ध्वनि प्रदूषण के कारण–सामान्यतया ध्वनि प्रदूषण के कारणों या स्रोतों को दो भागों में विभजित किया जाता है–

- **प्राकृतिक स्रोत**–इसके अंतर्गत बादलों की गड़गड़ाहट, तूफानी हवाएँ, भूकंप, ऊँचे पहाड़ से गिरते पानी की आवाज, बिजली की कड़क, ज्वालामुखी के फटने से उत्पन्न भीषण शोर, कोलाहल, वन्य जीवों की आवाजें, चिड़ियों की चहचहाट की ध्वनि आती है।

- **अप्राकृतिक स्रोत**—यह मनुष्य के द्वारा निर्मित शोर प्रदूषण होता है इसके अंतर्गत उद्योग धंधे, मशीनें, स्थल, वायु, परिवहन के साधन — मोटर, ट्रक, हवाई जहाज, स्कूटर्स, बसें, एम्बुलेंस आदि।

ध्वनि प्रदूषण के प्रभाव—ध्वनि प्रदूषण अवांछनीय होता है। शोर पर्यावरण प्रदूषण का एक सशक्त कारक है। **विक्टर ग्रूएन** ने लिखा है "शोर मृत्यु का मंदगति अभिकर्त्ता है। यह एक अदृश्य शत्रु है।" यह ध्वनि मनुष्य के कार्यों, क्रियाओं को निम्न प्रकार से प्रभावित करती है।

ध्वनि प्रदूषण न केवल जीव जात वातावरण को प्रभावित करता है बल्कि निर्जीव वस्तुओं के लिए घातक प्रदूषक है। सब प्रकार के प्रदूषकों में से यह अत्यधिक रूप से घातक प्रदूषक है।

- ध्वनि प्रदूषण मनुष्य के स्वास्थ्य, आराम एवं कुशलता को प्रभावित करता है। इसके कारण रक्त धमनियों के संकुचन से शरीर पीला पड़ जाता है, रक्त प्रवाह में अत्यधिक मात्रा में एड्रीशन हार्मोंस का होता है।
- ध्वनि पेशियों के संकुचन का कारण होती है जिससे तंत्रिकीय क्षति, विसंगति, तनाव एवं पागलपन विकसित होता है।
- शोर के कारण हृदय, मस्तिष्क, किडनी एवं यकृत को क्षति होती है और भावनात्मक विसंगतियाँ उत्पन्न होती हैं।
- ध्वनि प्रदूषण मानसिक एवं शारीरिक दृष्टि से रोगी बनाकर, कार्यक्षमता को भी कम करता है तथा निरंतर 100 dB से अधिक शोर आंतरिक काम को क्षतिग्रस्त करता है।
- ध्वनि प्रदूषण का प्रचंड प्रभाव सुनने की शक्ति में कमी, जो कि कान के किसी भी श्रवण तंत्र के भाग को क्षति पहुँचाता है।
- अत्यधिक शोर को निरंतर सुनने से मनोवैज्ञानिक एवं रोगात्मक विकृति उत्पन्न होती है।
- गर्भवती स्त्री का अधिक शोर में रहना, शिशु में जन्मजात बहरापन हो सकता है क्योंकि कान गर्भ में पूर्ण रूप से विकसित होने वाला प्रथम अंग होता है।
- शोर के कारण ईओसिनोफीलिया, हायपरग्लाइसेमिया, हायपोकेलेमिया, हायपोग्लाइसेमिया रोग रक्त एवं अन्य शारीरिक द्रव्यों में परिवर्तन के कारण उत्पन्न होते हैं।
- शोर स्वतः तंत्रिक तंत्र (Autonomic Nervous System) को प्रभावित करता है।
- शोर का घातक प्रभाव वन्यजीवों एवं निर्जीव पदार्थों पर भी होता है।
- लम्बे समय तक चलने वाले शोर के कारण दृष्टि एवं श्रवण क्षमता कम हो जाती है।

ध्वनि प्रदूषण का नियंत्रण—यह संभव नहीं है कि शोर पर पूर्णतया नियंत्रण किया जा सके। शोर प्रदूषण को निम्न उपायों से कम किया जा सकता है—

- कानून की सहायता से शोर करने वाले वाहन, मोटर, ट्रक, आदि पर रोक लगाकर शोर कम किया जा सकता है।
- वायुयान, ट्रक, मोटरसाइकिल, स्कूटर, औद्योगिक मशीनों एवं इंजनों को शोर नियंत्रण कवच से ढँकना चाहिए जिससे इन उपकरणों से कम से कम शोर उत्पन्न हो सके।
- उद्योगों, कल–कारखानों में शोर उत्पन्न करने वाली मशीनों वाले उद्योगों में कार्य करने वाले श्रमिकों के द्वारा कर्ण फोन (Ear-phone) (आकर्णक) एवं कर्ण कुंडल (Ear plus) का उपयोग करना चाहिए।
- मकानों, भवनों में कमरों के दरवाजों एवं खिड़कियों को उपयुक्त रूपरेखा या डिजाइन का बनाकर बहुत कुछ शोर को कम किया जा सकता है।
- मशीनों में शोर कम करने के लिए स्तब्धक (Silencer) का उपयोग करना चाहिए।
- लम्बे एवं घने वृक्ष, झाड़ियाँ शोर ध्वनि को शोषित करते हैं। इस कारण नीम, नारियल, इमली, आम, पीपल आदि के लंबे घने वृक्ष स्कूल, अस्पताल, सार्वजनिक कार्यालयों, लायब्रेरीज के आसपास, रेल की पटरियों के किनारे, सड़क के दोनों ओर लगाना चाहिए।
- घरों में पुताई हल्के हरे या नीले रंग के द्वारा करने से यह रंग ध्वनि प्रदूषण को रोकने में सहायक होते है।
- धार्मिक, सामाजिक, चुनाव, शादी कार्यक्रमों, धार्मिक उत्सवों, मेलों आदि में ध्वनि विस्तारक यंत्रों (Loudspeakers) का उपयोग आवश्यक होने पर करना चाहिए और वह भी कम ध्वनि के साथ।
- घरेलू शोर को कम करने के लिए टी.वी. रेडियो, ट्रांजिस्टर, टेपरिकार्डर, ग्रामोफोन्स आदि को धीमी गति से चलाना चाहिए।
- शोर प्रदूषण को रोकने के लिए दीवारों, फर्श आदि पर ध्वनि शोषकों, जैसे कि रोमीय नमदा (hair felt), ध्वनि शोषणीय टाइल्स, छिद्रित प्लायवुड, आदि ध्वनि निरोधी (Sound proof) पदार्थों को दीवारों एवं छत के सहारे लगाकर शोर के स्तर को कम किया जा सकता है।
- रबड़, न्योप्रेन (Neoprene) कॉर्क या प्लास्टिक आदि कंपन रोधक का उपयोग कर कंपनीय मशीनों से होने वाली कंपनीय ध्वनि को कम किया जा सकता है।
- प्रचार–प्रसार के सभी साधनों – समाचार पत्र, टी.वी., रेडियो आदि के द्वारा शोर प्रदूषण के घातक परिणामों से जनसाधारण को अवगत कराना चाहिए जिससे जनसाधारण जागरुक होकर शोर प्रदूषण को कम करने में सहायक हों एवं वन मंत्रालय ने शोर प्रदूषण नियम, 2000 की अधिसूचना जारी कर जनसाधारण को शोर प्रदूषण के मानक स्वास्थ्य पर बुरे प्रभावों, मनोवैज्ञानिक प्रभावों, को नियंत्रित करने के उपायों से अवगत कराया। इन नियमों एवं कानूनों का कठोरता से पालन होना चाहिए।

उपरोक्त उपाय वास्तव में अधिक मात्रा में शोर प्रदूषण को कम कर सकते हैं और शोर प्रदूषण से होने वाली विसंगतियों से बचाव कर सकते हैं। जी.पी.एच. की पुस्तकों का मुख्य उद्देश्य ज्ञान के साथ–साथ अच्छे नम्बर दिलाना है।

प्रश्न 13. संकटदायी अपशिष्ट रसायनों को परिभाषित कीजिए व इसका वर्गीकरण कीजिए तथा इन्हें विषाक्त रसायनों से विभेदित कीजिए।

उत्तर– कोई भी पदार्थ जो वातावरण में मौजूद है या जो वातावरण में छोड़ा जाता है तथा जो सार्वजनिक स्वास्थ्य और पर्यावरण कल्याण के लिए गंभीर रूप से हानिकारक है, उसे संकटदायी पदार्थ कहते हैं।

कोई भी पदार्थ जिसके एक विकिरण से स्वास्थ्य पर अपरिवर्तनीय प्रभाव पड़े, उसे संकटदायी (खतरनाक) पदार्थ कहा जाता है। कोई भी संकटदायी पदार्थ किसी एक अथवा एक से अधिक निम्नलिखित लक्षणों का प्रदर्शन करता है–

- विषाक्तता
- ज्वलनशीलता
- संक्षारक
- अभिक्रियात्मक (विस्फोट)

इस प्रकार कोई भी अपशिष्ट जिसमें खतरनाक या बहुत हानिकारक तत्त्व पाया जाता है, उसे अपशिष्ट कहते हैं। संकटदायी अपशिष्ट विभिन्न स्रोतों से जैसे कि घर की वस्तुएँ, स्थानीय क्षेत्रों, शहरी, उद्योग, कृषि, निर्माण कार्य, अस्पतालों और प्रयोगशालाओं, ऊर्जा संयंत्रों और अन्य स्रोतों से पैदा होता है।

अपशिष्ट पदार्थों का वर्गीकरण–विपत्तिजनक अपशिष्ट पदार्थों की कारगर व्यवस्था और व्ययन के लिए अपशिष्ट पदार्थों का वर्गीकरण आवश्यक पूर्व–शर्त है। अपशिष्ट पदार्थों के वर्गीकरण के लिए अंतर्राष्ट्रीय स्तर पर निम्न तरीके अपनाए जाते हैं, जो कि इस प्रकार हैं–

(1) स्रोतों को सूचीबद्ध करने का तरीका–कुछ मानवीय गतिविधियाँ ऐसी होती हैं जिनसे विपत्तिजनक अपशिष्ट उत्पाद पैदा होता है। वर्गीकरण के इस तरीके में कचरे को उसके पैदा होने के स्रोत के आधार पर वर्गीकृत किया जाता है।

(2) शुद्ध संघटकों को सूचीबद्ध करने का तरीका–इस तरीके के अपशेष में पाए जाने वाले "विपत्तिजनक" और विषैले पदार्थों के घटकों के आधार पर उसे वर्गीकृत किया जाता है।

(3) लक्षणों के आधार पर अवशेषों का वर्गीकरण–सामान्यतः कोई रसायन या यौगिक घटक किसी अपशेष में शुद्ध रूप में नही पाया जाता। अपशेष आमतौर पर अनेक रसायनों और यौगिकों का जटिल मिश्रण होता है जिनके विशिष्ट सामूहिक लक्षण होते हैं। अपशिष्ट पदार्थों के वर्गीकरण के इस तरीके में निम्न लक्षणों वाले कचरे को नुकसानदेह कचरा अथवा विपत्तिजनक अपशिष्ट पदार्थ माना जाता है, जो कि इस प्रकार हैं–

(क) ज्वलनशीलता, जैसे हाइड्रोकार्बन,

(ख) प्रतिक्रियाशीलता, जैसे नाइट्रेट, क्रोमेट और परमैंगनेट लवण,

(ग) क्षरण की क्षमता, जैसे अम्ल और क्षार,

(घ) विषजन्यता, जैसे कीटनाशक, सीसा आर्सेनिक तथा कैडमियम के यौगिक,

(ङ) ई.पी. विषाक्तता, जैसे रेडियोधर्मी पदार्थ।

ज्यादातर देशों में विपत्तिजनक अपशेषों के निर्धारण और उसके वर्गीकरण में इन सभी तरीकों को संयुक्त रूप से अपनाया जाता है। उदाहरण के लिए, अमेरिका, ब्रिटेन, पश्चिम जर्मनी आदि में स्रोत के आधार पर और लक्षणों के आधार पर वर्गीकरण के तरीकों को मिलाकर अपनाया जाता है। नार्वे ने शुद्ध संघटक तरीके को अपनाया है।

कुछ समय पूर्व, भारत सरकार ने विषैले और विपत्तिजनक अपशेषों की समुचित व्यवस्था के लिए कानून पारित किए। हमारे देश में शुद्ध संघटक और स्रोत–दोनों आधार पर नुकसानदेह कचरे की पहचान की जाती है।

यह माना गया है कि कुछ मानवीय गतिविधियाँ इस प्रकार की होती हैं जिनसे विपत्तिजनक अपशिष्ट उत्पन्न होता है। विपत्तिजनक और विषैले पदार्थों के समस्त घटकों के आधार पर उसे वर्गीकृत किए जाने का विधान है। अपशेष साधारणतया अनेक रसायनों और यौगिकों का मिश्रण होता है, जिनके विशिष्ट सामूहिक लक्षण होते हैं, जिनमें ज्वलनशील, जैसे–हाइड्रोकार्बन, नाइट्रेट, क्रोमेट तथा परमैंगनेट लवण, क्षरण की क्षमता जैसे अम्ल और क्षार, कीटनाशक, सीसा, आर्मेनिक तथा कैडमियम के यौगिक, विषाक्तता जैसे रेडियोधर्मी पदार्थ आदि विपत्तिजनक पदार्थ माने गए हैं।

विसर्जन के विभिन्न तरीके

(1) शहर के अपजल के साथ ही व्ययन निपटान,

(2) नदियों में या नदियों के किनारे व्ययन,

(3) खुले गड्ढों में जलाकर व्ययन,

(4) जल के बहाव की दृष्टि से समुद्र के निचले इलाकों और मुहानों में व्ययन,

(5) अपनी सुविधानुसार डिजाइन किए गए दाहन संयंत्रों में जलाकर व्ययन।

जहरीला बनाम विपत्तिजनक अपशेष–किसी भी पदार्थ का जहरीला होना उसका आंतरिक गुण माना गया है और विपत्तिजनक होने से उसकी अन्य बाह्य विशेषताएँ भी सम्मिलित होती हैं। इस प्रकार का जहरीला पदार्थ किसी जीव अथवा वनस्पति की शारीरिक प्रक्रिया में समाकर जो हानि पहुँचाता है उसके प्रभाव को "विषैलापन" कहा जाता है। मनुष्य के शरीर में इस प्रकार के जहरीले पदार्थ पहुँचने से ही रोगकारी, उत्परिवर्तनकारी, विकृतिकारी और कैंसरकारी परिवर्तन हो सकते हैं और इस प्रकार के परिवर्तन कारकों को "जहरीला अपशेष" कहा जाता है। विषैलापन, क्षरणकारी का प्रभाव होना, प्रतिक्रियाशीलता, विस्फोटक अथवा रेडियोधर्मिता इसके लक्षण हैं। इस प्रकार विपत्तिजनक एक प्रकार का व्यापक शब्द है और इसमें विषैलापन भी शामिल है। अतः यह कहा जा सकता है कि विपत्तिजनक अपशेष पदार्थ में से एक से अधिक हानिकारक लक्षण हो सकते हैं जैसे बैन्जीन विषेला भी है और ज्वलनशील भी।

प्रश्न 14. अपशिष्ट प्रबंधन की संकल्पना को विस्तारपूर्वक समझाइए।

उत्तर– विपत्तिजनक अपशेष की समस्या महत्त्वपूर्ण पर्यावरणीय और जनस्वास्थ्य संबंधी मुद्दा बन गया है, जिसके प्रति अनेक देशों में चिंता व्यक्त की जा रही है। विपत्तिजनक अपशेष के व्यवस्थापन के बारे में, इस समय चार तरीके के उपाय किए जा रहे हैं–

(1) अपशेष की मात्रा कम से कम करना,

(2) औद्योगिक अपशेषों को फिर से उपयोगी बनाना,

(3) अपशेषों को हानिरहित बनाना,

(4) अपशिष्ट रसायनों का रख–रखाव।

ये चारों तरीके महत्त्वपूर्ण हैं और एक–दूसरे के पूरक हैं। नुकसानदेह कचरे की किसी समस्या के समाधान के लिए इन चारों तरीकों की समन्वित रूप से आवश्यकता रहती है। इन चार तरीकों का संक्षिप्त विवरण निम्न प्रकार है–

(1) अपशेष की मात्रा कम से कम करना–प्रबंध में पहली प्राथमिकता कचरे की मात्रा को कम से कम करना है। कचरा कम करने के तीन प्रमुख कारणों का संक्षिप्त विवरण इस प्रकार है–

(क) प्रक्रिया में सुधार करना–औद्योगिक प्रक्रिया को ऐसा बनाया जा सकता है ताकि कच्चे माल का ज्यादा से ज्यादा इस्तेमाल हो सके और नुकसानदेह कचरा कम से कम निकले। उदाहरण के लिए, जस्ते की विद्युतलेपन प्रक्रिया में थोड़ा–सा बदलाव लाकर सल्फेट लवण के स्थान पर क्लोराइड लवण इस्तेमाल किया जा सकता है। इससे साइनाइड के अपशेष के रूप में निकलने की समस्या दूर हो सकती है।

(ख) अपशेष सांद्रण–वाष्पन, अवक्षेपीकरण या निथारने जैसे तरीकों से अपशेष का बड़ा भाग नष्ट हो सकता है। अर्थात् इन विभिन्न तरीकों से अपशेष के बड़े भाग को न्यूनतम कर देना संभव है।

ज्वलनशील कचरे को ऑक्सीकरण द्वारा भस्म करने का तरीका अर्थात् दाहन अक्सर इस्तेमाल होता है। इससे कचरे की मात्रा काफी कम हो जाती है। यह बढ़िया तरीका है, परंतु कुल लाभ की तुलना में लागत अक्सर अधिक आती है।

(ग) निरापद अपशेषों को अलग करना–विपत्तिजनक अपशेष को निरापद अपशेष से अलग कर देने से विपत्तिजनक अवशेष की वास्तविक मात्रा कम रह जाती है और फिर इसको हानिरहित बनाना आसान हो जाता है।

(2) औद्योगिक अपशेषों को फिर से उपयोगी बनाना–कथित अनुपयोगी अपशेष में अधिक उपयोगी अंश भी होते हैं। जिनमें काँच, लकड़ी के रेशे और धातु शामिल हैं। वैज्ञानिकों ने अपशिष्ट पदार्थ में से अनेक पदार्थों को फिर उपयोगी बनाने के तरीके ढूँढ़ निकाले हैं। लगभग सभी पदार्थों को फिर उपयोग किया जा सकता है। केवल कुछ मामलों में, दुबारा उपयोगी बनाने में उसके उपयोग से कहीं अधिक ऊर्जा खर्च हो जाती है।

विपत्तिजनक अपशेष के अभिक्रमण या संसाधन के दो तरीके हैं–अपशेष का पुनर्उपयोग करना और दूसरे पुनःचक्रण अर्थात् उससे अन्य उपयोगी वस्तुओं का उत्पादन करना।

(क) अपशेषों का पुनर्उपयोग—कुछ मामलों में कचरे को बड़ी मामूली–सी प्रोसेसिंग (संसाधन) के बाद ही फिर कच्चे माल के तौर पर सीधे ही इस्तेमाल किया जा सकता है। कचरे को उसी रूप में बिना किसी संसाधन के किसी दूसरे इस्तेमाल में लिया जा सकता है इसे अपशेष का "पुनः उपयोग" कहते हैं। कुछ औद्योगिक संस्थान अपशेष का नियमित रूप से आदान–प्रदान करते हैं। व्यापारिक दृष्टि से अनावश्यक पदार्थ जैसे पुराने पड़ गए रसायन और बाजार में बिक्री की गुणवत्ता स्तरों से नीचे के अपरीक्षित पदार्थ बिना ज्यादा संसाधन के फिर इस्तेमाल हो सकते हैं। औद्योगिक प्रक्रम से बचे बेकार कार्ड बोर्ड गत्ते को सीधे ही कागज की लुगदी बनाने के काम में लाया जा सकता है। इसी प्रकार ताँबे अथवा अन्य धातुओं के बेकार लवणों से धातु प्राप्त की जा सकती है। बचे–खुचे तेलों का इस्तेमाल ईंधन के तौर पर कर सकते हैं, इस प्रकार अन्य विभिन्न अपशिष्ट पदार्थों का इस्तेमाल औद्योगिक कच्चे माल की तरह हो सकता है।

(ख) अपशेषों का पुनःचक्रण—पुनःचक्रण पुनर्उपयोग से अलग अभिव्यक्ति है। इस प्रक्रिया में उपयोग से पहले विभिन्न साधनों के जरिए किसी अपशेष को उत्पादक प्रक्रिया के योग्य बनाया जाता है। जब अपशेष का उसी रूप में इस्तेमाल संभव नहीं होता तो उससे कोई उपादेय पदार्थ फिर प्राप्त करने के लिए विभिन्न प्रक्रियाएँ की जाती हैं इसे "पुनःचक्रण" कहते हैं। उदाहरण के लिए, स्टील अभिक्रमण की छीलन से प्राप्त बैगहाउस डस्ट को बेकार गंधक के तेजाब से क्रिया करा के "गैल्वेनाइजर्स पिकल एसिड" बनाया जाता है। इस प्रक्रिया द्वारा प्राप्त किए जाने वाले तरल जिसे "पिकल लिकर" कहते हैं में 8 से 10 प्रतिशत तक जिंक और लौह लवण होते हैं तथा इसका इस्तेमाल खेती में जिंक उर्वरक के तौर पर किया जा सकता है। इसके अलावा कुछ अन्य उद्योगों में बचे खुचे कार्बनिक विलायकों का इस्तेमाल भी अपशेष के "पुनःचक्रण" द्वारा उपयोगी वस्तुओं के उत्पादन का श्रेष्ठ उदाहरण है।

(3) अपशेषों को हानिरहित बनाना—उपयोगी अवयवों को निकाल लेने के बाद, अपशेष में उपस्थित विपत्तिजनक रसायनों को विभिन्न उपायों द्वारा हानिरहित बनाया जाता है। विपत्तिजनक अपशेषों के अंतिम विसर्जन से पहले उसे निरापद बनाने की अनेक प्रौद्योगिक विधियाँ उपलब्ध हैं। अपशेष के भौतिक और रासायनिक गुणों को बदलकर उसे हानिरहित बनाया जाता है। हानिरहित बनाने की प्रक्रिया का चयन अनेक बातों पर निर्भर करता है, जैसे अपशेष की रासायनिक प्रकृति को हम किस रूप में बदलना चाहते हैं, आर्थिक और ऊर्जा संबंधी कारण। अपशेष को हानिरहित बनाने के तरीकों को निम्न वर्गों में बाँटा जा सकता है—

(क) भौतिक उपचार,

(ख) रासायनिक उपचार,

(ग) जैव उपचार,

(घ) अवपंक का संसाधन,

(ङ) अपशेष को ठोस बनाना,

(च) अपशेष का दाहन।

(4) अपशिष्ट रसायनों का रख–रखाव–अपशिष्ट रसायनों का रख–रखाव कई चरणों में किया जाता है–अपशेष जमा करना, अस्थायी तौर पर इसे रखने की व्यवस्था करना, लाना–ले–जाना, हानिरहित बनाना और निपटान – ये सभी चरण तकनीकी और संगठनात्मक दृष्टि से एक–दूसरे पर काफी निर्भर है। अपशेष के पैदा होने के स्थान पर ही उसे हानिरहित बनाना तथा निपटान के स्थान पर जमा करना और लाना–ले जाना जैसे महत्त्वपूर्ण शृंखलाबद्ध काम है। खतरनाक वस्तुओं के रख–रखाव में जो सावधानियाँ बरतनी जरूरी हैं वही सावधानियाँ अपशेषों के रख–रखाव के लिए भी जरूरी है। लेकिन विपत्तिजनक अपशेषों के साथ कुछ और भी समस्याएँ हैं जैसे–

(क) आमतौर पर उत्पादनकर्त्ता के लिए अपशेष की कोई आर्थिक कीमत नहीं होती।

(ख) रासायनिक अपशेष एक ऐसा जटिल मिश्रण है जिसमें से आर्थिक दृष्टि से लाभप्रद सभी पदार्थ निकाल दिए गए होते हैं, इसलिए इसके भौतिक और रासायनिक लक्षणों की ठीक–ठीक जानकारी भी नहीं होती।

(ग) अपशेषों में एक–दूसरे के साथ विस्फोटक प्रतिक्रिया करने वाले अवयवों को सुविधा की दृष्टि से एक साथ रख देने से तुरंत या बाद में भंडारण या वहन की प्रक्रियाओं के दौरान भारी खतरा हो सकता है।

प्रश्न 15. अपशिष्ट पदार्थों के निस्तारण पर चर्चा कीजिए।

अथवा

संकटदायी अपशिष्ट पदार्थों के निस्तारण की विभिन्न विधियाँ बताइए।

उत्तर– अपशिष्ट पदार्थों के अंतिम व्ययन की भी सावधानी से योजना बनाना आवश्यक है। विपत्तिजनक अपशेष के विसर्जन के चार तरीके हैं–

(1) भरती गड्ढों में विसर्जन–अनेक देशों में भूमि के कचरे का निपटान एक महत्त्वपूर्ण तरीका है। इसका अर्थ है कि विपत्तिजनक पदार्थों को भूमि के नीचे जमा करना। इस तरीके में अपशेष को एक निर्धारित स्थान पर जमा कर दिया जाता है। भारत में अस्वच्छ तरीके से खुले ढेरों में भी अपशेष व्ययन किया जाता है और स्वच्छता का उचित ध्यान रखते हुए सुरक्षित भरती गड्ढों (लैंडफिल) में भी। खुले ढेर में अपशेष फेंकना एक घटिया तरीका है क्योंकि इससे पर्यावरणीय समस्याएँ पैदा होती हैं। इनसे इलाके का सौंदर्य भी नष्ट हो जाता है और चूहों–छंछूदरों के लिए भी जगह बनती है जो बीमारियाँ फैलाते हैं। खुला अपशेष सड़ने से बदबू भी फैलती है। ऐसे अपशेष को जलाने से धुआँ फैलता है। इसके अलावा, बरसाती पानी में अपशेष छनकर प्राकृतिक जल स्रोतों और नदी–नाली तक में पहुँचता है और उनमें नुकसानदेह पदार्थों को पहुँचाता है।

सही तरीके से और स्वच्छता का ध्यान रखते हुए बनाए गए लैंडफिल पर्यावरण को बहुत कम नुकसान पहुँचाते हैं। अपशेष वाले स्थान के पैंदे और चारों ओर कड़ी मिट्टी की या अछिद्रीय पदार्थ की परत बिछाई जाती है। ताकि अपशेष में से आस–पास के क्षेत्र में रिसाव न

हो। अपशेष को निर्धारित स्थान पर रोज फेंकने के बाद ऊपर मिट्टी से ढक देते हैं। इस तरह, ढक देने से कीटाणु और चूहे ढेर में नहीं घुस पाते। यहाँ अपशेष जलाया नहीं जाता। जब भरती गड्ढ़े भर जाए तो कई लोग इस क्षेत्र को पूरी तरह ढक देते हैं और इस क्षेत्र को मनोरंजन के क्षेत्र के तौर पर इस्तेमाल करने लगते हैं।

(2) दाहन—दाहन की क्रिया में आग पकड़ सकने वाले बेकार के अपशेष जला दिए जाते हैं। अनेक उद्योगों के पास और बड़े शहरों में अपशिष्ट पदार्थों को डालने के लिए पर्याप्त खाली स्थान नहीं होता। ऐसी स्थिति में जलाने का तरीका इस्तेमाल होता है। इस तरीके से ज्यादातर खतरनाक पदार्थ ऑक्सीजन की क्रिया द्वारा हानिरहित बन जाते हैं। अपशेष की मात्रा को कम करने का भी यह बढ़िया तरीका है, परंतु इसकी लागत काफी ज्यादा है।

दाहन–संयंत्र का चुनाव अपशेष की प्रकृति और लक्षणों पर निर्भर करता है। एक सामान्य दाहन संयंत्र में दाहन कक्ष, बर्नर कक्ष, प्रीकूलर अर्थात् प्रशीतलन संयंत्र, धानव कक्ष अर्थात् सक्रबर, वातन पंखा और गैस बाहर निकलने की प्रणाली होती है।

लाभ—यह द्रव अथवा ठोस अपशेष का उच्च ताप पर ऑक्सीकरण करने की प्रक्रिया है जिसमें अपशिष्ट पदार्थों को गैसों तथा अदहनशील अवशेष में बदल दिया जाता है। बाकी बचा अवशेष तथा गैसें जमीन पर किसी भरती गड्ढ़े (लैडफिल) में डाल दिया जाता है। कुल मिलाकर, दहन ऐसे बेहद विषैले अपशेष को विषरहित बनाने का वैकल्पिक तरीका है जिससे अब कोई उपयोगी पदार्थ प्राप्त नहीं हो सकता। वह अपशेष की मात्रा कम करने का बहुत अच्छा तरीका है और कचरे से ऊष्मा के रूप में ऊर्जा भी प्राप्त हो सकती है। कई स्थानों पर अपशेष को जला कर भाप प्राप्त की जाती है और इस भाप से इंजन को चलाकर बिजली प्राप्त की जाती है।

अपशेष में पाए जाने वाले ज्वलनशील पदार्थ—आमतौर पर ज्वलनशील अपशेषों को ही जलाया जाता है। उसमें भी निम्नलिखित पदार्थ धारण करने वाले अपशेषों को अक्सर जलाया जाता है—

(क) विलेय अपशेष तथा अवपंक (स्लज),

(ख) बेकार खनिज तेल,

(ग) वार्निश और पेंट बनाने से निकला अपशेष तथा अवपंक,

(घ) प्लास्टिक, रबर तथा लेटेक्स का अपशेष तथा अवपंक,

(ङ) खनिज तेल का अवपंक,

(च) रेसिन (राल) के अवपंक,

(छ) ग्रीज तथा मोम के अपशेष,

(ज) कीटनाशकों के अपशेष,

(झ) अम्ल टार और इस्तेमाल हो चुकी पक्की मिट्टी, आदि।

क्लोरीन, गंधक, नाइट्रोजन, फॉस्फोरस, पॉलीक्लोरीनेटेडबाई फिनाइल (पी.सी.बी.) की ज्यादा मात्रा तथा अधिस्थानक धातुओं और कैंसर पैदा करने वाले पदार्थों वाले अपशेष के

दहन में विशेष सावधानी तथा प्रौद्योगिक की जरूरत पड़ती है। अनेक शहरों के दहन–संयंत्रों में प्रदूषण नियंत्रण की समुचित व्यवस्था नहीं होती। इन संयंत्रों में दाहन से ऐसी गैसें और ठोस कण निकल सकते हैं, जो मानवीय स्वास्थ्य के लिए घातक हों, संपत्ति का नुकसान करे या पेड़–पौधों को नष्ट कर दे। समुचित प्रदूषण नियंत्रण व्यवस्था के बिना काम करने वाले सामान्य दाहन–संयंत्रों से निकली गैसें खतरनाक हो सकती हैं। दाहन कभी–कभी बेहद महँगा पड़ सकता है।

(3) समुद्र में फेंकना—विपत्तिजनक अपशेष के निपटान का एक और तरीका उसे गहरे समुद्र में डाल देना है ताकि भू–जल में विषाक्तता न जाए। जमीन पर पैदा हुए अपशेष को समुद्र में फेंकने के पीछे यह गलत धारणा है कि समुद्र में पानी का जो विशाल भंडार है, उसमें अपशेष की गंदगी इतनी विरल हो जाएगी कि बिना स्थाई नुकसान के कूड़े का निपटान किया जा सकता है। परंतु यह धारणा भ्रामक भी है और अनुचित भी इस तरीके को चुनने के पीछे शायद इसका आमतौर पर सस्ता होना है क्योंकि व्ययन के क्षेत्र का चुनाव अपशेष पैदा करने वाले स्रोत की भौगोलिक स्थिति के आधार पर होता है।

समुद्र के कमरे के निपटान पर अंतर्राष्ट्रीय कानूनों तथा इसकी पुष्टि के लिए बने राष्ट्रीय कानूनों द्वारा नियंत्रण किया जाता है। अपशेष फेंके जाने से समुद्रों में प्रदूषण रोकने के लिए बने अंतर्राष्ट्रीय कानून में बेहद खतरनाक अपशेष को समुद्रों में फेंकने पर रोक लगाई गई है। ऐसे अपशेष में कार्बनिक सिलिकॉन यौगिक, कार्बनिक हैलोजनिक पदार्थ, पारा और इसके यौगिक, कैडमियन, कैंसर पैदा करने वाले पदार्थ, प्लास्टिक आदि शामिल हैं। प्लास्टिक के अपशेष से मछली पकड़ने और नौ–वहन में काफी दिक्कतें आती हैं।

(4) जमीन के भीतर भूमिगत तहों में दबा देना—रेडियोधर्मी अपशिष्ट पदार्थ परमाणु ऊर्जा के राष्ट्रीय सुरक्षा संयंत्रों तथा शांतिपूर्ण उद्देश्यों के लिए उपयोग संबंधी प्रक्रियाओं से भी पैदा होते हैं। ये प्रक्रियाएँ रेडियोधर्मी अयस्क को खानों से निकालने, परमाणु ईंधन तैयार करने, चिकित्सा अनुसंधान कार्य आदि से जुड़ी हैं। ऐसी दशा में रेडियोधर्मी अपशेष जैसे हानिकारक पदार्थों का जमीन पर जलाकर, पर्यावरण की दृष्टि से उचित तरीके से निपटान काफी महँगा पड़ सकता है। भूमि में दबा देना ही रेडियोधर्मी अपशेष के लिए पर्यावरणीय और आर्थिक दृष्टि से अनुकूल तरीका हो सकता है। निष्क्रिय या आंशिक रूप से सक्रिय खानों में ही ऐसे अपशेष के भूमिगत निपटान की अनुमति दी जाती है। इस समय दुनिया भर में केवल एक गहरी खान में भूमि के नीचे निपटान की सुविधा उपलब्ध है। यह पश्चिम जर्मनी में हर्फा न्यूरोद की हेलाइट/पौटाश लवण की इस्तेमाल हो चुकी गुफानुमा खान है।

रेडियोधर्मी अवशेषों के विसर्जन के लिए अक्सर नमक की खानें चुनी जाती हैं क्योंकि इसमें कुछ विशिष्ट गुण हैं। नमक का जमाव अपशेषों को अन्य भू–गर्भीय पदार्थों के संपर्क से रोकता है। नमक का होना ही इस बात का आश्वासन है कि भूमि के नीचे स्थित यह निर्धारित स्थान लाखों वर्षों तक पानी से अप्रभावित रहा है, नमक से द्रव्य और गैसें पार नहीं जा पातीं।

नमक अंदर आते पानी को अपने में जज्ब कर लेता है और दीवार में आई मामूली टूट–फूट को पुनः क्रिस्लीकरण द्वारा ठीक कर लेता है। इस तरह अपारगम्यता बनी रहती है।

इसके साथ ही, ऊपर की परत पत्थर जैसी चीजों के बने होने से अपारगम्यता और मजबूत हो जाती है। नमक की खान का भीतरी वातावरण बेहद शुष्क होता है अतः धातु उपकरणों तथा डिब्बों आदि पर जंग नहीं लगती। कोयला खानों की तरह यहाँ मीथेन विस्फोट को खतरा भी नहीं होता। चट्टानों की खुदाई के दौरान नमक की खानों में कार्बन डाइऑक्साइड गैस के विस्फोटों जैसी घटनाएँ हो सकती हैं परंतु इससे कोई खतरा नहीं होता, खासतौर से जब खान में से खनन–कार्य समाप्त हो गया हो। नमक की ताप–चालकता अच्छी होती है। नमक मजबूत होता है और खुदाई के दौरान खान में से बड़ी–बड़ी गैलरी निकल सकती हैं। साथ ही दबाव पड़ने पर नमक में कुछ सुघट्यता (लचीलापन) भी होता है, जिससे खान की दबाव सहने की शक्ति बढ़ जाती है और कुल मिलाकर स्थायित्व बना रहता है।

इस तरह सिद्धांत रूप में विपत्तिजनक अपशेषों के विसर्जन के चार तरीके हैं–

(क) ठोस अवशेषों को भरती गड्ढ़ों में डालना,

(ख) ज्वलनशील कार्बनिक अपशेषों का दाहन,

(ग) समुद्र में फेंकना, और

(घ) रेडियोधर्मी अपशेषों को आमतौर से भूमिगत तहों में दबा देना।

प्रश्न 16. निम्नलिखित पर संक्षिप्त टिप्पणी लिखिए–

(i) अवशेषों के स्रोत

उत्तर– आमतौर पर विपत्तिजनक अवशेष के स्रोतों को दो भागों में बाँटा जा सकता है–प्रक्रिया–केंद्रित और पर्यावरण नियंत्रण–केंद्रित। प्रक्रिया–केंद्रित अवशेष कच्चे माल से निर्मित सामग्री बनाने के दौरान पैदा होता है, जबकि पर्यावरण नियंत्रण–केंद्रित अवशेष औद्योगिक अधिष्ठानों से गैसीय तथा द्रव्य बहीस्त्रावों को हानिरहित बनाने के दौरान पैदा होता है। भारत में मुख्यतः प्रक्रिया–केंद्रित विपत्तिजनक उत्पादों द्वारा प्रदूषण होता है।

उद्योगों से निकले नुकसानदेह बहिस्रावों की मात्रा तथा लक्षण विभिन्न कारकों पर निर्भर करते हैं जैसे–औद्योगिक इकाई की उत्पादन क्षमता, उत्पादन की तकनीक, प्रक्रिया की कार्य–कुशलता, कच्चे माल के संसाधन की विधि इत्यादि।

दूसरी ओर, कीटनाशकों संयंत्रों, इलेक्ट्रोप्लेटिंग, मेटल फिनिशिंग संयंत्रों फोटोग्राफिक रसायन इकाइयों आदि उद्योगों में ठोस अवशेष तो कम निकलता है लेकिन इसमें विषैले और विपत्तिजनक पदार्थ बड़ी मात्रा में होते हैं। ऐसे अपशिष्ट उत्पादों को जमा करने, हानिरहित बनाने और निपटान के लिए विशेष तकनीकें होती हैं।

उद्योगों द्वारा उत्पादित कुछ अवशेष का करीब 15 प्रतिशत विपत्तिजनक अवशेष के वर्ग में आता है अर्थात् हालाँकि नुकसानदेह कचरा, कुल कचरे का एक छोटा हिस्सा होता है। परंतु इसके प्रभाव घातक होते है। यह न केवल पर्यावरण पर बुरा असर डालता है, बल्कि खाद्य शृंखला के जरिए अवार्धित होकर मानव स्वास्थ्य के लिए भी खतरनाक हो जाता है।

(ii) विसर्जन के विभिन्न तरीके

उत्तर– चूँकि हमारे देश में अवशेषों के रख–रखाव, उदासीनीकरण (हानिरहित बनाने) और विसर्जन के बारे में समुचित कानूनी प्रावधान नहीं हैं। इसलिए आमतौर पर विपत्तिजनक अवशेष, जहाँ सुविधाजनक और नजदीक हो, वहीं फेंक दिया जाता है। इस समय हमारे देश में अपशिष्ट उत्पादों के व्ययन के निम्न तरीके अपनाए जाते हैं–

(1) शहर के अपजल के साथ ही व्ययन निपटान

(2) नदियों में या नदियों के किनारे व्ययन

(3) खुले गड्ढों में जलाकर व्ययन

(4) जल के बहाव की दृष्टि से समुद्र के निचले इलाकों और मुहानों में व्ययन

(5) अपनी सुविधानुसार डिजाइन किए गए दाहन संयंत्रों में जलाकर व्ययन।

ज्यादातर अधिस्थानी धातुओं वाला अवशेष और कीटनाशकों, विलेयक डिस्टिलेट्स, फेनोलिक्स, साइनाइड जैसे बेहद विषैले अवशेषों के व्ययन के लिए भी सही तरीके अपनाए जाते हैं। जहाँ तक प्रभाव का प्रश्न है, महत्त्वपूर्ण बात यह है कि इस बात का सही मूल्यांकन किया जाना चाहिए कि व्ययन के कौन से तरीके से पर्यावरण पर क्या अनुषंगी प्रभाव (प्रतिकूल असर) और प्रतिक्रिया होती है। भारत में इन नीतियों के उचित आकलन की व्यवस्था नहीं है इसलिए अधिकांशतः अवशेषों का सस्ता और अनुचित व्ययन होता है।

(iii) अनुचित विसर्जन के अनुषंगी प्रभाव

उत्तर– गलत तरीके से अवशेष के विसर्जन से स्वास्थ्य तथा पर्यावरण पर प्रतिकूल असर पड़ता है। खासकर विपत्तिजनक अवशेषों को अस्वच्छ तरीके से खुले में या नदी में फेंक कर और खुले में गड्ढों में जलाकर नष्ट करना चाहिए। इन तरीकों में सुधार जरूरी है। गलत तरीके से अवशेष के निपटान का मुख्य नुकसान है–भूमि और भू–जल का विषाक्त हो जाना। अक्सर विपत्तिजनक अवशेषों को खुले में फेंक देने से ऐसी स्थिति आती है।

विपत्तिजनक अवशेष का पानी के माध्यम से ही कम से कम पाँच तरीकों से आदमी पर असर पड़ सकता है–

(1) पेयजल के जरिए सीधा प्रभाव

(2) पानी के गर्म होने से, विषाक्त पदार्थों का वाष्प रूप से सूँघे जाने से

(3) नहाने और सफाई के दौरान, त्वचा द्वारा विषाक्त पदार्थों को सोख लिए जाने से

(4) प्रदूषित भू–जल का इस्तेमाल कर रहे पौधों और जंतुओं से प्राप्त उत्पादों के उपयोग से।

(5) विषाक्त मिट्टी के संपर्क में आने पर, मानव त्वचा द्वारा ऐसे पदार्थों को ग्रहण कर लेने से।

पूरे विश्व भर में लोगों में हाल ही में विपत्तिजनक अवशेषों के गलत और अनियंत्रित तरीके से फेंके जाने के खिलाफ जागरुकता पैदा हुई है। इस तरह अवशेष के व्ययन से मवेशियों की जानें गई हैं और मनुष्यों के स्वास्थ्य पर बुरा असर पड़ा है।

प्रश्न 17. भूमंडलीय तापन तथा जलवायु परिवर्तन पर चर्चा कीजिए।

उत्तर– जलवायु से अभिप्राय, उस औसत स्वरूप से है जिसमें समय–समय पर मौसम बदलता रहता है। औसत स्वरूप का निर्धारण एक महीने से लेकर शताब्दी तक की लंबी अवधि तक किया जाता है। किसी स्थान की जलवायु वहाँ पर जल के होने या न होने, सौर विकिरण के परावर्तित होने, वायुमंडल में जल का अंतरित करने की क्षमता (अर्थात् वाष्पीकरण करना), ऊष्मा को संचित करने की क्षमता तथा उस स्थान की स्थलाकृति और बनावट पर निर्भर करती है। जलवायु को अक्षांशो के आधार पर चार भागों में बाँटा जा सकता है–उष्णकटिबंधीय (tropical), उपोष्णकटिबंधीय (subtropical), महाद्वीपीय (continental) तथा उत्तर ध्रुवीय (arctic)। इसे भूमध्यसागरी, मानूसनी, मरुस्थली आदि प्रकारों में भी वर्गीकृत किया जा सकता है। जलवायु को प्रभावित करने वाले कारकों में तापमान तथा वर्षण भी प्रमुख हैं।

पृथ्वी की सतह और वायुमंडल सौर विकिरण से गर्म होते हैं। आने वाले विकिरण का लगभग एक–तिहाई भाग वापिस अंतरिक्ष में परावर्तित हो जाता है, लगभग 20% वायुमंडलीय गैसें अवशोषित कर लेती है और शेष भाग पृथ्वी की सतह तक पहुँचता है जहाँ वह अवशोषित हो जाता है। इस प्रकार अवशोषित ऊर्जा अवरक्त किरणों (infrared rays) के रूप में वापिस परावर्तित होती हैं। इसमें से कुछ विकिरण वायुमंडलीय गैसों द्वारा अवशोषित हो जाता है और इस तरह आने वाली कुल ऊर्जा का संपूर्ण भाग वापिस अंतरिक्ष में नहीं पहुँचता है। अतः कुछ उष्मा इन गैसों द्वारा रोक ली जाती है जिससे वायुमंडल गर्म हो जाता है। यही वह कारण है जिससे पृथ्वी का औसत तापमान –18°C से बढ़कर 15°C हो जाता है और यहाँ पृथ्वी पर पाए जाने वाले जीवन के लिए अत्यंत महत्त्वपूर्ण है। यह स्थिति ग्रीन हाउस (green house) जैसी है जिसमें कांच की दीवारें उष्मा को बाहर नहीं जाने देती है, जिससे भीतर का तापमान बढ़ता जाता है।

मानव कुछ समय से अधिक मात्रा में वातावरण के विरुद्ध होने वाले व्यवहार में लिप्त है। वातावरण को दूषित करने वाले कार्य जैसे कूड़ा पैदा करना, जीवाश्म ईंधन (पेट्रोल, डीजल आदि) को जलाना, वनों को काटना, कोयला जलाना, प्रशीतन के लिए क्लोरोफ्लूरो कार्बन का प्रयोग आदि के कारण ग्लोबल वार्मिंग (भूमंडलीय ताप) में वृद्धि हो रही है। धरती के तापमान में निरन्तर वृद्धि, और समुद्र का कम हो जाना मनुष्य की विभिन्न गतिविधियों के परिणामस्वरूप है। इसके पर्यावरण अध्ययन और पर्यावरण पर दूरगामी परिणाम होते हैं। इनमें तूफानों और दूसरे अतिवादी मौसम में बढ़ोत्तरी, उत्तर और दक्षिण पोल से बर्फ चोटियों के पिघलने से समुद्र का ऊँचा होना सम्मिलित है। ये प्रभाव विश्व के अनेक स्थानों में देखे गए हैं। समुद्र का स्तर हर पाँच वर्ष बाद 1 इंच बढ़ जाता है। वातावरण को दूषित करने वाले कार्य जैसे कूड़ा पैदा करना, जीवाश्म ईंधन (पेट्रोल, डीजल आदि) को जलाना, वनों को काटना, कोयला जलाना, प्रशीतन के लिए क्लोरोफ्लूरो कार्बन का प्रयोग आदि के कारण ग्लोबल वार्मिंग (भूमंडलीय ताप) में वृद्धि हो रही है। धरती के तापमान में निरन्तर वृद्धि और समुद्र का

कम हो जाना मनुष्य की विभिन्न गतिविधियों के परिणामस्वरूप है। इसके पर्यावरण अध्ययन और पर्यावरण पर दूरगामी परिणाम होते हैं। इनमें तूफानों और दूसरे अतिवादी मौसम में बढ़ोत्तरी, उत्तर और दक्षिण पोल से बर्फ चोटियों के पिघलने से समुद्र का ऊँचा होना सम्मिलित है। ये प्रभाव विश्व के अनेक स्थानों में देखे गए हैं। समुद्र का स्तर हर पाँच वर्ष बाद 1 इंच बढ़ जाता है। जलवायु का यह परिवर्तन (भूमंडलीय ताप में वृद्धि) "ग्रीन हाउस प्रभाव" से निकट रूप से सम्बन्धित है। इस प्रभाव को ग्रीन हाउस प्रभाव इसलिए कहते हैं, क्योंकि ठंडे प्रदेश जहाँ पेड़–पौधों के लिए सूरज के प्रकाश की आवश्यकता होती है वहाँ वे काँच का घर बनाते हैं जिसे ग्रीन हाउस कहा जाता है।

पृथ्वी और समुद्र के वातावरण के औसत तापमान में वृद्धि को वैश्विक उष्णता कहते हैं। यह आद्योगिक क्रान्ति से ग्रीन हाउस गैसों (कार्बन डाइऑक्साइड, मैथेन, नाइट्रस ऑक्साइड) में वृद्धि के परिणामस्वरूप पृथ्वी के निचले वायुमंडल के औसत तापमान में क्रमिक बढ़ोतरी हुई है। CO_2 तथा अन्य ग्रीन हाऊस गैसों की सांद्रता बढ़ने से ग्रीन हाऊस प्रभाव में वृद्धि हुई है। इससे विश्व स्तर पर तापमान बढ़ा है। अध्ययनों से पता चलता है कि सन् 1860 की तुलना में 0.3°C – 0.6°C तापमान बढ़ चुका है और पिछले दो दशक बीसवीं सदी के सबसे गर्म दशक थे और उनमें भी खासतौर से सन् 1998 का वर्ष अधिक गर्म था। इक्कीसवीं शताब्दी का दशक 2000–2010, सन् 1850 से अब तक के समय अंतराल का सबसे अधिक गरम है जिसमें विशेष कर सन् 2005 और सन् 2010 सबसे अधिक दो गरम वर्ष हैं। इस भूमंडलीय तापन से जलवायु का प्रतिरूप बदल सकता है जिससे कि समुद्र स्तर में वृद्धि हो सकती हैं अनुमान लगाया गया है कि समुद्र तल 0.5 m से 1 m तक बढ़ सकता है। समुद्र तल के बढ़ने का कारण एक तो स्वयं महासागरों के जल का तापीय प्रसार है और दूसरा हिमनदों एवं ध्रुवीय बर्फ के पिघलने से प्राप्त होने वाला अतिरिक्त जल है। इसका कई लोगों पर गंभीर प्रभाव पड़ सकता है जैसे तटीय प्रदेशों और द्वीप समूहों में रहने वाले लोगों पर।

भूमंडलीय तापन के अन्य प्रभावों में अधिक उग्र जल–चक्र का होना है जिसके कारण बाढ़ें, वर्षा तथा सूखा हो सकते हैं और पारिस्थितिकीय परिवर्तन जिनसे कृषि उत्पादकता तथा वनों की उत्तरजीविता प्रभावित होती है।

सन् 1988 में जलवायु परिवर्तन के विषय में बढ़ती चिंता से विश्व मौसम विज्ञान संगठन (World Meteorological organisation, WMO) तथा संयुक्त राष्ट्र पर्यावरण कार्यक्रम (United Nations Environment Programme, UNEP) ने जलवायु परिवर्तन पर अंतरसरकारीय पैनेल (Intergovernmental Panel on Climate Change, IPCC) बनाया। इसकी प्रथम मूल्यांकन रिपोर्ट (First Assessment Report) सन् 1990 में पूरी हुई। तीसरी मूल्यांकन रिपोर्ट (सन् 2001) में सन् 2000 तक जलवायु के विषय में किए गए अनुसंधानों के निष्कर्ष दिए गए हैं। इसमें पूर्वानुमान लगाया गया है कि वर्ष 2100 तक धरती की सतह का तापमान 1.4°C–5.8°C बढ़ सकता है जो कि द्वितीय मूल्यांकन रिपोर्ट द्वारा अनुमानित तापमान में वृद्धि 1.0°C-3.5°C की तुलना में अधिक है। यह तापन उससे

भी अधिक होगा जितना कि पिछले 10,000 वर्षों में हुआ है। यदि तापमान के परिवर्तन की दर इतनी तेज रही तो 'पारितंत्र और जीव' परिवर्तित पर्यावरण के अनुकूल नहीं ढल पाएँगे।

वर्षा का पैटर्न भी जलवायु परिवर्तन से प्रभावित होता है। इसके कारण कुछ क्षेत्रों में बाढ़ आ जाती है और कुछ में सूखा पड़ सकता है। वर्षा के पैटर्न के परिवर्तन से मृदा की नमी भी परिवर्तित हो जाती है। जब भी कृषि उत्पादकता से संबंधित जलवायु कारक बदलते हैं जिनसे खाद्य उत्पादन पर गंभीर प्रभाव पड़ता है। खाद्यान्नों के उत्पादन की कमी के कारण कुछ लोगों में कुपोषण हो सकता है और इससे खाद्य पदार्थों की कीमतों में भी बढ़ोतरी हो जाती है।

भारत में जलवायु परिवर्तन की बहुत संभावना रहती है। हमारी अर्थव्यवस्था जलवायु संवेदनशील कारकों जैसे कृषि और वानिकी पर निर्भर है। इसके अतिरिक्त हमारे समुद्र तटों पर भी घनी आबादी है जिस पर समुद्र तल के ऊपर उठने का संभावित खतरा बना रहता है। किसी भी प्राकृतिक आपदा के कारण लोगों को अपने घर छोड़कर कहीं और जाकर बसना पड़ता है और इन आपदाओं से मनुष्यों के जीवन और संपत्ति की बहुत अधिक हानि होती है।

भारत सरकार ने जून 2008 में जलवायु परिवर्तन पर राष्ट्रीय कार्य योजना (National Action Plan on Climate Change, NAPCC) बनाई। जलवायु परिवर्तन पर राष्ट्रीय कार्य योजना में उन उपायों की पहचान की गई जो विकास संबंधी उद्देश्यों को बढ़ावा देने के साथ–साथ जलवायु परिवर्तन की समस्या से प्रभावी ढंग से निपटान के लिए सहलाभ भी उपलब्ध कराते हैं। राष्ट्रीय कार्य योजना के निम्नलिखित आठ राष्ट्रीय मिशन हैं जो जलवायु परिवर्तन के संदर्भ में प्रमुख लक्ष्यों की प्राप्ति हेतु बहुमुखी, दीघवधिक और समेकित कार्यनीतियों को प्रतिरूपित करते हैं। ये कार्य निम्नलिखित आठ मिशनों के माध्यम से किए जा रहे हैं–

- राष्ट्रीय सौर मिशन
- राष्ट्रीय संवर्धित ऊर्जा बचत मिशन
- राष्ट्रीय सतत् पर्यावास मिशन
- राष्ट्रीय जल मिशन
- राष्ट्रीय हिमालयी पारिप्रणाली परिरक्षण मिशन
- राष्ट्रीय हरित भारत मिशन
- राष्ट्रीय सतत् कृषि मिशन
- राष्ट्रीय जलवायु परिवर्तन कार्यनीतिक–ज्ञान मिशन

दूसरे चरण में, जलवायु परिवर्तन पर राष्ट्रीय कार्य योजना (NAPCC) की घोषणा के बाद, सभी राज्यों को जलवायु परिवर्तन की चुनौतियों से निपटने के लिए अपनी राज्य स्तरीय कार्य योजना तैयार करने के लिए कहा गया।

प्रश्न 18. ओजोन क्षरण क्या है? इसके विभिन्न प्रभाव भी बताइए।

उत्तर– हमारे सौरमंडल में पृथ्वी ही संभवत ऐसा अनोखा ग्रह है, जिसका वायुमंडल रासायनिक दृष्टि से सक्रिय तथा ऑक्सीजन से भरा हुआ है, अन्य ग्रह कार्बन डाइऑक्साइड,

मीथेन तथा हाइड्रोजन जैसी निष्क्रिय गैसों से घिरे हुए हैं। हमारे वायुमंडल की ऊपरी परत में 15 से 35 किमी के मध्य ओजोन गैसें पाई जाती हैं। ओजोन गंधयुक्त हलके नीले रंग की गैस है, जो ऑक्सीजन के तीन परमाणुओं के संयोग से बनती है। ओजोन गैस का सर्वाधिक संकेंद्रण धरातल में 20 से 25 किमी की ऊँचाई पर समतापमंडल में मिलता है। इसमें ओजोन का विघटन एवं संयोजन होता रहता है। सूर्य से ओने वाली पराबैंगनी किरणें ओजोन के साथ रासायनिक क्रिया कर ओजोन का आणविक तथा परमाणविक ऑक्सीजन में विखंडित करती हैं।

सूर्य से आने वाली हानिकारक पराबैंगनी किरणों को ओजोन परत बीज में ही रोक देती है, जिससे ये पृथ्वी के धरातल पर नहीं पहुँच पाती तथा जीवमंडल को सुरक्षित बनाए रखती हैं। इसलिए ओजोन परत को 'ऊष्मा–सह' छ्त्तरी या 'जैवमंडल का सुरक्षा कवच' कहते हैं। वास्तव में सौर पराबैंगनी प्रकाश के घातक प्रभाव से ओजोन हमारी रक्षा करती है।

ओजोन परत का वायुमंडलीय विस्तार कई किमी है, किंतु यदि इस परत को संपीड़ित कर पृथ्वी के वायु दाब पर मापी जाए तो यह केवल 3 मिलीमीटर मोटी होगी, लेकिन समतापमंडलीय हवा के कम दाब पर यह 35 किमी तक फैली है। धरातल से ओजोन परत की ऊँचाई मौसम एवं अक्षांश के अनुसार शीतकाल में नीचे तथा ग्रीष्मकाल में ऊँची हो जाती है। पराबैंगनी किरणों के अवशोषण से ओजोन परत का तापमान बढ़कर 170 फारेनहाइट तक हो जाता है।

ओजोन क्षरण के प्रभाव—ओजोन स्तर के क्षरण के कारण निम्नलिखित प्रभाव पाये जाते हैं—

(1) मनुष्य की त्वचा की ऊपरी सतह की कोशिकाएँ क्षतिग्रस्त हो जाती हैं। क्षतिग्रस्त कोशिकाओं से हिस्टामिन नामक रासायनिक पदार्थ स्त्रावित होता है, जिससे शरीर की प्रतिरोधक क्षमता समाप्त हो जाने से निमोनिया, ब्रोन्काइटिस, अल्सर नामक रोग हो जाते हैं।

(2) ओजोन स्तर के क्षरण के कारण सूर्य से आने वाली पराबैंगनी किरणों के प्रभाव से त्वचा का कैंसर हो जाता है।

(3) ओजोन स्तर के क्षरण से आनुवांशिक विसंगतियाँ, विकृतियाँ तथा चिरकालिक रोग उत्पन्न होंगे।

(4) सूर्य से निकलने वाली पराबैंगनी किरणों से आँखों के घातक रोग—सूजन, मोतियाबिन्द घाव हो जाते हैं।

(5) ओजोन के क्षरण से तापमान में वृद्धि हो रही है।

(6) ओजोन स्तर के क्षरण के कारण सूक्ष्म जीवों पर वनस्पतियों में प्रोटीन खाद्य शृंखला प्रभावित होती है। उत्पादक–शैवाल नष्ट हो जाते हैं। शैवालों के नष्ट हो जाने पर जलीय जीव जात—मछलियाँ, जलीय पक्षी, समुद्र में रहने वाले स्तनी प्राणी व्हेल, सील और मानव भी प्रभावित होता है।

इस प्रकार, समूचे विश्व के लिए ओजोन परत का ह्रासन चिंता का विषय है। 22 मार्च, 1985 को विएना में एक अंतर्राष्ट्रीय सम्मेलन हुआ जिसके फलस्वरूप 16th सितंबर,

1987 को ओजोन परत का ह्रास करने वाले पदार्थों के बारे में एक समझौता हुआ जिसे मॉण्ट्रियल प्रोटोकॉल (Montreal Protocol) कहते हैं। इसके अंतर्गत ओजोन ह्रासक पदार्थों (Ozone Depleing Substances; ODS) CFCs, हैलोंस, $CHCl_3$ तथा CH_3CCl_3 के उपयोग को पूरी तरह समाप्त करने के लिए एक समय–सारणी तैयार की गई।

17 सितंबर, 1992 को भारत ने मॉट्रियल प्रोटोकॉल को स्वीकृत कर लिया था। मॉण्ट्रियल प्रोटोकाल द्वारा नियंत्रित 20 पदार्थों में से सात पदार्थ भारत में बनते और प्रयोग किए जाते है। ये हैं–CFC-11, CFC-12, CFC-13, हैलोन–1211, हैलोन–1301, कार्बन टेट्राक्लोराइड और 1, 1, 1–ट्राइक्लोरोएथेन। माण्ट्रियल प्रोटोकॉल से जुड़े सभी मसलों का समन्वय, पर्यावरण एवं वन–मंत्रालय द्वारा किया जाता है। माण्ट्रियल प्रोटोकॉल को लागू करने और उसमें सहायता देने हेतु एक ओजोन कक्ष (Ozone Cell) स्थापित किया गया है। ओजोन ह्रासक पदार्थों (ODS) का उपयोग समाप्त करने तथा सहायक क्रियाकलापों के लिए बहुपक्षीय कोष से अनेक परियोजनाओं को धन दिया जा रहा है जिसे यू.एन.डी.पी. (UNDP), यू.एन.इ.पी. (UNEP), यू.एन.आई.डी.ओ. (UNIDO) तथा विश्व बैंक (World Bank) आदि एजेंसियों द्वारा कार्यान्वित किया जाता है। इसके अतिरिक्त राष्ट्रीय ओजोन एकक (National Ozone Unit; NOU) को प्रबंधन एवं लागू करने का काम दिया गया है। जो भी निर्माता गैर–ओजोन ह्रासन पदार्थों से संबंधित प्रौद्योगिकी अपना रहे हैं उनके लिए भारत सरकार ने अनेक वित्तीय उपायों की घोषणा की है जिनमें सीमा–शुल्कों तथा उत्पादन करों से छूट शामिल है। नियामक उपायों में ओजोन ह्रासन पदार्थ (नियमन) नियम भी शामिल हैं जिन्हें सन् 2000 में भारत के राजपत्र में अधिसूचित किया गया है और उनमें ओ.डी.एस. के उत्पादन, बिक्री, उपभोग, निर्यात तथा आयात आदि के अनेक पहलुओं को लिया गया है।

नवंबर, 2018 में संयुक्त राष्ट्र ने एक रिपोर्ट जारी की है जिसके अनुसार CFCs के कम उपयोग जैसे उठाए गए कदमों के कारण ओजोन परत ठीक हो रही है। उत्तरी गोलार्द्ध के ऊपर ओजोन परत सन् 2030 तक पूरी तरह से ठीक होनी चाहिए। दक्षिणी गोलार्द्ध में, इसे सन् 2050 तक ठीक हो जाना चाहिए। सन् 2000 से, ओजोन परत में हर दस वर्षों में 1–3 प्रतिशत की वृद्धि हुई है।

प्रश्न 19. अम्ल वर्षा पर प्रकाश डालते हुए इसके प्रभावों पर संक्षेप में प्रकाश डालिए।

अथवा

अम्ल वर्षा के हानिकारक प्रभावों की संक्षिप्त व्याख्या कीजिए।

उत्तर– अम्लीय वर्षा, प्राकृतिक रूप से ही अम्लीय होती है। इसका कारण यह है कि पृथ्वी पर विद्युत संयंत्रों, औद्योगिकी बॉयलरों और स्मेलटरों में कोयले के जलने से निकली हुई सल्फर डाइऑक्साइड सामान्यतः वायुमंडल में चली जाती है जिससे उसका ऑक्सीकरण हो जाता है। किंतु जब यह वायु में तैरते हुए धूलि कण, उड़ने वाले राख कण आदि जैसे कणाकार

पदार्थों को अपने में सोख लेती है और फिर आर्द्र बूंदों से मिश्रित होकर सल्फ्यूरिक अम्ल बनाती है। फिर यह फेफड़ों के आर्द्र ऊतकों के संपर्क में आती है और मानव के शरीर तंत्र का क्षरण कर देती है। इसी प्रकार मोटर गाड़ियों के उत्सर्जन से निकली हुई नाइट्रोजन डाइऑक्साइड, नाइट्रिक अम्ल में बदल जाती है। जब तक ये वायुमंडल मे क्षारीय यौगिकों के साथ अभिक्रिया करके निष्क्रिय नहीं हो जातीं, ये तेज अम्ल अंततोगत्वा "अम्ल वर्षा" के रूप में पृथ्वी पर लौट आएँगे।

अप्रदूषित क्षेत्रों में वर्षा सामान्यतः थोड़ी–सी अम्लीय होती है और उसमें 5.5 और 6.5 के बीच pH होता है क्योंकि कार्बन डाइऑक्साइड जल के साथ वायुमंडल में मिलकर एक अम्ल बनाती है, जिसे कार्बनिक अम्ल कहते हैं। अम्ल वर्षा (Acid Rain) का pH प्रायः 4 से कम होता है यहाँ तक कि यह 3 से 3.5 तक भी हो सकता है।

अम्ल वर्षा, धातुओं और चूना पत्थर को संक्षारित कर देती है जिससे अत्यधिक क्षति होती है। यह वनस्पतियों तथा वन्य जीवन को नष्ट कर देती है और कार की सजावट वाली ऊपरी परत (फिनिश) को निक्षारित कर देती है एवं मकानों तथा फूलों का क्षय कर देती है। इसके अलावा अम्ल वर्षा कभी–कभी ही स्थानीय होती है। अधिकतर ये प्रदूषण, सैकड़ों किमी. यहाँ तक कि हजारों किमी. की यात्रा करके वर्षा कर सकते हैं। ये प्रदूषक किसी राष्ट्र की सीमा में बँधे हुए नहीं होते हैं।

पारिस्थितिकी तंत्र पर कुल मिलाकर अम्ल वर्षा का प्रभाव अभी तक अच्छी तरह समझ में नहीं आया है। अम्ल वर्षा के कारण जलीय प्राणियों की मृत्यु, खेतों और पेड़–पौधों की वृद्धि में गिरावट, ताँबा और सीसा जैसे घातक तत्त्वों का पानी में मिल जाना ये सभी दुष्परिणाम देखें जा सकते हैं। यहाँ तक कि जर्मनी और पश्चिम यूरोप में जंगलों का नष्ट होने का कारण अम्ल वर्षा है। किंतु इससे गंभीर क्षति की संभावनाएँ हैं। 1950 में स्वीडन के जंगलों के बढ़ने की दर में कमी आई है जिसका कारण अम्ल वर्षा मानी जाती है। सालमन और ट्राइट जैसी मछली स्वीडन के झीलों और छोटी–छोटी नदियों से गायब हो गई क्योंकि वहाँ पर pH 5 से काफी नीचे था। स्वीडन में हुई अम्ल वर्षा का उद्‌गम स्थान पश्चिमी यूरोप विशेषकर यूनाइटेड किंगडम था। अम्ल वर्षा, से पश्चिमी जर्मनी के चीड़ वनों में भी बड़ी मात्रा में हानि हुई।

भारत में अम्ल वर्षा से हमारी प्रसिद्ध (famous) ऐतिहासिक स्मारक ताजमहल को खतरा है। इसके निकट मथुरा शहर में कच्चे तेल की परिष्करणशालाएँ वायुमंडल में भारी मात्रा में सल्फर डाइऑक्साइड उगलती है। इस सल्फर डाइऑक्साइड को हवा अन्य स्थानों के साथ–साथ आगरा तक भी उड़ा ले जाती है जहाँ पर यह जल की बूंदों द्वारा सोख ली जाती है और फिर ताजमहल पर वर्षा के साथ गिरती है। ताजमहल केवल संगमरमर के पत्थरों से बना हुआ है इसलिए इसके संक्षारित होने का डर है। यदि इस ऐश्वर्यशाली ऐतिहासिक शाही स्मारक को एक बार क्षति पहुँची तो यह एक अपूरणीय क्षति होगी। अतः यह आवश्यक है कि परिष्करणशाला से निकलने वाली सल्फर डाइऑक्साइड की गुणता तथा उस क्षेत्र में हवा की दिशा दोनों पर निगरानी रखी जाए। दोनों स्थितियों में यह आवश्यक है कि परिष्करणशाला से निकलने वाली सल्फर डाइऑक्साइड के स्थानांतरण के लिए पहले से ही उपयुक्त उपाय किए जाएँ।

अम्ल वर्षा के प्रभाव—अम्ल वर्षा से झीलों व जलधाराओं का अम्लीकरण हो जाता है। जिसके कारण पेड़ों व कई संवेदनशील वन मृदाएँ क्षतिग्रस्त हो जाती हैं। इसके अतिरिक्त अम्ल वर्षा से भवन सामग्री, रंग, सांस्कृतिक महत्त्व के भवन, मूर्तियों आदि का क्षय तेजी से हो जाता है। पृथ्वी पर पहुँचने से पूर्व सल्फर डाइआक्सॉइड (SO_2) व नाइट्रोजन ऑक्साइड (NO_x) गैसें व उनके कणकीय पदार्थ व्युत्पादित (particular matter deriatives) सल्फेटों व नाइट्रेटों का दृश्यता निम्नीकरण करते हैं व जन–स्वास्थ्य को हानि पहुँचाते हैं।

अम्ल वर्षा से वनस्पति, भवनों व मानव स्वास्थ्य को प्रभावित करने वाले कुछ मुख्य प्रभाव नीचे दिए गए हैं–

(1) धरातलीय जल व जलजीवों पर प्रभाव—अम्ल वर्षा के कारण धरातलीय जल के pH का मान कम होने से मछलियाँ व अन्य जलजीवों को हानि पहुँचती है। अम्लता से जल में एल्युमीनियम निर्मुक्त होता है। यह मछलियों के गलफेड़ों में एल्युमीनियम हाइड्रॉक्साइड की एक परत के रूप में निर्मित हो जाता है। pH का मान 5 से कम होने पर मछलियों के अंडों से बच्चे पैदा नहीं हो पाते व इससे कम pH मान वयस्क मछलियों को मार सकता है। झीलों के अधिक अम्लीय होने से जैवविविधता का भी ह्रास हो जाता है।

(2) पादपों को क्षति—अम्ल वर्षा पादपों के लिए अत्यंत हानिकारक है। अम्ल वर्षा मृदा से खनिजों को अलग कर देती है और जिससे पौधे बौने रह जाते हैं। छोटी शाखाएँ मृत हो जाती हैं। पत्तियाँ पीली पड़कर गिर जाती हैं। महीन जड़ संरचना नष्ट हो जाती है और पूरा पादप मृत हो जाता है। अम्ल वर्षा से वनों की वृद्धि मंद पड़ जाती है, पत्तियाँ और पुष्प भूरे होकर गिर जाते हैं। चरम स्थितियों में, पूरा वन क्षेत्र मृत हो सकता है।

(3) मानव स्वास्थ्य पर प्रभाव—मनुष्य भी अम्ल वर्षा के कारण प्रभावित हो सकते हैं। कुछ गैसों के बारीक कण अम्ल वर्षा (सल्फर डाइऑक्साइड और नाइट्रोजन डाइऑक्साइड) जैसे ही गैसें बनाती हैं जिससे मनुष्यों में रोग उत्पन्न हो सकते हैं।

(4) मृदा को क्षति—अम्ल वर्षा के परिणामस्वरूप मृदा और अधिक अम्लीय बन सकती हैं। इसके कारण खनिज पोषक तत्त्व घुल कर नष्ट हो सकते हैं। इसके कारण विषाक्त रसायन जैसे एल्युमीनियम व पारा मृदा में संयोजित हो सकते हैं। इस प्रकार अम्ल वर्षा मृदा को कम उर्वर बना सकती हैं। अम्ल वर्षा के कारण कम pH को सहन करने में असमर्थ जीवाणु मारे जा सकते हैं। ऐसा इन जीवाणुओं के एन्जाइमों में अम्ल के कारण विकृति हो सकती हैं।

(5) अन्य प्रतिकूल प्रभाव—अम्ल वर्षा से खास भवन निर्माण सामग्रियों व ऐतिहासिक स्मारकों को भी क्षति पहुँच सकती हैं। अम्ल वर्षा से प्राचीन स्मारकों का क्षरण हो सकता है। ऐसा इसलिए होता है क्योंकि वर्षा में सल्फ्यूरिक अम्ल के विद्यमान होने व उसके पत्थरों (चूना पत्थर, बलुआ पत्थर, संगमरमर और ग्रेनाइट) में विद्यमान कैल्शियम से अभिक्रिया के फलस्वरूप जिप्सम के बनने के कारण होता है। तब यह पपड़ी के रूप में गिरना प्रारंभ हो जाता है। अम्ल वर्षा के कारण – लोहे के ऑक्सीकरण की दर बढ़ जाती है जिससे लोहे के फर्नीचर, ग्रिल, दरवाजे, खिड़कियाँ व अन्य पदार्थ प्रभावित होते हैं। अम्ल वर्षा के कारण वातावरण में उपस्थित सल्फेट व नाइट्रेट के कारण दृश्यता कम हो जाती है। □□

अध्याय 4

पर्यावरण रक्षाः नीतियाँ एवं प्रक्रियाएँ

भूमिका

पर्यावरण सुरक्षा और उसमें संतुलन हमेशा बने रहे इसके लिए हमें जागरूक और सचेत होना होगा। प्रत्येक प्रकार के हानिकारक प्रदूषण जैसे जल, वायु, ध्वनि इन सब खतरनाक प्रदूषण से बचने के लिए अगर हम धीरे–धीरे भी कोई उपाय करें तो हमारी पृथ्वी की सुंदरता जो कि पर्यावरण है, उसे बचा सकते हैं और अपने जीवन को भी स्वस्थ और स्वच्छ रूप में प्राप्त कर सकते हैं। पर्यावरण संरक्षण विश्व में प्रत्येक मनुष्य के लिए अनिवार्य रूप से घोषित करना चाहिए। पर्यावरण है तो हमारा जीवन है।

प्रश्न 1. पर्यावरण के संदर्भ में 'राष्ट्रीय विधान' क्या है? इसका वर्गीकरण कीजिए।

अथवा

राष्ट्रीय विधानों की प्रमुख श्रेणियों को सूचीबद्ध कीजिए।

उत्तर– भारतीय संविधान में संशोधनों के द्वारा राष्ट्रीय स्तर पर, पर्यावरण के सुधार एवं बेहतरी के लिए कड़े प्रयास किए गए हैं–आरंभिक काल में हमारे संविधान में प्राकृतिक संसाधनों के संरक्षण के लिए कोई प्रावधान नहीं था। परन्तु 1972 में स्टॉकहॉम में हुए संयुक्त संयुक्त राष्ट्र की मानवीय पर्यावरण से संबंधित कॉन्फ्रेंस के पश्चात्, भारतीय संविधान में संशोधन किया गया और उसमें पर्यावरण के संरक्षण को एक महत्त्वपूर्ण स्थान दिया गया।

भारतीय संविधान के अनुच्छेद–51ए (51A) में 42 वां संशोधन, पर्यावरण के संरक्षण एवं उसमें सुधार को एक मूल कर्त्तव्य का रूप देता है।

"यह भारत के प्रत्येक नागरिक का कर्त्तव्य है कि वह प्राकृतिक वातावरण जिसमें वनों, झीलों, नदियाँ और वन्य जीवन जैसी प्राकृतिक संपदा सम्मिलित है, का संरक्षण करे व जीवित प्राणियों के लिए मन में करूणा रखे।"

पर्यावरण के संरक्षण व बेहतरी के लिए केंद्र द्वारा प्रदेशों को एक निर्देश जारी किया गया है। जिसे राजकीय नीति के निर्देश आधार का दर्जा प्राप्त है। अनुच्छेद 48–ए (48A) स्पष्ट करता है–

"यह राज्य का कर्त्तव्य है कि वह न केवल पर्यावरण का बचाव व सुधार करे बल्कि देश के वनों और वन्य जीवन का भी संरक्षण करे।"

भारत में सन् 1980 में देश में स्वस्थ पर्यावरण के विकास के लिए पर्यावरण विभाग की स्थापना हुई थी। यही विभाग, आगे चलकर, सन् 1985 में पर्यावरण और वन मंत्रालय कहलाया। इस मंत्रालय की मुख्य जिम्मेदारी पर्यावरण संबंधी कानूनों और नीतियों का संचालन व लागूकरण है।

हमारे संविधान के प्रावधान कई कानूनों का सहारा लेते हैं, जिन्हें हम एक्ट और नियमों के नाम से जानते हैं। हमारे अधिकांश पर्यावरण–संबंधी कानून व नियम विधानसभा व राज्य सभाओं द्वारा निर्मित कानून हैं। ये एक्ट प्रायः अपनी कार्य शक्ति को नियंत्रक एजेंसियों को प्रसारित करते हैं, जो कि उनके लागूकरण की तैयारी करती है। भोपाल गैस दुर्घटना के पश्चात पर्यावरण संरक्षण कानून (Environment Protection Act; EPA) सन् 1986 में तैयार होकर सामने आया। इसे एक मुख्य कानून माना जा सकता है क्योंकि ये वर्तमान कानूनों की कई कमियों को पूरा करता है। इसके पश्चात् तो विशिष्ट पर्यावरणीय समस्याओं को संबोधित करने के लिए कई पर्यावरणीय कानूनों का विकास हुआ है। उदाहरण के लिए अभी हाल के वर्षों में ही सी.एन.जी. का प्रयोग, दिल्ली प्रदेश में सार्वजनिक यातायात के वाहनों के लिए अनिवार्य कर दिया गया है। इसके फलस्वरूप दिल्ली के वायु प्रदूषण की मात्रा कम हो गई है।

इस समय भारत में लागू हो रहे नियमों को चार श्रेणियों में समूहित किया जा सकता है–

(1) जल अधिनियम–जल अधिनियम में जल प्रदूषण को परिभाषित किया गया है। पानी के प्रदूषण को नियंत्रित करने तथा इसे रोकने हेतु केंद्र तथा राज्य स्तर पर प्रशासनिक एजेंसियों के रूप में जल प्रदूषण बोर्ड बनाने की व्यवस्था तथा जल प्रदूषित करने पर दंड का प्रावधान किया गया है। इस अधिनियम का क्षेत्र बड़ा व्यापक है तथा इसमें झरने, नदियाँ, तालाब, सरोवर, भूमिगत–जल, समुद्र तथा ज्वार भाटों का पानी भी शामिल किया गया है। केंद्र तथा राज्य सरकार के बोर्डों में प्रतिनिधित्व का दायरा काफी व्यापक है तथा इन बोर्डों को जल प्रदूषण कम करने, नियंत्रित करने या रोकने के मामलों में सलाह देने, कार्यक्रमों में तालमेल बैठाने तथा तकनीकी सुझाव देने के व्यापक अधिकार हैं। इससे भी महत्त्वपूर्ण बात यह है इन बोर्डों को देश में जल प्रदूषण की स्थिति की निगरानी करने, प्रदूषण के अनुमेय तथा अनुमेय मानक तय करने का भी काम सौंपा गया है।

जल (प्रदूषण के बचाव व नियंत्रण) कानून, सन् 1974 व संशोधन 1988–इस कानून अधिनियम (एक्ट) का मुख्य उद्देश्य जल प्रदूषण से बचाव उसका नियंत्रण करना है तथा पानी की स्वच्छता को कायम या संचित रखना है (चाहे वह झरनों, कुँओं या भूमि में हो)। इस कानून की कुछ मुख्य विशेषताएँ नीचे दी गयी हैं–

- यह कानून राज्य प्रदूषण नियंत्रक बोर्ड को नियंत्रण का अधिकार सौंपता है तथा यह बोर्ड फेक्ट्रियों द्वारा पानी में छोड़े गए प्रदूषित पदार्थों की मात्रा को सही मापदंड स्थापित करके नियंत्रित करता है। एक केंद्रीत प्रदूषण नियंत्रण बोर्ड यही कार्य केंद्रशासित प्रदेशों के लिए करता है व विभिन्न राजकीय बोर्डों के लिए न केवल नीतियां बनाता है बल्कि उनके विभिन्न प्रकार के कार्यकलापों में सहयोग भी करता है।
- राज्य प्रदूषण नियंत्रण बोर्ड वाहित मल व औद्योगिक बर्हिस्रावों के निकास का अनुमोदन, अस्वीकृति, या कुछ शर्तों जब वे इनको विसर्जित करने पर अनुमति माँगते हैं, इत्यादि के माध्यम से नियंत्रित करता है।
- यह कानून बोर्ड को अनुमति देता है कि वह कुछ कार्यों द्वारा इस कानून के अनुरूप चले, जैसे परीक्षण के लिए आये कार्य को सम्मिलित करके, उपकरणों का परीक्षण करके व किसी भी कुएँ, झरने, नाले से पानी का नमूना लेकर उसका विश्लेषण करने के माध्यम से।
- 1988 में हुए इस संशोधन से पूर्व, जल कानून को तोड़ने वालों के खिलाफ अपराधी कार्यवाही की जाती थी व न्यायाधीशों द्वारा प्रदूषकों को नियंत्रण में लाने के निर्देश जारी होते थे। सन् 1988 के संशोधन ने इस कानून के लागू करने के लिए काफी सख्ती से काम किया है। बोर्ड को यह अधिकार दिया गया कि वह गलत काम करने वाले उद्योग को बंद कर सकता है। या किसी प्रशासनिक निर्देश द्वारा पानी या ऊर्जा की आपूर्ति बंद कर सकता है। इसके अलावा इस बोर्ड द्वारा संचालित कार्यवाही को बहुत मुश्किल बना दिया गया है और आम नागरिक को भी प्रदूषण के खिलाफ कानूनी मामले दर्ज करने की अनुमति दी गई है।

सन् 1977 का जल (प्रदूषण का बचाव व नियंत्रण) सेस (कर) कानून—जल सेस कानून को केंद्रीय व राज्य प्रदूषण बोर्डों ने मिलकर खर्च के लिए पैसा प्राप्त करने के उद्देश्य से पारित किया था। यह कानून प्रदूषण नियंत्रण के लिए आर्थिक स्तर का प्रेरक है और इसके तहत स्थानीय अधिकारियों व कुछ चुने हुए उद्योगों को पानी के लिए कर (सेस) देना पड़ता है। इस कर से प्राप्त आय को जल कानून के लागूकरण के लिए प्रयोग किया जाता है। एकत्रण के व्यय को काटने के पश्चात, केंद्रीय सरकार, केंद्रीय बोर्ड व राज्यों को जितना जरूरी हो, उतना पैसा देती है। प्रदूषण के नियंत्रण में पूँजी निवेश को प्रोत्साहित करने के लिए, यह कानून प्रदूषण फैलाने वाले को कर की मात्रा पर 70% की छूट देती है। वह ऐसा तब करती है, जब प्रदूषण करने वाला प्रदूषकों के निकास के यंत्र उक्त स्थान पर स्थापित कर लेता है।

(2) वायु अधिनियम—वायु प्रदूषण को रोकने एवं उसके नियंत्रण को वैधानिक सहारा प्रदान करने हेतु भारत सरकार ने एक केंद्रीय कानून वायु अधिनियम, 1981 बनाया जिसे वायु अधिनियम, 1981 कहा जाता है। इस अधिनियम का मुख्य उद्देश्य वायु प्रदूषण की रोकथाम, नियंत्रण एवं कमी करना है। वायु अधिनियम 1981 तथा संशोधन 1987 के मुख्य प्रावधान नीचे दिए गए हैं—

वायु (प्रदूषण का बचाव व नियंत्रण) कानून सन् 1981 का व संशोधन, 1987

- वायु कानून का ढांचा सन् 1974 के जल कानून से मिलता—जुलता है। पर्यावरणीय समस्याओं के लिए एक समाग्रित रवैया अपनाने के लिए, वायु कानून व जल कानून के अधीन स्थापित किए गए केंद्रीय और राजकीय बोर्डों के अधिकारों को विस्तृत कर दिया। इसमें अब वायु प्रदूषण नियंत्रण भी शामिल होने लगा।
- जिन राज्यों के जल प्रदूषण बोर्ड नहीं थे, उनके लिए वायु प्रदूषण बोर्डों की स्थापना अनिवार्य कर दी गई।
- वायु कानून के अंतर्गत, वायु प्रदूषण नियंत्रण क्षेत्रों के अधीन कार्य करती सब उद्योगों के लिए राजकीय बोर्डों से अनुमति लेना आवश्यक हो गया।
- आस—पास के पर्यावरण की वायु की गुणवत्ता को नोट करने के पश्चात और केंद्रीय बोर्ड से सलाह करने के बाद, राज्यों को यह अधिकार दिया गया है कि वे उद्योगों व वाहनों के लिए प्रदूषित वायु का मापदंड सामने लाएँ।
- कानून बनाने वालों ने बोर्ड को जिन बातों पर कार्य करने के लिए अधिकृत किया था, वे कार्य हैं: परीक्षण के लिए प्रवेश करने की सामर्थ्य, यंत्रों का परीक्षण व अन्य उद्देश्य भी। धुएँदान या चिमनियों से निकाले गए धुएँ या धूल, या ऐसे ही किसी बाहरी साधन से होने वाले प्रदूषण के विश्लेषण के उद्देश्य से निकाले गए नमूने को लेने का अधिकार जैसा कि बताया गया है।
- सन् 1987 में उसके संशोधन से पूर्व, वायु कानून के उल्लंघन पर कानूनी कार्यवाही करने की विधि से संचालित होता था। सन् 1987 का यह संशोधन लागू करने की प्रणाली को सशक्त बना गया और उल्लंघन की स्थिति में कड़ी

कार्यवाही को भी करने का अधिकार प्राप्त किया। अब, बोर्डों को यह अधिकार है कि वे उल्लंघन करने वाले उद्योग को या तो बंद करा दे या बिजली व पानी की सप्लाई ही रोक दें। बोर्ड को अब यह अधिकार भी है कि वे न्यायालय से आवेदन करें कि वह अधिकृत सीमाओं को पार करते प्रदूषण पर रोक लगा दे। विशेषकर, सन् 1987 के संशोधन ने वायु कानून में न केवल एक नागरिक के मुकदमे दायर करने की कार्यवाही को भी शामिल कर लिया, बल्कि इस कानून में ध्वनि प्रदूषण को शामिल कर, उसको विस्तृत रूप दे दिया।

(3) वन एवं वन्य जीवन अधिनियम—भारत उन कुछ देशों में से एक है जहाँ वन नीति 1894 से विद्यमान थी। वन व वन्य जीवन कानून दोनों नीचे दिए गये कानून के अन्तर्गत आते हैं—

वन्य जीवन (बचाव) (अधिनियम) कानून सन् 1972 का और संशोधन, 1982

सन् 1972 में संसद ने वन्य जीवन कानून (बचाव) को पारित किया। इस कानून में राज्य वन्यजीवन सलाहकार बोर्ड, जंगली पशुओं व पक्षियों के शिकार पर नियंत्रण, वन्य जीवन से भूरपुर अभ्यारण्यों एवं नेशनल पार्कों की स्थापना, जंगली पशुओं के व्यापार पर नियंत्रण, पशु उत्पादन इत्यादि व कानून के उल्लंघन पर कानूनी सजा। कानून के शेड्यूल I में दी गई संकटाप्न्न जीवों श्रेणी को हानि पहुँचाना, संपूर्ण भारत में प्रतिबंध आदि शामिल हैं। अनुज्ञाप्रत्र द्वारा निम्नलिखित श्रेणियों का नियंत्रण किया जाता है शिकार के जीव–जन्तु विशेषकर वे जिन्हें संरक्षण की जरूरत है (शेड्यूल II) पीड़क जन्तु जैसी कुछ श्रेणियों को (शेड्यूल IV) बिना किसी प्रतिबंध के शिकार किया जा सकता है। कुछ प्रजातियों को वर्मिन (Vermin) की श्रेणी में वर्गीकृत किया गया है जिनका बिना किसी रोकटोक के शिकार किया जा सकता है। वन्य जीवन के संरक्षक व उनके अधिकारी इस कानून का जिम्मा उठाते हैं।

सन् 1982 में हुए इस कानून में एक संशोधन ने पशुधन के वैज्ञानिक संचालन के उद्देश्य से जंगली पशुओं के पकड़ने व परिवहन की अनुमति दे दी।

भारत में खतरे में पड़ी पेड़–पौधों व जन्तु की श्रेणियों के अंतर्राष्ट्रीय व्यापार के समझौता का एक भागीदार है (CITES, 1976)। इस समझौते के मुताबिक संकटापन्न श्रेणियों व उनसे निकाले गए पदार्थों का आयात–निर्यात (Convention of International Trade in Endagered Species) इस समझौते में लिखी गई शर्तों के मुताबिक होना चाहिए। भारत सरकार ने भी निम्नलिखित कुछ संकटापन्न श्रेणियों के लिए संरक्षण योजनाओं का आरंभ कर दिया है—हंगल (1970), शेर (1972), चीता (1973), मगरमच्छ (1974), भूरा हिरन (1981) और हाथी (1991–92)।

सन् 1980 का वन (संरक्षण) अधिनियम (कानून)

पहले वन अधिनियम (कानून) को सन् 1927 में पारित किया गया था। यह अभी तक विद्यमान कई उपनिवेशीय कानूनों में से एक है। इसको पारित करने के तीन कारण थे—वनों से संबंधित कानूनों को सुदृढ़ करना, वन्य पदार्थों का परिवहन व लकड़ी और अन्य वन्य पदार्थों

पर कर लगाने से संबंधित था। इसके पश्चात, सन् 1980 में वन (संरक्षण) कानून को सन् 1927 के पूर्व कानून का संशोधन करने के लिए पारित किया गया। सन् 1927 का कानून वनों की चार श्रेणियों जिसमें संरक्षित वन, ग्राम वन, निजी वन व आरक्षित वन सम्मिलित किए गए हैं।

राज्य को अधिकार है कि वह वन्य भूमि अथवा बेकार पड़ी भूमि को आरक्षित वन का दर्जा देकर, इन वनों से निकले पदार्थों को बेच सके। आरक्षित वनों में अनधिकृत पेड़ों का काटना, पशुओं को चराना एवं शिकार पूरी तरह से आरक्षित है व इस नियम के उल्लंघन करने पर या तो जुर्माना देना पड़ता है या जेल हो जाती है। जिन आरक्षित वनों को ग्रामीण समुदाय को दिया गया है, उन्हें ग्राम वन के नाम से जाना जाता है।

राज्य सरकारों को वनों को संरक्षित वनों का दर्जा देने को अधिकृत किया गया है और उन्हें यह अधिकार है कि इन वनों पेड़ों का काटना, उत्खनन व वन–पदार्थों के हटाने पर रोक लगा सकें।

इन संरक्षित वनों का बचाव नियमों, अनुज्ञापनों (लाइसेंस लेकर) व कानूनी मुकदमों के माध्यम से होता है। वन कानून का वन अधिकारी व उनके कर्मचारी संचालन करते हैं। भारत के वन्य जीवन में आने वाली कमी और उसमें उत्पन्न पर्यावरणीय हानि से घबराकर, केंद्र सरकार ने सन् 1986 में वन (संरक्षण) अधिनियम पारित किया था। इस नियम के अनुसार, इन वनों की संपदा का गैर–वन्य उद्देश्यों के प्रयोग के लिए अपवर्न, केंद्रीय सरकार की पूर्ण अनुमति द्वारा होना चाहिए। इस कानून के अधीन बना सलाहकार आयोग केंद्र को इन स्वीकृतियों पर सलाह देता है।

जैविक विविधता अधिनियम (कानून), 2000

भारत की जैविक संसाधनों की प्रचुरता और उससे संबंधित स्थानीय ज्ञान की एक अच्छी जानकारी उपलब्ध है। अधिवेशन के समानांतर लाभ को वितरण के उद्देश्य की प्राप्ति के किसी सहायक यंत्र का संचालन, एक बड़ी चुनौती है। इस उद्देश्य की प्राप्ति के लिए एक विस्तृत विचार—विमर्श के पश्चात जैविक विविधता पर अधिनियम तैयार किया गया। इस कानून का उद्देश्य जैविक संसाधनों की उपलब्धि नियंत्रित कराना, जिससे उनके प्रयोग से उत्पन्न लाभ का समानान्तर वितरण हो सके। जैविक विविधता विधेयक, जो कि संसद में 15 मई, सन् 2000 को प्रस्तावित हुआ था उसे निरीक्षण, इत्यादि के लिए संसद की विज्ञान, तकनीकी, पर्यावरण व वनों की समिति को भेज दिया गया था।

साक्ष्यों व सबूतों के परीक्षण के पश्चात्, स्थायी समिति ने इस विधेयक को कुछ संशोधनों के साथ पारित कर दिया था। इस आयोग द्वारा दिए गए सुझावों पर आधारित सरकारी प्रस्ताव को मंत्रालय (केबिनेट) ने स्वीकृति दी। जैविक विविधता विधेयक 2002 को लोकसभा ने सन् 2 दिसम्बर 2002 को और राज्यसभा ने 11 दिसम्बर सन् 2002 को पारित किया था।

जैवविविधता कानून की मुख्य विशेषताएँ—इस कानून का मुख्य उद्देश्य भारत की प्रचुर जैवविविधता का संरक्षण व विदेशी व्यक्तियों व संगठनों द्वारा हमारी जानकारी का बिना

अनुमति के प्रयोग को रोकना है। यह नीति जैविक संपदा की लूट को रोकने के लिए भी बनी है। यह कानून जैवविविधता अधिकार बोर्ड (National Biodiversity Authority; NBA), राज्य जैवविविधता बोर्डों (State Biodiversity Bonds; SBBs) और जैवविविधता प्रबंधन कमेटियों (Biodiversity Management Committees; BMC) के स्थानीय आयोग में स्थापित करना है। जैविक संसाधनों व संबंधित ज्ञान के प्रयोग के निर्णयों में एन.बी.ए. और एस.बी.बी. का बी.एम.सी. से सलाह करना आवश्यक है। बी.एम.सी. की भूमिका जैविक विविधता के आंकन, संरक्षण व सम्पोषित प्रयोग करवाना है।

सब विदेशी नागरिकों व संगठनों के लिए यह अनिवार्य है कि जैविक संसाधनों के प्रयोग के लिए उन्हें एन.बी.ए. की पूर्व अनुमति लेनी पड़ेगी। भारतीय व्यक्तियों/संगठनों को भी यदि विदेशी व्यक्तियों या संगठनों के साथ या तो कोई अनुसंधान करता है अथवा कोई जैविक संसाधनों का आदान-प्रदान करता है, तो उन्हें एन.बी.ए. की अनुमति लेनी पड़ेगी। सहभागी अनुसंधान योजनाओं व ज्ञान और साधनों के आदान-प्रदान आमतौर से उस स्थिति में कर मुक्त होते हैं, जब उनकी कार्यशैली केंद्रीय सरकार के निर्देशों के अनुरूप हो या जब वे संरक्षण, सम्पोषित प्रयोग व लाभ के सही वितरण जैसे अच्छे उद्देश्य रखते हों। परन्तु भारतीय मूल के नागरिकों व स्थानीय व्यक्तियों की, इनमें वैद्य और हकीम भी शामिल हैं, भारत के अंदर जैविक साधनों के प्रयोग की पूरी स्वतंत्रता है – विशेषकर जब वह औषधीय व अनुसंधान के उद्देश्यों के लिए प्रयोग हो।

स्वीकृति देते समय, एन.बी.ए., उन शर्तों को सामने रखेगी जो कि लाभों का सही वितरण कर सके। भारत के अंदर या बाहर, किसी भी रूप में आई.पी.आर. (Intellectual Property Rights, बौद्धिक सम्पत्ति का अधिकार) के आवेदन अथवा किसी जैविक स्रोत पर आधारित नवीन यंत्र को प्राप्त करने के लिए, एन.बी.ए. की पूर्व अनुमति लेना आवश्यक है। पारंपरिक ज्ञान के बचाव के लिए इस कानून में एक प्रावधान है। एन.बी.ए. द्वारा स्वीकृतियों के परिणामस्वरूप आर्थिक मुनाफे, फीस, इत्यादि को राष्ट्रीय जैवविविधता कोष (National Biodiversity Fund, NBF) में जमा किया जाता है, जहाँ से वह स्थानीय सरकार से सलाह करके उन क्षेत्रों के संरक्षण और विकास के लिए प्रयोग किया जाता है, जहाँ से यह संपदा खोजी गई थी। स्थानीय सरकारों के राज्य सरकारों के गठबंधन के अंतर्गत, जैवविविधता के दृष्टिकोण से, राष्ट्रीय परंपरा स्थलों (National Heritage Sites) के अधिसूचना की पहचान की जाती है। इसके अलावा अन्य पदार्थों के अधिसूचना की भी व्यवस्था है, तथा कुछ क्षेत्रों में कर, इत्यादि की माफी भी है। इसका उद्देश्य सामान्यतया व्यापारिक पदार्थों को कर मुक्त करना है, ताकि वे व्यापार-प्रणाली में रुकावट न सिद्ध हो।

यह विधेयक केंद्रीय और राज्य बोर्डों और स्थानीय कमेटियों की तीन स्तर की व्यवस्था के माध्यम से न केवल जैविक संपदा की लूट को रोकने में सहायक है, बल्कि वह स्थानीय किसानों और जैविक विविधता का भी संरक्षण करता है। ये पौधों एवं पशुओं की जनन संसाधनों तक पहुँच को नियंत्रित करते हैं और लाभों का सही वितरण करते हैं। विदेशियों द्वारा

पहुँच के सब मामले प्रस्तावित राष्ट्रीय जैविक विविधता अधिकार समिति द्वारा संबोधित होगे। भारत की किसी भी पारंपरिक जानकारी अथवा जैविक साधन पर आधारित नई रचना के बौद्धिक संपत्ति अधिकार को प्राप्त करने के लिए इस आयोग की आवश्यकता होगी। यह आयोग अन्य देशों में ऐसे अधिकार प्रदान करने का विरोध करेगा। एन.बी.ए. एक नागरिक अदालत की भूमिका निभाएगा। इसके अतिरिक्त केंद्र उस स्थिति में राज्यों को निर्देश जारी करेगा, जहाँ उसे महसूस होता है कि प्राकृतिक रूप से सम्पन्न किसी क्षेत्र में जरूरत से ज्यादा उपयोग के कारण खतरा उत्पन्न हो गया है।

(4) सामान्य अधिनियम—पर्यावरण (बचाव) कानून, सन् 1986, का कानून इस श्रेणी का सबसे महत्त्वपूर्ण कानून है। इस कानून के माध्यम मे, केंद्र सरकार को पर्यावरण के स्तर के बचाव व नियंत्रण व प्रदूषण को कम करने की दिशा में कदम उठाने का पूर्ण अधिकार प्राप्त है। इस कानून की मुख्य विशेषताएँ नीचे दी गई हैं—

सन् 1986 का पर्यावरण (बचाव) कानून

भोपाल गैस दुर्घटना के पश्चात्, भारत सरकार ने सन् 1986 में पर्यावरणीय (बचाव) कानून पारित किया। इस कानून का मुख्य उद्देश्य सन् 1972 में संयुक्त राष्ट्र मानवीय पर्यावरण के सम्मेलन में लिए गए निर्णयों को लागू करना था। जहाँ तक कि वे मानवीय पर्यावरण के संरक्षण व सुधारों, तथा अन्य लोगों, जीव-जन्तुओं, पौधों और संपत्ति के संकटदायी परिस्थितियों से बचाव से संबंध हैं। यह कानून उन सब नियमों की एक प्रकार की "छतरी" है जिनके तहत केंद्रीय व राजकीय अधिकारियों के कार्यों में तालमेल होने पाये जैसे कि वायु कानून (एक्ट) व जल कानून।

इस कानून में, मुख्य रूप से "पर्यावरण" पर जोर दिया गया है — जिसकी परिभाषा में न सिर्फ पानी, वायु और भूमि सम्मिलित हैं बल्कि हवा, पानी, भूमि, मनुष्यों, अन्य जीव-जन्तुओं, पौधों, जीवाणुओं व प्रकृति में संपत्ति में आपस के संबंध भी शामिल हैं। "पर्यावरणीय प्रदूषण" की परिभाषा इस प्रकार भी की जा सकती है—

यह किसी भी ठोस, द्रव अथवा गैसीय तत्व या प्रदूषक का ऐसी मात्रा में विद्यमान होना है जो कि पर्यावरण को हानि पहुँचा सकता है।

"खतरनाक या संकटदायी तत्त्वों" की श्रेणी में कोई भी ऐसा तत्व या फिर ऐसी कोई खतरनाक चीज शामिल है, जो कि मानव जाति को, अन्य जीव-जन्तुओं, पौधों, जीवाणुओं, संपत्ति, इत्यादि को नुकसान पहुँचा सकते हैं।

इस कानून के मुख्य प्रावधान नीचे दिए गए हैं—

- इस कानून के सेक्शन 3(1) में "केन्द्र को उन सब कार्यों को करने के लिए सक्षम करना है जो न केवल पर्यावरण के संरक्षण में आवश्यक एवं सहायक हों बल्कि पर्यावरण के प्रदूषण के नियंत्रण, गुणवत्ता, बचाव एवं कम करने में भी सहायक हों।" विशेष रूप में, केंद्र सरकार को निम्नलिखित बातों के लिए जिम्मेदारी दी गई है, जैसे पर्यावरण की गुणवत्ता (परिवेशी स्तर) के साथ-साथ नए राष्ट्रीय मापदंडों को

स्थापित करना, प्रदूषकों के नियंत्रण के मापदंड स्थापित करना, औद्योगिक स्थलों का नियंत्रित संचालन, संकटदायी/खतरा पैदा करने वाले पदार्थों के नियंत्रण की विधियाँ, दुर्घटनाओं से बचाव की विधियाँ तथा पर्यावरणीय प्रदूषण से संबंधित जानकारी का संकलन करना है।

- इस कानून की सहायता से केंद्रीय सरकार ने स्वयं को निम्नलिखित अधिकार दे दिए हैं – राज्य द्वारा कार्यों का तालमेल, राष्ट्रव्यापी कार्यक्रमों का नियोजन व लागूकरण, पर्यावरण स्तर के मापदंडों की स्थापना, विशेषकर वे जो कि पर्यावरण के प्रदूषकों को नियंत्रित करते हैं, उद्योगों के स्थलों पर आवश्यकतानुसार पाबंदी लगाना एवं अन्य इत्यादि।
- इन अधिकारों में निम्नलिखित शामिल हैं–संकटदायी पदार्थों का निपटारा, पर्यावरणीय दुर्घटनाओं से बचाव, प्रदूषण नियंत्रित करने वाली वस्तुओं का निरीक्षण, अनुसंधान, अनुसंधानघरों की स्थापना, प्रयोगशाला की व्यवस्था करना, जानकारी का वितरण इत्यादि शामिल किए गए हैं।
- पर्यावरणीय (बचाव) कानून वह पहला पर्यावरण संबंधी कानून था जिसने केंद्रीय सरकार को सीधे निर्देश देने को अधीकृत किया। इसमें निम्नलिखित शामिल हैं–उद्योग बंद करने का आदेश, किसी भी उद्योग पर रोक लगाने या नियंत्रण के आदेश, अथवा किसी भी उद्योग, प्रक्रिया व कार्य के लिए प्रयोग में आ रही बिजली, पानी या अन्य सेवा को रोकने या नियंत्रित करने के आदेश। इसी के तहत केंद्रीय सरकार को एक और अधिकार दिया गया। उनमें परीक्षण के लिए आगमन की स्वीकृति/अस्वीकृति प्रदान करना, यंत्रों के परीक्षण व अन्य उद्देश्य तथा किसी भी स्थान के जल, वायु, भूमि या अन्य वस्तु के विश्लेषण करने का अधिकार शामिल हैं।
- यह कानून नियोजित नियंत्रक मापदंडों से अधिक मात्रा के पर्यावरणीय प्रदूषकों के निष्कासन पर स्पष्ट रूप से प्रतिबंध लगाता है। संकटदायी पदार्थों के उपयोग करने पर भी एक विशिष्ट प्रतिबंध है। इसके लिए भी कुछ नियंत्रक विधियाँ एवं मानदंड बनाए गए हैं, जिनका उल्लंघन गैर–कानूनी है। जो लोग आवश्यकता से अधिक बताए गए मानदंडों से अधिक प्रदूषकों का प्रवाह करता है तो उन्हें तुरंत अपने गलत काम के बारे में सरकारी अधिकारियों के सामने सफाई देनी होगी एवं स्वयं उस प्रदूषण को कम करने के लिए कारगर कदम उठाने चाहिए।
- इस कानून के उल्लंघन की स्थिति में सजाएँ या दंड भी निर्धारित किया गया है। कोई भी व्यक्ति जो इस कानून के अंतर्गत आने वाले निर्देशों व नियमों या दिशाओं (मानदंडों) का उल्लंघन करता है। वह सजा पाने के अधिकार में आ जाता है। हर ऐसे उल्लंघन के लिए, पाँच साल तक की जेल, या फिर एक लाख रूपए तक का जुर्माना, या दोनों को एक साथ भरना पड़ता है। यह कानून, इसके अलावा, निरंतर उल्लंघन की स्थिति में प्रतिदिन 5000 रूपए का अतिरिक्त जुर्माना भी लगाता

है। पहले उल्लंघन के पश्चात,अगर कोई भी ऐसी गलती एक वर्ष के बाद दी गयी तिथि तक लगातार की जाती है, तब गलती करने वाले को सात साल की जेल भी हो सकती है।

- पर्यावरणीय (बचाव) का यह कानून कुछ ऐसे प्रवर्तनों को भी अपने में सम्मिलित करता है जो किसी अन्य कानून–नियम में नहीं हैं। इससे इसका लागूकरण अधिक प्रभावशाली हो जाता है। सेक्शन 19 इस अधिकार को प्रदान करता है कि सरकारी अधिकारियों के अतिरिक्त कोई भी व्यक्ति किसी पर्यावरण संबंधी उल्लंघन का न्यायालय में मुकदमा दयर कर सकता है। इस नागरिक अधिकार के अनुसार कोई भी व्यक्ति 60 दिन के नोटिस काल में उल्लंघन की शिकायत केंद्रीय सरकार या उपयुक्त अधिकारियों में कर सकता है। इस कानून के तहत, अधिकारी राज्यपत्र में अधिसूचना देने के माध्यम से, केंद्रीय सरकार इस कानून के लागूकरण के लिए नियम बना सकती है।

राष्ट्रीय पर्यावरण ट्रिब्यूनल अधिनियम, 1995

यह अधिनियम रियो डी जेनेरियो सम्मेलन के एक परिणाम के रूप में भारतीय संसद द्वारा पारित किया गया था। 1995 में केंद्र सरकार ने राष्ट्रीय पर्यावरण ट्रिब्यूनल की राष्ट्रीय ट्रिब्यूनल अधिनियम 1995 के तहत स्थापना की इसकी स्थापना की उद्देश्य था जोखिम भरे पदार्थों के इस्तेमाल किए जाने वाले किसी भी क्रियाकलाप से यदि व्यक्तियों को, संपत्ति को तथा पर्यावरण को क्षति पहुँचती है तो उसके लिए हर्जाना सुनिश्चित किया जा सके।

राष्ट्रीय हरित अधिकरण अधिनियम

देश में पर्यावरणीय विवादों के त्वरित समाधान हेतु 18 अक्टूबर, 2010 को राष्ट्रीय हरित अधिकरण की स्थापना, राष्ट्रीय हरित अधिकरण अधिनियम, 2010 के तहत की गई। वर्तमान में दिल्ली के मुख्य बेंच के साथ–साथ इसके चार क्षेत्रीय बेंच (भोपाल, पुणे, कोलकाता और चेन्नई) हैं। इस अधिकरण का उद्देश्य पर्यावरण की सुरक्षा, वनों के संरक्षण, पर्यावरणीय कानूनों के प्रवर्तन तथा पर्यावरणीय क्षति के संदर्भ में त्वरित कानूनी समाधान/न्याय उपलब्ध कराना है। यह संबंधित मामलों पर 6 माह के भीतर निर्णय देने हेतु प्रतिबद्ध है।

अपने उद्देश्यों की प्राप्ति हेतु राष्ट्रीय हरित अधिकरण ने विभिन्न पर्यावरणीय मुद्दों पर अनेक महत्त्वपूर्ण निर्णय दिए हैं, जो पर्यावरण संरक्षण की दृष्टि से मील का पत्थर माने जाते हैं। दिल्ली में 10 वर्ष से अधिक पुराने डीजल वाहनों को प्रतिबंधित करना, पर्यावरणीय हित में रेत खनन को प्रतिबंधित करना, केंद्र सरकार के फैसलों के विरुद्ध हसदेव अरंद वन में कोयला ब्लॉक (खंड) की मंजूरी को निरस्त करना, विश्व संस्कृति महोत्सव के आयोजन के कारण यमुना नदी के बाढ़ मैदान में हुई क्षति के कारण 5 करोड़ रुपये का जुर्माना लगाना, माइक्रोप्लास्टि के उपयोग पर प्रतिबंध के लिए सरकार से जवाब माँगना, सुंदर वन की निगरानी के लिए एक पैनल का गठन करना आदि इसके उदाहरण हैं। इस प्रकार अधिकरण अपने उत्तरदायित्वों का निर्वाह करते हुए आवश्यक पर्यावरणीय मुद्दों पर निर्भीक रूप से निर्णय दे रहा है, जिससे अनेक सकारात्मक परिणाम भी सामने आ रहे हैं।

परंतु इस अधिकरण की अनेक उपलब्धियों के बावजूद इसकी कुछ सीमाएँ भी दृष्टिगोचर होती हैं–

- राष्ट्रीय हरित अधिकरण की क्षेत्रीय इकाइयाँ भारत की विशालता के सापेक्ष कम है। इससे पर्यावरणीय मुद्दों पर न्याय देने हेतु इसकी पहुँच काफी सीमित है।
- कभी–कभी सीमित समय में निर्णय देने की बाध्यता के कारण भी अधिकरण द्वारा निर्णय देने में सभी पक्षों का अध्ययन नहीं किया जाता है, जिससे न्याय एक पक्षीय हो जाता है।
- इसके अतिरिक्त इस अधिकरण के निर्णयन के विरुद्ध मौजूदा सामान्य कानूनों (पर्यावरण से इतर) के द्वारा बचाव किया जाता है तथा पर्यावरणीय मुद्दों से जोड़कर निर्णयन को दुष्प्रभावित एवं विलंबित किया जाता है।

सभी पक्षों पर दृष्टिपात करने के पश्चात् यह निष्कर्ष निकलता है कि यद्यपि अधिकरण ने कई महत्त्वपूर्ण क्षेत्रों में ऐतिहासिक निर्णय दिए हैं तथापि इसकी संख्या काफी सीमित है, जो शायद पर्यावरण पर पड़ने वाले नकारात्मक प्रभावों को न्यून करने में प्रभावशाली नहीं रहे हैं। लेकिन ऐसा नहीं कहा जा सकता है कि अधिकरण अपने कर्त्तव्यों को निभाने में असफल रहा है, क्योंकि एक अच्छी पहल ही अच्छे परिणामों का आधार होती है। साथ ही यह भी कहा जा सकता है कि अधिकरण, समाज के लिए एक आइने के रूप में काम कर रहा है। अतः आज आवश्यकता इसके क्षेत्रीय बेंचों के विस्तार की है, जिससे इसका दायरा व्यापक हो और लोगों की इस पहुँच आसान हो। इससे स्थानीय पर्यावरणीय मुद्दे भी निर्णयन के केंद्र में आ जाएँगे।

प्रश्न 2. अंतर्राष्ट्रीय स्तर के पर्यावरण समझौतों पर चर्चा कीजिए।

उत्तर– राष्ट्रीय विधानों के विपरीत कोई अंतर्राष्ट्रीय विधान संस्था नहीं है जिसे विधानों को पारित करने का अधिकार प्राप्त हो और न ही कोई ऐसी अंतर्राष्ट्रीय एजेंसियाँ हैं जिन्हें संसाधनों के वैश्विक स्तर पर नियमन करने का अधिकार हो। नीदरलैंड्स के हेग में एक अंतर्राष्ट्रीय न्यायालय है लेकिन इसे अपने निर्णयों को प्रवर्तित कराने का अधिकार नहीं है। शक्तिशाली राष्ट्र चाहे तो बड़े आराम के न्यायालय की अनदेखी कर सकते हैं। परिणामतः अंतर्राष्ट्रीय विधान–व्यवस्था को संबद्ध पक्षों के समझौतों पर ही निर्भर करना होता है। बहुराष्ट्रीय हितों से संबद्ध कुछ मुद्दों को नीतियों, समझौतों तथा संधियों को एकत्रित करके सामने रखा जाता है और ये सब अदृढ़ रूप में अंतर्राष्ट्रीय पर्यावरण विधान कहे जाते हैं। अधिकतर अंतर्राष्ट्रीय विधान अंतर्राष्ट्रीय समझौते होते हैं जिनकों विभिन्न राष्ट्र ऐच्छिक रूप में अपनाते हैं। इन समझौतों की सामान्यतः अंतर्राष्ट्रीय सम्मेलनों अथवा संधियों द्वारा अंतिम रूप दिया जाता है। जो राष्ट्र स्वीकार कर लेते हैं कि वे कन्वेशन (convention) का पालन करेंगे वे इसके समर्थक (Parties) कहे जाते हैं। कन्वेशन एक ढाँचा प्रदान करते हैं जिसे प्रत्येक समर्थक को मानना पड़ेगा और जिसे वह अपनी राष्ट्रीय विधान–व्यवस्था में अपना कर सुनिश्चित करेगा कि कन्वेशन का राष्ट्रीय स्तर पर पालन हो। कन्वेशन को समर्थन देने हेतु

कभी–कभार प्रलेख भी तैयार किए जाते हैं। प्रलेख (Protocol) एक अंतर्राष्ट्रीय समझौता होता है जो स्वयं अपने आप में अलग है परंतु वह किसी विद्यमान कन्वेशन से जुड़ा होता है। इसका यह अर्थ हुआ कि जलवायु प्रलेख में वे सब चिंताएँ और सिद्धांत भी शामिल हैं जो जलवायु कन्वेशन में रखे गए थे। यह फिर उनमें और आगे नई जिम्मेदारियाँ जोड़ते हैं जो सम्मेलन में दी गई बातों से और भी ज्यादा सशक्त, अधिक समिश्रण एवं अधिक विस्तृत होती हैं। कन्वेशन के बनाने तथा उनके लागू करने में संयुक्त राष्ट्र की भूमिका बहुत महत्त्वपूर्ण होती है।

सन् 1972 में स्टॉकहोम में आयोजित पर्यावरण एवं विकास पर संयुक्त राष्ट्र द्वारा आयोजित सम्मेलन जिसे आमतौर से स्टॉकहोम सम्मेलन कह दिया जाता है, संयुक्त राष्ट्र की ओर से उठाया गया पहला कदम था जिसमें अंतर्राष्ट्रीय स्तर पर पर्यावरण निम्नीकरण की बढ़ती समस्या को उठाया गया था। इसी से संयुक्त राष्ट्र पर्यावरण कार्यक्रम (United Nations Environment Programme; UNEP) की स्थापना हुई। स्टॉकहोम सम्मेलन के बाद से जो मुख्य अंतर्राष्ट्रीय सम्मेलन हुए। उनमें ये सब शामिल हैं—वन्य प्राणित एवं पादपता की संकटग्रस्त प्रजातियों के अंतर्राष्ट्रीय व्यापार पर किया गया सम्मेलन (1973), भूमि आधारित स्रोतों से समुद्री प्रदूषण की रोकथाम सम्मेलन (1947), लंबी–दूरी की सीमा–पार वायु प्रदूषण सम्मेलन (1979), ओजोन स्तर की सुरक्षा का सम्मेलन (1985), तथा जोखिम–भरे अपशिष्टों एवं उनके निपटान का सीमा–पार गतियों का नियंत्रण सम्मेलन (1989)।

अनेक वैश्विक पर्यावरण मुद्दों को फिर से जून 1992 में रिओ डे जेनरो में आयोजित पर्यावरण एवं विकास पर संयुक्त राष्ट्र सम्मेलन में उठाया गया जिसे "पृथ्वी शिखर सम्मेलन" (Earth summit) भी कहा जाता है। पर्यावरण और विकास पर की गई रिओ घोषणा में 27 सिद्धांत रखे गए जिनके अनुसार पर्यावरण एवं विकास पर कार्य किए जाने का मार्गदर्शन किया गया है। यह 1972 की स्टॉकहोम घोषणा की पुष्टि करता है और अंतर्राष्ट्रीय नियम के सामान्य सिद्धांतों के सृजन में और आगे योगदान देता है। यह घोषणा इस मामले में महत्त्वपूर्ण है कि इनमें निर्वाहशील विकास (Sustainable development), सावधानीपरक सिद्धांत एवं प्रदूषणकारी जुर्माना सिद्धांत उजागर किए गए हैं। इस बैठक में जो मुख्य बातें उभर कर आई वे इस प्रकार थीं—

एजेंडा 21—यह निर्वाहशील विकास के लिए एक व्यापक, गैर–बाध्यकारी कार्य योजना है। इसके दस्तावेज में निर्वाहशील विकास के सामाजिक, आर्थिक एंव विविध पर्यावरण आयाम लिए गए हैं, विभिन्न वर्गों की भूमिकाएँ स्पष्ट की गई हैं और वे सारी विधियाँ एवं साधन बताए गए हैं जो विविध कार्यवाहियों के लागू करने से जुड़ी हैं। स्पष्ट हो गया है कि अनेक सिफारिशें पूरी तरह से लागू नहीं हो गई और यह भी कि धन एकत्रीकरण के पर्याप्त स्रोत सामने नहीं आ पाए हैं।

संयुक्त राष्ट्र का निर्वाहशील विकास आयोग (UN Commission on Sustainable Development)—संयुक्त राष्ट्र का निर्वाहशील विकास आयोग बनाए

जाने का उद्देश्य था एजेंडा 21 के लागू करने को प्रोत्साहित करना तथा सरकार, अंतर्राष्ट्रीय समुदाय और "मुख्य समूहों" के बीच वार्तालाप बढ़ाना एवं उनमें परस्पर हाथ बँटाना।

वन सिद्धांत (Forest Principles)—रिओ में हुए सम्मेलन में किसी एक मत पर पहुँचने की असफलता के बाद निष्कर्ष में अबाध्यकारी सिद्धांत ही सामने आए। वनों पर विवेचना का कार्यक्रम वनों पर अंतरासरकारी पैनेल (नया फोरम) में चलता चला आ रहा है।

इनके अलावा सम्मेलन में दो महत्त्वपूर्ण अंतर्राष्ट्रीय सम्मेलनों पर सहमति हुई—

- जलवायु परिवर्तन पर प्राधार सम्मेलन (The Framework Convention on Climate Change/UNFCCC), और
- जैविक विविधता पर सम्मेलन (The Convention on Biological Diversity; CBD)

दिसम्बर 2000 में, संयुक्त राष्ट्र की आम सभा में निर्णय लिया गया कि पर्यावरण एवं विकास पर संयुक्त राष्ट्र के कार्यक्रम लागू करने से कैसी प्रगति हुई इसका हर दस वर्ष का सर्वेक्षण करने हेतु एक शिखर सम्मेलन बुलाया जाए जिसका नाम होगा निर्वाहशील विकास पर विश्व शिखर सम्मेलन। यह अगस्त 26—सितम्बर 6; 2002 के बीच जोहेनेसबर्ग, दक्षिण अफ्रीका में हुआ। इसने वैश्विक समुदाय को एक अवसर प्रदान किया जिसके द्वारा उस सब का सूक्ष्म अवलोवन किया जा सका जो 1992 में रिओ में हुआ था।

अब हम कुछ अंतर्राष्ट्रीय पर्यावरण मुद्दों पर कुछ महत्त्वपूर्ण सम्मेलनों की चर्चा करेंगे जैसे कि रासायनिक एवं जोखिम भरे अपशिष्ट, ओजोन परत, जलवायु परिवर्तन, जैवविविधता तथा समुद्र का नियम।

रासायनिक तथा जोखिम भरे अपशिष्टों के सम्मेलन (Conventions on chemical and hazardous wastes)

पैराग्वे के माण्टेविडियो में पर्यावरण विशेषज्ञों के एक तदर्थ कार्य—दल की बैठक के बाद 1982 में, UNEP ने निर्णय लिया था कि विषैले अपशिष्टों के बढ़ते जाते देश—देशांतरों के बीच परिवहन एवं निपटान की समस्या का समाधान किया जाए। 1985 में UNEP ने काहिरा के दिशा निर्देश एवं सिद्धांत जारी किए जिनके तहत जोखिम भरे अपशिष्टों का पर्यावरणतः सही प्रबंधन किया जाना चाहिए। जून 1987 में UNEP ने जोखिम भरे अपशिष्ट का देशांतरिक लाए ले जाने पर ड्राफ्ट समझौता तैयार कराया गया और कुछ विधि एवं तकनीकी विशेषज्ञों का एक तदर्थ कार्य दल बनाया गया। अंततः इस दल ने बेसेल में होने वाले सम्मेलन के लिए एक सिफारिश तैयार की। दो वर्ष की गहन एवं विभिन्न रायों के रूप में वाद—विवाद होने के बाद 22 मार्च 1989 के 31 राष्ट्रों ने बेसल समझौते पर हस्ताक्षर किए।

इसके परिणामस्वरूप जोखिम भरे अपशिष्टों की देशांतरी गति एवं निपटान के नियंत्रण हेतु बेसेल समझौते को1989 में अपना लिया गया और 5 मई 1992 को इसे लागू कर दिया गया। इस समझौते को अंतर्राष्ट्रीय समुदाय की उन तमाम समस्याओं की प्रतिक्रिया

स्वरूप माना जाता है, जो विश्वव्यापी स्तर पर प्रति वर्ष 40 करोड़ टन ऐसे अपशिष्ट के बनने से सामने आई हैं, जो मनुष्य तथा पर्यावरण दोनों के लिए जोखिम भरे हैं क्योंकि वे विषैले, विस्फोटक, संक्षारी, ज्वलनशील, पारितंत्र–आविषी अथवा संक्रामक होते हैं।

बेसल समझौते के मुख्य सिद्धांत इस प्रकार हैं–

- जोखिम भरे अपशिष्ट की सीमापार गति को घटा कर इतना न्यूनतम कर दिया जाए जितना कि वह पर्यावरण की दृष्टि से ठीक प्रबंधन के समानुरूप हो।
- जोखिम भरे अपशिष्ट को उपचारित करके उसे उसके उत्पादन स्रोत के अधिक से अधिक निकट स्थान पर निपटाना चाहिए।
- जोखिम भरे अपशिष्ट का बनना स्वयं उसके स्रोत पर घटा कर न्यूनतम कर देना चाहिए।

इन तीन मुख्य सिद्धांतों की उपलब्धि हेतु सम्मेलन ने अपना सचिवालय स्थापित किया ताकि वह ये सब बाते, कर सकें: जोखिम भरे अपशिष्ट की सीमांतरी गति का नियंत्रण, गैर कानूनी लाया–ले जाया जाने का संप्रेक्षण कर उसे रोक सकें, जोखिम भरे अपशिष्ट के पर्यावरण की दृष्टि से अच्छा प्रबंधन करने के लिए सहायता उपलब्ध करा सकें, सहभागी देशों के साथ सहयोग कर सकें अथवा विभिन्न पक्षों के बीच सहयोग को बढ़ावा दे सकें, और जोखिम भरे अपशिष्ट के प्रबंधन हेतु तकनीकी दिशानिर्देश दे सकें। तीसरी बैठक में समझौते में और आगे रूपांतरण किया गया है जिसका आधार यह रहा है कि उन देशों में न तो विशेषज्ञ जानकारी ही है और न ही ऐसे अपशिष्टों के प्रबंधन के लिए सुविधाएँ ही हैं।

ओजोन परत के सम्मेलन (Conventions on Ozene layer)

अब यह आमतौर से समझा जाने लगा है कि वायुमंडल के ऊपरी भाग (समतापमंडल, Stratosphere) में ओजोन बहुत ही प्रकाशरासायनिक अभिक्रियाओं द्वारा लगातार बनती रहती, नष्ट होती रहती तथा पुनः सृजित होती रहती है। कुछ रासायन जैसे कि क्लोरोफ्लूरोकार्बन्स (CFCs), हैलोन्स (हेलोजोनिकृत हाइड्रोकार्बन्स) एवं अन्य गैसें इस संतुलन को बिगाड़ा करती है। CFCs विशेष तौर पर स्थिर यौगिक होते हैं इसलिए वे निम्नतर वायुमंडल में (अर्थात् क्षोभमंडल, Troposphere) में विखंडित नहीं होते। बल्कि वे धीरे–धीरे समतापमंडल में पहुँचते जाते हैं जहाँ पराबैंगनी विकिरण की उपस्थिति में वे टूट जाते और क्लोरीन बाहर आ जाती है। यह स्वच्छंद क्लोरीन परमाणु एक उत्प्रेरक का कार्य करता और ओजोन का नष्ट कर देता है। प्रयोगशाला कार्य से पता चलता है कि क्लोरीन का एक परमाणु लगभग 1 लाख ओजोन अणुओं को नष्ट कर सकता है। इस विनाशकारी प्रक्रिया का मानव स्वास्थ्य पर बहुत गंभीर प्रभाव पड़ सकता है तथा इससे पौधों पर, जलीय जीवों तथा मानव–निर्मित साज–सामान पर बहुत गहरा प्रभाव पड़ सकता है। क्योंकि समतापमंडल की ओजोन परत हानिकर पराबैंगनी विकिरणों को रोकती हैं।

अब ऐसे प्रमाण मिल रहे हैं कि ओजोन के घटते जाने के कारण बढ़ते जाते पराबैंगनी विकिरण से कुछ प्रकार के त्वचा कैंसर होते हैं, मानव प्रतिरक्षा तंत्र का दमन होता अथवा वह

नष्ट हो जाता है और सफेद मोतिया (कैटेरेक्ट) होता है। पराबैंगनी विकिरण में बढ़ोत्तरी होने से अनेक प्रकार के थलीय एवं जलीय पौधे भी प्रभावित होते हैं। अनेक पादपप्लवक (Phytoplankton) प्रजातियों को खतरा बनता है और ये वही जीव होते हैं जो लगभग सभी मछलियों का भोजन होते हैं और इनसे भी ज्यादा गंभीर बात यह है कि समतापमंडलीय ओजोन की कमी से जो पराबैंगनी विकिरण पृथ्वी की सतह पर आ रहा है वह और साथ में अन्य प्रकार के प्रदूषण मिलकर संपत्ति को नुकसान पहुँचते हैं। जैसे रंग रोगनों की फीका पड़ जाना, खिड़कियों के ग्लेजिंग का पीला हो जाना तथा पौलीमर की बनी स्वचालित वाहनों की छते खराब हो जाना आदि।

संयुक्त राष्ट्र पर्यावरण कार्यक्रम (UNEP) सन् 1977 से लगातार इस समस्या को सामने लाता रहा है। UNEP के तत्वाधान में सन् 1985 में विऐना में विश्व के राष्ट्रों ने ओजोन परत की सुरक्षा पर सम्मेलन किया। इस सम्मेलन के माध्यम से राष्ट्रों ने जिम्मेदारी ली कि वे ओजोन परत की सुरक्षा करेंगे तथा वायुमंडलीय प्रक्रियाओं एवं ओजोन रिक्तीकरण के कारण उपजने वाले गंभीर परिणामों को बेहतर समझने के लिए वैज्ञानिक खोजों में एक–दूसरे के साथ सहयोग करेंगे। सम्मेलन ने भावी विज्ञप्तियों का प्रावधान किया तथा संशोधनों एवं विवाद–सुलझाने हेतु विधियाँ स्पष्ट कीं।

ओजोन की परत की सुरक्षा हेतु सम्मेलन के उद्देश्यों की पूर्ति हेतु ओजोन परत का रिक्तीकरण करने वाले पदार्थों पर मॉन्ट्रियल विज्ञप्ति को 1987 में विभिन्न राष्ट्रों ने स्वीकार कर लिया तथा उसके बाद से अब तक उसमें पाँच बार संशोधन किए जा चुके हैं। इसके नियंत्रण प्रावधानों को सशक्त करने हेतु विज्ञप्ति में पाँच बार संशोधन किए गए – लंदन (1990), कोपैनहैगन (1992), विएना (1995), मॉन्ट्रियल (1997) तथा बीजिंग (1999)। विज्ञप्ति का उद्देश्य मानव निर्मित ओजोन रिक्तीकरणी पदार्थों के निष्कासों को कम करके अंततः समाप्त कर देना हे।

ओजोन परत रिक्तीकारी रासायनों को कम करने तथा संभवतः भविष्य में समाप्त कर देने के लिए विएना सम्मेलन तथा मॉन्ट्रियल विज्ञप्ति को बहुत की प्रभावशाली माना जाता है। अधिकतर पर्यावरण समझौतों से भिन्नता रखते हुए, मॉन्ट्रियल समझौते में आर्थिक प्रोत्साहन रखे गए हैं ताकि उसमें हाथ बँटाने एवं पालन करने को प्रोत्साहन मिले। सभी पक्षों ने सहमति जाहिर की है वे एक कार्यकारी दल का गठन करेंगे जिसका काम उन सिफारिशों के पालन न करने की स्थिति का निर्धारण करने एवं उसके परिणामों के संबंध में सिफारिशें तैयार करें। मॉन्ट्रियल विज्ञप्ति में, विज्ञप्ति के नियंत्रण क्षेत्र में हाथ–बँटाने एवं पालन करने को प्रोत्साहन देने हेतु तीन प्रकार के प्रावधान रखे गए हैं–(1) बल आवश्यकताओं में प्रवेश, (2) जो भी इसके सहभागी नहीं हैं उनके साथ व्यापार पर नियंत्रण लगाना और (3) शोध एवं प्रौद्योगिकी हस्तांतरण। मॉन्ट्रियल विज्ञप्ति ने अपनी धारा 16 में प्रावधान रखा है कि वे 16 देश जो नियंत्रित पदार्थों के दो–तिहाई वैश्विक उपयोग का प्रतिदर्श करते हैं वे इस विज्ञप्ति को पहले अनुसमर्थन दें और उसके बाद ही यह लागू हो। इस प्रकार, इस विज्ञप्ति से एक उपभोक्ता

दल बना जो उपभोक्ता बाजार का नियंत्रण करता है और जिन्होंने अपना उपभोग कम करने पर सहमति बना ली है। विज्ञप्ति में विकासशील देशों में प्रौद्योगिकी के हस्तांतरण को बढ़ावा दिया गया है जिससे विकासशील देशों को इसमें शामिल होने और इसकी शर्तें मानने के लिए प्रलोभन भी मिलेंगे।

जलवायु परिवर्तनों पर सम्मेलन (Conventions on Climate Change)

हमारे इस गृह पृथ्वी को भविष्य में आने वाला गंभीरतम खतरा कदाचित् वैश्विक ऊष्मायन (global warming) (ग्रीन हाउस प्रभाव) और जलवायु परिवर्तन का है। यह मुख्यतः उन गैसों (जैसे कि कार्बन डाइऑक्साइड, जलवाष्प, मीथेन, नाइट्रसऑक्साइड, CFCs गैसों) से पैदा होती है जो बिजली बनाने, गर्म करने तथा परिवहन हेतु जीवाश्म ईधनों (कोयला, तेल तथा गैस) के जलाने से औद्योगिकीकृत देशों द्वारा पैदा हो रही हैं। अतीत में निकाली जा चुकी गैसों और आज भी जो गैसें वायुमंडल में उंडेली जा रही हैं उनके कारण जलवायु परिवर्तनों को रोकने की दिशा में पहले से ही बहुत देर हो चुकी है। मगर, यदि आज भी हम निष्कासनों को कम करना शुरू कर दें तो हो सकता है कि हम कुछ भीषणतम प्रभावों से बच सकें, आज हर स्तर पर कार्यवाही की जा रही है कि जलवायु परिवर्तन से संबंधित उनके पैदा होने, उनसे बचने और उनके खतरों को समझ सकें। अनेक राष्ट्रों ने अपनी राष्ट्रीय योजनाएँ बनाई हैं और वे बड़े सक्रिय रूप में ऐसे कार्यक्रम तथा नीतियाँ चला रहे हैं जिनसे ग्रीन हाऊस गैसों का निकलना कम होगा। वैश्विक स्तर पर समस्त विश्व के देशों ने एक दृढ़ वचनबद्धता व्यक्त की है कि वे जलवायु परितर्वनों के खतरों के प्रति अंतर्राष्ट्रीय अनुक्रियाओं को मजबूत बनाएँगे तथा जलवायु परिवर्तन पर संयुक्त राष्ट्र ढाँचा सम्मेलन (UN Framwork Convention on Climate Change/UNFCCC) के तत्वाधान में अंतर्राष्ट्रीय कार्यवाही एवं अधिक व्यापक भागीदारी को मजबूत करेंगे।

UNFCCC वह युगांतरकारी अंतर्राष्ट्रीय संधि है जो जून 1992 में रिओ डि जेनरो में पर्यावरण एवं विकास पर संयुक्त राष्ट्र के सम्मेलन में निकल कर आई। UNFCCC ने हस्ताक्षरक देशों को वचनबद्ध बनाया कि ग्रीन हाउस गैसों के मानव जनित निष्कासनों को इतने स्तरों तक नीचे ले आएंगे जिनसे जलवायु तंत्र में खतरनाक मानवजनित दखल रुक जाएगा। इस प्रकार का स्तर प्राप्त हो जाना चाहिए जिससे विविध पारितंत्र स्वतः ही जलवायु परिवर्तनों के लिए अनुकूलित हो जाएँ, खाद्य उत्पादन को खतरा न होना सुनिश्चित हो जाए और आर्थिक विकास एक निर्वाहशील रूप में होता रहे।

"जलवायु परिवर्तन पर सम्मेलन" के उद्देश्यों पर चलने हेतु क्योतो, जापान में दिसम्बर 1997 में हुए विश्व सम्मेलन में क्योतो प्रोटोकॉल पर विश्व के राष्ट्रों की सहमति हुई और इसको वैधानिक संधि के तौर पर फरवरी 2005 से लागू कर दिया गया है। प्रोटोकॉल में कहा गया है कि ऐनेक्से A राष्ट्रों (अधिकतर विकसित देश) की वचनबद्धता है कि अकेले–अकेले एवं संग साथ भी सुनिश्चित करेंगे कि उनके परस्पर जोड़ कर मानव जनित कार्बन डाइऑक्साइड निष्कासन उतनी ग्रीन हाउस गैसों के समतुल्य से अधिक नहीं होंगे जितने कि वे प्रोटोकॉल के

ऐनेक्से B में प्रत्येक देश के लिए नियत की गई मात्रा से अधिक नहीं है। "इस उद्देश्य से कि इन गैसों के सकल निष्कासनों को 2008 से 2012 के वचनबद्ध अवधि के दौरान अपने 1990 के स्तर से कम से कम 5% से नीचे आएँ।" ऐनेक्से A में संधि के द्वारा 6 प्रमुख ग्रीन हाउस गैसें सूचीबद्ध की गई हैं–कार्बन डाइऑक्साइड (CO_2), मीथेन (CH_4), नाइट्रस ऑक्साइड (N_2O), हाइड्रोफ्लूरोकार्बन्स (HFCs), परफ्लूरोकार्बान्स (PFCs) तथा सल्फरहेक्साफ्लूओराइड (SF_6)।

ऐनेक्से B में 39 राष्ट्र सूचीबद्ध हैं जिनमें संयुक्त राज्य अमेरिका, यूरोपियन संघ तथा EU राष्ट्र हैं, जापान और कई पूर्वोत्तर साम्यवादी राष्ट्र भी हैं। प्रत्येक राष्ट्र की मात्रा आधार वर्ष 1990 के प्रतिशत के रूप में सूचीबद्ध है और वह अधिकतर यूरोपियन देशों के लिए 92% (8% की कमी) से आइसलैंड के लिए 110% (10% की वृद्धि) तक अलग–अलग मात्राओं में रखी गई है। संयुक्त राज्य अमेरिका ने इस सूची में 93% रखा है अर्थात् 7% की कमी जिसे वह 2008–2012 के बीच के 5 वर्षों में औसतन रूप में उपलब्ध करना चाहता है।

प्रोटोकॉल सभी पक्षों – विकसित राष्ट्रों तथा विकासशील राष्ट्रों को कहता है कि वे ऐसे राष्ट्रीय एवं क्षेत्रीय कार्यक्रमों को बनाने हेतु अनेक कदम उठाएँ जिनके द्वारा "स्थानीय निष्कासन कारकों" में बेहतरी लाई जा सके तथा क्रियाकलाप डाटा, मॉडल, और ग्रीनहाउस निष्कासनों की एवं वायुमंडल से इन गैसों के हटाने वाले कुंडों की राष्ट्रीय सूचियाँ बनाएँ। सभी पक्षों पर इस बात की भी जिम्मेदारी है कि वे जलवायु परिवर्तन प्रशमन एवं अपनाए जाने वाले उपायों का प्रकाशन करें एवं उन्हें ताजा स्वरूप दें और यह भी कि वे पर्यावरण की दृष्टि से ठीक तकनीकों के तथा जलवायु तंत्र पर वैज्ञानिक एवं तकनीकी शोध के उन्नयन एवं हस्तरण में सहयोग करें। अभी कुछ ही समय पहले 23 अक्टूबर से 1 नवम्बर 2002 तक नई दिल्ली में जलवायु परिवर्तन सभा के पक्षों के सम्मेलन के आठवें सत्र (COP8) में जलवायु परिवर्तन तथा क्योटो प्रोटोकॉल का सर्वेक्षण किया गया। इसमें 170 देशों के 500 सहभागियों एवं संगठनों ने हिस्सा लिया। भारत के पूर्व प्रधानमंत्री अटल बिहारी वाजपेयी ने इस बैठक में संबोधन किया। इटली की सरकार ने 1–2 दिसम्बर 2003 में COP9 की सभा की।

जैव विविधता पर सम्मेलन (Conversation on biodiversity)

हालाँकि रिओ शिखर सम्मेलन UNCED की तैयारी प्रक्रिया का औपचारिक भाग नहीं है फिर भी उसने जैविकीय विविधता पर सम्मेलन पर वार्तालाप पूरे करने के लिए राजनैतिक प्रोत्साहन प्रदान किया, मगर यह औपचारिक UNCED प्रक्रिया का भाग नहीं था, वरन् एक महत्त्वपूर्ण समांतर नतीजा था। CBD का उद्देश्य अनेक पहलुओं से संबंधित वचनबद्धता के द्वारा जैवविविधता के संरक्षण एवं निर्वाहशील उपयोग को प्रोत्साहित करना है, जैसे कि वैज्ञानिक तथा प्रौद्योगिकी को प्रोत्साहित करना, सुरक्षित क्षेत्रों की स्थापना करना, अन्य देशी प्रजातियों का उन्मूलन, परंपरागत ज्ञान एवं प्रथाओं का आदर करना एवं उन्हें कायम बनाए रखना, और वित्तीय संसाधन उपलब्ध कराना। जनवरी 2000 में कार्टागीना जैव सुरक्षा

प्रोटोकोल (Cartagena Bio-safety Protocol) को अपनाया गया ताकि वह सीमा–पारीय व्यापार एवं जीवित रूपांतरित जीवों का दुर्घटनावश विमोचन से संबंधित संभावित खतरों को सामना कर सकें। आशा है कि यह प्रोटोकोल 2002 के शिखर सम्मेलन 2002 में पारित हो जाएगा।

समुद्र नियम पर सम्मेलन (Conventions on law of the sea)

दूसरे विश्व युद्ध के बाद महासागरों के इस्तेमाल के लिए बने वैश्विक नियमों की बढ़ती जाती जटिलता एवं उनकी अनेकानेक व्याख्याओं ने समुद्र संबंधी अंतर्राष्ट्रीय विधानों के मानकीकरण की ओर प्रयास करने को प्रोत्साहित किया। इस संबंध में सर्वाधिक महत्त्वपूर्ण बहुपक्षीय संधिवार्ताएँ इस प्रकार थीं–

- समुद्र के कानून पर संयुक्त राष्ट्र का प्रथम सम्मेलन, 1958
- समुद्र के कानून पर संयुक्त राष्ट्र का द्वितीय सम्मेलन, 1960
- समुद्र के कानून पर संयुक्त राष्ट्र का तृतीय सम्मेलन, 1967
- अपशिष्टों तथा अन्य सामान को समुद्र में कूड़े के रूप में फेंकने से होने वाले समुद्री प्रदूषण को रोकने पर सम्मेलन (लंदन सम्मेलन), 1972

वर्ष दर वर्ष समुद्रों के उपयोग का नियमन करने के लिए सभी राष्ट्रों को स्वीकार्य नियम बनाने के प्रयत्न होते रहे। अंततः यह प्रयास 1982 में पूर्ण होकर स्वीकृत हुआ उसे कहा गया समुद्र के नियम पर संयुक्त राष्ट्र का सम्मेलन (United Nations Convention on the Law of the Sea, LOSC) जिसे 16 नवम्बर 1994 से लागू होने के बाद से लगभग सभी ने स्वीकार कर लिया है। तदन्तर संयुक्त राष्ट्र के 1982 के समुद्र नियम पर सम्मेलन में पहली बार यह प्रावधान किया गया है कि समुद्री संसाधनों के विवेकशील प्रबंधन एवं भावी पीढ़ीयों के लिए उनके संरक्षण के लिए एक सर्वव्यापी कानूनी ढाँचा हो। इसे 16 नवम्बर 1994 से लागू कर दिया गया विश्व समुदाय ने शायद ही कभी ऐसे आमूल परिवर्तन को शांतिपूर्वक स्वीकार किया हो। इस तरह इसे संयुक्त राष्ट्रों के 1945 के चार्टर की स्वीकृति के बाद से सबसे महत्त्वपूर्ण अंतर्राष्ट्रीय उपलब्धि कहा गया है।

संयुक्त राष्ट्र सम्मेलन के समुद्र नियम में विश्व के महासागरों तथा समुद्रों के लिए उनका तथा उनके संसाधनों के तमाम उपयोगों के बारे में बहुत व्यापक नियम बनाए गए हैं। इसमें कहा गया है कि महासागर संबंधी सभी समस्याएँ निकटता परस्पर संबंधित हैं और उन्हें एक साथ लेकर देखना होगा। सम्मेलन में एक ऐसे ढाँचे का भी प्रावधान है जो समुद्र से संबंधित नियम के विशिष्ट क्षेत्रों के और आगे विकास को देखेगा। इस सम्मेलन की कुछ खास बातें इस प्रकार हैं–

- समुद्र तटीय राज्यों का अपने क्षेत्रीय समुद्र पर अधिकार होगा मगर 12 समुद्री मील से आगे नहीं होगा, वहाँ से आगे विदेशी पोतों को मुक्त मार्ग मिलेगा।
- अंतर्राष्ट्रीय नौकायन के लिए इस्तेमाल की जाने वाली जलडमरूमध्यों में से सभी देशों के पोतों तथा वायुयानों को "पारगमन मार्ग" मिलेगा। जलडमरूमध्यों के

किनारों के राज्य इस आवगमन के नौचालन तथा अन्य पहलुओं का नियमन कर सकते हैं।

- द्वीपसमूह राज्य पास–पास स्थित द्वीपों एवं परस्परयोजी जल राशियों से जुड़े होते हैं। उन्हें उस तमाम समुद्री क्षेत्र का स्वामित्व अधिकार होगा जो उनके द्वीपों के सबसे बाहरी बिंदुओं को जोड़ती हुई सीधी रेखाओं से घिरा होगा। अन्य सभी राज्यों को द्वीपसमूह की इन "गलियों" में से आने जाने का अधिकार होगा। समुद्र तटीय राज्यों को अपने 200 समुद्री मील के बीच के भीतर पूरा राज्यिक अधिकार होगा और इसे प्राकृतिक संसाधनों तथा कुछ खास आर्थिक क्रियाकलापों के लिए उसका मात्र अपना ही आर्थिक क्षेत्र (Exclusive Economic Zone; EEZ) कहा जाएगा जिसमें वे समुद्री वैज्ञानिक अनुसंधान तथा पर्यावरण सुरक्षा कर सकें।
- बाकी सभी राज्यों को EEZ में नौचालन की एवं ऊपर से उड़ानों की स्वतंत्रता होगी और साथ ही समुद्र में नीचे के बलों तथा पाइपलाइनों को डालने की भी स्वतंत्रता होगी।
- थल परिसीमित एवं भौगोलिक दृष्टि से अलाभावित राज्यों के एक सम–स्तर उसी क्षेत्र अथवा उपक्षेत्र के तटीय राज्यों के EEZs के अधिशेष जैविक संसाधनों के एक उचित भाग का एक समता के आधार पर उपयोग करने का अधिकार होगा; अत्यंत प्रवासी मछलियों तथा समुद्री स्तनियों को विशेष सुरक्षा प्रदान की गई है।
- समुद्र तटीय राज्यों को अपने महाद्वीपीय शेल्फ (समुद्र की तलहटी का राष्ट्रीय क्षेत्र) पर उसमें खोजबीन एवं उसके समुपयोजन का संपूर्ण राजकीय अधिकार होगा। यह शेल्फ कम से कम 200 समुद्र मील तक चलेगा और कुछ विशेष परिस्थितियों में उससे भी ज्यादा हो सकता है।
- समुद्र तटीय राज्यों को अंतर्राष्ट्रीय समुदाय को मिले उस राजस्व में भी हिस्सेदारी मिलेगी जो उन्हें 200 समुद्री मील के आगे के भाग से संसाधनों के समुपयोजन से प्राप्त होगा।
- जब भी राज्य का महाद्वीपीय शेल्फ 200 मील से अधिक आगे फैला होगा तब महाद्वीपीय शेल्फ सीमा आयोग (Commission on the Limits of the Continental Shelf) इस संबंध में उन राज्यों को अपनी सिफारिशें देगा।
- सभी राज्यों को अपने खुले समुद्रों पर नौ–चालन, ऊपर विमान–उड़ानों, वैज्ञानिक खोज एवं मछली पकड़ने की परंपरागत स्वतंत्रता रहेगी। साथ ही उनकी यह भी जिम्मेदारी होगी कि वे जीवित संसाधनों के प्रबंधन एवं उनके संरक्षण के लिए उपाय अपनाएँ एवं इसके लिए अन्य राज्यों के साथ सहयोग करें।
- राज्य क्षेत्रीय समुद्र अपने पृथक आर्थिक क्षेत्र एवं द्वीपों के महाद्वीपीय शेल्फ की सीमाओं का निर्धारण थल राज्य क्षेत्रीय पर लागू नियमों के अनुसार निर्धारित होती हैं परंतु ऐसे शैलों जिनमें कोई मानव आवास नहीं हो सकते थे अथवा जिसका कोई

अपना आर्थिक जीवन नहीं हो सकता उनका कोई आर्थिक क्षेत्र अथवा महाद्वीपीय शेल्फ नहीं होगा।

- जो राज्य समुद्रों को चारों ओर से घेरे हुए अथवा लगभग अपूर्णतः घेरे हुए होंगे उनसे आशा की जाती है कि वे जैविक संसाधनों, पर्यावरण एवं अनुसंधान नीतियों एवं क्रियाकलापों के प्रबंधन में परस्पर सहयोग करेंगे।
- थल के घिरे राज्यों को अधिकार होगा कि वे मार्ग में आने वाले राज्यों के भू–क्षेत्रों में से बिना रोक टोक समुद्र तक तथा समुद्र से आ–जा सकेंगे।
- राज्यों की जिम्मेदारी होगी कि वे समुद्री प्रदूषण का नियंत्रण करें और यदि इस प्रकार के प्रदूषण को रोकने में अपने अंतर्राष्ट्रीय उत्तरदायित्व को निभाने में कोताही करने से जो हानि होगी उसके लिए उन्हें हर्जाना उठाना होगा।
- EEZ में तथा महाद्वीपीय शेल्फ पर तमाम समुद्री वैज्ञानिक अनुसंधान तटवर्तीय राज्य की अनुमति के ही द्वारा होंगे परंतु अधिकतर मामलों में उन्हें अन्य राज्यों को जब कभी शांतिपूर्ण उद्देश्यों के लिए खोजें करनी हों जो विशिष्ट उद्देश्यों के लिए हों तो उन्हें भी अनुमति देनी होगी।
- राज्यों को समुद्री प्रौद्योगिकी के विकास एवं हस्तांतरण को "सही और तर्कपूर्ण शर्तों पर" बढ़ावा देना होगा और उसमें सबके उचित हितों का ठीक से ध्यान रखना होगा।
- सभी पक्षधर राज्यों को सम्मेलन की व्याख्याओं एवं अनुप्रयोगों से संबंधित अपने सभी विवादों को शांतिपूर्ण तरीकों से सुलझाना होगा।
- विवादों को सम्मेलन के अंतर्गत स्थापित समुद्र नियम के लिए अंतर्राष्ट्रीय ट्रिब्यूनल अंतर्राष्ट्रीय न्यायालय अथवा मध्यस्थता के सामने रखा जा सकता है। निपटारा भी उपलब्ध है। और कुछ परिस्थितियों में उसका पालन करना अनिवार्य होगा। गहरी समुद्र तलैहटी में खनन विवादों के समाधान का एकमात्र अधिकतर ट्रिब्यूनल को ही होगा।

प्रश्न 3. पर्यावरण नियमों के प्रवर्तन में आने वाली कठिनाइयों का संक्षेप में विश्लेषण कीजिए।

उत्तर– वे मूलभूत समस्याएँ इस प्रकार हैं जो राष्ट्रीय पर्यावरण विधि–विधानों के प्रवर्तन में आड़े आती हैं–

- राष्ट्रीय स्तर पर तमाम नियमों एवं प्रावधानों के विश्लेषण के बाद यह देखने को मिलता है कि अधिकतर वर्तमान पर्यावरण विधेयक अनिवार्यतः दंडनीय हैं, न कि निरोधात्मक। उदाहरण के लिए एक बार रासायनों तथा पदार्थों के वायु अथवा जल अथवा मृदा में विसर्जित किए जाने पर ही अधिनियम लागू होगा? निरोधक उपायों ने शायद ही कभी लागू किया हो और न ही वे कारगर हुए हैं और संबद्ध एजेंसियाँ तभी कुछ काम किया करती हैं जब कुछ नुकसान हो चुका होता है। यदि हम

पर्यावरण विधेयकों के प्रवर्तन के लिए वास्तव में गंभीर हैं तो हमें यह अग्निशमन–बिग्रेड जैसा अभिगम यानी आग लग जाने के बाद उस स्थल की ओर दौड़ना जैसा करना छोड़ना होगा। रणनीति यह होनी चाहिए कि आग लगने के कारणों पर प्रहार करने पर भी उतना ही बल देना चाहिए।

- पर्यावरण विधेयकों के लागू करने में अधिक गंभीर समस्या यह आती है कि कंपनियों की सुरक्षा की क्रियाविधियों एवं उपकरणों की जाँच करने तथा उन्हें निरापत्ति की सुरक्षा की क्रियाविधियों एवं उपकरणों की जाँच करने तथा उन्हें निरापत्ति प्रमाणपत्र (NOC) मंजूर करने या न करने में विभिन्न प्राधिकरणों के परस्परव्यापी अधिकार हैं। उदाहरण के लिए, यद्यपि जल एवं वायु प्रदुषण बोर्ड हो सकता है NOC न दे, मगर हो सकता है कि नगरपालिका किसी औद्योगिक इकाई के लाइसेंस दे दे जिनके आधार पर वह निर्माण कार्य आरंभ कर दे।
- कुछ उदाहरणों में पर्यावरण विधयेकों के अध्यादेशों में प्राधिकरणों की प्रकृति तथा उनके विशिष्ट अधिकारों एवं दायित्वों के विषय में कोई दिशा–निर्देश नहीं किए गए हैं। ऐसे औपचारिक दिशानिर्देशों के अभाव में विभिन्न एजेंसियाँ संरचनात्मक रूप में अविशेषज्ञ, कार्य की दृष्टि से अकुशल और इस प्रकार पूर्णतः अप्रभावकारी होती हैं। ऐसा भी हो सकता है कि अधिनियम बहुत पहले पारित किया गया हो लेकिन उसके प्रवर्तन एवं क्रियान्वयन के लिए नियमन नहीं बनाए गए हों। ऐसे नियमों के अभाव में पर्यावरण एजेंसियों के लिए चूककर्त्ताओं के विरुद्ध कोई भी कार्यवाही करना बहुत कठिन हो जाता है। कुछ ही समय पहले दिल्ली राज्य की सरकार ने रंगदार प्लास्टिक थैलों के निर्माण एवं उपयोग पर प्रतिबंध लगाया था लेकिन चूक करने वालों पर कार्यवाही करने के कोई भी नियम नहीं बनाए थे। अतः जब राज्य के पर्यावरण विभाग ने देखा कि कुछ फैक्ट्रियाँ प्रतिबंधित थैले बना रही थीं तो उनके पास प्रावधान नही था कि क्या कार्यवाही की जाए।
- कभी कभार प्रवर्तन एजेंसियों के लापरवाहीपूर्ण रवैये से भी विधेयकों का प्रवर्तन नहीं हो पाता है। इसे समझने के लिए एक उदाहरण 1995 के राष्ट्रीय पर्यावरण ट्रिब्यूनल अधिनियम का लिया जा सकता है। यह विधेयक सात वर्ष पूर्व पारित किया गया था जिसका उद्देश्य जोखिम भरे पदार्थों से जुड़ी दुर्घटनाओं से पीड़ित लोगों को शीघ्रता से न्याय दिलवाना था। मगर वास्तविकता यह है कि पर्यावरण मंत्रालय अभी तक किसी ऐसे व्यक्ति को नहीं खोज पाया है जो इसका कार्यभार संभाल सकता। इसे पर्यावरण एजेसियों के अति लापरवाही वाला रवैया ही तो कहा जाएगा।
- भारत में पर्यावरण विधानों का एक समान पहलू यह है कि उनके लागू करने में जनता का हाथ बँटाना शामिल नहीं किया गया। पर्यावरण को हानि पहुँचाकर लाभ कमाने वाले उद्यमों का भली प्रकार प्रतिनिधित्व होता एवं उनके हितों की रक्षा की जाती है मगर यह एक आम आदमी जो प्रदूषण एवं निम्नीकरण के परिणामों से पीड़ित होता है उसकी कहीं सुनवाई नहीं है।

- कभी–कभार धन के अभाव के कारण विधेयकों का लागू करना कठिन होता है। उदाहरण के लिए, भारत की नदियों के प्रदूषण का मामला है। यह सर्वविदित है कि नदियों के प्रदूषण का मुख्य स्रोत घरेलू जल–मल है जिसे नगरपालिकाएँ बड़ी लापरवाही से निकटतम नदियों में छोड़ देते हैं। गंगा नदी का 90 प्रतिशत प्रदूषण 100 के लगभग नगरपालिकाओं के अपशिष्टों का परिणाम है। गंगा कार्य योजना के अंतर्गत किया जाने वाला विशाल सफाई अभियान एक निरर्थक प्रयास बनकर रह जाएगा यदि उसके साथ–साथ नगरपालिकाओं को अपना अपशिष्ट नदी में डालने को सख्ती से न रोका। हर कोई जानता है कि नगरपालिकीय अपशिष्ट के उपचार के लिए प्रौद्योगिकी उपलब्ध है। परंतु इसका खर्चा बहुत सी तथा अधिकतर नगरपालिकाएँ बर्दाशत नहीं कर सकतीं।
- जनता का विरोध भी पर्यावरण कानून–व्यवस्था को लागू करने में बाधा बना हुआ है। उदाहरण के लिए, भारत के सर्वोच्च न्यायालय ने नई–दिल्ली के सभी सार्वजनिक वाहनों के लिए CNG का इस्तेमाल अनिवार्य घोषित किया। मगर इस आदेश से शहर की 15000 टैक्सियाँ तथा 10000 बसें गायब हो गई जिससे जनता में बेहद रोष हुआ, दंगे हुए और यात्रियों की भारी अव्यवस्था हुई। इसी प्रकार जनता ने सर्वोच्च न्यायालय के उस आदेश का भी समर्थन नहीं किया जिसमें 15 वर्ष से अधिक पुराने सार्वजनिक वाहनों के इस्तेमाल पर प्रतिबंध लगा दिया था।

इस प्रकार हम निष्कर्ष निकाल सकते हैं कि प्रदूषण के प्रति समाज की सुरक्षा हेतु पर्यावरण नियम एक "रखवाले" के रूप में कार्य करते हैं। पर प्रश्न उठता है कि ये सब कायदे कानून और साथ में प्रदूषण बोर्डों के होने से क्या मानव जीवन की गुणवत्ता में सुधार लाने में सफल हुए? जितनी उनकी सफलता नहीं हुई उससे कहीं ज्यादा उनकी अप्रभावशीलता रही है। भोपाल त्रासदी के तुरंत बाद देश के अनेक भागों में लगातार कई गैस विस्फोट, रासायनिक दुर्घटनाएँ तथा रिसाव हुए।

फिर भी, कानूनों में मौजूदा अपर्याप्तता तथा न्यायिक प्रक्रियाओं की जटिलता के बावजूद हाल के पिछले वर्षों में न्यायालय के कुछ ऐसे निर्णय आए हैं जिनसे आशा बंधी है कि नए कानूनों के पारित होने के बाद देश में कुछ हद तक पर्यावरण सुरक्षा नियंत्रित हो सकेगी और प्रवर्तन एजेंसियों को ठीक से चलाने पर उल्लंघनकारी कंपनियों तथा एजेंसियों को सामने लाया जा सकेगा। यह तभी संभव होगा जब प्रवर्तनकारी मशीनरी एवं एजेंसियाँ जनता के समर्थन के साथ ठोस से कार्य करें।

आजकल पर्यावरण पहलुओं की वृद्धि एवं विकास में न्यायिका एक महत्त्वपूर्ण भूमिका निभा रही है। एक रखवाले की तरह यह संविधान की पवित्रता एवं उसके सम्मान को बनाए रखने का प्रयास करती है ताकि वह मात्र एक कागजी बाघ बन कर ही न रह जाए। पर ऐसे बहुत ही कम उदाहरण है जिनमें जनहित याचिकाओं (PIL) के द्वारा जनता ने न्यायपालिका के द्वार खटखटाए हों ताकि वर्तमान पर्यावरण नियमों को लागू किया जा सके। ऐसी जनहित

याचिकाओं के योगदानों को विशेष तौर पर सामने लाने के लिए हम यहाँ कुछ खास उदाहरण प्रस्तुत कर रहे हैं। सन् 2000 में सर्वोच्च न्यायालय ने दिल्ली के रिहायशी इलाकों में प्रदूषणकारी फैक्ट्रियों को बंद करने के आदेश जारी किए थे। हजारों मजदूरों और फैक्ट्री–मालिकों ने इस आदेश का विरोध किया। मगर इस कदम से निश्चय ही उन अनेक निवासियों के स्वास्थ्य की सुरक्षा हुई है जो इन प्रदूषणकारी उद्योगों के निकट रह रहे थे। त्यौहारों के दिनों में अत्यधिक शोर होने के कारण कोलकता में वहाँ के स्थानीय न्यायालय ने कुछ खास सीमा से ऊपर के शोर पर कड़े प्रतिबंध लगा दिए और उनका कड़ाई से पालन का आदेश जारी किया। इसी प्रकार दिल्ली के राजधानी क्षेत्र में जून 2001 में आदेश जारी किया गया कि सभी नए मोटर वाहनों में अनेक यूरोपीय देशों में चल रहे यूरो–II स्तर (जिसे भारत चरण–II कहा गया) के तुल्य प्रदूषण रोकथाम क्रियाविधि मौजूद होना चाहिए। हाल के समय में ऐसे कानून बहुत महत्त्वपूर्ण हो गए हैं जो प्रदूषणकारी उद्योगों से निकलने वाले अपशिष्टों का निपटान, पैकेजिंग, ऐसे उद्योगों के स्थान एवं हटाकर दूसरी जगह ले जाने से संबंधित हैं तथा छोटे पैमाने के उद्योगों के लिए सम्मिलित बहिःप्रवाह उपचार संयंत्र लगाने से संबंधित हैं और जिनके द्वारा सार्वजनिक परिवहन में उपयोग होने वाले वाहनों के CNG का उपयोग कानूनन जरूरी बना दिया गया है। आदरणीय न्यायालयों के आदेशों को लागू करने वाले प्राधिकरण को इनका लगातार पालन करा रहे हैं।

बहुत से कानूनों का जैसे कि प्लास्टिक के थैलों का उपयोग न करने के कानून का पूरी तरह लागू होना तभी संभव हो सकता है जब जनता की जागरूकता बढ़ाई जाए न कि न्यायपालिका के निर्देशों के द्वारा। देखा जाए तो वास्तव में अनेक पर्यावरण कानून अनिवार्यतः "सामाजिक आचरण संहिता" है जिसे कानूनी ढाँचा न लेकर स्वतः ही एक बेहतर नागरिक संवेदना बनना चाहिए। अतः जनता जागरूकता तथा पर्यावरण शिक्षा दोनों के मिलने से बहुत से पर्यावरण कानूनों की जरूरत ही नहीं होगी, और यह सब इसलिए क्योंकि भारत के संदर्भ में जोर जबरदस्ती के कानूनों का पालन कराना निकट भविष्य में संभव होना कठिन जान पड़ता है।

कुछ मूलभूत संकल्पनाओं में अंतर्राष्ट्रीय नियम घरेलू नियमों से भिन्न हैं और ऐसा इसलिए कि तमाम राष्ट्रों के ऊपर प्रवर्तन अधिकार वाली कोई एक विश्व सरकार नहीं है। परिणामतः अंतर्राष्ट्रीय कानून व्यवस्था को संबद्ध पक्षों के समझौते पर निर्भर करना होगा कि वे दस्तावेज की शर्तों का पालन करें। मगर हो सकता है कि किसी एक राष्ट्र के बहुत से निवासी उसका विरोध करें। इसी कारण अंतर्राष्ट्रीय स्तर पर पर्यावरण गुणवत्ता का सुधार अधिकतर निष्फल रहा है। सैकड़ों अंतर्राष्ट्रीय संधियों, प्रोटोकोलों तथा सम्मेलनों के होने के बावजूद हमारे इस ग्रह के साथ हुए दुर्व्यवहार के अनेकानेक उदाहरण मौजूद हैं। फिर भी, इन अंतर्राष्ट्रीय नियमों की एक बड़ी भारी भूमिका यह रही है कि इनके कारण अनेक संसाधनों की सुरक्षा हुई है, क्षेत्रीय स्तर पर जल की गुणवत्ता पुनः प्राप्त हुई है, और वैश्विक संसाधनों जैसे कि ओजोन परत का रिक्तीकरण कम हुआ है और सबसे महत्त्वपूर्ण पर्यावरण से संबंधित बहुत से मुद्दों पर चर्चा पैदा करने और जनता की जागरूकता बढ़ाने में विशेष योगदान है।

प्रश्न 4. पर्यावरण संबंधी समस्याओं की गंभीरता को देखते हुए संप्रेक्षण तथा प्रवर्तन के लिए संस्थागत व्यवस्था पर चर्चा कीजिए।

उत्तर— भारत सरकार ने पर्यावरण संबंधी समस्याओं की गंभीरता को देखते हुए सन् 1972 में पर्यावरण नियोजन एवं समन्वय पर राष्ट्रीय समिति (National Committee on Environmental Planning and Coordination; NCEPC) का गठन किया जिसका काम पर्यावरण समस्याओं पर सरकार को सलाह देना एवं उनके समाधान पर सिफारिश करना था। NCEPC के स्थान पर पर्यावरण नियोजन की राष्ट्रीय समिति (National Committee of Environmental Planning; NCEP) बनाई गई जिसका काम निम्न कार्य करना था—

- देश के लिए वार्षिक "पर्यावरण स्थिति रिपोर्ट" बनाना
- एक पर्यावरण सूचना तथा संचार प्रणाली स्थापित करना जिसका काम जन संचार के माध्यम से पर्यावरण संबंधी जागरूकता पैदा करना हो
- पर्यावरण पर अनुसंधान प्रायोजित करना
- पर्यावरण महत्त्व के मुद्दों पर सुनवाइयाँ तथा सम्मेलन आदि कराना

सरकार ने सन् 1980 में तिवारी समिति का गठन किया जिसने पर्यावरण सुरक्षा को सुनिश्चित कराने हेतु पर्यावरण विभाग की स्थापना की सिफारिश की। इसके आधार पर एक पूर्ण-रूपेण पर्यावरण विभाग 1 नवंबर 1980 को प्रधानमंत्री के नेतृत्व से बना दिया गया। सन् 1985 के बाद से यह नए बने पर्यावरण एवं वन मंत्रालय का एक भाग बन गया। अब इस मंत्रालय का नाम बदलकर पर्यावरण, वन एवं जलवायु परिवर्तन मंत्रालय (Ministry of Environment, Forest and Climate Change/MoEFCC) कर दिया है। यह मंत्रालय विभिन्न पर्यावरण एवं वानिकी कार्यक्रमों की योजना बनाने, उन्नयन, समन्वय तथा देख-रेख के काम के लिए यही एक मध्यस्थ एजेंसी है। पर्यावरण विधेयकों एवं नीतियों के प्रशासन एवं प्रवर्तन की कुल मिलाकर जिम्मेदारी भी इसी मंत्रालय की होगी। मंत्रालय को देश के भीतर संयुक्त राष्ट्र पर्यावरण कार्यक्रम (UNEP) तथा समाकलित पर्वत विकास के लिए अंतर्राष्ट्रीय केंद्र की भी मध्यस्थ एजेंसी नियुक्त किया गया है और वह पर्यावरण एवं विकास पर संयुक्त राष्ट्र सम्मेलन (UNCED) के कार्य की आगे देखभाल करता है। पर्यावरण वन एवं जलवायु परिवर्तन मंत्रालय भारत में जैविक विविधता और जलवायु परिवर्तन पर अंतरराष्ट्रीय समझौतों को लागू कराता है। इसके अधीन कुल मिलाकर कार्य ढाँचे में मंत्रालय के क्रियाकलाप इस प्रकार हैं—

- प्रदूषण की रोकथाम एवं नियंत्रण
- पर्यावरण की सुरक्षा
- पादपता, प्राणिता, वनों एवं वन्य जीवन का संरक्षण एवं सर्वेक्षण
- अपकर्ष हुए क्षेत्रों में वनरोपण एवं उनका पुनर्निर्माण
- पर्यावरण संप्रभाव मूल्यांकन
- पर्यावरण एवं वानिकी कार्यक्रमों के लागू करने वाले संगठन को सहायता देना

- पर्यावरण एवं वानिकी अनुसंधान का उन्नयन
- आवश्यक मानव शक्ति को बढ़ाते हुए प्रसार, शिक्षा तथा प्रशिक्षण
- केंद्रीय मंत्रालयों और राज्य सरकारों के बीच समन्वय करना
- पर्यावरण नीतियाँ एवं विधान
- अंतर्राष्ट्रीय सहयोग
- जनसंख्या के हर वर्ग में पर्यावरण जागरूकता पैदा करना
- पर्यावरण सूचना का प्रसार–प्रचार
- पर्यावरण–पुनरुत्पादन

अपने उद्देश्यों एवं पर्यावरण विधेयक को लागू करने हेतु मंत्रालय के अनेक भाग, विभाग तथा बोर्ड हैं जैसे बोटैनिकल सर्वे ऑफ इंडिया (भारतीय वनस्पति सर्वेक्षण),जूलौजिकल सर्वे ऑफ इंडिया (भारत का प्राणिवैज्ञानिक सर्वेक्षण), नेशनल म्यूजियम ऑफ नेचुरल हिस्ट्री (प्राकृतिक इतिहास राष्ट्रीय संग्रहालय), भारतीय वन सेवाएँ, भारतीय वातकी अनुसंधान एवं शिक्षा परिषद (Council of Forestry Research and Education), केंद्रीय प्रदूषण नियंत्रण बोर्ड (CPCB), भारतीय वन सर्वेक्षण, राष्ट्रीय वनारोपण एवं पर्यावरण विकास बोर्ड आदि।

केंद्रीय प्रदूषण नियंत्रण बोर्ड–केंद्रीय प्रदूषण नियंत्रण बोर्ड (Central Pollution Control Board, CPCB) एक वैधानिक संगठन है जिसका गठन सितंबर 1974 में, जल कानून (प्रदूषण का नियंत्रण एवं निवारण) के तहत हुआ था। इसके अलावा CBCB को वायु कानून (प्रदूषण नियंत्रण एवं निवारण), 1981 के तहत क्षमताएँ एवं कार्य भी सौंपे गए थे। यह 1986 के अंतर्गत पर्यावरण (संरक्षण) कानून के प्रयोजनों के लिए पर्यावरण एवं वन मंत्रालय को तकनीकी सेवाएँ प्रदान करता है एवं इसके लिए क्षेत्र निर्माण भी करता है।

CBCB के मुख्य कार्य, जैसा कि 1974 के जल कानून (प्रदूषण नियंत्रण एवं निवारण) तथा 1981 के वायु कानून (प्रदूषण नियंत्रण तथा निवारण) में बताया गया था–(i) राज्यों के विभिन्न भागों में जल धाराओं तथा कुओं की सफाई को बढ़ावा देना जिसमें जल प्रदूषण का नियंत्रण, निवारण तथा कटौती शामिल हो, (ii) देश में वायु प्रदूषण का नियंत्रण, निवारण तथा कटौती के साथ–साथ वायु की गुणवत्ता का विकास करना।

वायु गुणवत्ता का ध्यान रखना, वायु गुणवत्ता के प्रबंधन का एक महत्त्वपूर्ण भाग है। राष्ट्रीय परिवेश वायु गुणता मॉनीटरन प्रोग्राम (NAAQM) का गठन, वायु गुणवत्ता के वर्तमान स्तर का निर्धारण करने, कल कारखानों तथा अन्य स्रोतों में से वायु प्रदूषकों के उत्सर्जन का नियंत्रण एवं व्यवस्थापन करने तथा वायु गुणवत्ता को मानकों तक पहुँचाना, जैसे–उद्देश्यों के लिए हुआ था। यह उद्योगों को स्थापित करने तथा नगर योजनाओं के लिए आवश्यक वायु गुणवत्ता आँकड़ों के लिए पृष्ठभूमि भी प्रदान करता है।

अलवण (शुद्ध) जल एक सीमित संसाधन है जो कृषि, उद्योग, वन्य जीव–जन्तुओं एवं मात्स्यकी के पालन तथा मानव जीवन के लिए अत्यंत आवश्यक है। भारत नदियों से परिपूर्ण देश है, परंतु यहाँ पर असंख्य झीलें, तालाब तथा कुएँ हैं, जो पेयजल के मुख्य स्रोत के रूप

में इस्तेमाल होते हैं, यहाँ तक कि बिना पानी का शोधन किए भी। अधिकांश नदियों में मानसून की वर्षा का पानी एकत्र होता है, जो साल के तीन महीनों तक ही सीमित है। अतः वर्ष के बाकी महीनों में ये सूख जाती हैं और अक्सर इनमें शहरों, कस्बों तथा उद्योगों से निष्कासित गंदा पानी ही बहता है जो हमारे कम हो रहे जल स्रोतों की गुणवत्ता पर और खतरा पैदा करता है। भारत की संसद ने अपनी बुद्धिमत्ता के अनुसार जल कानून (प्रदूषण का नियंत्रण एवं निवारण) 1974 इसलिए बनाया था ताकि हमारे जल भंडारों की स्वास्थ्यवर्धक क्षमता को सुरक्षित रखा जा सके। CBCB का एक मत ये है कि जल प्रदूषण से संबंधित तकनीकी तथा सांख्यिकी आँकड़ों को संग्रह करो, उन्हें मिलाओ और फिर उनका प्रसार करो। अतः जल गुणवत्ता मॉनीटरन (Water Quality Monitoring; WQM) एवं निगरानी दोनों काफी महत्त्वपूर्ण हैं।

भारतीय मानकों की गुणवत्ता की आवश्यकताओं के साथ-साथ कुछ पर्यावरण की शर्तों को पूरा करने के लिए बनाए गए घरेलू एवं उपभोक्ता उत्पादों के लिए "पर्यावरण मित्र उत्पाद" के लेबल की योजना काफी प्रभावी हो रही है। इस योजना को "इकोमार्क स्कीम ऑफ इंडिया" (Ecomark Scheme of India) कहा जाता है।

राष्ट्रीय स्तर पर केंद्रीय बोर्ड के कार्य

- केंद्रीय सरकार को जल एवं वायु प्रदूषण के नियंत्रण एवं निवारण से जुड़े किसी भी मुद्दे पर एवं वायु की गुणवत्ता को बढ़ाने के बारे में सलाह देना।
- जल एवं वायु प्रदूषण के नियंत्रण, निवारण तथा कटौती के लिए राष्ट्रव्यापी कार्यक्रमों की योजना एवं संचालन करना।
- राज्य बोर्डों की गतिविधियों का समन्वयन एवं उनके आपसी मतभेदों को दूर करना।
- राज्य बोर्डों को तकनीकी सहायता एवं दिशा-निर्देश प्रदान करना, वायु एवं जल प्रदूषण से संबंधित समस्याएँ एवं उनके नियंत्रण, निवारण तथा कटौती के लिए शोध को कार्यान्वित करना एवं उनका समर्थन करना।
- जल एवं वायु प्रदूषण के नियंत्रण, निवारण तथा कटौती से संबंधित कार्यक्रमों से जुड़े लोगों के प्रशिक्षण की योजना एवं व्यवस्था करना।
- जल एवं वायु प्रदूषण के नियंत्रण, निवारण तथा कटौती के प्रोग्राम के बारे में एक व्यापक जन जागरूकता लाने के लिए एक जनसंचार की व्यवस्था प्रदान करना।

प्रश्न 5. जनसंख्या वृद्धि की अवधारणा का वर्णन कीजिए।

अथवा

जनसंख्या वृद्धि को प्रभावित करने वाले कारक कौन-कौन से हैं?

उत्तर— आज विश्व के लगभग प्रत्येक देश में जनसंख्या बढ़ रही है। विश्व के विकासशील देशों (Developing Countries) में जनसंख्या वृद्धि की दर इतनी ज्यादा है कि वहाँ इसे एक समस्या के रूप में विश्लेषित कर अध्ययन करना अत्यधिक महत्त्वपूर्ण हो गया है। इस

विषय में उल्लेखनीय है कि जनसंख्या वृद्धि तीन महत्त्वपूर्ण प्रक्रियाओं – प्रजननता, मृत्यु-दर और प्रवास का सम्मिश्रित परिणाम है।

जनसंख्या वृद्धि को हम इस प्रकार परिभाषित कर सकते हैं कि "जनसंख्या के आकार में परिवर्तन को जनसंख्या वृद्धि के नाम से जाना जाता है।" यह सकारात्मक या नकारात्मक दोनों हो सकती है।

जनसंख्या वृद्धि की निम्नलिखित विशेषताएँ हैं–

- जनसंख्या वृद्धि में जनसंख्या में होने वाले परिवर्तन तीन प्रकार की हो सकती हैं–सकारात्मक (Positive), नकारात्मक (Negative) या स्थिर (Stable) जनवृद्धि।
- आधुनिक युग में संपूर्ण विश्व में जनसंख्या की वृद्धि को सकारात्मक प्रवृत्ति पाई जाती है। किसी भी देश में जनसंख्या में कमी या स्थिरता एक असामान्य बात बन गई है।
- विश्व जनसंख्या में वृद्धि का कारण है मृत्यु से जन्म का आधिक्य। लगभग प्रत्येक देश में मृत्यु-दर की तुलना में जन्म-दर बहुत अधिक है। जन्म-दर की तुलना में मृत्यु-दर का अत्यधिक गिरना भी एक कारण होता है।
- विश्व जनसंख्या में वृद्धि की प्रवृत्ति एक क्षणिक स्थिति (Transitory Phase) है। जनसंख्या में वृद्धि हमेशा के लिए नहीं हो सकती है। क्योंकि विश्व में स्थान (Space) सीमित है।
- एक देश विशेष की जनसंख्या की वृद्धि में प्रवास (Migration) महत्त्वपूर्ण भूमिका अदा कर सकती है।
- जनसंख्या वृद्धि चक्रवृद्धि ब्याज का रूप धारण करती है अर्थात् बढ़ी हुई जनसंख्या के द्वारा जनसंख्या में और अधिक वृद्धि होती जाती है।
- जनसंख्या में वृद्धि तीन घटकों की क्रियाओं का परिणाम है। ये घटक हैं–जन्म, मृत्यु एवं प्रवास। इनमें से मात्र किसी एक घटक से जनसंख्या वृद्धि निर्धारित नहीं होती है।

जनसंख्या वृद्धि को प्रभावित करने वाले कारक–जनसंख्या वृद्धि को निम्न कारक प्रभावित करते हैं–

- धर्म
- लिंग भेद
- आर्थिक स्थिति
- परिवार की सीमा
- प्रवास
- राष्ट्रीय नीति
- सामाजिक रीति-रिवाज
- प्रजनन शक्ति में सुधार
- मृत्यु दर में कमी

मानव क्रियाकलाप और पर्यावरणीय निम्नीकरण—हमारे द्वारा भूमंडलीकरण (globalisation) के प्रभावों का सामना किए जाने से काफी पहले ही, बाढ़, भूकंप, ज्वालामुखी के फटने और वनों की आग जैसे आपदाएँ मानव जीवन/जान के लिए तबाही कर रही थीं लेकिन तेजी से हुए औद्योगीकरण, अनवीकरणीय प्राकृतिक संसाधनों के दोहन, विशाल बांधों के निर्माण, वनोरूपण, रसायनों के अनियंत्रित उपयोग और मानव की कम निवेश से त्वरित लाभ पाने की लालसा ने इन आपदाओं के होने में काफी वृद्धि की। इसके साथ ही मानव–निर्मित आपदाओं जैसे—नाभिकीय दुर्घटनाओं, औद्योगिक दुर्घटनाओं, विषैले अपशिष्टों का निपटान, संकटदायी अपशिष्टों का परिवहन में दुर्घटनाओं, तेल रिसाव और ग्रीन हाउस गैसों के उत्सर्जन ने ऐसी स्थिति उत्पन्न कर दी जिसने मानव के अस्तित्व के लिए ही खतरा उत्पन्न कर दिया है। वैज्ञानिकों और समाजविज्ञानियों का एक वर्ग है जो तर्क करता है कि विकास और आर्थिक वृद्धि तब तक नहीं हो सकती है जब तक हम परिकलित जोखिम नहीं उठाते हैं। ये मुद्दे बहस के हैं लेकिन सबसे बड़ा मुद्दा मानवता की उत्तरजीविता का है। यह ध्यान देने वाली बात है कि प्राकृतिक आपदाओं और मानव जनित आपदाओं के बीच के अंतर की प्रवृत्ति धीरे–धीरे कम हो रही है।

प्रश्न 6. मानव स्वास्थ्य और कल्याण पर एक निबंध लिखिए।

अथवा

सामुदायिक स्वास्थ्य से आप क्या समझते हैं? चर्चा कीजिए।

उत्तर— स्वास्थ्य का अर्थ मात्र 'रोग की अनुपस्थिति' अथवा 'शारीरिक स्वस्थता' नहीं है। इसे पूर्णरूपेण शारीरिक, मानसिक और सामाजिक स्वास्थ्य के रूप में परिभाषित किया जा सकता है। जब लोग स्वस्थ होते हैं तो वे कार्य में अधिक सक्षम होते हैं। इससे उत्पादकता बढ़ती है और आर्थिक संपन्नता आती है। स्वास्थ्य से लोगों का आयुकाल बढ़ता है और शिशु तथा मातृ मृत्युदर में कमी होती है।

विश्व स्वास्थ्य संगठन के अनुसार, 'स्वास्थ्य का अर्थ पूर्ण शारीरिक, मानसिक तथा सामाजिक स्वस्थता की स्थिति है न कि केवल रोगों की अनुपस्थिति है, अर्थात् शरीर तथा मस्तिष्क दोनों की सुचारू कार्य प्रणाली।' अच्छे स्वास्थ्य वाला व्यक्ति अधिक उत्साहपूर्ण व ऊर्जायुक्त जीवन से भरपूर और कार्य में अधिक कुशल होता है।

पर्यावरणीय स्वास्थ्य को जन स्वास्थ्य के ऐसे पहलू के रूप में परिभाषित किया जा सकता है जो सभी बाह्य स्थितियों से संबंधित है जैसे सभी प्रकार के जीवन पदार्थों, बलों, समस्याओं और चुनौतियों तथा मनुष्य के परिवेश की कोई अन्य ऐसी स्थिति जो उसके स्वास्थ्य और तंदरुस्ती पर प्रभाव डाल सकती है। इस बोध में रोग, मनुष्य के अपने परिवेश/पर्यावरण से सही अनुकूलन नहीं होने को प्रदर्शित करता है।

विश्व स्वास्थ्य संगठन की परिभाषा के अनुसार, पर्यावरणीय स्वास्थ्य में जीवन की गुणवत्ता समेत मानव–स्वास्थ्य के वे पक्ष शामिल हैं, जो पर्यावरण में भौतिक, रासायनिक, जैविक, सामाजिक और मनोवैज्ञानिक कारकों से निर्धारित होते हैं।

यद्यपि प्राचीन सभ्यताओं के पर्यावरण के स्वास्थ्य पर प्रभाव की जानकारी थी, लेकिन आधुनिक युगों में स्वच्छ पर्यावरण के महत्त्व को यूरोप में 1842 में हुई औद्योगिक क्राँति के बाद ही समझा गया था। इसे 'विशाल स्वच्छता जागरण' (Great sanitary awakening) के नाम से जाना जाता है। इसके फलस्वरूप जन स्वास्थ्य के विषय की स्थापना हुई। इन रोगों की रोकथाम, जीवनकाल बढ़ाने और संगठित सामुदायिक प्रयास द्वारा स्वास्थ्य और सक्षमता के प्रोत्साहन के रूप में परिभाषित किया गया था।

एल्मा एटा घोषणा के अनुसार, 'जन–स्वास्थ्य के अंतर्गत स्वास्थ्य शब्द का अर्थ है–संपूर्ण भौतिक, मानसिक व सामाजिक कल्याण।' यह केवल किसी रोग की अनुपस्थिति से संबंध नहीं रखता। सबके लिए स्वास्थ्य एक बुनियादी मौलिक अधिकार है और पूरी दुनिया के सामाजिक लक्ष्यों में पहला स्थान रखता है। इसकी प्राप्ति तभी संभव है, जब हम स्वास्थ्य के क्षेत्र के अतिरिक्त अन्य सामाजिक व आर्थिक क्षेत्रों में भी कदम उठाएँ।

जन स्वास्थ्य के उद्देश्यों को नीचे दिया गया है–

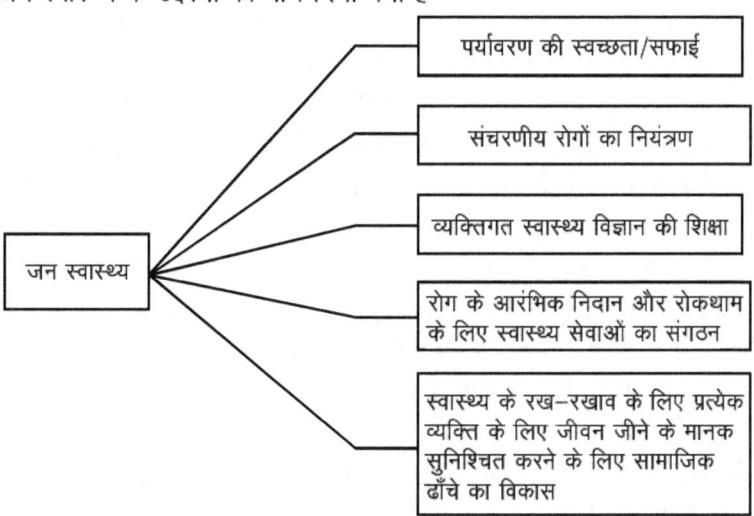

अभी तक विकासशील देशों जैसे कि हमारे देश में जन स्वास्थ्य के इन वांछित लक्ष्यों को प्राप्त करने में महत्त्वपूर्ण सफलता नहीं मिली है। यद्यपि, विकसित देशों में संचरणीय/संक्रामक रोगों का स्वच्छता स्थितियों को बेहतर लगभग पूर्णतः उन्मूलन कर दिया गया है। अतः जन स्वास्थ्य में गंभीर रोगों और व्यवहारगत विकारों जैसे धूम्रपान, नशीली दवाओं का सेवन और मदिरापान जोकि इन देशों के चलन में है, जिसके रोकथाम के लिए उपचार और पुर्नवास के पहलुओं के महत्त्व पर केंद्रित किया जा रहा है। अतः आज जन स्वास्थ्य में क्रियाकलापों की योजना और मूल्यांकन, कार्यक्रमों और प्रणालियों को महत्त्व दिया गया है। ऐसी चुनौतियों के साथ, जन स्वास्थ्य को अब 'सामुदायिक स्वास्थ्य' कहा जाता है।

(1) सामुदायिक स्वास्थ्य–सामुदायिक स्वास्थ्य किसी भी समुदाय की उन्नति के लिए अत्यंत महत्त्वपूर्ण है। सामुदायिक स्वास्थ्य कार्यक्रमों की सफलता, स्वास्थ्य पेशेवरों द्वारा सार्वजनिक जन समुदाय तक सूचनाओं के सफल हस्तांतरण पर निर्भर करती है।

इसके अंतर्गत संपूर्ण समुदाय द्वारा व्यवस्थित प्रयास आते हैं जो लोगों के स्वास्थ्य को बनाए रखने, उसको सुरक्षित रखने और सुधारने की दिशा में किए जाते हैं। इसमें व्यक्तियों और समूहों के रहन–सहन एवं व्यवहार के प्रतिमान को बदलने के लिए प्रेरणा दी जाती है। साथ ही यह पूरे समुदाय के सदस्यों को अधिकतम स्वास्थ्य प्रदान करने के लिए स्वास्थ्य सेवाओं की योजना भी बनाता है। सामुदायिक स्वास्थ्य के विषय को स्वास्थ्य विज्ञान, जन स्वास्थ्य अथवा निरोधक तथा सामाजिक चिकित्सा के अंतर्गत रखा जाता था।

सामुदायिक स्वास्थ्य में प्रत्येक व्यक्ति के रोग के अध्ययन की बजाय यह समझना जरूरी है कि–

(क) रोगी समुदाय का सूचक है।

(ख) समुदाय के रोग का निदान यानी सामुदायिक निदान आवश्यक है।

(ग) समुदाय के लिए उपचार का आयोजन इसका उद्देश्य होता है।

उदाहरण के लिए गाँव में हैजे के एक रोगी का होना खतरे की घंटी है। इसका मतलब यह हुआ कि समुदाय में यह रोग विद्यमान है और इस प्रकार के और भी रोगी हो सकते हैं। यदि इस रोग को फैलने से न रोका जाए तो संपूर्ण गाँव इसकी चपेट में आ जाएगा। इसलिए रोग के उपचार तथा नियंत्रण के उपयुक्त उपायों के लिए पहले से ही योजना बना ली जाती है। हैजा जल द्वारा फैलने वाला रोग है इसलिए जल स्रोत जैसे नदी, कुएँ अथवा भूमिगत जल में संक्रमण का पता लगाने के लिए जाँच की जाती है और आवश्यकतानुसार उन्हें स्वच्छ किया जाता है। इसके अतिरिक्त प्रभावित लोगों का आवश्यक उपचार किया जाता है और रोग से बचने के लिए पूर्वोपाय किए जाते हैं, जैसे कि संवेदनशील व्यक्तियों को टीके लगाना। सामुदायिक निदान के लिए निम्नलिखित सुसंगत आँकड़ों की आवश्यकता होती हैं। इन्हें एकत्रित किया जाता है और इनका विश्लेषण किया जाता है।

(i) अध्ययनगत समष्टि में आयु और सैक्स वितरण और समुदाय में उसका सामाजिक वर्गों में वितरण।

(ii) अशोधित जन्मदर, बाल–मृत्युदर, मातृ–मृत्युदर, शिशु–मृत्युदर, नवजात–मृत्युदर तथा जन्म पश्च मृत्युदर इत्यादि।

(iii) क्षेत्र में कुछ रोगों का आपतन तथा व्यापकता।

(2) पर्यावरण–स्वास्थ्य संबंध–किसी व्यक्ति के ऊपर बड़ी संख्या में पड़ने वाले प्रभावों की क्रिया–प्रतिक्रिया का परिणाम स्वास्थ्य पर होता है। ये प्रभाव आनुवांशिक प्रभाव, व्यावहारिक प्रभाव और पर्यावरणीय प्रभाव होते हैं।

(क) आनुवांशिक प्रभाव–जीन किसी भी जीव की शारीरिक और शरीर–तंत्र की विशिष्टताओं को निर्धारित करते हैं। पैतृक असमान्यताएँ ही आनुवांशिक रोग के रूप में माता–पिता से बच्चों में स्थानांतरित हो जाती हैं। एलर्जी, ब्लडप्रेशर, मधुमेह (डायबिटीज) आदि पूर्ण रूप से जीन संबंधी नहीं हैं। फिर भी इन जीनों की वातावरण से अन्योन्य क्रिया के फलस्वरूप ये बीमारियाँ होती हैं। पोषण, तनाव, संवेगों, हार्मोन, औषध (ड्रग) और अन्य पर्यावरणीय व्यवहार के कारण ये आगे प्रवर्तित हो जाती हैं।

(ख) व्यावहारिक प्रभाव—मद्यव्यसनिता, धूम्रपान, दवाइयों (औषध) का उपयोग, तंबाकू की लत और भोजन की अनियमित आदतों के कारण अनेक स्वास्थ्य संबंधी समस्याएँ पैदा हो सकती हैं।

(ग) पर्यावरणीय प्रभाव—पर्यावरण के अनेक घटक हमारे स्वास्थ्य पर प्रभाव छोड़ते हैं। इनको भौतिक, रासायनिक, जैविक, सामाजिक और मनोवैज्ञानिक समूहों में वर्गीकृत किया जा सकता है।

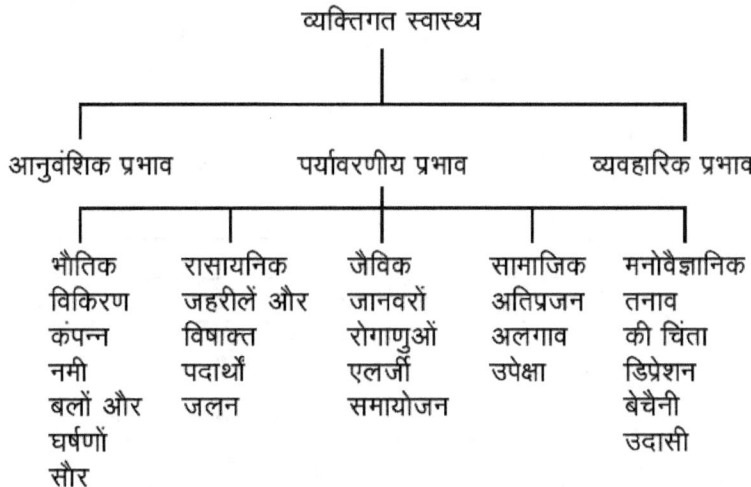

खराब स्वास्थ्य के कर्मक—खराब स्वास्थ्य होने के विभिन्न कारक होते हैं। खराब स्वास्थ्य अथवा रोग के कर्मक सजीव अथवा निर्जीव तत्त्व; मूर्त अथवा अमूर्त बल, शरीर में किसी पदार्थ की अधिकता अथवा कमी हो सकते है। कुछ बीमारियों जैसे हृदय रोग और पेप्टिक अलसर में कारक कर्मक ज्ञात नहीं है। व्यापक रूप से इन कर्मकों को नीचे दिए गए अनुसार वर्गीकृत किया जा सकता है—

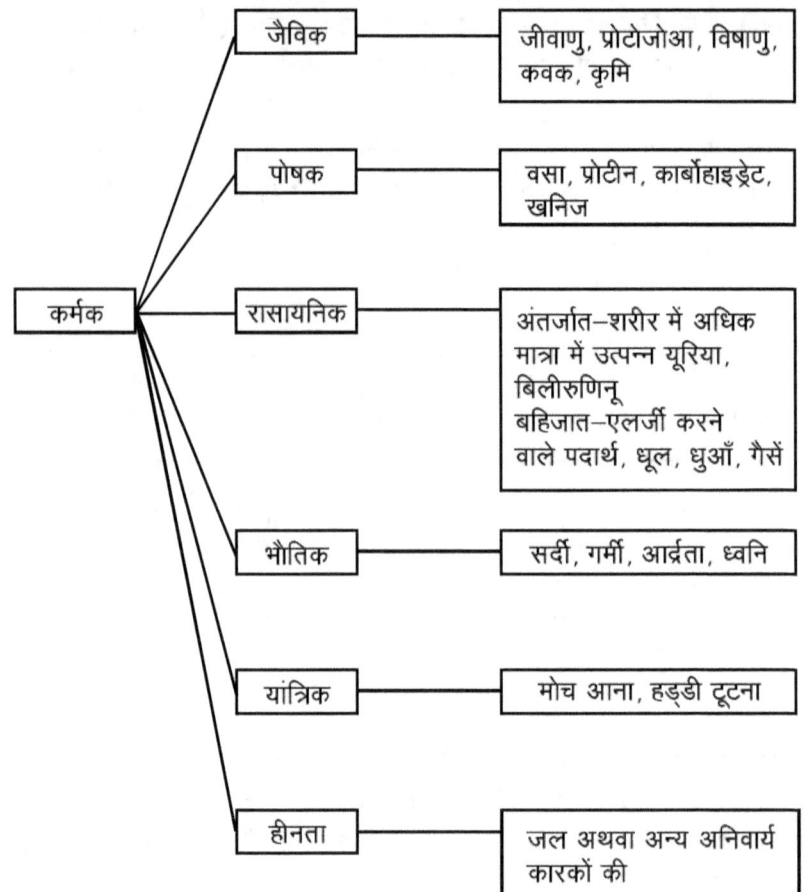

(3) निवारक और उपशमीन कल्याण के उपाय—मनुष्य और पर्यावरण के बीच 'रोग' एक जटिल परस्पर क्रिया है। ज्यादा पुरानी बात नहीं है जब मनुष्य प्लेग, चेचक, हैजा, इनफलुएन्जा इत्यादि की महामारियों से पीड़ित हो जाते थे, जिन पर उनका कोई नियंत्रण नहीं था। विज्ञान और प्रोद्योगिकी के विकास ने इन रोगों को समझने में मदद की और उन पर नियंत्रण पाया। ये पाया गया कि इन रोगों का फैलना पर्यावरण से जुड़ा था। पर्यावरण के बिगड़ते जाने के कारण वर्तमान और भावी पीढ़ियों को नए प्रकार की स्वास्थ्य समस्याओं से प्रभावित होने का खतरा है। अतः तत्काल उपयुक्त उपाय करने की आवश्यकता हैं जबकि हम जिन विकल्पों को अपना सकते हैं, वे सीमित हैं और स्पष्ट नहीं हैं क्योंकि इनमें लागत और लाभ दोनों की माँग करते हैं।

ऐसा प्रतीत होता है कि आधुनिक जीवन की माँगे, 'आंतरिक' पर्यावरण की गुणवत्ता से समझौता किए बिना पूरी नहीं हो सकती है। उदाहरण के लिए, अनेक गंभीर बीमारियाँ लोगों द्वारा अपनाई जाने वाली जीवन शैली के कारण है। एक ऐसी स्थिति अत्यधिक प्रतिस्पर्धी संस्कृति से पैदा होती है, तथाकथित चूहादौड़ से भौतिक सुविधाएँ तो आ जाती हैं, लेकिन

तनाव, कार्य रोजगार, आर्थिक स्तर के विषय में चिंताएँ आदि भी आती है। तनाव, चिंताएँ और कुंठाएँ भी व्यक्ति को तनाव-संबंधी बीमारियों की ओर प्रवृत्त कर देती है। दूसरे समूह में वे व्यक्ति हैं जिनके पास उचित पोषण की कमी, गरीबी और अज्ञानता है और वे विभिन्न प्रकार की शारीरिक और मनोवैज्ञानिक बीमारियों से पीड़ित हैं।

प्रश्न 7. भूकंप से आप क्या समझते हैं? इसके कारणों तथा लाभ-हानि का वर्णन कीजिए तथा भूकंप से बचाव के लिए आप क्या उपाय कर सकते हैं?

अथवा

भूकंपों पर टिप्पणी लिखिए।

उत्तर— भूकंप (Earthquake) का साधारण अर्थ है 'भूमि का काँपना' अर्थात् 'पृथ्वी का हिलना'। होम्स के शब्दों में, "यदि किसी तालाब के शांत जल में एक पत्थर फेंका जाए तो जल के तल पर सभी दिशाओं में तरंगें फैल जाएँगी। इसी प्रकार से जब चट्टानों में कोई आकस्मिक हलचल होती है तो उससे कंपन पैदा होता है।" **मैसलेवल** के शब्दों में, "भूकंप धरातल के ऊपरी भाग की वह कंपन विधि है जो कि धरातल के ऊपरी अथवा निचली चट्टानों के लचीलेपन व गुरुत्वाकर्षण की समस्थिति में न्यून अवस्था से आरंभ होती है।" सेलिसबरी महोदय ने भूकंप की परिभाषा बहुत ही सरल शब्दों में देते हुए कहा है कि "भूकंप वे धरातलीय कंपन हैं जो मनुष्य से असंबंधित क्रियाओं के परिणामस्वरूप होते हैं।"

भूकंपमापी यंत्रों के रिकॉर्ड से पता चलता है कि विश्व में एक वर्ष की अवधि में 8,000 से 10,000 तक भूकंप आते हैं। इसका अर्थ यह हुआ कि हर एक घंटे के बाद विश्व के किसी-न-किसी भाग में भूकंप आ जाता है। भूकंपों की वास्तविक संख्या इससे कहीं अधिक हो सकती है क्योंकि महासागरों के अधिकांश भागों में भूकंप मापने के केंद्र अभी तक स्थापित नहीं किए गए और वहाँ पर आने वाले भूकंपों को प्रायः रिकॉर्ड नहीं किया जाता। विश्व के अधिकांश भूकंप भू-तल से 50 से 100 किमी. की गहराई पर उत्पन्न होते हैं।

भूकंप के कारण—भूकंप आने के निम्नलिखित कारण हैं—

- **ज्वालामुखी विस्फोट—**जब ज्वालामुखी विस्फोट होते हैं तो उनके निकटवर्ती क्षेत्रों में हलचल होती है जिसे भूकंप कहते हैं। कई बार लावा बाहर आने का प्रयास करता है परंतु ऊपर की कड़ी शैलों के अवरोध के कारण वह बाहर नहीं आ सकता और ऊपर की चट्टानों में कंपन पैदा कर देता है। इस प्रकार ज्वालामुखी क्षेत्रों में कई बार बिना ज्वालामुखी विस्फोट के भी भूकंप आ जाते हैं।
- **पृथ्वी का सिकुड़ना—**पृथ्वी अपने जन्म से अब तक निरंतर ठंडी होकर सिकुड़ रही है। पृथ्वी के सिकुड़ने से इसके शैलों में अव्यवस्था पैदा हो जाती है जिससे कंपन पैदा हो जाता है और भूकंप आ जाता है।
- **प्रत्यास्थ प्रतिक्षेप सिद्धांत—**इस सिद्धांत का प्रतिपादन अमेरिका के विख्यात भू-गर्भवेत्ता डॉ. एस.एफ. रीड ने किया जिस कारण इसे डॉ. एस.एफ. रीड का

सिद्धांत के नाम से भी जाना जाता है। इस सिद्धांत के अनुसार भूकंपों की यांत्रिक रचना शैलों के लचीलेपन पर निर्भर करती है। भू–गर्भ की शैलें रबड़ की भाँति लचीली होती हैं जिस कारण उनमें बढ़ने तथा घटने के गुण होते हैं। जब किसी स्थान की शैलों पर तनाव बढ़ता है तो वे तनाव अथवा खिंचाव के कारण मुड़ जाती हैं। परंतु जब तनाव शैलों के लचीलेपन की सीमा से बढ़ जाता है तो शैलें मुड़ती नहीं बल्कि टूट जाती हैं। इससे चट्टान टूट कर दो भिन्न खंडों में विभाजित हो जाती है और उन खंडों के बीच एक दरार पड़ जाती है दरार के दोनों ओर के चट्टान खंड विपरीत दिशा में खिसक जाते हैं। इस भ्रंश क्रिया से चट्टान का तनाव समाप्त हो जाता है और चट्टान के दोनों खंड अपने स्थान पर आने का प्रयास करते हैं। इस प्रकार तनाव द्वारा उत्पन्न दबाव भ्रंश क्रिया से समाप्त हो जाता है और दरार के सहारे संघर्षण से मिलकर भूकंप उत्पन्न करता है।

- **प्लेट विवर्तनिकी तथा भूकंप**–विश्व के अधिकांश भूकंप ज्वालामुखी प्लेटों के किनारों पर ही स्थित हैं। प्लेट विवर्तनिकी के सिद्धांत की सहायता से हमें इस बात का पता चलता है कि भूकंप तथा ज्वालामुखी प्रशांत महासागर के तटीय क्षेत्र में क्यों अधिक सक्रिय हैं। सबसे अधिक ज्वालामुखी तथा भूकंप प्रशांत महासागर के तटों के साथ–साथ ही सक्रिय हैं जिस कारण इसे अग्नि वलय (Ring of Fire) कहते हैं। प्रशांत प्लेट का प्रतिष्ठान किनारा (Subduction edge) भूपर्पटी तथा ऊपरी मेंटल में काफी अधिक गहराई तक पहुँच जाता है और वहाँ से पिघले हुए मैग्मे को ऊपर धकेल देता है। यह मैग्मा दबाव के प्रभावाधीन भू–तल पर आता है और ज्वालामुखी का रूप धारण कर लेता है। विश्व के अन्य भागों में भी इसी प्रकार की प्रक्रिया जारी रहती है और ज्वालामुखी फटते रहते हैं।

  ज्वालामुखी उद्गारों की भाँति भूकंप भी मुख्यतः प्लेटों के किनारों पर ही अधिक आते हैं। वास्तव में भूकंपीय पेटियाँ प्लेटों के किनारों को निर्धारित करने के लिए प्रयोग की जाती हैं। कम गहरे केंद्र वाले भूकंप लगभग सभी प्लेटों के किनारों पर पाए जाते हैं। परंतु मध्य–सागरीय कटकों पर इनका विशेष केंद्रण मिलता है। मध्यम गहराई वाले भूकंपों का केंद्र लगभग 200 किमी. की गहराई पर होता है। इस वर्ग के भूकंप मुख्यतः महासागरीय खाइयों में मिलते हैं। इन क्षेत्रों में प्लेटें खाई के तल से 300–400 किमी. नीचे चली जाती हैं। कहीं–कहीं तो ये प्लेटें मेंटल में 700 किमी. की गहराई तक जाती हैं। खाइयों का यह क्षेत्र महाद्वीपीय भू–स्थल की ओर 30° से 80° के कोण पर झुका हुआ होता है हालाँकि अधिकांश झुकाव 45° से 60° तक ही होते हैं। इस प्रकार के झुकाव वाले भूकंपीय क्षेत्र प्रशांत महासागर के तट के निकट ही पाए जाते हैं। इन्हें बेनिओफ्फ क्षेत्र (Benioff Zone) कहते हैं क्योंकि इनकी खोज सबसे पहले भूकंप विशेषज्ञ Hugo Benioff ने की थी। बेनिओफ्फ क्षेत्र की भूकंपीय क्रिया स्थलमंडल (lithosphere) के नीचे धँसने से होती है।

मध्यम गहराई वाले भूकंप तनाव अथवा संपीडन से पैदा होते हैं। तनाव तब पैदा होता है जब अधिक घनत्व वाली प्लेट अपने भार के कारण डूब जाती है। जब नीचे जाने वाली प्लेट की गति में मैग्मा अवरोध पैदा करता है तो संपीडन पैदा होती है। अधिक गहराई वाले भूकंप केवल संपीडन से ही पैदा होते हैं।

- **जलीय भार**—नदियों पर बाँध बनाकर बड़े-बड़े जलाशयों का निर्माण किया जाता है। जब जलाशयों में जल की मात्रा आवश्यकता से अधिक हो जाती है तो चट्टानों पर जल का दबाव बढ़ जाता है। इससे जलाशयों की तली के नीचे स्थित चट्टानों में परिवर्तन होने लगता है। जब यह परिवर्तन आकस्मिक होता है तो भूकंप आता है। भारत में कोयना भूकंप के अनेक कारणों में से एक कारण कोयना बाँध द्वारा जलभंडार से उत्पन्न अव्यवस्था को माना जाता है। यह भूकंप 11 दिसम्बर, 1967 को आया था।

- **कृत्रिम भूकंप**—ये भूकंप मनुष्य के कार्य-कलाप द्वारा आते हैं। उदाहरणतया, बम के धमाके से, रेलों के चलने से अथवा कारखानों में भारी मशीनों के चलने से भी पृथ्वी में कंपन होता रहता है।

- **अन्य कारण**—हिम-खंडों या शिलाओं के खिसकने तथा गुफाओं की छतों के धँस जाने या खानों की छतों के गिर जाने से भी भूकंप आते हैं।

भूकंप के प्रभाव—भूकंप मनुष्य के लिए प्रायः अभिशाप तथा कभी-कभी वरदान सिद्ध होते हैं। इनसे अनेक हानियाँ तथा कुछ लाभ होते हैं—

हानियाँ—भूकंप से निम्नलिखित हानियाँ होती हैं—

- इनसे जन-धन की अपार हानि होती है। पृथ्वी के धरातल पर सबसे अधिक कंपन अधिकेंद्र पर होता है और सबसे अधिक क्षति भी अधिकेंद्र के आस-पास ही होती है। नगरों या अधिक घनी बस्तियों के पास भूकंप बहुत हानि पहुँचाते हैं। सन् 1935 में क्वेटा के भूकंप से बहुत-से भवन नष्ट हो गए और लगभग 25,000 लोगों की जानें गईं। गुजरात के भुज इलाके में 26.01.2001 को बहुत ही भयंकर भूकंप आया जो रिक्टर पैमाने पर 7.9 मापा गया। इसके झटके समस्त भारतीय उप-महाद्वीप में महसूस किए गए जिसमें भारत, पाकिस्तान तथा नेपाल सम्मिलित हैं। लगभग एक लाख व्यक्तियों की जानें गईं। बहुत-से नगर मलबे के ढेर बन गए।

- कई बार भूकंप से नदियों के मार्ग में रुकावट पड़ जाती है और उनका प्रवाह रुक जाता है। इस प्रकार नदी का जल समीपस्थ भागों में फैल जाता है और बाढ़ आ जाती है। सन् 1950 में असम के भूकंप से ब्रह्मपुत्र तथा उसकी सहायक नदियों में इसी प्रकार से बाढ़ आई थी।

- जब समुद्री भाग में भूकंप आता है तो बड़ी-बड़ी लहरें उठती हैं जिससे जलयानों को भारी क्षति पहुँचती है। इसके अतिरिक्त, तटीय भागों में समुद्री जल फैलकर भारी

नुकसान करता है। भूकंप से पैदा होने वाली समुद्री तरंगों को जापान में 'सुनामी' (Tsunami) कहते हैं।

- भूकंप से भू–पटल पर बड़े–बड़े भ्रंश पड़ जाते हैं जिससे यातायात में बड़ी बाधा पड़ती है। सन् 1891 में जापान में भीषण भूकंप ने चौड़ी घाटियों के तल पर बनी कई सड़कों को नष्ट कर दिया। सन् 1906 में केलीफोर्निया के भूकंप से सैकड़ों किलोमीटर विशाल भ्रंश का निर्माण हुआ।
- भूकंप से पर्वतीय प्रदेशों में भूस्खलन (Landslides) बहुत होते हैं जिससे भारी क्षति होती है।
- भूकंप से कई बार भीषण आग लग जाती है जिससे बहुत नुकसान होता है।

लाभ—भूकंप से जितनी क्षति होती है, उसका एक–सौंवा भाग भी लाभ नहीं होता। कुछ अप्रत्यक्ष लाभ निम्नलिखित हैं—

- भूकंपीय तरंगों से हमें भू–गर्भ का ज्ञान प्राप्त करने में सहायता मिलती है।
- भूकंप से भूस्खलन क्रिया होती है जो अपक्षय में सहायक होती है। इससे मिट्टी के निर्माण में सहायता मिलती है और कृषि को प्रोत्साहन मिलता है।
- समुद्र तटीय भागों में भूकंप आने से कई बार तटीय भाग नीचे धँस जाते हैं और गहरी खाड़ियों का निर्माण होता है। इनसे अच्छे सुरक्षित समुद्र पत्तन बनते हैं जो व्यापार में सहायक होते हैं। इसके विपरीत, कई बार भूकंपों के आने से बहुत–सा जलमग्न भाग समुद्र से बाहर आ जाता है और नए स्थलीय भाग का निर्माण होता है।
- भूकंपों से धरातल पर बड़ी–बड़ी दरारें पड़ जाती हैं जिससे कई खनिज पदार्थ सुगमता से मिल जाते हैं।
- भूकंप के समय भू–भागों के धँस जाने से विस्तृत झीलों का निर्माण होता है जो मनुष्य के लिए उपयोगी सिद्ध होती हैं।
- कई बार भूकंपीय भ्रंशों से जल–स्रोतों का जन्म होता है जो मनुष्य के लिए लाभदायक होते हैं।

भूकंप से बचाव—भूकंप को रोकना मनुष्य के वश में नहीं है। परंतु वह भूकंप से बचने के उपाय अवश्य कर सकता है। भूकंप के मापने के यंत्र को भूकंपमापी यंत्र अथवा सिस्मोग्राफ (Seismograph) कहते हैं। यदि अधिक संख्या में भूकंप–मापक केंद्र स्थापित किए जाएँ तो भूकंप संबंधी सूचना प्राप्त की जा सकती है और उसके प्रकोप से भी बचा जा सकता है। भूकंप वाले क्षेत्रों में तरंगरोधी भवन बनाने चाहिए। जापान में इस दिशा में काफी प्रगति हुई है। वायुमंडलीय दशा में आकस्मिक परिवर्तन तथा पशुओं के अनियमित आचरण से भी भूकंप के संबंध में किसी हद तक जानकारी प्राप्त की जा सकती है।

प्रश्न 8. बाढ़ क्या है? इसके विभिन्न कारणों का उल्लेख कीजिए।

उत्तर— 'बाढ़' का अर्थ है—जल–प्रलय। जब जल आवश्यकता से अधिक हो जाए तो वह धीरे–धीरे बाढ़ का रूप ग्रहण कर लेता है। इसके दो प्रमुख कारण हैं—(1) अत्यधिक वर्षा

का होना, (2) नदी तट या बाँध तोड़कर जल का चारों ओर फैलना। भारत में बरसात के दिनों में प्रायः किसी न किसी क्षेत्र में बाढ़ का प्रकोप बना ही रहता है। 1985 में नेपाल से सटे बिहार के कुछ क्षेत्रों में आई बाढ़ और वर्ष 2008 में बिहार और उड़ीसा के क्षेत्रों में आई बाढ़ से काफी नुकसान हुआ। पानी के तेज बहाव में बहते पेड़-पौधे, घर, मवेशी, घर की छतों पर या किसी ऊँचे स्थान पर शरण लिए लोग, चारों ओर जल ही जल, से सभी दृश्य भयावह होते हैं। लोग चारों ओर जल से घिरे होते हैं पर पीने का पानी नसीब नहीं होता। पानी में हुई जीवों की मौत और चारों ओर फैली गंदगी में जीवन मुश्किल लगने लगता है। बाढ़ से घिरा प्रत्येक व्यक्ति आशा की दृष्टि से मदद करने वालों की ओर देखता है। बाढ़ की समस्या एक चुनौती है। इस भयावह स्थिति या बाढ़ से बचाव का आम आदमी के हाथ में कोई उपाय नहीं है। इसका हल राज्य सरकारों या केंद्र सरकार ही कर सकती है परंतु वास्तविकता यह है कि सरकार की ओर से उठाया गया हर कदम ऊँट के मुँह में जीरे की तरह ही होता है।

बाढ़ के प्रमुख कारण निम्नानुसार हैं—

- जल के बहाव की अनुकूल व्यवस्था का नहीं होना।
- नदी के अतिरिक्त जल के संग्रह की व्यवस्था की कमी।
- सड़कों व रेल मार्गों को बनाते समय ढाल व जल-प्रवाह का ध्यान न रखना।
- अतिरिक्त जल को बांधों के रूप में संग्रहित करने की पूर्ण व्यवस्था का अभाव।
- बांधों के द्वारा नदी में गाद वृद्धि से नदी का छिछला हो जाना और बाढ़ का संकट पैदा होना।
- जनसंख्या में तीव्र वृद्धि के कारण भूमि का कृषि कार्यों के लिए अत्यधिक उपयोग किया जाना।
- नदी के किनारे की भूमि पर मानव का असीमित अतिक्रमण होना जिससे बाढ़ से होने वाला नुकसान बढ़ जाता है।
- निम्न क्षेत्रों को उपयोग में लाना, जो पहले नदियों के अतिरिक्त जल का ग्रहण करके उनकी बाढ़ों की भीषणता को कम करते थे।
- वनों की अंधाधुंध कटाई जिससे मृदा अपरदन द्वारा नदी के निचले भागों में अवसादों के जमा होने से नदी का छिछला हो जाना।

प्रश्न 9. बाढ़ के विभिन्न प्रभाव बताते हुए, इससे बचने के उपाय बताइए।

उत्तर— भारत में बाढ़ से अत्यधिक जन-धन की हानि होती है। सितम्बर 2000 में पश्चिम बंगाल में आई बाढ़ से लगभग 1000 लोग मारे गए और करोड़ों रुपए की हानि हुई थी। बाढ़ के प्रभाव इस प्रकार हैं—

- बाढ़ के कारण मनुष्य, पशु-पक्षी ग्रास करते हैं।
- बाढ़ आने पर आवासीय बस्तियां और गांव जलमग्न हो जाते हैं।
- बाढ़ के पश्चात् विभिन्न क्षेत्रों में जल प्रदूषण से सम्बन्धित बीमारियाँ उत्पन्न होती हैं।

- बाढ़ के कारण कृषि का विनाश होता है और वनस्पति समाप्त होकर मृदा अपरदन तीव्र हो जाता है।

बाढ़ से बचाव के उपाय—बाढ़ से होने वाली जन-धन हानि को रोकने अथवा कम करने हेतु निम्न उपायों को अपनाया जाना चाहिए—

- वृक्षों की कटाई पर प्रतिबंध लगाया जाना चाहिए।
- जल संग्रहण क्षेत्रों में वृक्षारोपण किया जाना चाहिए।
- जलग्रहण क्षेत्रों में होने वाली अपरदन क्रिया को नियंत्रित किया जाना चाहिए।
- नदियों व नालों पर अवरोधक बांध बनाकर उनके जल को उपयोग में लिया जाए।
- अंत:बेसिन जल स्थानांतरण की योजना को क्रियान्वित किया जाए जिससे अतिरिक्त जल को दूसरे बेसिनों की जलापूर्ति काम में लिया जा सके।
- वर्षा के अतिरिक्त जल के निकास की पर्याप्त व्यवस्था न होने के कारण जल प्रबंध योजनाएं सफल नहीं हो पाती जिसके कारण बाढ़ की स्थिति उत्पन्न हो जाती है।

प्रश्न 10. चक्रवात क्या है? इसके विभिन्न प्रकारों का विवेचन कीजिए।

उत्तर— हवाओं के परिवर्तनशील और अस्थिर चक्र, जिसके केंद्र में निम्न वायुदाब और बाहर उच्च वायुदाब होता है, चक्रवात कहलाता है। वस्तुत: चक्रवात निम्न वायुदाब के क्षेत्र होते हैं और इनके चारों ओर संकेंद्रीय सम वायुदाब रेखाएँ पाई जाती हैं। चक्रवातों का मौसम और जलवायु पर अत्यधिक प्रभाव पड़ता है, क्योंकि इनके किसी भी स्थान पर पहुँचते ही, उस स्थान का तापमान तत्काल परिवर्तित हो जाता है। दक्षिणी अटलांटिक और दक्षिणी प्रशांत महासागर को छोड़कर लगभग सभी महानगरों में चक्रवात उत्पन्न होते हैं। चक्रवात अक्सर मानसून के पूर्व या बाद में उत्पन्न होते हैं।

चक्रवातों के प्रकार—चक्रवात दो प्रकार के होते हैं—

(1) उष्ण कटिबंधीय चक्रवात—भूमध्य रेखा के दोनों और कर्क एवं मकर रेखाओं के मध्य आने वाले चक्रवातों को उष्ण कटिबंधीय चक्रवात कहते हैं। इनकी अपनी विशिष्ट गति, आकार एवं मौसम संबंधी विविध घटनाएँ होती हैं।

उष्ण कटिबंधीय चक्रवातों के निम्न अभिलक्षण होते हैं—

- (क) इनके केंद्र में न्यून दाब होता है। इनकी सभी दाब रेखाओं का स्वरूप गोलाकर होता है।
- (ख) इनके आकारों में काफी भिन्नता होती है। साधारणतया इनका व्यास 80 से 300 किलोमीटर तक आँका गया है।
- (ग) इन चक्रवातों की चाल में काफी अंतर पाया जाता है। सागरों पर इनकी चाल काफी तेज होती है और स्थलों पर बहुत ही कम होती है और धरातल के मध्य पहुँचते-पहुँचते बिल्कुल विलीन हो जाते हैं। इनकी औसत गति 30 से 35 किलोमीटर प्रतिघंटे की होती है।
- (घ) सामान्यत: यह गर्मियों के मौसम में आता है।

इन चक्रवातों को इनके प्रकार, स्वभाव तथा विभिन्न विनाशकारी घटनाओं के फलस्वरूप निम्नलिखित भागों में बाँटा जाता है–

(i) उष्ण कटिबंधीय विक्षोभ
(ii) उष्ण कटिबंधीय अवदाब
(iii) उष्ण कटिबंधीय तूफान
(iv) हरिकेन या टाईफून
(v) टारनेडो

(2) शीतोष्ण कटिबंधीय चक्रवात

(क) मध्य आक्षांश में निर्मित वायु विक्षोभ के केंद्र में कम दाब तथा बाहर की ओर अधिक दाब होता है और प्रायः ये गोलाकर या अंडाकार आकार के होते हैं।

(ख) इनका निर्माण दो विपरीत स्वभाव वाली ठंडी तथा उष्णाद्ध हवाओं के मिलने के कारण होता है।

(ग) पवन की गति सामान्यतः इनमें 20 किलोमीटर प्रति घंटा से कम होती है।

(घ) शीतोष्ण कटिबंधीय चक्रवात का आकार 20 से 30 किलोमीटर तक होता है।

शीतोष्ण कटिबंधीय चक्रवातों को तीन भागों में विभाजित किया जा सकता है–

(i) तापीय चक्रवात
(ii) गतिक चक्रवात
(iii) प्रवासी चक्रवात

जी.पी.एच. की पुस्तकों का मुख्य उद्देश्य ज्ञान के साथ–साथ अच्छे नम्बर दिलाना है।

प्रश्न 11. 'सूनामी' पर संक्षिप्त टिप्पणी लिखिए।

उत्तर– सूनामी प्रायः सैस्मिक (भूकंपीय) समुद्री लहरें या ज्वार भाटा (Tidal) लहरें या आकस्मिक समुद्री लहरें आदि नामों से भी जाना जाता है। ये प्रायः अंतः समुद्री भूकंप के कारण आती हैं जो समुद्र सतह के नीचे 50 कि.मी. (30 मील) से कम दूरी पर उठता है जिसकी तीव्रता रिएक्टर पैमाने पर 6.5 से अधिक होती है। पानी के नीचे या तट पर भूस्खलन या ज्वालामुखी फटने से भी सूनामी आ सकती है। ऐसी लहरों के लिए प्रायः ज्वार–भाटा (टाइडल) लहरें शब्दों का प्रयोग किया जाता है। परंतु यह भ्रामक और अनुचित है क्योंकि इन सूनामी लहरों का ज्वार–भाटे (टाइड) से कोई संबंध नहीं है।

सूनामी की लहरें सीधी, क्रमिक, अनिश्चित रूप से घटती–बढ़ती लहरें समुद्र की सतह पर बहुत दूरी पर पैदा होती हैं और ये चौड़े होते हुए (फैलते हुए) घेरे के रूप में होती हैं, कुछ ऐसे ही जैसे किसी उथले तालाब में कंकड़ फैंकने से पैदा होती हैं। इसमें सावधानी पूर्ण किया गया निरीक्षण बहुत व्यावहारिक महत्त्व रखता है। भूकंप वैज्ञानिक संभावित खतरे की चेतावनी तटीय क्षेत्रों को तुरंत ही दे सकते हैं। जैसे ही कोई भूकंप आता है तभी चेतावनी देने से सूनामी आने के कई घंटों पहले लोग सतर्क हो जाते हैं।

लहरें जैसे-जैसे महाद्वीपीय तटों की ओर बढ़ती हैं उनका तल उथला होता जाता है जिस पर लहरों के घर्षण से लहरों की तीव्रता और वेग कम होता जाता है। वेग कम होने के कारण लहरों की ऊँचाई 50 मीटर या उससे भी अधिक हो जाती है। तीन से पाँच मुख्य अनिश्चित दोलन लहरों के कारण सबसे अधिक नुकसान होता है। फिर भी सूनामी का प्रभाव अलग-अलग स्थानों पर अलग-अलग प्रकार का ही होता है।

सूनामी के दुष्प्रभाव भी चक्रवात या बाढ़ों की भाँति ही हैं। समुद्री पानी की बड़ी लहरें तीव्र वेग के साथ अंदर घुस आती हैं और आस-पास का भू-क्षेत्र जलमग्न होने से बस्तियाँ, फसलें और दूसरी अन्य संपत्ति बुरी तरह से नष्ट हो जाती है। दिसंबर 2004 में आए सूनामी ने अनेक देशों में, विशेषकर इंडोनेशिया, मलेशिया, श्रीलंका, भारत में भीषण विनाश और तांडव मचाया था। आंध्र प्रदेश और तमिलनाडु के तटीय जिलों का बहुत बड़ा क्षेत्र इसकी चपेट में आ गया था। 8 एशियाई देशों में भारत सहित दो लाख से अधिक लोगों की जानें चली गई थीं।

प्रश्न 12. 'सूखा' (drought) शब्द की व्याख्या करते हुए, इसके विभिन्न कारण भी बताइए।

उत्तर— सूखा एक प्राकृतिक आपदा है, जिसका प्रत्यक्ष संबंध जलवायु से है। सूखे को विभिन्न दृष्टिकोण से परिभाषित किया गया है। 'ड्राउट' जलाभाव अथवा 'सूखा' उस स्थिति का प्रतीक है, जिसमें अनावृष्टि के कारण भूमि की सतह पर एवं भूगर्भ में पानी का नितांत अभाव उत्पन्न हो जाता है। सूखा वह प्राकृतिक आपदा है, जिसका संबंध न्यून वर्षा या वर्षा न होने तथा जल के उपलब्ध न होने से है।

जब जलवायु के कारण पानी का गंभीर संकट उत्पन्न होता है, तो सूखा पड़ता है। क्षेत्र में यदि एक से अधिक बार मानसून नहीं आता, तो सूखा पड़ता है। प्रायः शुष्क तथा अर्ध शुष्क क्षेत्रों में सूखे की संभावना रहती है, क्योंकि इन क्षेत्रों में वनस्पति का आवरण नहीं होता, जिससे हमें भू-जल की स्थिति का भी पता चलता है। सूखे के समय पानी की इतनी कमी होती है कि खेतों, उद्योगों, घरों यहाँ तक कि पीने के लिए भी पानी नहीं मिलता। सूखे की मार कितनी गहरी है, यह इस बात पर निर्भर रहता है कि सूखा कितनी देर तक मँडराता रहता है और यदि सूखे का काल बहुत लंबा हो जाए, तो अकाल की स्थिति पैदा हो सकती है।

अतः मानसून के फेल हो जाने के कारण सूखा पड़ता है। जल स्तर का घटना सोने पर सुहागे का काम करता है। यद्यपि मानसून को फेल होने से नहीं रोका जा सकता, परंतु सही जलशाला प्रबंधन के सूखे की गंभीरता को कम किया जा सकता है।

जल की कमी का मुख्य कारण तो वन कटान ही है। अंधाधुंध जंगलों और पहाड़ियों की ढलानों पर वृक्षों को काटने के कारण जल अवमृदा में नहीं पहुँच पाता और जो प्राकृतिक जल स्रोत है, उन्हें पुनः संवर्धित नहीं किया जा सकता। यदि वन रोपण किया जाए, तो पानी के स्रोतों को संजीवनी मिल सकती है।

आवश्यकता इस बात की है कि पानी के उपयोग पर नियंत्रण करें। सूखे के दिनों में संग्रहित जल को पशु तथा वनस्पति जगत के लिए प्रयोग में लाकर सूखे के प्रभाव को कम किया जा सकता है। पानी की कमी वाले क्षेत्र में आर्थिक रूप से संपन्न लोग पम्प आदि लगाकर भू-जल प्राप्त कर लेते हैं।

परिणामस्वरूप निर्धन एवं कमजोर वर्ग के लोगों को पर्याप्त जल नहीं मिल पाता। उद्योगों द्वारा छोड़ा गया प्रदूषित जल, जल स्रोतों में मिलकर उसे मानव उपयोग के अयोग्य बना देता है तथा जल जीवों के लिए मौत का जाल बुना देता है। अतः इस बात पर ध्यान देना होगा कि उद्योग द्रव्य अवशेष का शुद्धिकरण करके ही उसे बाहर छोड़ें, ताकि प्रदूषण न फैले।

इसके अतिरिक्त कारण इस प्रकार हैं—
- पर्यावरण में असंतुलन उत्पन्न होने के कारण।
- वनों के अभाव और वनों के निरंतर ह्रास के कारण।
- राज्य में अनिश्चित, असमान और अपर्याप्त मानसून वर्षा।
- राज्यों में लगातार फैलता मरुस्थल अर्थात् मरुस्थलीयकरण।
- टिड्डी दलों का आक्रमण एवं अन्य फसल विनाशकारी के कारण।
- वनों में अनियंत्रित पशुचारण से।

प्रश्न 13. 'आपदा प्रबंधन' (Disaster Management) का क्या उद्देश्य है?

उत्तर— प्राकृतिक संकटों से सारे विश्व में हर साल जीवन व संपत्ति की हानि होती है। प्राकृतिक आपदाओं के अंतर्गत भूकंप, चक्रवात, ज्वालामुखी विस्फोट, सुनामी, वनों की आग, बाढ़, भूस्खलन तथा सूखा शामिल हैं, जो लगातार आघात करते आ रहे हैं। प्राकृतिक आपदाओं के घटित होने के अनेक कारण हैं। प्राकृतिक आपदाओं के कारण बहुत से लोगों की जान, संपत्ति तथा अन्य साजो-सामान की भारी मात्रा में क्षति होती है। इसलिए 'आपदा प्रबंधन' की आवश्यकता होती है। 'आपदा प्रबंधन' में प्राकृतिक संकट के कारण हुई घटनाओं को कम करने की दिशा में कदम उठाया जाता है। इसके अंतर्गत मानव संकटों को कम करने के लिए भी कदम उठाए जाते हैं तथा आपदाओं से निपटने के लिए पर्याप्त योजनाएँ बनाई जाती हैं। 'आपदा प्रबंधन' के मुख्य उद्देश्य निम्नलिखित हैं—

- यह जन-समुदाय स्तर पर खतरे के विषय में जागरूकता पैदा करने में सहायता करता है।
- जन-समुदाय के माध्यम से स्थानीय क्रियाओं को प्रोत्साहन देता है, जिससे खतरे को कम किया जा सके।
- आपदा प्रबंधन योजनाओं के लिए महत्त्वपूर्ण कदम, लोक प्रशासन के विभिन्न स्तरों पर उठाने में सहायता करना है, जिनका आधार खतरों के लिए कर निर्धारण करना तथा हिंसा संबंधी विवरण तैयार करना है।
- सही प्रकार से निर्णय लेकर तथा योजनाएँ बनाकर, प्रदर्शन द्वारा उन खतरों को कम करना जो राष्ट्रीय, क्षेत्रीय या सामाजिक-आर्थिक दशाओं पर होते हैं।

अब तक हमारे देश में आपदा प्रबंधन विशेषज्ञों तक ही सीमित रहा है, जबकि इतिहास के अब तक के अनुभव यह बताते हैं कि प्राकृतिक आपदाओं से उत्पन्न स्थितियों से निपटने के लिए जन-सहभागिता ऐसे सभी प्रयासों का अभिन्न अंग है। ऐसे में आम जनता के बीच महज सहायता की अपील ही नहीं वरन् आपदा प्रबंधन में उनकी भागीदारी बढ़ाने की जरूरत है। जी.पी.एच. की पुस्तकों का मुख्य उद्देश्य ज्ञान के साथ-साथ अच्छे नम्बर दिलाना है।

प्रश्न 14. चिपको आंदोलन क्या है? चर्चा कीजिए।

उत्तर— चिपको आंदोलन भारत का पहला आंदोलन जिसके द्वारा पर्यावरण-पारिस्थितिकी के प्रति लोगों की जागरूकता को बढ़ाया गया था। अंग्रेज सरकार के वन नीति के कारण इस आंदोलन की पृष्ठभूमि स्वतंत्रता प्राप्ति से पहले ही तैयार हो चुकी थी पर इस आंदोलन की शुरुआत 1973 में हुई। स्वतंत्रता प्राप्ति के बाद भी भारत सरकार ने अपनी वन नीति में ज्यादा बदलाव नहीं किया। वनों का विनाश स्वतंत्रता पूर्व की तरह ही जारी रहा। चिपको आंदोलन भी भारत सरकार के इन वन नीति के विरोध में हुआ था। जब सरकार ने अपनी वन नीति में ज्यादा बदलाव नहीं किया तब वन कटाई का कार्य निजी कंपनियों को भी सौंपा गया। ये कंपनी मनमाने ढंग से वन विनाश कर रही थीं।

इस कटाई के दौरान हिमालय के मध्य भागों में भी वन कटाई जारी थी। वन कटाई जब गढ़वाल क्षेत्र के चमोली जिले में शुरू हुई तब यहाँ विरोध शुरू हुआ और उसने आंदोलन का रूप ले लिया।

वस्तुतः वन कटाई के लिए विभाग ने एक कंपनी "सायमण्ड कंपनी" को ठेका दे दिया था। जब कंपनी वन कटाई कर रही थी तब चमोली जिले में स्थित एक सहकारी संगठन जिसका नाम "दशौली ग्राम स्वराज्य संघ" था। इस संगठन ने वन कटाई का विरोध शुरू कर दिया। संघ के लोग इस कटाई के विरोध में लकड़ी के लदे ट्रकों के सामने लेटने लगे तथा कंपनी के लकड़ी के गोदामों में आग लगनी शुरू कर दी, पर यह हिंसक कार्य ज्यादा प्रभावी नहीं रहा। तब संघ के लोगों को अपना आंदोलन कमजोर लगने लगा। उसी समय वहाँ के एक स्थानीय नेता ने लोगों को सुझाया कि पेड़ों की कटाई के दौरान, पेड़ों से 'लिपट जाओ' जिससे पेड़ कटाई में बाधा उत्पन्न हो। इस लिपटने की प्रवृत्ति को ही 'चिपको' आंदोलन कहा गया जिसके कारण इस आंदोलन का नाम 'चिपको आंदोलन' पड़ा।

चिपको आंदोलन मुख्यतः स्थानीय लोगों के द्वारा शुरू किया गया आंदोलन था। चमोली जिले के लोगों का आजीविका का मुख्य साधन वन पर आधारित था। वहाँ की महिलाएँ भी वन से आधारित लघु उद्योगों से जुड़ी थीं, इसलिए यह आंदोलन अपने जीवन के अस्तित्व को बचाए रखने के लिए किया गया था। चिपको आंदोलन में महिलाओं ने भी बढ़-चढ़कर हिस्सा लिया था। महिलाओं का नेतृत्व "गौरा देवी" कर रही थीं। महिलाओं को आंदोलन में भाग लेने के कारण ही यह आंदोलन अधिक सफल रहा। आंदोलनकर्त्ताओं ने जो माँगें रखीं वे मुख्यतः आजीविका तथा पर्यावरण-पारिस्थितिकी से संबंधित थीं। जैसे—

- व्यावसायिक कार्यों के लिए पेड़ों की कटाई न हो।
- वन का क्षेत्र और बढ़ाया जाए न कि कम किया जाए।
- वनों के देख–रेख के लिए स्थानीय स्तर पर ग्राम समितियों का गठन किया जाए।
- स्थानीय जरूरतों के अनुसार वनीकरण को प्राथमिकता दी जाए।

सरकार को इन माँगों को मानना पड़ा तथा यह आंदोलन सफल रहा।

चिपको आंदोलन की सफलता ने यह दर्शाया कि अगर कोई भी आंदोलन शांतिपूर्वक चलाया जाए जिसमें स्थानीय लोगों की भागीदारी (Partnership) हो तथा महिलाएँ शामिल हों तो उसे सफल बनाया जा सकता है। इस आंदोलन की सफलता ने यह भी दर्शाया कि एक स्थानीय आंदोलन अपनी पहचान अंतर्राष्ट्रीय स्तर पर भी बना सकता है। इस आंदोलन के नेता सुंदरलाल बहुगुणा ने अपने अनुभव और सरलता से इस आंदोलन के स्वरूप को और विस्तृत कर दिखा दिया था कि दृढ़–इच्छाशक्ति से किसी भी कार्य को सफल बनाया जा सकता है। स्थानीय मूलवासियों की भागीदारी ने यह दर्शाया है कि आदमी अपनी रोटी–कपड़े की लड़ाई को भी आंदोलन के रूप में बदल सकता है।

चिपको आंदोलन को एक सफलता और मिली कि इस आंदोलन ने पर्यावरण पारिस्थितिकी के लिए देश में जागरूकता पैदा कर दी, जो भारत के पर्यावरण–पारिस्थितिकी आंदोलनों के लिए सबक बना।

प्रश्न 15. निम्नलिखित पर संक्षिप्त टिप्पणी लिखिए–

(i) आपदा प्रबंधन के लिए तैयारी

उत्तर– ऐसे विशिष्ट तरीके होते हैं जो सामान्य रूप से प्राकृतिक आपदाओं अथवा त्रासदियों को दूर अथवा कम करते हैं, लेकिन यहाँ कुछ महत्त्वपूर्ण कार्यनीतियों को अपनाया जा सकता है। आपातकालीन तैयारी को दीर्घावधि विकास क्रियाविधि के रूप में देखा जा सकता है जिसका लक्ष्य सभी प्रकार की आपातस्थितियों को प्रभावी रूप से प्रबंधित करने की किसी देश की समग्र क्षमता और सक्षमता को सशक्त करना और पुर्नप्राप्ति द्वारा राहत और वापस सतत् विकास तक के क्रमिक परिवर्तन करना है।

आपातकालीन तैयारी को एक सतत् बहु–क्षेत्रीय क्रियाविधि माना गया है। यह आपातकालीन प्रबंधन, रोकथाम, उपशमन, तैयारी, प्रतिक्रिया, पुर्नवास और पुर्ननिर्माण के लिए योजनाएँ और कार्यक्रम विकसित करने के लिए उत्तरदायी राष्ट्रीय तंत्र का अभिन्न भाग है।

निम्न चित्र में आपदा प्रबंधन का ढाँचा दिया गया है। हम इसके उपयोगों को अपने विशिष्ट संदर्भ में परखकर रूपांतरित कर सकते हैं।

चित्र 4.1 : आपदा प्रबंधन के लिए ढाँचा

किसी भी विवाद का प्रभावी जोखिम प्रबंधन कार्यों की क्रमिक शृंखला के क्रियान्वयन पर निर्भर करता है। वैयक्तिक चरण अक्सर अतिव्यापित हो जाते है लेकिन ये महत्त्वपूर्ण है कि इन्हें एक बंद लूप के रूप में प्रचालित किया जाए क्योंकि प्रमुख उद्देश्य पूर्व अनुभवों से सीखना और फीडबैक के आधार पर कार्य योजना तैयार करना है।

- पूर्व–योजना में व्यापक कार्य जैसे रक्षात्मक अभियंत्रिकी कार्य, भूमि उपयोग योजना, स्थान खाली कराने की योजनाओं का निरुपण, उनकी जानकारी देना और रखरखाव सम्मिलित है।
- आपदा प्रबंधन के लिए तैयारी विपदा के आने के तत्काल पहले और बाद में सतर्कता का स्तर, आपातकालीन चेतावनियों के लिए व्यवस्था और पूर्व अनुभवों के आधार पर तैयारी को प्रदर्शित करती है।
- प्रतिक्रिया का संबंध किसी आपदा के घटित होने के तत्काल पहले और बाद में होने वाली घटनाओं और सेवा राहत कार्यों को आरंभ करने से है।
- पुर्नप्राप्ति और पुर्ननिर्माण दीर्घावधि क्रियाकलाप है जो किसी आपदा के घटित होने के बाद सामान्य स्थिति तक वापस आने के प्रयास है।

यह दुर्भाग्यपूर्ण लेकिन सत्य है कि पर्यावरण स्पष्ट रूप से वह नहीं है जितना मनुष्य महत्त्व देता है। यह सामान्यतः आमजन की प्राथमिकताओं में नीचे रहता है जब तक कि वे अपने जीवन अथवा प्रियजनों/संपत्ति के लिए खतरे का सामना नहीं करते है।

(ii) आमजन को पुर्नवसित और पुर्नस्थापित करना: समस्याएँ और सरोकार

उत्तर– मानव जनित और प्राकृतिक आपदाएँ आमजन को अपनी भूमि से बाहर जाने के लिए बाध्य करती हैं। उदाहरण के लिए, दिसंबर 2004 में दक्षिण एशिया में आई सुनामी, लातूर और गुजरात के भूकंप, उड़ीसा का महा–चक्रवात तथा देश के अन्य भागों के अनेकों बाढ़ और सूखों ने हजारों जनों को बेघर और बेरोजगार कर दिया। आपदाएँ, जैसे यूनियन

कार्बाइड फैक्टरी, भोपाल में गैस त्रासदी, ट्रेनों का पलटना, मानव जनित आपदा के उदाहरण है।

भूस्खलन, जो हिमालय पर्वत शृंखलाओं में सामान्य है – प्रकृति के प्रकोप का उदाहरण है – जो दोषपूर्ण योजना के कारण कई गुना अधिक क्षति पहुँचाते हैं। ऐसे विस्थापित जनों के पुर्नवास के लिए, भूकंप रोधी मकान बनाने, चक्रवातों के विषय में समयपूर्व जानकारी प्राप्त करने, बाढ़ संभावित क्षेत्रों में उचित बाँध बनाने, जिन पुलों से नियमित रूप से रेल गाड़ियाँ, सड़क परिवहन वाहन निकलते हों उनका नियमित रखरखाव करना जिससे संभावित आपदाओं को रोका जा सके, इन सब का ध्यान रखना चाहिए। दूसरे, प्रशासन और स्थानीय समुदायों द्वारा आकस्मिक विपदाओं के परिणामों का सामना करने के लिए समयपूर्वक तैयारी की जानी चाहिए।

विकास परियोजनाएँ जैसे सड़क निर्माण, बांध और खनन कार्य की इन परियोजनाओं को आरंभ करने वालों में पहले से विद्यमान ऐसी परियोजनाओं के कारण हुए विस्थापन के विषय में जागरुकता/जानकारी और दीर्घावधि योजना के बाद अस्तित्व में लाए जाते हैं। इसके बावजूद, परियोजना अधिकारी विस्थापित जनों को पुर्नवासित और पुर्नस्थापित करने पर कम ध्यान देते हैं। जो व्यक्ति अपनी संपदा का प्रमुख भाग विकास परियोजनाओं के लिए दे देते है उनको विकास पर्यावरणीय व हितधारक के रूप में माना जाना चाहिए। विकास से उनका भी हित होना चाहिए।

आश्रय, आवास और पुर्ननिर्माण

(1) आश्रय उत्तरजीविका के लिए आवश्यक है। आपात् प्रावस्था से लेकर टिकाऊ समाधान, रक्षा और व्यक्तिगत सुरक्षा प्रदान करना अनिवार्य है। आश्रय और आवास मानव की गरिमा और परिवार और सामुदायिक जीवन को सहारा देते है।

(2) सुरक्षित बस्ती में अधिक सुरक्षित आश्रय आजीविका विकास के लिए तत्कालिक और दीर्घकालिक भौतिक आधार बनाते है।

(3) परिवर्ती/संक्रामी पुर्ननिर्माण आपदा के तत्काल बाद आरंभ हो जाता है, क्योंकि आमजन जो कुछ भी पुनप्राप्ति कर सकते है कर लेते है, यद्यपि, जो जन बुरी तरह से प्रभावित होते है यह अक्सर अनेक वर्षों में हो पाता है। परिवर्ती/संक्रामी पुर्ननिर्माण के काल में कुछ जन, उदाहरण के लिए जिनके पास अपने बड़े घर थे, किराए के मकान में चले जाते है। अन्य के लिए, जो अनौपचारिक बस्तियों में रहते थे, आपदा उनकी आवासीय आवश्यकताओं के लिए दीर्घकालिक और समाधान प्रस्तुत कर सकती है।

(iii) ताज ट्रेपीजियम क्षेत्र

उत्तर– इस समय प्रदूषण की समस्या इतनी गंभीर हो चली है कि इससे न केवल मानवों एवं पशुओं को ही हानि पहुँच रही है वरन् इससे भवनों एवं ऐतिहासिक इमारतों को भी क्षति पहुँच रही है। पिछले दो दशकों में, भारत की सबसे अधिक प्रतीकात्मक इमारत ताजमहल की

नियति भी उस प्रदूषण के दुष्प्रभावों के कारण सामने उभर कर आई है जो ताज ट्रैपीजियम क्षेत्र (TIZ) में स्थित लोहे ढलाईघरों, मथुरा शोधक कारखाने, फीरोजाबाद की काँच फैक्ट्रियों तथा ईंट के भट्टों से निकले धुएँ के कारण है। यह क्षेत्र ताज को घेरता हुआ 10400 वर्ग किलोमीटर का क्षेत्र है। इस क्षेत्र में बार–बार अनेक अवसरों पर उद्योगों से निकली सल्फर डाइऑक्साइड का स्तर निर्धारित मानक स्तर से भी दस गुना अधिक होता पाया गया है। ऑक्सीजन तथा आर्द्रता से संयोजित होकर सल्फर डाइऑक्साइड सल्फ्यूरिक एसिड में बदल जाती है जो अत्यधिक क्षयकारी अम्ल होता है। यह अम्ल संगमरमर का क्षय करता है और वहाँ कवक बन जाता है जिसे विशेषज्ञ "संगमरमर कैंसर" कहते हैं।

प्रदूषण तथा नियमों की अनदेखी किए जाने के कारण ताज के क्षय होने पर प्रसिद्ध पर्यावरण वकील महेश चंद्र मेहता ने 1984 में सर्वोच्च न्यायालय में एक मामला दर्ज किया। मेहता ने न्यायालय को यह आदेश देने की याचिका की कि विविध उद्योगों को प्रदूषण–निरोध अपनाने होंगे या फिर वे बंद कर दिए जाएँ। उसने इस पर भी बल दिया कि प्रदूषण से कर्मियों एवं आगरा में रह रहे लोगों का स्वास्थ्य प्रभावित हो रहा था। मेहता के प्रयासों से सर्वोच्च न्यायालय ने 1996 में अंततः आदेश जारी किया कि उस क्षेत्र के उद्योग वायु प्रदूषण में सक्रिय योगदान दे रहे थे और वहाँ के उद्योगों को प्रदूषण–नियंत्रण उपकरण लगाने होंगे। न्यायालय के आदेश में कहा गया था, "मानव जीवन तो एक ओर रहा, किसी प्रतिष्ठित इमारत जैसे कि ताजमहल के परिरक्षण में एक प्रतिशत की भी संभावना नहीं ली जा सकती।" न्यायालय ने 292 कोयला आधारित उद्योगों को प्राकृतिक गैस का उपयोग करने का आदेश दिया अन्यथा 30 अप्रैल 1997 तक वे सुरक्षित क्षेत्र से बाहर अन्यत्र जगह चले जाएँ। उद्योगों और उनमें काम करने वालों के विरोध के कारण आदेश का पूरी तरह पालन नहीं हुआ। सर्वोच्च न्यायालय ने 1997 में एक बार दोबारा आगरा के उन 53 लोहा ढलायी–घरों तथा 107 अन्य फैक्ट्रियों को जिन्होंने अपने काम–काज साफ नहीं किए थे, बंद करने के आदेश दिए। सर्वोच्च न्यायालय ने ताजमहल की सीमा के 500 मीटर के घेरे में कारों का आना एवं उनका पार्क किया जाना प्रतिबंधित कर दिया। विशेषज्ञ कहते हैं कि इन उपायों से ताजमहल के इर्द–गिर्द की वायु में बहुत सुधार हुआ है।

(iv) साइलैन्ट वैली आंदोलन

उत्तर– यह आंदोलन भारत में हुए सर्वाधिक महत्त्वपूर्ण पारिस्थितिक आंदोलनों में से एक है। साइलेंट वैली दक्षिण पश्चिम भारत में केरल राज्य में अधिक ऊँचाई पर कुंती नदी की एक संकरी वादी है। इसका 8950 हेक्टेयर क्षेत्र में फैला वर्षा वन बहुमूल्य पौधों और प्राणियों का भंडार है। 1973 में केरल राज्य ने जल विद्युत पैदा करने हेतु एक बाँध बनाने का निर्णय लिया। इससे वहाँ का मूल्यवान वन डूब जाता तथा वन्य जीवन के समाप्त होने का भारी खतरा पैदा होता और तो और स्वयं सरकार के पारिस्थितिक कार्य बल ने वन एवं वन्य जीवन की हानि के ऊपर अपना असंतोष व्यक्त किया था।

1979 के आने तक विद्यार्थियों का स्वैच्छिक संगठन जैसे केरल शास्त्र साहित्य परिषद् (KSSP), विज्ञान फोरम, शिक्षण गण, प्रगतिशील नागरिकों एवं पत्रकारों ने इस परियोजना का विरोध करना शुरू किया। 1979 में एक संस्था साइलेंट वैली बचाओ समिति का गठन किया। वरिआवा जैसे लौबिइस्टों ने इसके लिए कार्य किया। (सुश्री दिलनावाज वरिआवा पच्चीस वर्ष पूर्व के क्रांतिक काल में मुंबई आधारित साइलेंट वैली बचाव समिति की संयोजक थीं और वह माध्यम थीं कुछ वैश्विक एजेंसियों जैसे कि प्रकृति के संरक्षण के लिए अंतर्राष्ट्रीय संघ (IUCN) को संगठित करने के लिए जिसने वैली को बचाने हेतु केंद्र सरकार पर दबाव डाला।) हर तरफ इस प्रकार का हल्ला-गुल्ला मचने से तदर्थ प्रधानमंत्री श्रीमती इंदिरा गाँधी के नेतृत्व वाली सरकार ने एक उच्च स्तरीय तकनीकी समिति का गठन किया जिसका नेतृत्व प्रोफेसर एम.जी.के. मेनन के सुपुर्द किया गया और इस समिति की यह सिफारिश मान ली गयी कि परियोजना को चलाया न जाए और इस वादी को एक मूल्यवान जैवमंडल रिजर्व के रूप में परिरक्षित रखा जाए।

प्रश्न 16. पर्यावरणीय नीतिशास्त्र क्या है? समझाइए।

उत्तर— पर्यावरणीय' शब्द 'पर्यावरण' से निकला है। पहले हमें पर्यावरण शब्द को समझना होगा। पर्यावरण का अर्थ है—परि+आवरण। परि का अर्थ है चारों ओर तथा आवरण का अर्थ है—एक ढँकी हुई चादर। इस प्रकार पर्यावरण का शाब्दिक अर्थ हुआ हमारे चारों ओर की एक चादर। यह चादर हमें विभिन्न हानिप्रद वातावरणीय प्रभावों से बचाए रखती है।

पर्यावरण को अंग्रेजी में Environment कहते हैं। यह शब्द फ्रेंच भाषा के Enviorner से निकला है। जिसका अर्थ है चारों ओर की पारिस्थितिकी या प्रकृति। पर्यावरण वह परिवेश या वह परिस्थिति है जिनमें मनुष्य, पशु व पेड़-पौधे रहते हैं व क्रियाकलाप करते हैं।

हम भोजन के लिए पेड़-पौधों, जंतुओं पर निर्भर हैं। इसी प्रकार वे भी हम पर निर्भर हैं। इस प्रकार इन दोनों में एक आपसी संबंध पाया जाता है। पारस्परिक निर्भरता भी पर्यावरण का ही एक रूप है।

टैन्सले के अनुसार, "प्रभावकारी दशाओं का वह संपूर्ण योग जिसमें जीव रहते हैं, पर्यावरण कहलाता है।" यदि इस परिभाषा पर थोड़ा विचार करें तो हम पायेंगे कि प्रभावकारी दशाएँ वे दशाएँ हैं जो मानव-पादपों-जंतुओं के अस्तित्व के लिए आवश्यक हैं, जैसे—मानव को ऑक्सीजन पेड़ों से व पेड़ों को कार्बन डाइऑक्साइड जन्तुओं व मानवों से मिलती है। इस प्रकार पारस्परिक निर्भरता का अर्थ है कि दोनों ही एक-दूसरे पर अन्योन्याश्रित हैं।

पर्यावरण को परिवेश भी कहा जाता है। परिवेश वह स्थान है जहाँ प्राणी अपना जीवन-यापन करने के लिए अनुकूल परिस्थितियों की प्राप्ति करते हैं। वास्तव में प्रकृति के साथ केवल मानव ही नहीं अपितु पेड़-पौधे, पशु-पक्षी आदि भी संबंधित हैं। अत: मानव को प्रकृति के साथ एक संतुलित व्यवहार करना चाहिए क्योंकि प्रकृति केवल उसकी ही नहीं बल्कि सभी जीवधारियों की है। मानव को परमेश्वर ने बुद्धि-बल प्रदान किया है। इसका उपयोग करके वह समस्त

जीवधारियों में श्रेष्ठ कहलाता है, परंतु अन्य जीवधारी तो बेचारे बेजुबान हैं। इनकी बेजुबानी का मानव कभी–कभी गलत लाभ उठाता है। इससे बचने का उपाय है कि मानव अपने साथ–साथ अन्य प्राणियों के जीवन का भी ध्यान रखे। न केवल अपना अपितु सभी जीवधारियों का भला सोचे।

अतः पर्यावरणीय नीतिशास्त्र से अर्थ उस नीतिशास्त्र से है जो यह बताता है कि परिवेश को किस प्रकार से संतुलित बनाया जाए कि मानव के साथ–साथ सभी जीवधारियों को समान लाभ प्राप्त हो सके।

अब प्रश्न उठता है कि अपने वातावरण को बचाने के लिए हम क्या करें? इस विषय पर अनेकों विद्वानों, अनेकों संस्थाओं ने अपने विचार व्यक्त किए हैं जिनमें से कुछ निम्न हैं–

(1) सभी प्राणियों की रुचि का ख्याल रखना।

(2) वनों की रक्षा करना व अनावश्यक हस्तक्षेप न करना।

(3) अधिक जनसंख्या समाज के लिए हानिकारक है, इस बात का ध्यान रखकर परिवार नियोजन के कार्यक्रमों को बढ़ावा देना।

(4) अधिक भौतिकवादी वस्तुओं का परित्याग करना क्योंकि ये सब पर्यावरण असंतुलन का बहुत बड़ा कारण है।

(5) प्लास्टिक पॉलिथीन का उपयोग सीमित करना क्योंकि ये सब पुनः परिवर्तित (recycle) नहीं हो सकतीं।

(6) आजकल ग्रीन हाउस इफेक्ट का प्रभाव बढ़ रहा है। इसका प्रभाव वातावरण में गर्मी व तपन बढ़ा रहा है। इस ग्रीन हाउस प्रभाव ने पर्यावरण संतुलन को नष्ट–सा कर दिया है। इस पर्यावरणीय असंतुलन को समाप्त करने के लिए ग्रीन हाउस प्रभाव पर ध्यान दिया जाना अत्यधिक आवश्यक है।

उपर्युक्त बातों पर ध्यान देकर यह बात भली–भाँति समझी जा सकती है कि पर्यावरण समस्या वर्तमान समय की सबसे महत्त्वपूर्ण व खतरनाक समस्या है। यदि इस समस्या पर उचित ध्यान न दिया गया तो एक दिन इस समस्या से निजात पाना भी एक समस्या बन जाएगी।

प्रश्न 17. पर्यावरण के लिए नए नियमों की आवश्यकता क्यों है? बताइए।

उत्तर– पर्यावरण के लिए नए नियमों की आवश्यकता क्यों है, यह निम्न कारकों के द्वारा समझा जा सकता है–

(1) प्रकृति पर नए प्रभाव–चूँकि हमारी आधुनिक प्रौद्योगिकीय सभ्यता प्रकृति को अत्यधिक प्रभावित करती है, अतः हमें इन नए प्रोद्यौगिकीय कार्यों के नीतिगत परिणामों की समीक्षा करनी चाहिए।

(2) प्रकृति के बारे में नई जानकारी/ज्ञान–आधुनिक विज्ञान उन तरीकों से यह समझाता है कि हम किस प्रकार पर्यावरण को परिवर्तित कर रहे हैं जिनसे पहले इसे नहीं

समझा गया था, अतः नए नीतिगत मुद्दे उठ रहे हैं। उदाहरण के लिए, पिछले दक्षक तक कुछ व्यक्ति ही ये मानते थे कि मनुष्य के कार्यकलाप वैश्विक पर्यावरण को परिवर्तित कर सकते है। आज, सभी वैज्ञानिक मानते है कि जीवाश्म ईंधनों को जलाने और वनों को काटने से वायुमंडल में कार्बन डाइऑक्साइड की मात्रा में वृद्धि हुई है और इससे हमारी जलवायु में परिवर्तन हुआ है। अतः अब यह वैश्विक परिप्रेक्ष्य पर महत्त्व का विषय बन गया है।

(3) नैतिक सरोकार का विस्तार—आज कुछ व्यक्ति यह तर्क देते हैं कि जंतु, वृक्ष तथा पत्थरों तक के सामान्य और विधिक अधिकार हैं। इन विस्तारित सरोकारों ने नए नीतिशास्त्र के लिए नई आवश्यकता का पक्ष लिया है।

अधिकांशतः मानव इतिहास में नीतिशास्त्र "मानवीय अधिकारों" पर व्यक्ति के, परिवार के और जातीय समूहों के अधिकारों – पर केंद्रित रहा है। किंतु अब नीतिशास्त्र में जंतुओं, पादपों और पर्यावरण के अधिकारों को भी (मानवीय अधिकारों से परे) नियम और उनको उपयोग करने के लिए शामिल कर लिया गया है।

प्रश्न 18. प्रकृति के बारे में तीन मतों को संक्षेप में स्पष्ट कीजिए।

उत्तर— प्रकृति के अनिवार्य रूप से तीन मत/दर्शन हैं, जो निम्नानुसार हैं—

(1) पश्चिमी (यूरोपियन और उत्तरी अमेरिकी)

(2) सिनिएटिक (sineatic) (चीनी, कारियाई और जापानी) तथा

(3) भारतीय (हिन्दू, बौद्ध और जैन दर्शनों का संयोजन)

पहले पश्चिमी दर्शन का मानना था कि प्रकृति मनुष्यों के लिए परायी और विरोधी है। अतः विजय पाकर इसे मानव नियंत्रण में रखा जाना उचित होगा।

सिनिएटिक संकल्पना के अनुसार प्रकृति खूबसूरत और पूर्ण है, लेकिन पसंद किए जाने के लिए इसे रूपांतरित करना पड़ेगा। इस मत के अनुसार प्रकृति एक सौंदर्यबोधी विस्मय सृजित करती है "शत्रु की बजाय मनुष्य प्रकृति का एक हिस्सा है।" इस दर्शन में प्रकृति में मनुष्य का एक महत्त्वपूर्ण स्थान है।

प्रकृति के परिप्रेक्ष्यों को भारतीय आध्यात्मिक परंपरा में हिंदू, बौद्ध और जैन धर्मों में भी सम्मिलित किया गया है। इसमें प्रकृति माँ है। इसे इसके बच्चों द्वारा नष्ट नहीं किया जा सकता। यह देवी के समान पूजनीय है।

प्रश्न 19. 'प्रकृति के प्रति मनोभाव' पर चर्चा कीजिए।

उत्तर— अपने पर्यावरण के साथ हम जिस तरीके से व्यवहार करते हैं वह हमारे आसपास के जगत के बारे में हमारी मान्यताओं को प्रकट करता है। कुछ व्यक्ति मनुष्यों को जंतुओं को एक प्रजाति मानते हैं, अन्य कुछ लोग मनुष्यों की भूमिका प्रकृति के रखवाले अथवा प्रबंधक की मानते हैं। इन भिन्न मतों के कारण अक्सर विरोधभासी पर्यावरणीय नीतियाँ बनती रही है। पर्यावरण के प्रति कुछ प्रचलित दृष्टिकोण निम्नानुसार हैं—

(1) मानवकेंद्रित दृष्टिकोण—प्रकृति के प्रति जिन व्यक्तियों का मानवकेंद्रित (anthropocentric) मनोभाव होता है वे किसी भी अन्य गैर–मानव जीवों अथवा वस्तुओं से अधिक महत्त्व मनुष्यों को महत्त्व मनुष्यों को देते है। मानवकेंद्रित रूख के अनुसार, मानव का कल्याण अथवा संरक्षण अथवा प्रोत्साहन गैरमानवीय वस्तुओं के व्यय पर लगभग सदैव ही न्यायोचित होता है। अरस्तू का यह मानना था कि "प्रकृति ने सभी वस्तुओं का निर्माण विशेष रूप से मानव के लिए किया है" और यह कि प्रकृति में गैर–मानवीय वस्तुओं का महज सहायक/यंत्रीय महत्व है।

पर्यावरणीय नीतिशास्त्र के एक नए विषय के रूप में सामने आ जाने ने 1970 के दशक के आरंभ में मानवकेंद्रितवाद के लिए एक चुनौती प्रस्तुत कर दी। पर्यावरणीय नीतिशास्त्र ने पृथ्वी की अन्य प्रजातियों से मानव की नैतिक मानी गई श्रेष्टता और प्राकृतिक पर्यावरण को तात्विक महत्त्व दिए जाने के औचित्य पर प्रश्न चिह्न लगा दिया। यद्यपि, इस क्षेत्र में कार्य कर रहे कुछ सिद्धांतवादियों को नए गैर–मानवकेंद्रित सिद्धांत विकसित करने की आवश्यकता नहीं महसूस हुई थी। बल्कि, उन्होनें प्रबुद्ध मानवकेंद्रित वाद (अथवा अधिक उपयुक्त रूप से विवेकपूर्ण मानवकेंद्रित कहे जाने वाले) की पैरवी की। संक्षेप में, वह मत यह था कि पर्यावरण के प्रति हमारे जो भी दायित्व है वे इसके मानव निवासियों के लिए हमारे प्रत्यक्ष कर्त्तव्यों से उत्पन्न हैं।

(2) प्रबंधनकर्त्ता दृष्टिकोण—अनेक जनजातीय अथवा देसीजन, शिकार करने वाले और पारंपरिक कृषि समाजों में रहने वाले लोगों में प्रकृति के भाग विशेष के प्रबंधनकर्ता अथवा संरक्षण कर्ता के दायित्व का प्रबल बोध था। संसाधनों के संरक्षण कर्ता के रूप में वे मानव और गैर मानव बलों के साथ जीवन के संबल रूप से बने रहने में अपनी भूमिका देखते थे। मानवता और श्रद्धा उनके विश्वदर्शन में अनिवार्य थी, जहाँ मनुष्यों को प्राकृतिक प्रक्रिया में मालिक नहीं बल्कि भागीदार के रूप में देखा जाता था, उन्हें प्रकृति के बाहर का नहीं बल्कि उसका एक हिस्सा माना जाता था। प्रबंधनकर्ता/देखभालकर्ता के लिए व्यक्ति का पूरे विश्व को अपना विस्तारित परिवार और सभी जीवों को अपने घर का सदस्य समझने की आवश्यकता होती है। इन मानवीय दर्शन में, प्रबंधन विज्ञान अथवा प्रौद्योगिकी को नकारने की आवश्यकता नहीं होती है। चूँकि हम प्रकृति का हिस्सा है तो हमारी बृद्धिमता और अविष्कार भी प्रकृति का ही भाग हैं। अपने पर्यावरण के प्रबंधनकर्ता/सरंक्षक के रूप में हमारा दायित्व है कि हम विज्ञान और प्रोद्योगिकी की शक्ति का उपयोग विश्व को उसको बेहतर बनाने के लिए करें न कि उसे नष्ट अथवा निम्नीकृत करने के लिए।

(3) पारिस्थितिक स्त्रीवाद—अनेकस्त्रीवादी तर्क करते हैं कि न मानव केंद्रितवाद और न ही प्रबंधनकर्त्ता/सरंक्षणकर्त्ता पर्यावरणीय समस्याओं का समाधान करने के लिए अथवा हमें ये बताने के लिए पर्याप्त हैं कि हमें किस प्रकार नैतिक कर्मकर्त्ताओं के रूप में व्यवहार करना चाहिए। उनका तर्क है कि ये सभी दर्शन पितृसत्तात्मक प्रणाली से निकले है जो प्रभुत्व पर आधारित है। यह विश्वदर्शन कुछ चीजों को प्रतिष्ठा और महत्त्व देता है लेकिन अन्य को नहीं।

इसका दावा है कि पुरूष, महिला से श्रेष्ठ है, दिमाग शरीर से बेहतर है और संस्कृति प्रकृति से उच्चतर है। स्त्रीवादी मानते हैं कि पितृसत्तात्मक प्रभुत्व, शोषण और महिलाओं बच्चों, अल्पसंख्यकों तथा प्रकृति के बीच महत्त्वपूर्ण संबंध हैं।

पारिस्थितिक स्त्रीवाद (Ecofeminism) महिलाओं की जैविक, सृजनात्मक और मातृ भूमिका में आधारित एक पूर्णतः नया दर्शन है। पारिस्थितिक स्त्रीवाद पूर्ववर्ती 'माँ प्रकृति' की अवधारणा से तत्काल संबंध जोड़ लेता है। इस विषय पर कुछ विशेषज्ञों के अनुसार 'पूँजीवादी पितृसत्तात्मक जगत् प्रणाली' की स्थापना और उसका निर्वहन तीन उपनिवेशनों पर हुआ है–महिलाओं के, विदेशी जनों और उनकी भूमि और प्रकृति पर। प्रकृति की पारिस्थितिकी महिलाओं के शरीर के जीवविज्ञान से और प्रकृति का शोषण/दोहन महिलाओं के भ्रूणों के शोषण से जुड़ा है। यह आधुनिक विज्ञान और आर्थिक वृद्धि का विरोधी है क्योंकि दोनों ही उग्र पुरूष प्रकृति की विशेषता है। यह ऐसी जीवन निर्वहनी जीवनशैली, जो प्रकृति के साथ मेल में हो और 'स्त्रीवादी सिद्धांत' द्वारा फैली हो, की कामना करता है। स्त्री और पुरूष दोनों की अधिक भलाई के लिए एक नई लैंगिक और जननात्मक पारिस्थितिकी गढ़ने का प्रयास पारिस्थितिक स्त्रीवाद करता है।

पारिस्थितिक स्त्रीवादी, बहुलतावादी, गैर/पदानुक्रमी संबंध अभिमुख दर्शन सुझाता है कि मानवों को प्रकृति के साथ अपने संबंध पर गैर प्रभुत्व के तरीकों पर पुर्नविचार करना होगा और इसे प्रभुत्व के पितृसत्तात्मक विकल्प के रूप में प्रस्तावित किया। पारिस्थितिक स्त्रीवाद अधिकारों, दायित्वों, स्वामित्व और जिम्मेदारियों से इतना सरोकार नहीं रखता है जितना देखभाल अथवा इस बोध से है कि मानव जीवन क्या है और किस प्रकार यह समझ लोगों में प्राकृतिक जगत के साथ सामना करने का आधार देती है।

दर्शनशास्त्र के अनुसार, जब व्यक्ति स्वयं को अन्य जनों और प्रकृति के साथ संबंधित मानता है तब वह जीवन को कमी की बजाय उदारता के रूप में, व्यक्तिगत अहम् की बजाय संबंधों के जाल के रूप में देखता है। यद्यपि, इसकी अव्यवहारिता और इसके विशिष्ट दुरावों और विरूषणों के कारण पारिस्थितिक स्त्रीवाद की गंभीर आलोचना हुई है। और यह तर्क दिया जाता है कि सभी विकास पितृसत्तात्मक अथवा महिला विरोधी घोषित नहीं किए जा सकते।

(4) जैवकेंद्रित और पर्यावरण केंद्रितवाद–प्रबंधन/संरक्षणवाद को अत्यधिक मानवकेंद्रित मानकर अनेक आधुनिक पर्यावरणविद् उसकी आलोचना करते है। बल्कि वे जैन केंद्रित प्रवृत्ति का समर्थन ये सोचकर करते है कि सभी जीवों के मूल्य और अधिकार है, भले ही वे जीव उपयोगी हो अथवा न हो। एल्डो लीओपोड ने भूमि नीतिशास्त्र पर अपने प्रसिद्ध निबंध में समूचों जैव समुदाय को भूमि का भाग माना था। लिओपोल्ड ने बताया कि सभ्यता का इतिहास जन्मजात मूल्यों और अधिकारों के क्रमिक विस्तार के साथ–साथ चला है, पहले पुरूष, फिर महिला, बच्चों और अल्पसंख्यकों और अधि अद्यतन रूप से गैरमानव जैसे निगमों और राज्यों से जुड़ा है। लिओपोल्ड का तर्क है कि मूल्यों का विस्तार अन्य जीवों के नैसर्गिक महत्व की पहचान तक भी होना चाहिए।

कुछ दार्शनिक दावा करते हैं कि भूदृश्य के निर्जीव घटक जैसे पत्थरों, नदियों, पर्वतों अथवा पारिस्थितिक प्रक्रियाओं जैसे क्रमण अथवा जल चक्र को भी मानवीय हस्तक्षेप के बगैर प्राकृतिक अवस्था में रहने का अधिकार है। इस प्रवृत्ति को पर्यावरण केंद्रित कहा जाता है क्योंकि यह जीवों और पारिस्थितिक तंत्रों दोनों के लिए नैतिक मूल्यों और अधिकारों का दवा करती है। मानवकेंद्रित अभिगम वाले जन मानते है कि पर्यावरण आधुनिक मानव के विकास से पहले तक पूर्ण/आदर्श था। प्रकृति पर प्रभुत्व की अपनी तलाश में मानवों ने जीवन के जाल को विघटित कर दिया। यदि उन्होंने प्राकृतिक जगत के साथ तालमेल में रहना नहीं सीखा तो यह तलाश स्वयं उनको विनाश की ओर ले जाएगी।

प्रश्न 20. पर्यावरणीय समानता क्या है? पर्यावरणीय समानता के विभिन्न मुद्दों को श्रेणीबद्ध कीजिए।

उत्तर— पर्यावरणीय कानूनों, नियमों और व्यवहारों के अंतर्गत विभिन्न नस्लीय, जातीय और आय समूहों को समान व्यवहार और संरक्षण के आदर्शों को इस तरीके से लागू किया गया है कि वे प्रभावी समूह और उसके द्वारा निर्मित स्थितियों के लिए कोई प्रमुख विभेदी प्रभाव प्रदान नहीं करते है। यद्यपि, पर्यावरणीय समानता/निष्पक्षता का निहितार्थ "न्यायसंगति" और "अधिकारों" से है, यह आवश्यक रूप से पूर्व में हुई असमानताओं को संबोधित नहीं करती अथवा पर्यावरण को व्यापक रूप में नहीं देखती है और निहित कारणों और प्रक्रियाओं की समझ को इसमें शामिल नहीं किया गया है।

पर्यावरणीय निष्पक्षता/समानता के मुद्दों की तीन श्रेणियाँ हैं, जो निम्नानुसार हैं—

(1) कार्यविधिक असमानता— उचित व्यवहार के प्रश्नों को यह मुद्दा संबोधित करता है; अर्थात् वह मात्रा जिस तक नियंत्रणकारी नियम, कानून और मूल्यांकन के मानकों को समान रूप से लागू किया जा सकता है। उन बोर्ड और आयोगों की 'भरमार' कार्यविधिक समानता के उदाहरण हैं जिनके व्यवसाय उन्मुख हित है और जो जन भागीदारी को कम करने के लिए सुदूर स्थानों में सुनवाई करते हैं और सिर्फ अंग्रेजी सामग्री का संप्रेषण के लिए उपयोग गैर-अंग्रेजी भाषा समुदाय में भी करते हैं।

(2) भौगोलिक असमानता— औद्योगिक उत्पादन से कुछ पड़ोसियों, समुदायों और क्षेत्रों को प्रत्यक्ष लाभ मिलते हैं; जैसे रोजगार और कर राजस्व, जबकि लागतें जैसे कि अपशिष्ट के निपटान का बोझ अन्यत्र भेज दिया जाता है। अपशिष्ट उत्पन्न करने वाले समुदायों से अपशिष्ट का निपटान करने वाले समुदायों को कम लाभ मिलते हैं।

(3) सामाजिक असमानता— अक्सर पर्यावरणीय निर्णय बेहतर समाज की सत्ता व्यवस्थाओं का दर्पण होते हैं और इन राज्यों में आज भी पाए जाने वाले नस्लीय भेदभाव को परिलक्षित करते हैं। संस्थागत नस्लवाद ने हानिकारक सुविधाओं को प्रभावित किया है और अनेक अश्वेत समुदायों को 'बलिदान क्षेत्र' (sacrifice) बनाने की कगार पर पहुँचा दिया है।

जी.पी.एच. की पुस्तकों का मुख्य उद्देश्य ज्ञान के साथ-साथ अच्छे नम्बर दिलाना है।

प्रश्न 21. निम्नलिखित पर संक्षिप्त टिप्पणी लिखिए–

(i) पर्यावरणीय न्याय

उत्तर– समग्रता में पारिस्थितिक (जैविक), भौतिक (प्राकृतिक और निर्मित), सामाजिक, राजनीतिक, सौंदर्यबोधी तथा आर्थिक पर्यावरणों को सम्मिलित करते हुए सभी के लिए एक सुरक्षित, स्वस्थ, उत्पादन और टिकाऊ/दीर्घकालिक पर्यावरण पर विचार किया जाता है।

पर्यावरणीय न्याय का अभिप्राय उन स्थितियों से है जिसमें ऐसे अधिकार को मुक्त रूप से व्यवहार में लाया जा सकता हो, जिससे व्यक्तिगत और समूह की पहचानें, आवश्यकताएँ और प्रतिष्ठाएँ संरक्षित रहें, पूरी हो और उनका इस तरीके से सम्मान हो जो आत्मबोध तथा व्यक्तिगत और सामुदायिक सशक्तिकारण प्रदान करें। यह पर्यावरणीय 'अन्याय' शब्द को पूर्व और वर्तमान के मसलों के रूप में मानती है और उन्हें संबोधित करने के लिए आवश्यक सामाजिक राजनैतिक उद्देश्यों को व्यक्त करता है। पर्यावरणीय न्याय को सभी पर्यावरणीय कानूनों और नियमों के लिए विधि के अंतर्गत समान न्याय और समान संरक्षण के लक्ष्य के रूप में परिभाषित किया गया है जिसमें नस्ल, जातीयता और सामाजिक आर्थिक स्तर के आधार पर कोई भेदभाव को स्थान प्रदान नहीं किया गया है।

सभी स्तरों – स्थानीय राज्य और केंद्र के साथ–साथ निजी उद्योग कार्यकलापों के लिए सरकारी कार्यों पर यह संकल्पना लागू होती है। पर्यावरणीय न्याय प्रदान करना बताई गई परिभाषा से परे जाता है और इसमें सरकार और उद्योग के नीति निर्माताओं के साथ अर्थपूर्ण सामुदायिक भागीदारी और राहत तक समान पहुँच की गारंटी को भी शामिल किया जा सकता है।

(ii) पर्यावरणीय नस्लवाद

उत्तर– कुछ लोगों का विचार है कि पर्यावरणवाद एक संभ्रांत जन–आंदोलन है, यह उनके लिए है जिनके पास धन और सुख सुविधाएँ हैं और जो मनोरंजन के लिए खुले स्थानों को बनाए रखने के लिए चिंतित है और आर्थिक रूप से महत्त्वहीन प्रजाति को सिद्धांत के तौर पर संरक्षित कर रहे है। इसी संदर्भ में यह कहा जाता है कि गरीब के दृष्टिकोण से रोजगार और उसे एक अच्छे स्तर का जीवन प्रदान करना स्वच्छ पर्यावरण की अपेक्षा उच्चतर प्राथमिकता होनी चाहिए। जहाँ तक विलासिता का संबंध है वह तो अन्य आवश्यकताओं के पूरा हो जाने पर ही आती है।

हालाँकि कुछ अन्य लोगों का मानना है कि हमारे द्वारा प्राकृतिक संसाधनों के उपयोग के पर्यावरणीय परिणाम कुछ घाटे में रहे 'नस्लीय' जातीय और सामाजिक आर्थिक समूहों के लिए असंगत रहे हैं। उदाहरण के लिए, एक अच्छा व्यष्टि बन सकता है कि संकटदायी अपशिष्ट स्थान सामान्यतः वंचित समुदायों और वंचित राज्यों में स्थित हैं और यह कि इन स्थानों की जनता संकटदायी पदार्थों के उपयोग के परिणामों को झेल रही है, जबकि लाभों में उसकी उचित हिस्सेदारी नहीं है। ऐसे मुद्दों पर ही पर्यावरणी न्यायवादी द्वारा समाज का ध्यान आकृष्ट करते हैं।

प्रश्न 22. पर्यावरण के विषय में धार्मिक शिक्षण की विभिन्न प्रवृत्तियों का वर्णन कीजिए।

अथवा

वे कौन सी विभिन्न धार्मिक शिक्षाएँ हैं जो पर्यावरण की पवित्रता की बात करती हैं?

उत्तर– हमारी प्रवृत्ति/सोच को बदलने के लिए विश्व की धार्मिक और व्यक्तिगत आध्यात्मिक परंपराएँ एक ढाँचा प्रदान कर सकती है। विश्व भर में धर्म हमें सिखाते हैं कि भूमि, नदियाँ, पर्वत, खनिज, महासागर ईश्वर पर विश्वास के लिए बने हैं, लेकिन इनका उपयोग मानवता के कल्याण के लिए विवेकपूर्वक किया जा सकता है। अगर दूसरे शब्दों में कहें तो हमारे धर्म बताते हैं कि हमें स्वयं को ब्रह्मांड का सिर्फ संरक्षक समझना चाहिए और संरक्षण के रूप में हमें ईश्वर द्वारा प्राकृतिक संसाधनों के उपयोग का अधिकार दिया गया है, लेकिन हमारे पास प्रकृति और तत्त्वों से परे कोई दिव्य शक्ति नहीं है। तात्कालिक लाभ के लिए प्रकृति के साथ दुर्व्यवहार और उसका शोषण अनुचित और अनैतिक है ऐसे अनेक धर्मों के परिप्रेक्ष्य से सिद्ध किया जा सकता है।

संरक्षण और पर्यावरणीय सुरक्षा के लिए सभी धर्मों और संस्कृतियों में बहुत कुछ है। प्रत्येक धर्म से, पर्यावरणीय रूप से दीर्घकालिक/टिकाऊ विकास के लिए आचार संहिता बनाने के लिए अनेक आदेशों अथवा उपदेशों को लिया जा सकता है। कोई धर्म यह नहीं कहता है कि हमें अपने पर्यावास को नष्ट करने का अधिकार है और कोई धर्म पर्यावरणीय विनाश का समर्थन नहीं करता है। इसके विपरीत, जो ऐसा करते है उनके विरुद्ध दंडों तथा चेतावनियों का उल्लेख किया गया है। यह प्रचुरता से सभी धर्मों की संहिता में प्रदर्शित है। हिन्दू धर्म, जैन धर्म, बौद्ध धर्म, ईसाई धर्म, इस्लाम और सिख धर्म द्वारा प्रकृति के समान और प्राकृतिक संसाधनों के संरक्षण के संदर्भ में दी गई शिक्षाओं का संक्षिप्त विवरण निम्नानुसार है–

(1) हिंदू धर्म–प्रकृति और पर्यावरणीय संरक्षण के संदर्भ में सबसे चुनौतीपूर्ण परिप्रेक्ष्य को हम हिंदू धर्म में पाते हैं और इस पृथ्वी ग्रह तथा अन्यत्र समस्त जीवन की पवित्रता को स्पष्ट रूप से इस धर्म में पूर्णतः सुनिश्चित किया गया है। सिर्फ परमेश्वर के पास मनुष्य समेत सभी जीवों की प्रभुसत्ता है। मनुष्यों का अपने निजी जीवन अथवा गैर–मानव जीवन पर कोई प्रभुत्व नहीं है। इसके फलस्वरूप वे ईश्वर के वायसराय की तरह व्यवहार नहीं कर सकते है, न ही वे अन्य प्रजातियों को सापेक्ष महत्त्व के स्तर प्रदान कर सकते है। ईश्वर की प्रजातियों की कोई क्षति नहीं की जा सकती है। इसलिए सभी जीवन, मानव और मानवेत्तर का समान महत्त्व है और सभी के अस्तित्व का सम्मान किया जाना चाहिए।

हिंदू ग्रंथों की मान्यताओं के अनुसार मनुष्य को अन्य जीवों पर प्रभुत्व की माँग अथवा प्रभुत्व नहीं करना चाहिए। उसे प्रकृति के शोषण की मनाही की गई है, बल्कि उन्हें शांति की तलाश करने और प्रकृति के साथ सामंजस्य/तालमेल में रहने की सलाह दी गई है। हिंदूधर्म ईश्वर और प्रकृति की सौहार्दपूर्ण अखंडता को बनाए रखने और उसकी सुरक्षा के लिए आदर,

सम्मान और आज्ञाकारिता की माँग करता है। इसे दिव्य अवतारों और शृंखला द्वारा प्रदर्शित किया गया है, जैसाकि डॉ. किरण सिंह द्वारा असीसी घोषणापत्र निम्नानुसार प्रतिपादित किया गया है–

इस पृथ्वी ग्रह पर जीवन का विकास मत्स्य से आरंभ होकर उभयचरी संरूपों और स्तनधारी जीवों और फिर मनुष्य अवतारों तक दिव्य अवतारों की एक शृंखला द्वारा हुआ है। ये दर्शन स्पष्ट रूप से मानता है कि मनुष्य पूर्णतः इस रूप में नहीं जन्मा है जिससे वह क्रमतर जीवन प्रकारों पर प्रभुत्व करे, बल्कि वह स्वयं इस जीवन प्रकारों से होकर विकसित हुआ है और इसलिए समग्र रचना से अभिन्न रूप से शृंखला बद्ध हैं।

इस धारणा को लगभग सभी हिन्दू धर्म–ग्रंथ अत्यधिक महत्त्व देते है कि ईश्वर की रचना को क्षति नहीं पहुँचाने और उसके जीवों को नहीं मारने से हमें उसकी कृपा प्राप्त होती है। ऋग्वेद के काल में (लगभग 1500 ई.पू.) ईश्वर के विभिन्न गुणों का प्रतीक होने के कारण अनेक वृक्षों और पौधों की पूजा की जाती थी।

पूर्व–वैदिक काल में भी पर्यावरणीय जागरुकता को समझा गया था। मोहनजोदड़ों और हिंदू घाटी सभ्यताओं में भी 'वृक्ष पूजा' के संदर्भ मिलते है। पर्यावरणीय जागरुकता की अभिव्यक्ति वैदिककाल में आमजन में अधिक थी। वनों की रानी 'आरण्यनी' की पूजा वनों की देवी/अधिष्ठात्री आत्माओं के रूप में होती है। महिला के रूप में कल्पनीय इनकी स्तुति होती थी, शाकों द्वारा सम्मानित और वन्य जंतुओं की माँ के रूप में इनका वर्णन होता था (शृंगवेद)। पादपों को दिव्यता प्रदान करने के उदाहरण शृगवेद और अर्थवेद में मिलते है।

भगवानों के साथ ही जंतुओं और प्रकृति के प्रति श्रद्धा व्यक्त की जाती थी। जहाँ हनुमान और गणपति सबसे शक्तिशाली देवता है, वहीं पीपल, गंगा, हिमवन, तुलसी, बरगद के वृक्षों को आज भी पवित्र माना जाता है।

कम से कम चार प्रमुख घटकों–सूर्य, अग्नि, पृथ्वी और आकाश की वैदिक मनुष्य ने पहचान की थी जो जीवन को चलाते है और इसलिए उनकी देवी–देवताओं के रूप में पूजा की जाती थी (हे वृक्षों के राजा, आपकी जड़े ब्रह्मा, मध्यभाग विष्णु और अग्र भाग शिव का स्वरूप है। अतः सभी देवताओं के वास वाले देव हम आपको प्रणाम करते है)। आपको देखने से रोग दूर हो जाते है। सदैव शांत और चिरकालिक हम आपको प्रणाम करते है (ऋग्वेद)।

दिव्य जड़ी बूटियों का वर्णन आयुर्वेदिक औषधि पर उत्कृष्ट प्राचीन साहित्य चरक संहिता में है, जिसमें व्यक्तिगत स्वास्थ्य और प्रदूषण मुक्त पर्यावरण के हित के लिए पर्यावरणीय संतुलन के संरक्षण के विषय में विस्तृत विवरण दिया गया है।

पुराणों में वृक्ष लगाने की अत्यधिक पुण्य का कार्य माना जाता है। अग्नि पुराण और वाराह पुराण में वृक्षों से होने वाले हितों का उल्लेख है। दुर्गा सप्तसदी में कहा गया है कि जब तक पृथ्वी वृक्षों और वनों से भरे पर्वतों से आच्छादित रहेगी, वह मानव जाति का पालन पोषण और देखभाल करती रहेगी।

अन्य ग्रंथों में भी प्रकृति और मनुष्यों के बीच पारिस्थितिक संतुलन को मानव जीवन के अभिन्न भाग के रूप में प्रदर्शित किया गया है और पारस्परिकता के बोध को महसूस किया

गया है। इस पारस्परिकता को कौटिल्य के 'अर्थशास्त्र' में राज्य नीतियों के अंतर्गत वर्णित किया गया है।

हिंदू धर्म ऐसे उपदेशों और विभिन्न लेखनों से पर्यावरणीय संरक्षण और परीक्षण के लिए नैतिक दिशा-निर्देश प्रदान करता है। निजी स्वार्थों के लिए प्रकृति के साथ दुर्व्यवहार अथवा उसका शोषण हिंदू संस्कृति के परिप्रेक्ष्य से अनुचित और धर्म विरोधी माना जाता है।

(2) जैन धर्म–जैन धर्म का एक प्रमुख सिद्धांत है कि व्यक्ति को ऐसे कार्यों से बचना चाहिए जो दूसरों के लिए हानिकारक हों। जैनधर्म के अनुसार हिंसा और क्रोध से व्यक्ति अपनी क्षति करता है। स्वयं एवं अन्य जन को क्षति पहुँचाने से बचने के लिए वाणी का संयम, विचार का संयम, गति पर नियंत्रण, वस्तुओं को उठाने और उन्हें नीचे रखने में सावधानी बरतने और भोजन तथा पेय पदार्थों को परखने की बात कही जाती है और इन सभी को अपनाने की प्रतिज्ञा जैनियों द्वारा ली जाती हैं।

जैन जीवन जीने का एक अन्य मौलिक सिद्धांत अहिंसा है। एक ऐसा शब्द है जो वास्तविकता, सामान्य बोध और व्यक्तिगत गुणों और दायित्व में स्पष्ट रूप से जुड़ा है। यह मानव प्रकृति के गहनतम और सबसे पवित्र पहलुओं का स्पर्श करता है। "यह सर्व नियम से संबंध है जो कहता है कि जैसे आदेश देने पर आदेश मिलता है उसी तरह अहिंसा को शांति द्वारा ही प्राप्त किया जा सकता है"। यह धर्म मानता है कि सभी स्थितियों में अंत और साधन समान होते है और यह वास्तविक अर्थों में किसी भी सभ्य समाज के आधार सत्य, ईमानदारी और करुणा होने चाहिए।

(3) बौद्ध धर्म–बौद्धधर्म के मूल में करुणा, समान, सहनशीलता और अहिंसा का भाव इस पृथ्वी ग्रह पर रहने वाले सभी मनुष्यों तथा अन्य जीवों के लिए है।

नदियों, तालाबों, कुँओं के प्रदूषण की मनाही के लिए बुद्ध ने भी नियम बनाए थे। जैसा कि बुद्ध ने सुत्ता-निपात में कहा है–

तुम घासों और वृक्षों को जानों, फिर तुम कुमियों को और विभिन्न प्रकार के चींटे-चींटीयों को जानो..............तुम छोटे-बड़े चार पैर वाले जंतुओं को भी जानों सांपों, मछली जो जल में रहती है, पक्षी जो पंखों के साथ पैदा होते हैं और हवा में उड़ते है..........उनको भी जानो।

बौद्ध धर्म का मानना है कि सभी प्रजातियों की उत्तरजीविका उनका अविवादित अधिकार है क्योंकि इस पृथ्वी ग्रह के सह-निवासियों के रूप में, उनके भी वहीं अधिकार है जो मनुष्यों के है। बौद्धधर्म में नदियों, वनों, घास, पर्वतों तथा रात्रि का अत्यधिक सम्मान किया जाता है और उन्हें आनंद प्रदान करने वाला माना जाता है। सूर्य, चंद्रमा तथा अन्य ग्रहों को बौद्ध चिंतकों ने सदैव अत्यधिक सम्मान दिया है।

बौद्ध धर्म की शिक्षाएँ कर्म के सिद्धांत और कारण और प्रभाव के सिद्धांत पर सकेंद्रित है। ये बताती है कि जीन के ही तरीके के इन सिद्धांतों के प्रति अविवेकपूर्ण लापरवाही/अनदेखी से अव्यवस्था हो सकती है और इससे पर्यावरणीय संकट पैदा हो सकता है। इसलिए उत्तरजीविका के लिए आवश्यक से परे प्रकृति का दोहन नहीं किया जाना चाहिए और यदि हम ये मानते है कि सभी प्रकार परस्पर संबंधित है तो प्रकृति के प्रति हमारी दोहनकारी प्रवृत्तियों को नियंत्रित

किया जा सकता है। ये संदेश है कि सभी जीवन प्रकार परस्पर संबंधित है और उनकी देखरेख की जानी चाहिए। बौद्धधर्म के ये सिद्धांत प्रकृति के नीतिशास्त्र का आधार है। दलाई लामा ने भी इसको विभिन्न तरीके से स्पष्ट रूप से व्यक्त किया है।

(4) ईसाई धर्म—जो नियम पृथ्वी की अवधारणा से संबंधित हैं और उसके दायित्व को नियंत्रित करने वाले हैं उनके पूर्व और नव विधानों में एक समानता है। यद्यपि, जेनेसिस में कुछ आयतों में मानव के प्रकृति पर प्रभुत्व और पूर्ण नियंत्रण देने की बात की गई है, लेकिन ऐसी आयतें भी है जिनमें मनुष्यों के दायित्वों का स्पष्ट उल्लेख किया गया है। उदाहरण के लिए, "और ईश्वर ने मनुष्य को ले जाकर अदनवाटिका (garden of eden) में उसको सज्जित करने और उसकी देखभाल करने के लिए रखा" (जैनेसिस)।

इस वाक्य में 'सज्जित' शब्द करने की व्याख्या मनुष्य द्वारा उसके प्रबंधन के दायित्व के रूप में और शब्द 'देखभाल' की व्याख्या प्राकृतिक जगत् को हानि से बचाने के रूप में की गई। यही नहीं, ग्रंथ स्पष्ट रूप से ईश्वर को प्राकृतिक जगत के एकमात्र स्वामी के रूप में स्थापित करता है, जबकि जगत् की देखरेख करना मानवता का सक्रिय दायित्व है।

इसी क्रम में एक अन्य उदाहरण है, "पृथ्वी का स्वामी और इसमें व्याप्त हुए वस्तु, जगत और वे सभी जो इसमें रहते है, ईश्वर है, और जंगल का प्रत्येक जानवर और हजारों पर्वतों पर मवेशी सब मेरे है।"

यही नहीं, हमें ये सलाह भी दी गई है कि "हमारा भूमि पर न्यायसंगत स्वामित्व नहीं है; क्योंकि भूमि मेरी (ईश्वर की) है, और तुम पराए बल्कि मेरे किराएदार हो"।

इस बात की भी पुष्टि बाइबिल भी करती है कि जगत् की रचना का उद्देश्य ईश्वर की महिमा को घोषित करना है क्योंकि ये उनका हस्तशिल्प है। दिव्य जीवन की सृजित जगत् में और उसके द्वारा सक्रिय अभिव्यक्ति हुई है। पृथ्वी एवं निर्जीव इकाई अथवा किसी उच्चतर उद्देश्य के लिए साधन भर नहीं है। एक हद तक दिव्यता और मानवता, मनुष्यों के बीच आपस में और मनुष्यों यथा प्रकृति के बीच एक सौहार्दपूर्ण त्रिआयामी संबंध पाया है और इस सौहार्द को बनाए रखने में सफल नहीं होती तो मानवता का अपने रचियता से और प्रकृति से भी अलग जाने का खतरा भी पैदा हो सकता है।

(5) इस्लाम धर्म—इस्लाम धर्म के पवित्र ग्रंथ कुरान और पैगम्बर मौहम्मद के दिव्य प्रेरक शब्द/प्रवचन (पीस बी अपोन हिम) प्रकृति के संरक्षण का आधार और उसके नियमों को बनाते है। कुरान का संदेश एकता, सद्भाव, संतुलन और व्याख्या का है। कुरान जोर देता है कि प्रकृति के नियमों का पालन करना चाहिए और निर्धारित सीमाओं का उल्लंघन नहीं करना चाहिए। मानव की रचना इसी प्रकार हुई है कि वह दिव्य गुणों की अभिव्यक्ति बन सकता है और ईश्वर के सुंदर बिंब को प्रतिबिंबित करने के लिए दर्पण का काम कर सकता है। कुरान से उद्धृत एक उदाहरण इस प्रकार है—

निश्चित रूप से आपका मालिक अल्लाह है जिसने छह दिनों में स्वर्ग और पृथ्वी की रचना की है............वह रचनाकार और नियंत्रणकर्त्ता है (कुरान 7.54) और वहाँ कोई एक वस्तु नहीं बल्कि अपार भंडार है और हम उन्हें नियंत्रित मात्राओं में भेजते हैं (कुरान

15:21)। वास्तव में, हमने प्रत्येक चीज को एक अनुपात में और नियत मात्रा में बनाया है (कुरान 54:49)।

अतः हमारा कर्त्तव्य है कि एक संतुलन बनाए रखे और यह स्वीकार करें कि निर्धारित सीमाओं का उल्लंघन नहीं करना चाहिए। दूसरे शब्दों में मानव की स्वर्ग और पृथ्वी पर सिर्फ संरक्षणकर्त्ता की भूमिका है, किसी स्वामित्व का पद नहीं है, इस संरक्षणकर्त्ता के कुछ दायित्व है। इस्लामिक नीतिशास्त्र का मानना है कि प्रकृति के साथ परस्पर क्रिया में हमारे पास विकल्प है। ईश्वर द्वारा आमजन को बुद्धि और यह निर्णय करने की क्षमता दी गई है कि क्या उचित है और क्या अनुचित है, क्या सही है और क्या गलत है। इन सबके बारे में वह स्वयं फैसला ले सकता है।

इस्लाम की मान्यताओं के अनुसार पृथ्वी के संसाधनों/समृद्धि एवं विरासत पर सबका समान अधिकार है। प्रत्येक जन उनसे लाभ ले सकता है, उन्हें उत्पादक बना सकता है और उनका उपयोग अपने कल्याण और बेहतरी के लिए कर सकता है, लेकिन हमारी प्रगति और विकास की खोज पर्यावरण के लिए हानिकारक नहीं होनी चाहिए बल्कि इस संरक्षण को सुनिश्चित करना चाहिए। कुरान और शरीया दोनों में जो इस्लाम की विधि संहिता है, प्राकृतिक जगत् के अधिकारों को प्रबलता से व्यक्त किया गया है और मनुष्यों द्वारा उसको दुर्व्यवहार की भर्त्सना की गई है। कुरान के संबंधित अंश निम्नानुसार उद्धृत हैं—

यह पृथ्वी पर स्थापित है, उसकी जड़े जमीन में गहराई से जमी है, पर्वत ऊँचे उठे हुए है और पृथ्वी को आर्शीवाद देते है और सभी को उनकी आवश्यकताओं के अनुसार निर्वहन प्रदान करते है।

(6) सिख धर्म—प्रकृति को सिख धर्म के संस्थापक बाबा गुरु नानक देव ने दिव्य गुणों वाली बताया हैं। सिखधर्म के अनुसार, व्यक्ति को ईश्वर की रचनाओं का सम्मान करना चाहिए और ब्रह्मांड में उनके स्थान के बारे में शाश्वत सत्य की जानकारी होनी चाहिए। ईश्वर ने मनुष्य को कोई ऐसी विशेष अथवा पूर्ण सत्ता नहीं दी है कि वह प्रकृति को नियंत्रित करे अथवा उस पर प्रभुत्व दिखाए। इसके विपरीत, मानव जाति प्रकृति का ही अभिन्न भाग है और शेष रचनाओं से अविघटनीय बंधनों द्वारा जुड़ी है।

सिक्ख धर्म की मान्यताओं के अनुसार, ईश्वर स्वयं सभी जीवों के जन्म, निर्वहन और अंततः विनाश/मृत्यु का स्रोत है। वही है जिसने अपनी दिव्य इच्छाशक्ति और अपने वचन से ब्रह्मांड की रचना की है। सिखों के पवित्र ग्रंथ गुरु ग्रंथ साहिब के अनुसार सृष्टि की रचना और जगत् का विघटन दिव्य आदेश से होता है। रचना का आधार दिव्य इच्छा थी और ब्रह्मांड उसके हुक्म से निर्मित हुआ था, यद्यपि यह नोट किया जाना चाहिए कि ईश्वर रचना में निमग्न है, जैसाकि आदि गुरु ग्रंथ साहिब (पृ. 16) में कहा गया है—

"आद्य सत्य से वायु उत्पन्न हुई
वायु से जल उत्पन्न हुआ
जल से तीन जगत उत्पन्न हुए
और वह स्वयं सृष्टि की रचना में डुबा हुआ है"

सिख धर्म सिखाता है कि प्राकृतिक पर्यावरणीय और सभी संजीव प्रकारों की प्रजातियाँ आपस में निकट रूप से जुड़ी हुई हैं। उनके प्राकृतिक पर्यावरण – पशुओं, पक्षियों, वनस्पतियों, पृथ्वी, नदियों, पर्वतों और आसमान से विशेष संबंधों और प्रेम की अनेक कहानियाँ गुरुओं के इतिहास में पाई जाती हैं।

प्रश्न 23. पर्यावरण संप्रेषण एवं जागरूकता के संबंध में अपने विचार व्यक्त कीजिए।

अथवा

निम्नलिखित पर टिप्पणी लिखिए—
(i) विद्यार्थियों में शिक्षा के द्वारा पर्यावरणीय संप्रेषण और जागरूकता
(ii) आमजन में विभिन्न जनसंचार माध्यमों के द्वारा पर्यावरणीय संप्रेषण और जागरूकता
(iii) पर्यावरण के प्रबंधन में सम्मिलित पदाधिकारियों और मत रखने वाले नेताओं के द्वारा पर्यावरणीय संप्रेषण और जागरूकता

उत्तर— युवा पीढ़ी के साथ ही पर्यावरणीय जागरूकता की शिक्षा वरिष्ठ पीढ़ी के लिए भी आवश्यक है। यह शहरी और ग्रामीण जनों दोनों को दी जानी चाहिए। आधारी स्तर पर लाभार्थी पर्यावरणीय शिक्षा के उतने ही अनुयायी/हकदार हैं जितने नीति निर्माता, निर्णय लेने वाले तथा परियोजना को क्रियान्वित करने वाले बन जाते हैं। अतः इन विभिन्न श्रेणी के जनों को औपचारिक शिक्षातंत्रों, अनौपचारिक शिक्षातंत्रों और जन संचार माध्यमों के द्वारा पर्यावरणीय शिक्षा प्रदान किए जाने की आवश्यकता है।

(1) विद्यार्थियों में शिक्षा के द्वारा पर्यावरणीय संप्रेषण एवं जागरूकता— भारत में शिक्षा का विषय प्रमुख रूप से राज्य के अंतर्गत आता है और ये केंद्र तथा राज्यों में शिक्षा मंत्रियों का दायित्व है। शिक्षा प्रणाली को दो प्रमुख चरणों में विभाजित किया गया है, विद्यालयी तथा विश्वविद्यालयी शिक्षा। इन दोनों स्तरों पर पर्यावरणीय शिक्षा की चर्चा निम्नानुसार प्रस्तुत है—

चरण अनुसार विषयवस्तु

विद्यालयी चरण— पर्यावरणीय शिक्षा के विषय में विद्यालयी स्तर पर सामाजिक जागरूकता निर्मित करने के लिए चार घटकों की आवश्यकता होती है। ये है जागरूकता, वास्तविक जीवन स्थितियों के लिए उद्भासन, संरक्षण और इनका समायोजन प्राथमिक, माध्यमिक और उच्चतर माध्यमिक स्तरों पर आवश्यकतानुसार किया जा सकता है।

जागरूकता घटक में व्यक्ति को पर्यावरण के भौतिक, सामाजिक और सौंदर्यबोधी पहलुओं के विषय में जानकारी दी जाती है। व्यक्ति को इस तथ्य को समझने की आवश्यकता है कि मनुष्य पृथ्वी पर पाई जाने वाली अनेक प्रजातियों में से एक है, ये जीवन-निर्वहन प्रणालियों के द्वारा छह तत्त्वों वायु, जल, भूमि, वनस्पतिजात्, प्राणिजात् और सूर्य के प्रकाश से जुड़े हैं। मनुष्य के साथ-साथ अन्य प्रजातियों के कल्याण के लिए भी ये घटक आवश्यक हैं।

व्यक्ति को वास्तविक जीवन की स्थितियाँ पर्यावरण के नजदीक लाती हैं। ये स्थितियाँ स्थान विशिष्ट होती हैं, जिनमें विभिन्न क्षेत्रों में भिन्न पर्यावरणीय पहलुओं के महत्त्व को बताया जाता है। जहाँ तक संरक्षण और दीर्घकालिक विकास का सरोकार है, मुख्य महत्त्व संसाधनों के दीर्घकालिक उपयोग पर है उनके शोषण पर नहीं। जल, मृदा और वायु जैसे संसाधनों के असीम मात्रा में होने की पूर्व धारणा के विपरीत अब महत्त्व उनकी नियत प्रकृति पर है और इसलिए सजीव तंत्रों की वृद्धि को सीमित करने पर जोर दिया जा रहा है। दीर्घकालिक विकास का उद्देश्य संसाधनों का उपयोग न सिर्फ वर्तमान पीढ़ी द्वारा बल्कि उनका भावी पीढ़ियों के लिए संरक्षण से भी है, जिससे जीवन लंबे समय तक चलता रहे। इस चिंतन में जनसंख्या वृद्धि और योजना को भी शामिल किया गया है।

पर्यावरण जागरूकता पर शिक्षा के प्राथमिक स्तर पर अधिक महत्त्व दिया जा सकता है। उसके बाद वास्तविक जीवन की स्थितियों और संरक्षण को दिया जा सकता है। इससे बच्चा बाद की अवस्था में दीर्घकालिक विकास की आवश्यकता को समझने में सक्षम हो जाएगा। बच्चों को पर्यावरण के प्रति संवेदनशील बनाने पर ध्यान केंद्रित करना चाहिए। निचली माध्यमिक अवस्था के बाद से, जागरूकता को महत्त्व देना कम होकर वास्तविक जीवन की अवस्थाओं, संरक्षण और दीर्घकालिक विकास के विषय में अधिक जानकारी दी जानी चाहिए और उच्चतर माध्यमिक चरण में, संरक्षण को अन्य कारकों की अपेक्षा अधिक प्राथमिकता देनी चाहिए। कार्यविधियों का विस्तार प्रेक्षण से व्यावहारिक अनुभवों और कार्य–अभिमुख फीडबैक तक किया जा सकता है।

पर्यावरण पर शिक्षा को विद्यालय और महाविद्यालय स्तर पर निम्न प्रकार से साररूप में प्रस्तुत किया जा सकता है—

तालिका 4.1: पर्यावरण पर विद्यालय और महाविद्यालय शिक्षा का साररूप/सारांश

चरण	उद्देश्य	विषय–वस्तु	शिक्षण पद्धति
प्राथमिक	जागरूकता	घर से लेकर बाहर के परिवेश की स्थितियों की जानकारी	श्रव्य दृश्य (ऑडियो विजुअल) और स्थानों पर जाना (फील्ड विजिट)
निम्नतर माध्यमिक	वास्तविक जीवन के अनुभव, जागरूकता और समस्या की पहचान	ऊपर बताए गए अनुसार और सामान्य विज्ञान	कक्षा शिक्षण, प्रायोगिक कार्य और फील्ड विजिट
उच्चतर माध्यमिक	संरक्षण, जानकारी एकत्रित करना, समस्या की पहचान और कार्य कौशल	विज्ञान आधारित और कार्य अभिमुख कार्यकलाप	कक्षा शिक्षण और कार्य क्षेत्र
तृतीयक/ महाविद्यालय	अनुभव के साथ संरक्षण पर आधारित दीर्घकालिक विकास	विद्यालय/महाविद्यालय विज्ञान और प्रौद्योगिकी पर आधारित	कक्षा शिक्षण, प्रायोगिक कार्य और कार्य अभिमुख कार्य क्षेत्र

विद्यालय चरण के लिए, पाठ्यचर्या की रूपरेखा बनाने, उपयुक्त पाठ्य पुस्तकों के विकास और सहायक सामग्रियों जैसे—गाइड बुक्स/मार्गदर्शक पुस्तकें बनाने, तालिकाएँ और वीडियो टेप बनाने में राष्ट्रीय शैक्षिक अनुसंधान और प्रशिक्षण परिषद् (एनसीईआरटी) ने काफी काम किया है।

विश्वविद्यालय स्तर—विश्वविद्यालय शिक्षा के तीन प्रमुख घटक हैं—शिक्षण, अनुसंधान और विस्तार। अंतिम वाली सबसे निर्बल कड़ी है। पर्यावरण के संबंधित पहलुओं को उच्चतर शिक्षा में चाहे वह किसी भी क्षेत्र में हो—चिकित्सा, अभियंत्रिकी, विज्ञान, फाइन आर्ट्स, प्रबंधन अथवा विधि, पाठ्यचर्या का भाग बनाया जाना चाहिए।

(2) आमजन में विभिन्न जनसंचार माध्यमों के द्वारा पर्यावरणीय संप्रेषण और जागरूकता—औपचारिक शिक्षा प्रणाली की सीमाओं के दायरे से आगे अशिक्षा की सीमाओं को पार करके भी आमजन तक पर्यावरण की जागरूकता को पहुँचाने की आवश्यकता है। ऐसा सिर्फ प्रौढ़ शिक्षा के चैनल/माध्यमों से किया जा सकता है।

यद्यपि प्रौढ़ शिक्षा पर कार्यक्रम पहले से ही चल रहे हैं और इनमें नई शिक्षा नीति को उचित महत्त्व दिया गया है, लेकिन अब समय आ गया है कि महिलाओं, जनजातीय जनों, कृषि श्रमिकों, झुग्गी–झोपड़ी में रहने वालों और सूखा संभावित क्षेत्रों के निवासियों जैसे वर्गों के लिए पर्यावरण शिक्षा पर जोर/महत्त्व दिया जाए। इन वर्गों के नवशिक्षित जन आधारी स्तर पर पर्यावरणीय संदेश को फैलाने में सहायता करेंगे। प्रौढ़ एवं सतत् शिक्षा निदेशालय के अतिरिक्त स्वयंसेवी संस्थाओं ने भी प्रौढ़ शिक्षा में महत्त्वपूर्ण भूमिका निभाई है। पर्यावरणीय जागरूकता उत्पन्न करने के कुछ तरीके निम्नानुसार वर्णित हैं—

(क) प्रौढ़ शिक्षा कार्यक्रमों की प्रवेशिकाओं/पुस्तकों में क्षेत्रीय भाषा और स्थानीय बोली में पर्यावरण संबंधी विषयों का समावेशन।

(ख) सूचना पैक जैसे पोस्टरों, स्लाइडों तथा दृश्य–श्रव्य सामग्रियों को, जिनका उपयोग प्रौढ़ शिक्षा केंद्रों के साथ ही अन्य विकास संस्थाओं, जैसे—कृषि विस्तार सेवाओं और प्राथमिक स्वास्थ्य केंद्रों के कर्मियों द्वारा किया जा सके।

(ग) मेलों और उत्सवों के दिनों में ग्रामीण क्षेत्रों में विशेष प्रदर्शनियों और कार्यक्रमों का आयोजन करके उन्हें पर्यावरण संबंधी जागरूकता प्रदान करना।

(3) पर्यावरण के प्रबंधन में सम्मिलित पदाधिकारियों और मत रखने वाले नेताओं के द्वारा पर्यावरणीय संप्रेषण और जागरुकता—समाज में ऐसे विभिन्न प्रकार के व्यक्ति हैं जो पर्यावरण प्रबंधन में पदाधिकारियों या कार्यकर्त्ताओं के रूप में कार्य कर रहे है। ये विभिन्न स्तरों के सरकारी अधिकारी और विभिन्न विभागों जैसे—सिंचाई, बिजली, कृषि, उद्योग, स्वास्थ्य, शहरी योजना इत्यादि के अधिकारी है।

राजनीतिज्ञ और सामाजिक कार्यकर्त्ता भी समय–समय पर विभिन्न पर्यावरणीय मुद्दों में सम्मिलित हो जाते है। वे पदाधिकारी और नेता जो महत्त्वपूर्ण निर्णयों से सरोकार रखते है उन्हें समय–समय पर आवश्यक ओरिएन्टेशन/अभिविन्यास और प्रशिक्षण उनके प्रशिक्षण

संस्थानों अथवा विशेषीकृत संस्थानों में सावधानीपूर्वक बनाए गए पाठ्यक्रमों के द्वारा दिया जा सकता है।

इस संबंध में राष्ट्रीय ग्रामीण विकास संस्थान ग्रामीण पदाधिकारियों के रूप में महत्त्वपूर्ण भूमिका निभा सकता है। विश्वविद्यालय के पर्यावरण अध्ययन/विज्ञान विभाग भी ऐसे ओरिएन्टेशन और प्रशिक्षण महाविद्यालयों और कार्यक्रमों को विशिष्ट समूहों के लिए संचालित कर सकते हैं। पर्यावरण शिक्षा उनकी पाठ्यचर्या का आवश्यक भाग होनी चाहिए। सरकार के पर्यावरण विभाग के पास योजनाबद्ध ओरिएन्टेशन के लिए लाभार्थी समूह की सूची होनी चाहिए। उनके पास इन व्यक्तियों को नियमित रूप से प्रेषित करने के लिए प्रकाशनों की शृंखला की योजना होनी चाहिए। यह पदाधिकारियों और मत बनाने वाले नेताओं की जिम्मेदारी होनी चाहिए कि वो पहले स्वयं इन मामलों में शिक्षित हो जाए और फिर इस जानकारी को अन्य स्तरों पर पहुँचाने की व्यवस्था करें।

एक सूचना प्रणाली भारत सरकार के पर्यावरण, वन और जलवायु परिवर्तन मंत्रालय ने निर्मित की है जिसका नाम एन्विस (ENVIS) है। इसका मुख्य केंद्र दिल्ली में स्थित है और इसे विभिन्न पहलुओं पर उपभोगकर्त्ताओं को पर्यावरण संबंधी जानकारी एकत्रित, संकलित और प्रदान करने का कार्य सौंपा गया है।

जैसा कि निम्न तालिका में दिया गया है एन्विस बड़ी संख्या में पर्यावरण से संबंधित विषयों पर भी जानकारी प्रदान कर सकता है। वह वास्तव में एक बड़ी सफलता है। एन्विस की कार्यप्रणाली में निरंतर सुधार किया जा रहा है।

तालिका 4.2: एन्विस केंद्र और कार्यकलाप के क्षेत्र

संस्थान	क्षेत्र
केंद्रीय जल प्रदूषण रोकथाम और नियंत्रण बोर्ड (सी.पी.सी.बी.) नई दिल्ली	प्रदूषण नियंत्रण (जल और वायु)
औद्योगिक विष विज्ञान अनुसंधान केंद्र, लखनऊ (आई.टी.सी.आर.)	विशाक्त रसायन
सोसायटी फॉर डवलपमेंट ऑलटरनेटिव्स, 22 पालम मार्ग, वसंत विहार, नई दिल्ली (एस.डी.ए.)	पर्यावरणीय रूप से अच्छे विकल्प, उपयुक्त प्रौद्योगिकी
एन्वायरमेंटल सर्विस ग्रुप (पर्यावरणीय सेवा समूह) बी/1, एल.एस.सी. जे ब्लॉक, साकेत, नई दिल्ली (ई.एस.जी.)	पर्यावरणीय से संबंधित संसद तथा मीडिया
तटीय और तटवर्ती अनुसंधान केंद्र/इंस्टीट्यूट फॉर कॉस्टल एंड ऑफ शोर रिसर्च, आंध्रा विश्वविद्यालय, विशाखापत्तनम (आई.सी.ओ.आर.)	तटीय और तटवर्ती पारिस्थितिकी पर्यावरणीय मानचित्रण के लिए सुदूर संवेदन तथा पूर्वी घाट पारिस्थितिकी
टाटा ऊर्जा अनुसंधान संस्थान 90, जोर बाग, नई दिल्ली (टी.ई.आर.आई.)	नवीकरणीय ऊर्जा संसाधन और पर्यावरण
सेंटर फॉर एन्वायरमेंट स्टडीज कॉलेज ऑफ इंजीनियरिंग, अन्ना विश्वविद्यालय, चैन्नई (सी.ई.एस.)	पारिस्थितिक विषविज्ञान, अपशिष्टों का जैवनिम्नीकरण, पर्यावरण प्रभाव मूल्यांकन और सिस्टम एनालिसिस
सेन्टर फॉर थ्योरोटिकल स्टडीज, भारतीय विज्ञान संस्थान, बंगलुरु (सी.टी.एस.)	पश्चिमी घाट पारिस्थितिक तंत्र
पर्यावरणीय योजना और समन्वयन संगठन, पर्यावरण विज्ञान विभाग, भोपाल (ई.पी.सी.ओ.)	पर्यावरणीय प्रबंधन
राष्ट्रीय व्यावसायगत स्वास्थ्य संस्थान/नेशनल इंस्टीट्यूट ऑफ ऑकुपेशनल हैल्थ, अहमदाबाद	व्यवसायगत स्वास्थ्य

पर्यावरण, वन एवं जलवायु परिवर्तन, मंत्रालय राष्ट्रीय पर्यावरण जागरुकता अभियान के अतिरिक्त, शैक्षिक संस्थानों में ईको–क्लब बनाने, सेमिनार और कार्यशालाएँ करवाने, पर्यावरण पर फिल्में बनाने तथा विभिन्न अन्य ऐसे कार्यकलापों के लिए वित्तीय सहायता प्रदान करता है जिनसे जागरुकता फैल सकती है। राज्य सरकारें भी इस कार्य के लिए निधियों का आवंटन करती है। संचार माध्यम जैसे दूरदर्शन तथा ऑल इंडिया रेडियो भी पर्यावरण के महत्त्व को बताते और योजना बनाते है। इसके फलस्वरूप पर्यावरण के प्रति सामान्य चेतना पिछले कुछ वर्षों में जाग्रत हुई है। अब हम देखते हैं कि आमजन भी पर्यावरणीय मुद्दों पर चर्चा करते है। भारत सरकार के पर्यावरण और वन मंत्रालय ने भी पर्यावरण के क्षेत्र में काम कर रहे स्वयंसेवी संगठनों की एक डायरेक्टरी अपने एन्विस कार्यक्रम के अंतर्गत निकाली है।

पर्यावरण जागरुकता कार्यक्रमों की तैयारी के लिए अत्यधिक खोजबीन और पड़ताल की आवश्यकता होती है। इस प्रक्रिया को निम्न चित्र में साररूप में प्रस्तुत किया गया है—

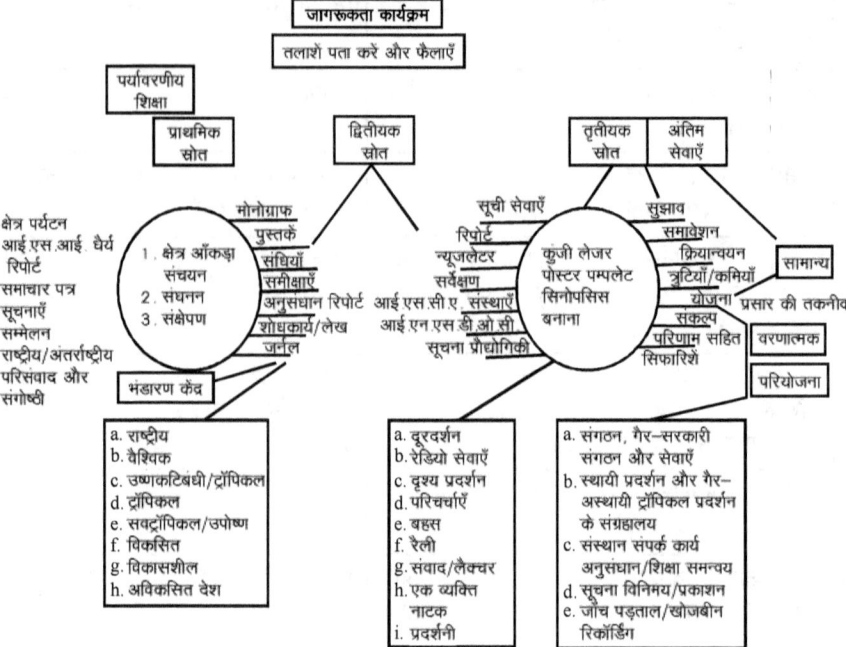

चित्र 4.2 : खोज सूचना से संबंधित विश्लेषण और प्रचार

प्रश्न पत्र

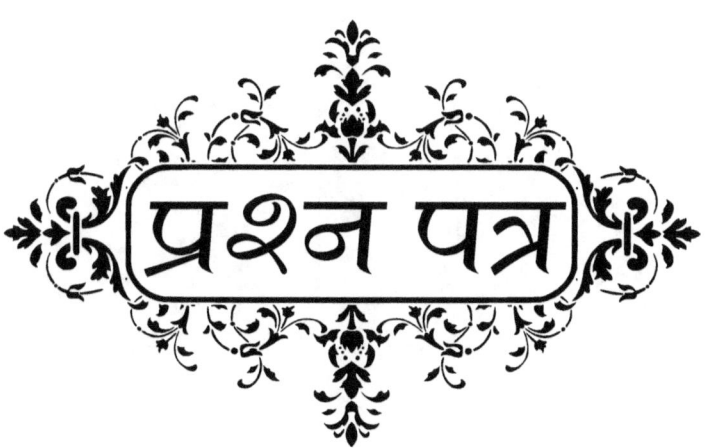

बी.ई.वी.ए.ई.-181: पर्यावरण अध्ययन
सैम्पल पेपर-I

नोट: इस प्रश्न पत्र में तीन खंड क, ख और ग हैं। प्रत्येक खंड में से निर्देशों के अनुसार उत्तर दीजिए।

खंड 'क'

इस खंड में से किन्हीं दो प्रश्नों के उत्तर लिखिए—

प्रश्न 1. पर्यावरण के विभिन्न घटकों पर प्रकाश डालते हुए इसके प्रकार भी बताइए।
उत्तर— देखें अध्याय 1, प्र.सं.–2

प्रश्न 2. जैव विविधता के संदर्भ में मनुष्य–वन्य जीव संघर्ष पर प्रकाश डालिए।
उत्तर— देखें अध्याय 3, प्र.सं.–2

प्रश्न 3. पर्यावरण के विषय में धार्मिक शिक्षण की विभिन्न प्रवृत्तियों का वर्णन कीजिए।
उत्तर— देखें अध्याय 4, प्र.सं.–22

प्रश्न 4. नवीकरणीय जल संसाधन क्या है? विस्तारपूर्वक बताइए।
उत्तर— देखें अध्याय 2, प्र.सं.–2

खंड 'ख'

इस खंड में से किन्हीं दो प्रश्नों के उत्तर लिखिए—

प्रश्न 5. पर्यावरण अध्ययन की बहुशास्त्रीय प्रकृति पर संक्षिप्त टिप्पणी लिखिए।
उत्तर— देखें अध्याय 1, प्र.सं.–5

प्रश्न 6. पर्यावरणीय समानता क्या है? पर्यावरणीय समानता के विभिन्न मुद्दों को श्रेणीबद्ध कीजिए।
उत्तर— देखें अध्याय 4, प्र.सं.–20

प्रश्न 7. मानव स्वास्थ्य और कल्याण पर एक निबंध लिखिए।
उत्तर— देखें अध्याय 4, प्र.सं.—6

प्रश्न 8. मृदा के निर्माण में शामिल विभिन्न प्रक्रियाओं की विवेचना कीजिए।
उत्तर— देखें अध्याय 2, प्र.सं.—5

खंड 'ग'

इस खंड में से किसी एक प्रश्न का उत्तर दीजिए—
प्रश्न 9. वन पारितंत्र क्या है? चर्चा कीजिए।
उत्तर— देखें अध्याय 1, प्र.सं.—17

प्रश्न 10. निम्नलिखित पर संक्षिप्त टिप्पणी लिखिए—
(i) पर्यावरणीय न्याय
उत्तर— देखें अध्याय 4, प्र.सं.—21 (i)

(ii) वन्य जीवों का अवैध शिकार
उत्तर— देखें अध्याय 3, प्र.सं.—3 (i)

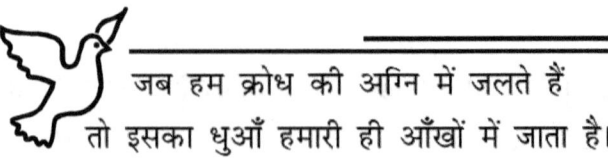

जब हम क्रोध की अग्नि में जलते हैं
तो इसका धुआँ हमारी ही आँखों में जाता है।

बी.ई.वी.ए.ई.-181 : पर्यावरण अध्ययन
सैम्पल पेपर-II

नोट: इस प्रश्न पत्र में तीन खंड क, ख और ग हैं। प्रत्येक खंड में से निर्देशों के अनुसार उत्तर दीजिए।

खंड 'क'

इस खंड में से किन्हीं दो प्रश्नों के उत्तर लिखिए—

प्रश्न 1. वनों के महत्त्व को संक्षेप में समझाइए।
उत्तर— देखें अध्याय 1, प्र.सं.–19

प्रश्न 2. चिपको आंदोलन क्या है? चर्चा कीजिए।
उत्तर— देखें अध्याय 4, प्र.सं.–14

प्रश्न 3. वायु प्रदूषण क्या है? वायु प्रदूषकों के विभिन्न प्रारूप बताते हुए कुछ प्रमुख वायु प्रदूषकों का विवरण दीजिए।
उत्तर— देखें अध्याय 3, प्र.सं.–9

प्रश्न 4. वनोन्मूलन (वन अपरूपण) से आप क्या समझते हैं? इसके प्रमुख कारणों का वर्णन कीजिए।
उत्तर— देखें अध्याय 2, प्र.सं.–10

खंड 'ख'

इस खंड में से किन्हीं दो प्रश्नों के उत्तर लिखिए—

प्रश्न 5. जलीय पारितंत्र से आप क्या समझते हैं? इसके विभिन्न प्रकारों पर चर्चा करते हुए यह बताइए कि जलीय पारितंत्रों का संरक्षण कैसे संभव है?
उत्तर— देखें अध्याय 1, प्र.सं.–23

प्रश्न 6. संकटदायी अपशिष्ट रसायनों को परिभाषित कीजिए व इसका वर्गीकरण कीजिए तथा इन्हें विषाक्त रसायनों से विभेदित कीजिए।

उत्तर– देखें अध्याय 3, प्र.सं.–13

प्रश्न 7. जैव विविधता के उपयोगिता मूल्यों पर प्रकाश डालिए।
उत्तर– देखें अध्याय 2, प्र.सं.–19

प्रश्न 8. पर्यावरण के लिए नए नियमों की आवश्यकता क्यों है? बताइए।
उत्तर– देखें अध्याय 4, प्र.सं.–17

खंड 'ग'

इस खंड में से किसी एक प्रश्न का उत्तर दीजिए–
प्रश्न 9. भावी ऊर्जा आवश्यकताओं व उसके संरक्षण पर चर्चा कीजिए।
उत्तर– देखें अध्याय 2, प्र.सं.–22

प्रश्न 10. निम्नलिखित पर संक्षिप्त टिप्पणी लिखिए–
(i) अवशेषों के स्रोत
उत्तर– देखें अध्याय 3, प्र.सं.–16 (i)

(ii) पर्यावरणीय नस्लवाद
उत्तर– देखें अध्याय 4, प्र.सं.–21 (ii)

धर्म की रक्षा धन से होती है, ज्ञान की रक्षा निरंतर अभ्यास करने से होती है, राजा की रक्षा मैत्रीपूर्ण शब्दों से होती है, और घर की रक्षा एक कुशल गृहिणी से होती है।

–आचार्य चाणक्य

बी.ई.वी.ए.ई.-181: पर्यावरण अध्ययन
गेस पेपर-I

नोट: इस प्रश्न पत्र में तीन खंड क, ख और ग हैं। प्रत्येक खंड में से निर्देशों के अनुसार उत्तर दीजिए।

खंड 'क'

इस खंड में से किन्हीं दो प्रश्नों के उत्तर लिखिए—

प्रश्न 1. पर्यावरण की अवधारणा की विवेचना कीजिए।

प्रश्न 2. सतत् विकास और संपोषणीयता की संकल्पना पर चर्चा कीजिए।

प्रश्न 3. नवीकरणीय तथा अनवीकरणीय संसाधन में अंतर बताइए।

प्रश्न 4. मृदा संसाधन क्या है? विभिन्न प्रकार की मृदाओं का विश्लेषण कीजिए।

खंड 'ख'

इस खंड में से किन्हीं दो प्रश्नों के उत्तर लिखिए—

प्रश्न 5. हमें जैव विविधता को क्यों संरक्षित करना चाहिए?

प्रश्न 6. प्रदूषण क्या है? इसका वर्गीकरण कीजिए।

प्रश्न 7. अंतर्राष्ट्रीय स्तर के पर्यावरण समझौतों पर चर्चा कीजिए।

प्रश्न 8. जनसंख्या वृद्धि की अवधारणा का वर्णन कीजिए।

खंड 'ग'

इस खंड में से किसी एक प्रश्न का उत्तर दीजिए—

प्रश्न 9. प्रदूषण के कारण व नियंत्रण के उपाय बताइए।

प्रश्न 10. निम्नलिखित पर संक्षिप्त टिप्पणी लिखिए—
(i) जीवमंडल आरक्षित क्षेत्र
(ii) विसर्जन के विभिन्न तरीके

जो अपने कदमों की काबिलियत पर विश्वास रखते हैं वो ही अक्सर मंजिल पर पहुँचते हैं।

बी.ई.वी.ए.ई.-181: पर्यावरण अध्ययन
गेस पेपर-II

नोट: इस प्रश्न पत्र में तीन खंड क, ख और ग हैं। प्रत्येक खंड में से निर्देशों के अनुसार उत्तर दीजिए।

खंड 'क'

इस खंड में से किन्हीं दो प्रश्नों के उत्तर लिखिए—

प्रश्न 1. घास-स्थल पारितंत्र क्या है? इसके आर्थिक महत्त्व की विवेचना कीजिए।

प्रश्न 2. भूमि निम्नीकरण से आप क्या समझते हैं? इसके विभिन्न कारण भी बताइए।

प्रश्न 3. एक संसाधन के रूप में वनों के महत्त्व को समझाइए।

प्रश्न 4. भूकंप से आप क्या समझते हैं? इसके कारणों तथा लाभ-हानि का वर्णन कीजिए तथा भूकंप से बचाव के लिए आप क्या उपाय कर सकते हैं?

खंड 'ख'

इस खंड में से किन्हीं दो प्रश्नों के उत्तर लिखिए—

प्रश्न 5. चक्रवात क्या है? इसके विभिन्न प्रकारों का विवेचन कीजिए।

प्रश्न 6. जैव विविधता हॉट स्पॉट पर संक्षिप्त टिप्पणी लिखिए।

प्रश्न 7. 'आपदा प्रबंधन' (Disaster Management) का क्या उद्देश्य है?

प्रश्न 8. वन अपरूपण के परिणामों का उल्लेख कीजिए।

खंड 'ग'

इस खंड में से किसी एक प्रश्न का उत्तर दीजिए—

प्रश्न 9. ध्वनि प्रदूषण क्या है? इसके कारणों, स्रोतों, प्रभाव व नियंत्रण के उपायों पर प्रकाश डालिए।

प्रश्न 10. निम्नलिखित पर संक्षिप्त टिप्पणी लिखिए—
(i) 'पारिस्थितिक तंत्र एवं मानवीय हस्तक्षेप'
(ii) कृषि एवं अधिक चरान के कारण उत्पन्न परिवर्तन

यदि आपको अपने ही अंदर शान्ति नहीं मिल पाती तो भला इस विश्व में कहीं और कैसे पा सकते हैं।

परीक्षा के लिए महत्त्वपूर्ण बहुविकल्पीय प्रश्न-उत्तर

नोट: दिए गए विकल्पों से सही विकल्प का चयन कीजिए।

प्रश्न 1. व्यापक रूप से पर्यावरण में _____ घटक होते हैं।
(क) अजैविक (निर्जीव) (ख) जैविक (सजीव)
(ग) (क) और (ख) दोनों (घ) दोनों में से कोई नहीं
उत्तर— (ग) (क) और (ख) दोनों

प्रश्न 2. अजैविक घटकों में कौन शामिल नहीं है?
(क) प्रकाश (ख) तापमान
(ग) पादप (घ) वर्षण
उत्तर— (ग) पादप

प्रश्न 3. सभी जीवित जीव अपने निर्वहन और जीवन के लिए अपने तात्कालिक _____ पर निर्भर करते हैं।
(क) परिवेश (ख) मौसम
(ग) पर्यावरण (घ) इनमें से कोई नहीं
उत्तर— (क) परिवेश

प्रश्न 4. निश्चयवाद की संकल्पना किसके द्वारा विकसित की गई थी?
(क) ल्यूसियन फेवरे (ख) फ्रेडरिक रैजेल
(ग) चार्ल्स डार्विन (घ) इनमें से कोई नहीं
उत्तर— (ख) फ्रेडरिक रैजेल

प्रश्न 5. किस पारिस्थितिकीय पर्यावरणविद् ने सतत् विकास को एक 'विरोधाभास' (oxymoron) के रूप में माना है?
(क) फ्रेडरिक रैजेल (ख) चार्ल्स डार्विन
(ग) ल्यूसियन फेवरे (घ) हर्मन डेली
उत्तर— (घ) हर्मन डेली

प्रश्न 6. इनमें से कौन सा सतत् विकास का लक्ष्य है?
(क) पूरे विश्व से गरीबी के सभी रूपों की समाप्ति
(ख) देशों के बीच और भीतर समानता को कम करना

(ग) स्थायी खपत और उत्पादन पैटर्न को सुनिश्चित करना
(घ) उपरोक्त सभी
उत्तर— (घ) उपरोक्त सभी

प्रश्न 7. _____ बताता है कि भौतिक पर्यावरण निष्क्रिय होता है और मनुष्य सक्रिय कर्मक है जो पर्यावरणीय संभावनाओं के व्यापक विस्तारों के बीच चयन के लिए स्वतंत्र है।
(क) निश्चयवाद (ख) संभावनावाद
(ग) पर्यावरणवाद (घ) इनमें से कोई नहीं
उत्तर— (ख) संभावनावाद

प्रश्न 8. '_____' का ऑक्सफोर्ड शब्दकोश में अर्थ है 'उन्नयन की अवस्था' (the stage of advancement)।
(क) विकास (ख) पर्यावरण
(ग) अभिगम (घ) इनमें से कोई नहीं
उत्तर— (क) विकास

प्रश्न 9. पर्यावरण अध्ययन हमें पर्यावरण की _____ जानकारी देता है।
(क) सुरक्षा (ख) संरक्षण
(ग) असुरक्षा (घ) (क) और (ख) दोनों
उत्तर— (घ) (क) और (ख) दोनों

प्रश्न 10. वायुमंडल की वायु सजीवों को _____ प्रदान करती है।
(क) नाइट्रोजन (ख) ऑक्सीजन
(ग) कार्बन डाइ-ऑक्साइड (घ) ऑर्गन
उत्तर— (ख) ऑक्सीजन

प्रश्न 11. पारिस्थितिक तंत्र में होने वाली सभी प्रक्रियाएँ _____ पर निर्भर होती हैं।
(क) पर्यावरण (ख) विकास
(ग) ऊर्जा (घ) इनमें से कोई नहीं
उत्तर— (ग) ऊर्जा

प्रश्न 12. पारिस्थितिक तंत्र का अध्ययन उसकी _____ पर निर्भर करता है।
(क) संरचना (ख) कार्य
(ग) ऊर्जा (घ) (क) और (ख) दोनों
उत्तर— (घ) (क) और (ख) दोनों

प्रश्न 13. जीवमंडल _____ का वह भाग है जिसमें अनेक अपेक्षाकृत छोटे पारिस्थितिक तंत्र होते हैं और प्रचालन करते हैं।
(क) पृथ्वी (ख) जल

(ग) वायुमंडल (घ) उपरोक्त तीनों
उत्तर– (घ) उपरोक्त तीनों

प्रश्न 14. जीवमंडल का थलीय भाग अनेक क्षेत्रों में विभाजनीय है, जिन्हें _____ कहते हैं जो विशाल पारिस्थितिक तंत्र बनाते हैं।
(क) जीवोम (ख) बायोम
(ग) मियोम (घ) इनमें से कोई नहीं
उत्तर– (क) जीवोम

प्रश्न 15. सजीवों के लिए आवश्यक पोषक तत्त्व कहाँ से मिलते हैं?
(क) वायु (ख) जल
(ग) मृदा (घ) उपरोक्त तीनों
उत्तर– (घ) उपरोक्त तीनों

प्रश्न 16. सबसे महत्त्वपूर्ण जलवयी कारक जो जीवोम की सीमा का निर्धारण करते हैं, वे _____ हैं।
(क) तापमान और वर्षण (ख) वर्षण और प्रकाश
(ग) तापमान और प्रकाश (घ) इनमें से कोई नहीं
उत्तर– (क) तापमान और वर्षण

प्रश्न 17. इनमें से कौन–सा आहार शृंखला का एक प्रकार नहीं है?
(क) चराई आहार–शृंखला (ख) परजीवी आहार–शृंखला
(ग) अपरद डेट्रिटस आहार–शृंखला (घ) पादप आहार–शृंखला
उत्तर– (घ) पादप आहार–शृंखला

प्रश्न 18. वे पोषक जिनकी आवश्यकता जीवों को बड़ी मात्रा में होती है, _____ कहलाते हैं।
(क) वृहद् पोषक तत्त्व (ख) सूक्ष्म पोषक तत्त्व
(ग) खाद्य पदार्थ (घ) इनमें से कोई नहीं
उत्तर– (क) वृहद् पोषक तत्त्व

प्रश्न 19. औसतन किसी भी जीव के देहभार का _____ भाग जल होता है।
(क) 50% (ख) 60%
(ग) 70% (घ) 80%
उत्तर– (ग) 70%

प्रश्न 20. _____ प्रोटीन का एक महत्त्वपूर्ण घटक है जो सभी सजीवों के ऊतकों की निर्माण इकाई है।
(क) ऑक्सीजन (ख) नाइट्रोजन
(ग) कार्बन डाइऑक्साइड (घ) इनमें से कोई नहीं
उत्तर– (ख) नाइट्रोजन

प्रश्न 21. फॉस्फोरस, कैल्शियम और मैग्नीशियम ________ के माध्यम से परिसंचरित होते हैं।

(क) अवसादी चक्र **(ख) भूमंडलीय कार्बन चक्र**

(ग) नाइट्रोजन चक्र **(घ) गैसीय चक्र**

उत्तर– (क) अवसादी चक्र

प्रश्न 22. ________ वायु, जल और भूपर्पट के बीच संबद्धता को प्रदर्शित करने का एक अच्छा उदाहरण है।

(क) नाइट्रोजन चक्र **(ख) भूमंडलीय कार्बन चक्र**

(ग) कार्बन चक्र **(घ) सल्फर चक्र**

उत्तर– (घ) सल्फर चक्र

प्रश्न 23. ________ वनों की विशेषता यह है वहाँ मध्यम दर्जे की जलवायु पाई जाती है और चौड़ी पत्ती वाले पर्णपाती (deciduow) वृक्ष होते हैं जो सर्दियों में अपनी पत्ती गिरा देते हैं और बसंत के आगमन पर नई पत्तियों को जन्म देते हैं।

(क) शंकुधारी वृक्ष **(ख) शीतोष्ण सदाबहार**

(ग) शीतोष्ण पर्णपाती **(घ) उष्ण कटिबंधीय वर्षा–प्रचुर**

उत्तर– (ग) शीतोष्ण पर्णपाती

प्रश्न 24. घास–स्थल पारितंत्र (grassland eco-system) वहाँ पाया जाता है, जहाँ वर्षा ________ प्रति वर्ष के लगभग होती है।

(क) 10 से 50 सेमी. **(ख) 25 से 75 सेमी.**

(ग) 30 से 50 सेमी. **(घ) 40 से 80 सेमी.**

उत्तर– (ख) 25 से 75 सेमी.

प्रश्न 25. शुष्क तथा अर्ध शुष्क क्षेत्रों में ________ के शुरू के दौरान मानसून के आने से हर वर्ष वनस्पति की सक्रिय रूप में वृद्धि होने लगती है।

(क) जून या जुलाई **(ख) मई या जून**

(ग) जुलाई या अगस्त **(घ) इनमें से कोई नहीं**

उत्तर– (क) जून या जुलाई

प्रश्न 26. भारत का क्षेत्रफल कुल जमीन के क्षेत्रफल का ________ हिस्सा है।

(क) 3.5 **(ख) 4.2**

(ग) 5.6 **(घ) 2.4**

उत्तर– (घ) 2.4

प्रश्न 27. मरूस्थल उन क्षेत्रों के बनते हैं जहाँ की वार्षिक वर्षा ________ से कम होती है या कभी–कभी ये उन गर्म क्षेत्रों में भी उत्पन्न होते हैं, जहाँ वर्षा अधिक होती है, परंतु वर्षा वर्ष भर असमान रूप से वितरित रहती है।

(क) 25 सेमी. **(ख) 30 सेमी.**

(ग) 15 सेमी. (घ) 35 सेमी.
उत्तर– (क) 25 सेमी.

प्रश्न 28. _____ ऐसे जीव हैं जो तली पंक के ऊपर निकले पदार्थों या जड़ जमाए पौधों के तनों और पत्तियों पर संलग्न या चिपके रहते हैं।
(क) पटलक (ख) परिपादप
(ग) प्लवक (घ) नितलक
उत्तर– (ख) परिपादप

प्रश्न 29. अलवण जल पारितंत्र कार्बनिक (organic) और अकार्बनिक (inorganic) पदार्थों की अत्यधिक मात्रा के लिए _____ पारितंत्रों पर निर्भर करते हैं।
(क) जलीय (ख) स्थलीय
(ग) मरूस्थल (घ) वन
उत्तर– (ख) स्थलीय

प्रश्न 30. पृथ्वी पर _____ पारितंत्र सबसे बड़ा और सबसे स्थायी पारितंत्र है।
(क) समुद्री (ख) मरुस्थल
(ग) वन (घ) घास–स्थल
उत्तर– (क) समुद्री

प्रश्न 31. ज्वारनदमुख तटीय महासागर का एक अर्ध–संवृत भाग है जिसमें _____ पानी होता है।
(क) मीठा (ख) खारा
(ग) अम्लीय (घ) इनमें से कोई नहीं
उत्तर– (ख) खारा

प्रश्न 32. कुल समुद्र पृष्ठ का _____ प्रतिशत वेलापवर्ती क्षेत्र है।
(क) 70 (ख) 90
(ग) 80 (घ) 60
उत्तर– (ख) 90

प्रश्न 33. जिन संसाधनों का पुनर्जनन होता रहता है, वे _____ संसाधन कहलाते हैं।
(क) नवीकरणीय (ख) अनवीकरणीय
(ग) मिश्रित (घ) इनमें से कोई नहीं
उत्तर– (क) नवीकरणीय

प्रश्न 34. पृथ्वी पर जल की कुल मात्रा का _____ से भी कम मीठा जल है।
(क) 2% (ख) 4%

(ग) 3% (घ) 5%

उत्तर– (ग) 3%

प्रश्न 35. ________ को ऐसी प्रक्रिया के रूप में परिभाषित किया जाता है जिसके द्वारा जल वाष्प प्रावस्था से तरल अवस्था (आस बिंदुकणों के रूप में) में परिवर्तित हो जाता है।

(क) संघनन (ख) वाष्पन

(ग) निक्षेपण (घ) ऊर्ध्वपातन

उत्तर– (क) संघनन

प्रश्न 36. ________ में जल का सर्वाधिक उपयोग होता है।

(क) उद्योग (ख) कृषि

(ग) प्रोद्योगिकी (घ) इनमें से कोई नहीं

उत्तर– (ख) कृषि

प्रश्न 37. ________ सभी प्राकृतिक आपदाओं में सबसे सामान्य है।

(क) बाढ़ (ख) सूखा

(ग) भूकंप (घ) इनमें से कोई नहीं

उत्तर– (क) बाढ़

प्रश्न 38. चट्टानों पर कार्य करने वाले यांत्रिक बल ________ क्षरण करते हैं।

(क) रासायनिक (ख) यांत्रिक

(ग) भौतिक (घ) इनमें से कोई नहीं

उत्तर– (ग) भौतिक

प्रश्न 39. वह प्रक्रिया जिसमें मृदा की ऊपरी परतें हट जाती हैं और पवन अथवा जल के द्वारा एक स्थान से दूसरे स्थान पर ले जायी जाती है, उसे ________ कहते हैं।

(क) भूमि निम्नीकरण (ख) मृदा अपरदन

(ग) जल अपघटन (घ) इनमें से कोई नहीं

उत्तर– (ख) मृदा अपरदन

प्रश्न 40. भूमि का उपयोग उसकी ________ के अनुसार किया जाना चाहिए।

(क) उपयुक्तता (ख) क्षमता

(ग) संवेदनशीलता (घ) (क) और (ख) दोनों

उत्तर– (घ) (क) और (ख) दोनों

प्रश्न 41. क्षारीय मृदा का सबसे प्रभावी उपचार ________ का उपयोग करना है।

(क) चूना पत्थर (ख) अभ्रक

(ग) बॉक्साइट (घ) जित्सम

उत्तर– (घ) जित्सम

प्रश्न 42. पर्यावरणीय निम्नीकरण से न सिर्फ भूजल स्तरों में कमी आई है, बल्कि इससे ________ भी हुआ है।

(क) भूमि निम्नीकरण (ख) मृदा अपरदन

(ग) मरूस्थलीकरण (घ) उपरोक्त सभी

उत्तर— (घ) उपरोक्त सभी

प्रश्न 43. वन पृथ्वी ग्रह पर उपलब्ध सबरने विशाल ________ संसाधन है।

(क) नवीकरणीय (ख) अनवीकरणीय

(ग) गैर नवीकरणीय (घ) इनमें से कोई नहीं

उत्तर— (क) नवीकरणीय

प्रश्न 44. अधिक वनों के होने से प्रकाश संश्लेषण के काल में वायुमंडलीय ________ का अधिक उत्सर्जन होता है।

(क) ऑक्सीजन (ख) कार्बन डाइऑक्साइड

(ग) नाइट्रोजन (घ) इनमें से कोई नहीं

उत्तर— (ख) कार्बन डाइऑक्साइड

प्रश्न 45. एक आकलन के अनुसार वर्तमान में स्थानीय वनाच्छादन पृथ्वी की भूसतह का लगभग ________ भाग बनता है।

(क) 19% (ख) 20%

(ग) 21% (घ) 22%

उत्तर— (ग) 21%

प्रश्न 46. भारत में वनाच्छादन कुछ भौगोलिक क्षेत्रफल का ________ है।

(क) 20% (ख) 23.5%

(ग) 22.4% (घ) 24.39%

उत्तर— (घ) 24.39%

प्रश्न 47. देश के शीर्ष ________ खनिज उत्पादक जिलों में, लगभग आधे से अधिक जिलों में अनुसूचित जनजाति सर्वाधिक है।

(क) 40 (ख) 50

(ग) 60 (घ) 70

उत्तर— (ख) 50

प्रश्न 48. विभिन्न राज्य सरकारों ने भारत में संयुक्त वन प्रबंधन प्रोग्राम को क्रियान्वित किया, सबसे पहले यह ________ में, हरियाणा और पश्चिम बंगाल में सफलतापूर्वक क्रियान्वयन हुआ।

(क) 1960 (ख) 1965

(ग) 1970 (घ) 1975

उत्तर— (ग) 1970

प्रश्न 49. सघन आच्छादित वनों में _____ पर आग लगती है।
(क) सतहों (ख) पत्तों
(ग) शिखरों (घ) इनमें से कोई नहीं
उत्तर— (ग) शिखरों

प्रश्न 50. _____ का आशय स्थानीय वनों का स्थायी रूप से सफाया करना अथवा उन्हें नष्ट करने से है।
(क) वन अपरूपण (ख) भूमि अपरूपण
(ग) स्थानीय वनाच्छादन (घ) इनमें से कोई नहीं
उत्तर— (क) वन अपरूपण

प्रश्न 51. इनमें से कौन सा सही है?
(क) वन नवीकरणीय संसाधन हैं।
(ख) वन विषैली गैसों तथा कणमय पदार्थों को अवशोषित करके वायु की गुणवत्ता को बेहतर बनाते हैं।
(ग) वन सजीवों की उत्तर जीविता और वृद्धि के लिए आदर्श स्थितियाँ प्रदान करते हैं।
(घ) उपरोक्त सभी
उत्तर— (घ) उपरोक्त सभी

प्रश्न 52. वन अपरूपण का क्या परिणाम होता है?
(क) वनस्पति आच्छादन में कमी के कारण मृदा अपरदन में वृद्धि
(ख) वन उत्पादों की उपलब्धता में कमी
(ग) पादप जन्तु और सूक्ष्मजीवी जैवविविधता में कमी
(घ) उपरोक्त सभी
उत्तर— (घ) उपरोक्त सभी

प्रश्न 53. इनमें से कौन सा जैव-विविधता का स्तर है?
(क) आनुवंशिक (ख) प्रजाति
(ग) पारिस्थितिक तंत्र (घ) उपरोक्त सभी
उत्तर— (घ) उपरोक्त सभी

प्रश्न 54. आम और धान की विभिन्न किस्में जातियों में _____ विविधता के उदाहरण हैं।
(क) आनुवंशिक (ख) प्रजाति
(ग) पारिस्थितिक तंत्र (घ) इनमें से कोई नहीं
उत्तर— (क) आनुवंशिक

प्रश्न 55. देश को कितने जैव भौगोलिक क्षेत्रों में बाँटा गया है?
(क) 8 (ख) 10

(ग) 15 (घ) 20

उत्तर- (ख) 10

प्रश्न 56. भारत की हिमालय पर्वत शृंखला पूर्व से पश्चिम तक लगभग _____ तक फैली है।

(क) 1000 कि.मी. (ख) 2000 कि.मी.
(ग) 3000 कि.मी. (घ) 4000 कि.मी.

उत्तर- (ख) 2000 कि.मी.

प्रश्न 57. हिमालय के किस क्षेत्र में मिश्मी टेकिन, एक शाकाहारी जंतु पाया जाता है।

(क) मध्य क्षेत्र (ख) पूर्वी क्षेत्र
(ग) शीतोष्ण क्षेत्र (घ) पश्चिमी क्षेत्र

उत्तर- (ख) पूर्वी क्षेत्र

प्रश्न 58. थार मरुस्थल देश के _____ भाग में स्थित है।

(क) पूर्वी (ख) मध्य
(ग) पश्चिमी (घ) दक्षिणी

उत्तर- (ग) पश्चिमी

प्रश्न 59. पश्चिमी घाट भारत के प्रमुख _____ क्षेत्रों का प्रतिनिधित्व करते हैं।

(क) उष्ण कटिबंधी सदाबहार वन (ख) शीतोष्ण सदाबहार वन
(ग) शीतोष्ण पर्णपाती वन (घ) इनमें से कोई नहीं

उत्तर- (क) उष्ण कटिबंधी सदाबहार वन

प्रश्न 60. _____ को दुनिया का सबसे अधिक उपजाऊ क्षेत्र माना जाता है।

(क) दक्षिण प्रायद्वीप (ख) गंगा के मैदान
(ग) पूर्वोत्तर भारत (घ) पश्चिमी घाट

उत्तर- (ख) गंगा के मैदान

प्रश्न 61. भारत में _____ भूगर्भीय क्षेत्र हैं।

(क) 10 (ख) 15
(ग) 20 (घ) 25

उत्तर- (क) 10

प्रश्न 62. _____ उपयोगिता मूल्य वे हैं, जिनके लिए वस्तुओं को प्रत्यक्ष रूप से सुनिश्चित किया जाता है।

(क) प्रत्यक्ष (ख) अप्रत्यक्ष
(ग) निष्कर्षणात्मक (घ) गैर निष्कर्षणात्मक

उत्तर- (क) प्रत्यक्ष

प्रश्न 63. भारत, विश्व की 16 प्रतिशत जनसंख्या के साथ विश्व के कुल ऊर्जा उत्पादन के लगभग _____ का उपभोग करता है।

(क) 2% (ख) 3%
(ग) 4% (घ) 5%

उत्तर– (ख) 3%

प्रश्न 64. इनमें से कौन–सा ऊर्जा का गैर–परंपरागत स्रोत है?
(क) बायोमास ऊर्जा (ख) सौर ऊर्जा
(ग) तरंग और ज्वारीय ऊर्जा (घ) उपरोक्त सभी

उत्तर– (घ) उपरोक्त सभी

प्रश्न 65. इनमें से कौन सा ऊर्जा का पारंपरिक स्रोत नहीं है।
(क) प्राकृतिक गैस (ख) कोयला
(ग) तेल (जीवाश्म ईंधन) (घ) पवन ऊर्जा

उत्तर– (घ) पवन ऊर्जा

प्रश्न 66. विकासशील देशों की मानव जनसंख्या उसके वर्तमान चार अरब के आँकड़े से _____ तक आठ अरब से अधिक हो जाने का पूर्वानुमान है।
(क) 2025 (ख) 2030
(ग) 2040 (घ) 2050

उत्तर– (घ) 2050

प्रश्न 67. ईंधन सेल ऐसी विद्युत रासायनिक युक्तियाँ हैं जो ईंधन की _____ ऊर्जा को बहुत प्रभावी रूप से बिजली और ताप में परिवर्तित कर देती है, जिससे ईंधन के दहन से बचाव हो जाता है।
(क) रासायनिक (ख) भौतिक
(ग) विद्युत (घ) यांत्रिक

उत्तर– (क) रासायनिक

प्रश्न 68. भारत का प्रति व्यक्ति व्यावसायिक ऊर्जा उपभोग यद्यपि, बहुत कम है। यह विश्व औसत का सिर्फ _____ भाग है।
(क) 1/8वाँ (ख) 1/5वाँ
(ग) 1/7वाँ (घ) 1/9वाँ

उत्तर– (क) 1/8वाँ

प्रश्न 69. ज्वालामुखी, तप्त स्रोतों और गर्म पानी के स्रोत (गीजर) और सागरों तथा महासागरों में जल के अंदर पाई जाने वाली मीथेन _____ के स्रोत हैं।
(क) तरंग और ज्वारीय ऊर्जा (ख) सौर ऊर्जा
(ग) भूतापीय ऊर्जा (घ) पवन ऊर्जा

उत्तर– (ग) भूतापीय ऊर्जा

प्रश्न 70. पवन ऊर्जा तंत्र वायु की गति से संबद्ध _____ को अधिक उपयोगी बिजली में परिवर्तित कर देते हैं।

(क) विद्युत ऊर्जा (ख) गतिक ऊर्जा
(ग) रासायनिक ऊर्जा (घ) यांत्रिक ऊर्जा
उत्तर— (ख) गतिक ऊर्जा

प्रश्न 71. गोबर का उपयोग गैस के उत्पादन के लिए किया जाता है जिसमें लगभग _____ प्रतिशत ज्वलनशील मीथेन गैस होती है।
(क) 40 से 50 (ख) 50 से 65
(ग) 60 से 75 (घ) 55 से 70
उत्तर— (घ) 55 से 70

प्रश्न 72. अंतर्राष्ट्रीय सौर संधि की स्थापना वर्ष _____ में हुई।
(क) 2014 (ख) 2015
(ग) 2016 (घ) 2017
उत्तर— (ख) 2015

प्रश्न 73. भारत अपनी कुल ऊर्जा माँग के आधे से अधिक के लिए _____ पर निर्भर है।
(क) कोयला (जीवाश्म ईंधन) (ख) परमाणु ऊर्जा
(ग) प्राकृतिक गैस (घ) तेल (जीवाश्म ईंधन)
उत्तर— (क) कोयला (जीवाश्म ईंधन)

प्रश्न 74. गैर-पारंपरिक ऊर्जा के स्रोत का उपयोग—
(क) सस्ता है (ख) प्रदूषण मुक्त है
(ग) महँगा है (घ) (क) और (ख) दोनों हैं
उत्तर— (घ) (क) और (ख) दोनों हैं

प्रश्न 75. हमारे देश में 46 जलतापीय क्षेत्र हैं, जहाँ स्रोतों के जल का तापमान _____ से अधिक होता है।
(क) 100°C (ख) 120°C (ग) 150°C (घ) 160°C
उत्तर— (ग) 150°C

प्रश्न 76. प्रजातियों के चयनात्मक विनाश का आदर्श उदाहरण क्या है?
(क) बड़ा भारतीय गैंडा (ख) घड़ियाल
(ग) यात्री कबूतर (घ) सी गल
उत्तर— (ग) यात्री कबूतर

प्रश्न 77. पशुओं की प्रजाति के तेजी से विलुप्त होने का कारण है—
(क) अधिवास की हानि (ख) शिकार
(ग) वन्य से अत्यधिक दोहन (घ) पशुओं को पालतू बनाना
उत्तर— (घ) पशुओं को पालतू बनाना

प्रश्न 78. अधिवास के परिवर्त्य का कारण हो सकता है—

(क) मूल आवास का विखंडन
(ख) प्रदूषण
(ग) प्रजातियों के संयोजन में मनुष्यों द्वारा बदलाव
(घ) उपरोक्त सभी
उत्तर– (घ) उपरोक्त सभी

प्रश्न 79. एलियन प्रजाति जो त्वचा में एलर्जी पैदा करती है–
(क) जलकुंभी (ख) कांगेस खरपतवार
(ग) मेसीक्यूट (घ) स्वीट पी.
उत्तर– (ख) कांगेस खरपतवार

प्रश्न 80. बाघ परियोजना कब आरंभ की गई–
(क) 1 अप्रैल, 1972 (ख) 1 अप्रैल, 1973
(ग) 5 अप्रैल, 1972 (घ) 5 अप्रैल, 1974
उत्तर– (ख) 1 अप्रैल, 1973

प्रश्न 81. भारत में जैवमंडल भंडारों की संख्या है–
(क) 12 (ख) 14 (ग) 16 (घ) 18
उत्तर– (घ) 18

प्रश्न 82. निम्न में से कौन आनुवंशिक बीमा देता है–
(क) ऊतक संवर्धन (ख) कायिक कोशिका क्लोनिंग
(ग) स्थापन (घ) बीज बैंक
उत्तर– (घ) बीज बैंक

प्रश्न 83. कृत्रिम वीर्यसंचन उपयोगी होगा–
(क) कुत्ते (ख) बिल्ली (ग) साँप (घ) हाथी
उत्तर– (घ) हाथी

प्रश्न 84. पर्यावरण घटक को संदूषित करने वाला साधन क्या कहलाता है?
(क) रासायनिक (ख) प्रदूषक
(ग) डी.डी.टी. (घ) क्लोरडेन
उत्तर– (ख) प्रदूषक

प्रश्न 85. वे कौन–से प्रदूषक हैं जो लंबे समय तक अपरिवर्तित रूप में बने रहते हैं–
(क) जैव निम्नीकरणीय प्रदूषक (ख) अजैव निम्नीकरणीय प्रदूषक
(ग) रासायनिक प्रदूषक (घ) इनमें से कोई नहीं
उत्तर– (ख) अजैव निम्नीकरणीय प्रदूषक

प्रश्न 86. खाद्य शृंखलाओं के माध्यम से मानवों में संचित हो जाने वाले तथा स्वास्थ्य समस्याएँ पैदा करने वाले पदार्थ को क्या कहते हैं?
(क) जैविक प्रदूषक (ख) कार्बनिक पदार्थ

(ग) स्थायी कार्बनिक प्रदूषक (घ) उपरोक्त सभी
उत्तर– (ग) स्थायी कार्बनिक प्रदूषक

प्रश्न 87. कौन-से कण सल्फर डाइऑक्साइड में अवशोषित हो जाते हैं?
(क) बड़े (ख) छोटे
(ग) छोटे-बड़े दोनों (घ) इनमें से कोई नहीं
उत्तर– (ख) छोटे

प्रश्न 88. समतापमंडल में हानिकारक UV विकिरणों से हमें कौन बचाती है—
(क) कार्बन डाई ऑक्साइड गैस (ख) नाइट्रोजन गैस
(ग) हाइड्रोजन सल्फाइड (घ) ओजोन परत
उत्तर– (घ) ओजोन परत

प्रश्न 89. सांद्रण की इकाई क्या है—
(क) अंश प्रति मिलियन (ख) माइक्रोग्राम प्रति क्यूबिक मीटर
(ग) डेसिबल (घ) इनमें से कोई नहीं
उत्तर– (क) अंश प्रति मिलियन

प्रश्न 90. नाइट्रोजन के ऑक्साइडों तथा विविध हाइड्रोकार्बनों के बीच सूर्य के प्रकाश द्वारा शुरू होने वाली जटिल अभिक्रियाओं के कारण क्या बनता है?
(क) नाइट्रिक अम्ल (ख) धूमकोहरा (ग) ओजोन (घ) ऑक्सीजन
उत्तर– (ख) धूमकोहरा

प्रश्न 91. CO हीमोग्लोबिन के साथ आबंधित होकर मानव स्वास्थ्य को प्रभावित करता है जिससे _____ रोग हो जाता है?
(क) श्वासावरोध (ख) रतौंधी
(ग) त्वचा कैंसर (घ) उपरोक्त सभी
उत्तर– (क) श्वासावरोध

प्रश्न 92. RSPM का स्तर साधारणतः कितना माइक्रोग्राम प्रति क्यूबिक मीटर होता है?
(क) 50 (ख) 40 (ग) 60 (घ) 70
उत्तर– (ग) 60

प्रश्न 93. भोपाल गैस त्रासदी के दौरान मानव जनसंख्या पर किस गैस का प्रभाव पड़ा?
(क) हाइड्रोजन पेरॉक्साइड (ख) पेरॉक्सी एसिल नाइट्रेट्स
(ग) एथिलीन ऑक्साइड (घ) मिथाइल आइसो सायनेट
उत्तर– (घ) मिथाइल आइसो सायनेट

प्रश्न 94. भोपाल शहर में 'यूनियन कार्बाइड कॉर्पोरेशन' नामक पीड़कनाशी फैक्ट्री की स्थापना कौन से सन् में हुई?

(क) 1969 (ख) 1996 (ग) 1959 (घ) 1995

उत्तर— (क) 1969

प्रश्न 95. निम्न में से जल–वहनी रोग कौन से हैं?

(क) वायरल हेपेटाइटिस (ख) जठरांत्रशोध

(ग) टाइफाइड (घ) उपरोक्त सभी

उत्तर— (घ) उपरोक्त सभी

प्रश्न 96. जीवाणुओं द्वारा अकार्बनिक पदार्थों के अपघटन में उपयोग की गई ऑक्सीजन का मापक क्या है?

(क) सी.ओ.डी. (ख) बी.ओ.डी. (ग) पी.ओ.पी. (घ) पी.पी.एम.

उत्तर— (ख) बी.ओ.डी.

प्रश्न 97. देश के अनेकों स्थानों पर जल संसाधन की गुणवत्ता की निगरानी कौन करता है?

(क) सी.पी.सी.बी. (ख) एम.एच.आर.एन.

(ग) एम.पी.एन. (घ) उपरोक्त सभी

उत्तर— (क) सी.पी.सी.बी.

प्रश्न 98. अपशिष्ट के आयतन में कमी निम्नलिखित में से किस तरीके से की जा सकती है—

(क) प्रक्रिया रूपांतरण (ख) अपशिष्ट का सांद्रता

(ग) अपशिष्ट खंडीभवन (घ) उपरोक्त सभी

उत्तर— (घ) उपरोक्त सभी

प्रश्न 99. कुछ अपशिष्ट नदियों अथवा तालाबों को प्रदूषित करते हैं और अन्य ________ को संदूषित और मनुष्यों का विषीकरण करते हैं।

(क) भोजन (ख) जलवायु (ग) पर्यावरण (घ) वायुमंडल

उत्तर— (क) भोजन

प्रश्न 100. कुछ हानिकारक अपशिष्ट ________ को प्रदूषित कर सकते अथवा ________ संकट पैदा कर सकते हैं।

(क) वायु, अग्नि (ख) मृदा, भू–जल

(ग) जल, अग्नि (घ) इनमें से कोई नहीं

उत्तर— (क) वायु, अग्नि

प्रश्न 101. वह यौगिक जो उपभोग पर आनुवंशिक परिवर्तन को प्रेरित है वह क्या कहलाता है?

(क) कुरचनाजनी (ख) उत्परिवर्ती

(ग) कैंसरजनी (घ) अभिक्रियाशीलता

उत्तर— (ख) उत्परिवर्ती

प्रश्न 102. निम्न में से अपशिष्ट के न्यूनीकरण की प्रमुख योजनाएँ कौन सी हैं जिनका अक्सर उपयोग किया जाता है—

(क) प्रक्रिया में परिवर्तन **(ख) अपशिष्ट सांद्रता**

(ग) अपशिष्ट पृथक्करण **(घ) उपरोक्त सभी**

उत्तर— (घ) उपरोक्त सभी

प्रश्न 103. अनेक देशों में संकटदायी अपशिष्ट का विस्तारण किस महत्त्वपूर्ण विधि द्वारा होता है?

(क) भस्मीकरण **(ख) संवर्धन** **(ग) पुनर्चक्रण** **(घ) लैंडफिलिंग**

उत्तर— (घ) लैंडफिलिंग

प्रश्न 104. ओजोन दिवस कब मनाया जाता है?

(क) 16 अगस्त **(ख) 16 सितंबर**

(ग) 16 अक्तूबर **(घ) 16 नवंबर**

उत्तर— (ख) 16 सितंबर

प्रश्न 105. ओजोन वायुमंडल के किस भाग में उपस्थित होती है?

(क) समतापमंडल **(ख) क्षोभमंडल** **(ग) मध्यमंडल** **(घ) वायुमंडल**

उत्तर— (क) समतापमंडल

प्रश्न 106. जलवायु को अंक्षाशों के आधार पर कितने भागों में बाँटा जा सकता है—

(क) 2 **(ख) 3** **(ग) 4** **(घ) 5**

उत्तर— (ग) 4

प्रश्न 107. ग्रीन हाउस प्रभाव में कार्बन डाइ—ऑक्साइड का लगभग कितना योगदान होता है?

(क) दो—तिहाई **(ख) तीन—तिहाई**

(ग) एक—चौथाई **(घ) आधा**

उत्तर— (ग) एक—चौथाई

प्रश्न 108. ऊष्णतर जलवायु से कौन से संक्रमण अथवा बीमारियाँ बढ़ सकती हैं?

(क) मलेरिया **(ख) पीत ज्वर**

(ग) डेंगू **(घ) उपरोक्त सभी**

उत्तर— (घ) उपरोक्त सभी

प्रश्न 109. जलवायु परिवर्तन के विषय में बढ़ती चिंता से विश्व मौसम विज्ञान संगठन तथा संयुक्त राष्ट्र पर्यावरण कार्यक्रम ने जलवायु परिवर्तन पर अंतरसरकारीय पैनेल कब बनाया?

(क) सन् 1987 **(ख) सन् 1988**

(ग) सन् 1989 **(घ) सन् 1990**

उत्तर— (ख) सन् 1988

प्रश्न 110. आई.पी.सी.सी. (Intergovenmental Panel on Climate Change) की पाँचवी आंकलन रिपोर्ट को कब पूरा किया गया?

(क) नवंबर, 2014 **(ख) दिसंबर, 2014**

(ग) अगस्त, 2014 **(घ) सितंबर, 2014**

उत्तर– (क) नवंबर, 2014

प्रश्न 111. Conference of Parties (COP) का आखिरी सम्मेलन कहाँ आयोजित किया गया?

(क) कोपेनहगेन **(ख) लीमा** **(ग) पोलैंड** **(घ) ब्रूसेल्स**

उत्तर– (ग) पोलैंड

प्रश्न 112. ओजोन की सांद्रता किस इकाई द्वारा मापी जाती है?

(क) डॉब्सन **(ख) केल्विन**

(ग) जूल **(घ) इनमें से कोई नहीं**

उत्तर– (क) डॉब्सन

प्रश्न 113. अम्लीय पदार्थों का pH मान कितना होता है?

(क) 7 से कम **(ख) 7 से अधिक**

(ग) 7.0 **(घ) इनमें से कोई नहीं**

उत्तर– (क) 7 से कम

प्रश्न 114. कार्बनिक द्रव्यों के अपघटन से कौन–सी गैस उत्पन्न होती है, जो वायुमंडल में सल्फ्यूरिक अम्ल में परिवर्तित हो जाती है।

(क) सल्फर डाइऑक्साइड **(ख) हाइड्रोजन सल्फाइड**

(ग) कार्बनिक अम्ल **(घ) सल्फर ट्राइऑक्साइड**

उत्तर– (ख) हाइड्रोजन सल्फाइड

प्रश्न 115. अम्ल वर्षा वाले जल का pH मान कितना होता है?

(क) लगभग 3 **(ख) लगभग 4**

(ग) लगभग 5 **(घ) लगभग 6**

उत्तर– (ख) लगभग 4

प्रश्न 116. सामान्य (अप्रदूषित) वर्षा का pH मान क्या होता है?

(क) लगभग 6.7 **(ख) लगभग 3.4**

(ग) लगभग 5.7 **(घ) लगभग 2.7**

उत्तर– (ग) लगभग 5.7

प्रश्न 117. पराबैंगनीविकरण (UVB) से मनुष्यों में कौन सी बीमारी हो सकती है?

(क) सफेद मोतिया **(ख) त्वचा का कैंसर**

(ग) (क) और (ख) दोनों **(घ) इनमें से कोई नहीं**

उत्तर– (ग) (क) और (ख) दोनों

प्रश्न 118. किस वर्ष में पर्यावरण विभाग की स्थापना हुई थी?

(क) 1980 **(ख) 1983**

(ग) 1984 **(घ) 1985**

उत्तर– (क) 1980

प्रश्न 119. संयुक्त राष्ट्र पर्यावरण कार्यक्रम किस समझौते का परिणाम है।

(क) स्टॉक होम **(ख) पोलैंड**

(ग) बुल्गारिया **(घ) इनमें से कोई नहीं**

उत्तर– (क) स्टॉक होम

प्रश्न 120. विरोधी समझौते के उद्देश्य की पूर्ति _________ को विभिन्न राष्ट्रों ने स्वीकार किया।

(क) विएना **(ख) मॉन्ट्रियल विज्ञप्ति**

(ग) लंदन **(घ) बीजिंग**

उत्तर– (ख) मॉन्ट्रियल विज्ञप्ति

प्रश्न 121. वन्य जीवन (सुरक्षा) अधिनियम कब पारित किया गया?

(क) 1971 **(ख) 1973**

(ग) 1972 **(घ) 1974**

उत्तर– (ग) 1972

प्रश्न 122. भारत सरकार द्वारा भोपाल प्रासदी के परिप्रेक्ष्य में कौन–सा अधिनियम बनाया गया?

(क) पर्यावरण (सुरक्षा) अधिनियम

(ख) जैवविविधता अधिनियम

(ग) वायु (प्रदूषण निवारण एवं नियंत्रण) अधिनियम

(घ) जल (प्रदूषण निवारण एवं नियंत्रण) उपकर अधिनियम

उत्तर– (क) पर्यावरण (सुरक्षा) अधिनियम

प्रश्न 123. रियो डी जेनेरियो सम्मेलन के परिणाम के रूप में भारतीय संसद द्वारा पारित अधिनियम है–

(क) जैवविविधता अधिनियम, 2000

(ख) वन (संरक्षण) अधिनियम, 1980

(ग) वायु अधिनियम, 1981

(घ) राष्ट्रीय पर्यावरण ट्रिब्यूनल अधिनियम, 1995

उत्तर– (घ) राष्ट्रीय पर्यावरण ट्रिब्यूनल अधिनियम, 1995

प्रश्न 124. राष्ट्र क्योटो प्रोटोकॉल के सदस्यों की संख्या है–

(क) 191 **(ख) 192** **(ग) 193** **(घ) 194**

उत्तर– (ख) 192

प्रश्न 125. दिल्ली में नए मोटर वाहनों को _____ स्तर के तुल्य प्रदूषण रोकथाम क्रियाविधि मौजूद होनी चाहिए।
(क) भारत चरण I
(ख) भारत चरण II
(ग) भारत चरण III
(घ) भारत चरण IV
उत्तर— (घ) भारत चरण IV

प्रश्न 126. केरल राज्य में कुंती नरी की संकरी धारी है—
(क) साइलैंट वैली
(ख) बेताब वैली
(ग) चंबल वैली
(घ) दामोदर वैली
उत्तर— (क) साइलैंट वैली

प्रश्न 127. निम्न में से कौन सा व्यक्तित्व चिपको आंदोलन से संबंधित है?
(क) मेधा पाटकर
(ख) सलीम अली
(ग) सुंदर लाल बहुगुणा
(घ) एम.एस. स्वामीनाथन
उत्तर— (ग) सुंदर लाल बहुगुणा

प्रश्न 128. सिस्मोग्राफ किसे मापने के लिए काम में लाया जाता है?
(क) सागरीय तरंगों को
(ख) ज्वार भाटे को
(ग) भूकंपीय तरंगों को
(घ) इनमें से कोई नहीं
उत्तर— (ग) भूकंपीय तरंगों को

प्रश्न 129. सुनामी किसके द्वारा नहीं होती?
(क) प्रभंजन
(ख) भूकंप
(ग) समुद्रतलीय भूस्खलन
(घ) ज्वालामुखी उद्गार
उत्तर— (क) प्रभंजन

प्रश्न 130. शिकारी समूह में रहने वाले अधिकतर थे—
(क) शिकारी
(ख) उत्पादकर्ता
(ग) खानाबदोश
(घ) उपरोक्त सभी
उत्तर— (ग) खानाबदोश

प्रश्न 131. निम्न में से मानव निर्मित आपदा कौन-सी है—
(क) नाभिकीय दुर्घटना
(ख) ज्वालामुखी उद्गार
(ग) सुनामी
(घ) इनमें से कोई नहीं
उत्तर— (क) नाभिकीय दुर्घटना

प्रश्न 132. जीव (यहाँ मनुष्य) जिसमें परजीवी प्रवेश करता है, वह कहलाता है—
(क) परपोषी
(ख) रोगाणु
(ग) विषाणु
(घ) जीवाणु
उत्तर— (क) परपोषी

प्रश्न 133. निम्नलिखित में से कौन सा रोग आनुवंशिक प्रभाव के कारण हो जाता है—

(क) डायबिटीज (ख) उच्च रक्तचाप
(ग) मद्यपान (घ) (क) और (ख) दोनों
उत्तर— (घ) (क) और (ख) दोनों

प्रश्न 134. सबसे गंभीर भूकंपी क्षेत्र जिसे बहुत उच्च क्षति जोखिम क्षेत्र कहा जाता है, वह है—
(क) क्षेत्र/जोन (IV) (ख) क्षेत्र/जोन (V)
(ग) क्षेत्र/जोन (VI) (घ) क्षेत्र/जोन (VII)
उत्तर— (ख) क्षेत्र/जोन (V)

प्रश्न 135. निम्नलिखित में से कौन–सा बाढ़ का कारण नहीं है—
(क) हिम और बर्फ का पिघलना (ख) बाँधों का टूटना
(ग) वनोरूपण और भूस्खलन (घ) ज्वालामुखी का फटना
उत्तर— (घ) ज्वालामुखी का फटना

प्रश्न 136. मैंग्रोव वन और कोरलरीफ (मूँगे की चट्टानें) किसके विरुद्ध प्राकृतिक सुरक्षा है—
(क) भूकंप (ख) सुनामी (ग) सूखा (घ) बाढ़
उत्तर— (ख) सुनामी

प्रश्न 137. भूजल भारत में कुल उपलब्ध मीठे जल का लगभग ________ है?
(क) 38% (ख) 39% (ग) 40% (घ) 41%
उत्तर— (क) 38%

प्रश्न 138. किसके अनुसार प्रकृति मनुष्यों के लिए परायी और विरोधी थी?
(क) पश्चिमी दर्शन (ख) मानव केंद्रितवाद
(ग) पारिस्थितिक स्त्रीवाद (घ) पर्यावरण केंद्रितवाद
उत्तर— (क) पश्चिमी दर्शन

प्रश्न 139. पर्यावरणीय न्याय माँग किसकी पवित्रता का समर्थन करती है?
(क) आकाश (ख) जलवायु
(ग) पृथ्वी (घ) पर्यावरण
उत्तर— (ग) पृथ्वी

प्रश्न 140. कौन–से निर्णय अक्सर बेहतर समाज की सत्ता व्यवस्था को प्रतिबिंबित करते हैं?
(क) धार्मिक (ख) पर्यावरणीय
(ग) सांस्कृतिक (घ) उपरोक्त सभी
उत्तर— (ख) पर्यावरणीय

प्रश्न 141. करूणा, सम्मान, सहनशीलता और अहिंसा किस धार्मिक दर्शन से संबंधित है?

(क) हिंदू धर्म (ख) जैन धर्म
(ग) बौद्ध धर्म (घ) ईसाई धर्म
उत्तर— (ग) बौद्ध धर्म

प्रश्न 142. सिक्ख धर्म के संस्थापक का नाम है—
(क) गुरू अंगद देव (ख) गुरू नानक देव
(ग) गुरू रामदास (घ) गुरू अर्जुन देव
उत्तर— (ख) गुरू नानक देव

प्रश्न 143. चिपको आंदोलन कहाँ से शुरू किया गया?
(क) पंजाब
(ख) राजस्थान
(ग) तमिलनाडु
(घ) उत्तराखंड के टिहरी गढ़वाल एवं हिमाचल प्रदेश के कुछ उत्तरी भाग से
उत्तर— (घ) उत्तराखंड के टिहरी गढ़वाल एवं हिमाचल प्रदेश के कुछ उत्तरी भाग से

प्रश्न 144. भारत में सबसे विनाशकारी सुनामी कब आई थी?
(क) 26 दिसंबर, 2004 (ख) 25 दिसंबर, 2004
(ग) 23 दिसंबर, 2003 (घ) 22 दिसंबर, 2003
उत्तर— (क) 26 दिसंबर, 2004

प्रश्न 145. जल (प्रदूषण रोक एवं नियंत्रण) अधिनियम 1974 के प्रावधान के अंतर्गत सितंबर 1974 को किसका गठन हुआ था?
(क) भारत वन सर्वेक्षण
(ख) केंद्रीय प्रदूषण नियंत्रण बोर्ड
(ग) राष्ट्रीय वनरोपण एवं पर्यावरण विकास बोर्ड
(घ) अनुसंधान एवं शिक्षा परिषद्
उत्तर— (ख) केंद्रीय प्रदूषण नियंत्रण बोर्ड

प्रश्न 146. निम्नलिखित में से कौन—सा पर्यावरणीय नियोजन की राष्ट्रीय समिति (National Committee of Environmental Planning, NCEP) का कार्य नहीं है—
(क) देश के लिए वार्षिक "पर्यावरण स्थिति रिपोर्ट" बनाना
(ख) जलवायु परिवर्तन पर अंतर्राष्ट्रीय समझौतों को लागू करना
(ग) पर्यावरण पर अनुसंधान प्रायोजित करना
(घ) पर्यावरण महत्त्व के मुद्दों पर सुनवाइयाँ तथा सम्मेलन आदि करवाना
उत्तर— (ख) जलवायु परिवर्तन पर अंतर्राष्ट्रीय समझौतों को लागू करना

प्रश्न 147. चिल्का झील कहाँ स्थित है?
(क) आंध्र प्रदेश (ख) राजस्थान

(ग) उड़ीसा (घ) महाराष्ट्र

उत्तर– (ग) उड़ीसा

प्रश्न 148. बीज बैंक और ऊतक संवर्धन किसकी महत्त्वपूर्ण विधियाँ हैं?

(क) पादप संरक्षण की (ख) बहिःस्थल संरक्षण की

(ग) जैव विविधता संरक्षण की (घ) यथा स्थल संरक्षण की

उत्तर– (क) पादप संरक्षण की

प्रश्न 149. प्लास्टिक ________ प्रकार का प्रदूषण है।

(क) अपघटित न होने वाले (ख) अपघटित होने वाले

(ग) (क) और (ख) दोनों (घ) इनमें से कोई नहीं

उत्तर– (क) अपघटित न होने वाले

प्रश्न 150. ध्वनि की तीव्रता को किसमें मापा जाता है?

(क) जूल में (ख) थर्मामीटर में

(ग) केल्विन में (घ) डेसीबल में

उत्तर– (घ) डेसीबल में

प्रश्न 151. बालिन या 'व्हेल बोन' का उपयोग क्या बनाने में किया जाता है?

(क) पाउडर (ख) चाकू

(ग) कंघा (घ) साबुन

उत्तर– (ग) कंघा

प्रश्न 152. सबसे खतरनाक आक्रामक एलियन प्रजाति कौन–सी है?

(क) जलकुंभी (ख) पार्थेनियम हिस्टेरोफोरस

(ग) प्रोसोपिस जूलीफ्लोरा (घ) गोल्डन एप्पल स्नेल

उत्तर– (घ) गोल्डन एप्पल स्नेल

प्रश्न 153. भारत में सबसे पहले जलकुंभी को कौन–से सन् और राज्य में लाया गया?

(क) 1886 में बंगाल (ख) 1887 में मद्रास

(ग) 1885 में नागपुर (घ) 1884 में महाराष्ट्र

उत्तर– (क) 1886 में बंगाल

प्रश्न 154. मानव और जीवमंडल (MAB) कार्यक्रम के तहत जीवमंडल को आरक्षित करने का कार्यक्रम कब और किसके द्वारा आरंभ किया गया।

(क) यूनेस्को द्वारा 1971 में (ख) यूनिसेफ द्वारा 1970 में

(ग) डब्लू.एच.ओ. द्वारा 1972 में (घ) इनमें से कोई नहीं

उत्तर– (क) यूनेस्को द्वारा 1971 में

प्रश्न 155. चिल्का झील में कौन–सी मछली पायी जाती है?

(क) कौड मछली (ख) डॉलफिन

(ग) शार्क (घ) सोल फिश

उत्तर– (ख) डॉलफिन

प्रश्न 156. ध्वनि प्रदूषण को मापने की इकाई क्या है?

(क) डेसीबल (ख) डेसीलीटर

(ग) देकोमिटर (घ) इनमें से कोई नहीं

उत्तर– (क) डेसीबल

प्रश्न 157. आई.यू.सी.एन. (IUCN) का पूर्ण रूप क्या है?

(क) इंटरनेशनल यूनियन फॉर कंजर्वेशन ऑफ नेचर एंड मेच्यूरल रिर्सोसेस

(ख) इंडियन यूनियन एंड कमेटी ऑफ नेचर

(ग) इंटरनेशनल यूनियन फॉर कंजर्वेशन ऑफ नेचर

(घ) इंडियन यूनियन एंड कमेटी ऑफ नेचर एंड नेच्यूरल रिर्सोसेस

उत्तर– (ग) इंटरनेशनल यूनियन फॉर कंजर्वेशन ऑफ नेचर

प्रश्न 158. मृदा में अम्लता अथवा क्षारता के बढ़ जाने से उसकी उर्वरता क्या हो जाती है?

(क) घट (ख) बढ़

(ग) संतुलित (घ) खत्म

उत्तर– (क) घट

प्रश्न 159. जल में पाए जाने वाले ई. कोलाई तथा कोलीस्वरूप जैसे जीवाणुओं की पहचान कौन से परीक्षण द्वारा की जाती है?

(क) जैविकीय ऑक्सीजन माँग (BOD)

(ख) रासायनिक ऑक्सीजन माँग (COD)

(ग) सर्वाधिक संभाव्य संख्या (MPN)

(घ) संपूर्ण घुले ठोस (TDS)

उत्तर– (ग) सर्वाधिक संभाव्य संख्या (MPN)

प्रश्न 160. भोपाल गैस त्रासदी कब हुई?

(क) सन् 1983 (ख) सन् 1984

(ग) सन् 1985 (घ) सन् 1986

उत्तर– (ख) सन् 1984

प्रश्न 161. ऑक्सीकरण, रासायनिक न्यूनीकरण, उदासीनीकरण, भारी धातु अवक्षेपण, तेल/जल पृथक्करण और विलायकों/ईंधनों की पुनर्प्राप्ति किस तकनीक में सम्मिलित है?

(क) भौतिक उपचार (ख) रासायनिक उपचार

(ग) जैविक उपचार (घ) भस्मीकरण

उत्तर– (ख) रासायनिक उपचार

प्रश्न 162. सीवेज (वाहितमल) के उपचार से प्राप्त सकल अशुद्धियों को सामूहिक रूप से क्या कहते हैं?

(क) आपंक **(ख) कंपोस्टिंग**

(ग) अनूपन **(घ) पंक शुष्कन**

प्रश्न 163. उद्योगों से उत्पादित होने वाला कुल ठोस का कितना प्रतिशत अपशिष्ट संकटदायी अपशिष्ट की श्रेणी में आता है?

(क) 15 **(ख) 16** **(ग) 20** **(घ) 10**

उत्तर– (क) 15

प्रश्न 164. जलवायु परिवर्तन पर संयुक्त राष्ट्र प्राधार सभा (UNFCCC) के सहभागी देशों ने क्योटो प्रोटोकॉल को कब अपनाया?

(क) 1995 **(ख) 1996**

(ग) 1997 **(घ) 1998**

उत्तर– (ग) 1997

प्रश्न 165. भारत सरकार द्वारा जलवायु परिवर्तन पर राष्ट्रीय कार्य योजना कब बनाई गई?

(क) जून, 2008 **(ख) जुलाई, 2008**

(ग) मार्च, 2005 **(घ) जुलाई, 2001**

उत्तर– (क) जून, 2008

प्रश्न 166. ओजोन की सर्वाधिक सांद्रता किस मंडल में पाई जाती है?

(क) वायुमंडल **(ख) समतापमंडल**

(ग) क्षोभमंडल **(घ) मध्यमंडल**

उत्तर– (ख) समतापमंडल

प्रश्न 167. पराबैंगनी विकिरण का तरंगदैर्ध्य कितना होता है?

(क) 01.nm से 04.nm के बीच **(ख) 04.nm से 06.nm के बीच**

(ग) 02.nm से 04.nm के बीच **(घ) 06.nm से 08.nm के बीच**

उत्तर– (क) 01.nm से 04.nm के बीच

प्रश्न 168. एक डाब्सन इकाई कितने ओजोन के तुल्य होती है?

(क) 1 पी.पी.बी. **(ख) 2 पी.पी.बी.**

(ग) 3 पी.पी.बी. **(घ) इनमें से कोई नहीं**

उत्तर– (क) 1 पी.पी.बी.

प्रश्न 169. भारत में मेथिलक्लोरोफॉर्म का उपयोग कब समाप्त कर दिया गया?

(क) जनवरी, 2010 **(ख) अगस्त, 2008**

(ग) जनवरी, 2001 **(घ) जनवरी, 2002**

उत्तर– (ग) जनवरी, 2001

प्रश्न 170. संविधान के किस अनुच्छेद में कहा गया है कि "राज्य का प्रयास होगा कि वह पर्यावरण की सुरक्षा करे एवं उसका सुधार करे तथा देश के वनों एवं वन्य जीवन को सुरक्षा प्रदान करे।"
(क) अनुच्छेद 48 A (ख) अनुच्छेद 51 A
(ग) अनुच्छेद 43 A (घ) अनुच्छेद 47 A
उत्तर— (क) अनुच्छेद 48 A

प्रश्न 171. प्रथम वन अधिनियम कब बनाया गया?
(क) 1926 (ख) 1970
(ग) 1927 (घ) 1981
उत्तर— (ग) 1927

प्रश्न 172. भारत सरकार द्वारा वन (संरक्षण) अधिनियम कब बनाया गया?
(क) 1989 (ख) 1981
(ग) 1970 (घ) 1980
उत्तर— (घ) 1980

प्रश्न 173. भारत सरकार द्वारा पर्यावरण नियोजन एवं समन्वय पर राष्ट्रीय समिति का गठन कब किया गया?
(क) 1972 (ख) 1977
(ग) 1985 (घ) 1997
उत्तर— (क) 1972

प्रश्न 174. उष्णकटिबंधी चक्रवात उत्तरी बंगाल की खाड़ी में कब आया था?
(क) 1971 (ख) 1970
(ग) 1972 (घ) 1980
उत्तर— (ख) 1970

प्रश्न 175. वर्ष 2000 में राजस्थान को कौन-सी गंभीर आपदा से जूझना पड़ा था?
(क) भूकंप (ख) सूखे
(ग) बाढ़ (घ) सूनामी
उत्तर— (ख) सूखे

पर्यावरण अध्ययन : बी.ई.वी.ए.ई.-181
फरवरी, 2021

नोट: सभी प्रश्न अनिवार्य हैं।

प्रश्न 1. निम्नलिखित में से किस रिपोर्ट/पुस्तक में 'धारणीय (सतत्) विकास' को सबसे पहले औपचारिक रूप से परिभाषित किया गया?

(1) साइलेंट स्प्रिंग **(2) द लिमिट्स टू ग्रोथ**

(3) आवर कॉमन फ्यूचर **(4) एजेंडा 21**

उत्तर– (3) आवर कॉमन फ्यूचर

प्रश्न 2. निम्नलिखित में से कौन–सा संयुक्त राष्ट्र द्वारा अपनाए गए सत्तरह धारणीय विकास लक्ष्यों में से एक नहीं है?

(1) गरीबी की समाप्ति **(2) भूख की समाप्ति**

(3) अच्छा स्वास्थ्य और कल्याण **(4) पर्यटन और यात्रा**

उत्तर– (4) पर्यटन और यात्रा

प्रश्न 3. निम्नलिखित में से कौन–सा मानव परिवर्तित पर्यावरण का उदाहरण है?

(1) कृत्रिम झील **(2) फलोद्यान**

(3) फसल के खेत **(4) बाँध**

उत्तर– (4) बाँध

प्रश्न 4. निम्नलिखित में से किसमें वन महत्त्वपूर्ण भूमिका नहीं निभाते हैं?

(1) मृदा निर्माण **(2) जल संरक्षण**

(3) कार्बन डाइऑक्साइड का पुनर्जनन **(4) जलवायु का संतुलन**

उत्तर– (3) कार्बन डाइऑक्साइड का पुनर्जनन

प्रश्न 5. निम्नलिखित में से विश्व के कौन–से क्षेत्र में 50 प्रतिशत से अधिक पौधों की प्रजातियाँ पाई जाती हैं?

(1) उष्णकटिबंधीय वर्षा वन

(2) उष्णकटिबंधीय पर्णपाती वन

(3) शीतोष्ण सदाबहार वन

(4) शीतोष्ण पर्णपाती वन

उत्तर– (1) उष्णकटिबंधीय वर्षा वन

प्रश्न 6. निम्नलिखित वनों में से किनमें अधिकतम छत्राग्नि होती है?
   (1) सघन वन
   (2) काँटेदार वन
   (3) सवाना वन
   (4) अल्पाइन वन

उत्तर – (1) सघन वन

प्रश्न 7. अपशिष्ट निपटान स्थलों के पास रहने वाले समुदायों को अपशिष्ट उत्पन्न करने वाले समुदायों से कम आर्थिक लाभ मिलते हैं। यह वाक्य निम्नलिखित में से कौन-सी असमानता को व्यक्त करता है?
   (1) आर्थिक असमता
   (2) सामाजिक असमता
   (3) कार्यविधिक असमता
   (4) भौगोलिक असमता

उत्तर – (1) आर्थिक असमता

प्रश्न 8. निम्नलिखित में से किस समुदाय में प्रबंधनकर्त्ता का प्रबल बोध नहीं होता है?
   (1) शहरी समुदाय
   (2) जनजातीय समुदाय
   (3) पारंपरिक कृषि समाज
   (4) पशुचारण समुदाय

उत्तर – (3) पारंपरिक कृषि समाज

प्रश्न 9. निम्नलिखित में से कौन-सा मत प्रकृति को माँ के रूप में और जिसे साधित नहीं किया जा सकता है, मानता है?
   (1) यूरोपियन मत
   (2) भारतीय मत
   (3) सिनिएटिक मत
   (4) उत्तरी अमेरिकी मत

उत्तर – (2) भारतीय मत

प्रश्न 10. जल चक्र को संचालित करता है
   (1) वैश्विक कार्बन चक्र
   (2) सूर्य
   (3) वायुमंडल
   (4) हाइड्रोजन

उत्तर – (2) सूर्य

प्रश्न 11. रसायन-संश्लेषी जीवाणु हैं
   (1) भक्षपोषी
   (2) मतृपोषी
   (3) स्वपोषी
   (4) परपोषी

उत्तर – (3) स्वपोषी

प्रश्न 12. औसत समुद्र स्तर से ऊपर _____ मीटर के बाद जीवन नहीं पाया जाता है।
   (1) 6000
   (2) 7000
   (3) 8000
   (4) 9000

उत्तर – (4) 9000

प्रश्न 13. पारिस्थितिक तंत्र में जीवों का अपघटन __________ के द्वारा होता है।

(1) भक्षपोषी (2) विघटक

(3) प्राथमिक भक्षक (4) द्वितीयक भक्षक

उत्तर— (2) विघटक

प्रश्न 14. 10,000 BC और लगभग 1800 AD के बीच जनसंख्या में वृद्धि __________ के साथ मेल खाती है।

(1) कृषिक में वृद्धि (2) औद्योगिक क्रांति

(3) बड़े स्तर पर आप्रवासन (4) मृत्यु दर में कमी

उत्तर— (1) कृषिक में वृद्धि

प्रश्न 15. 14वीं शताब्दी में यूरोप और एशिया में आधे से अधिक जनसंख्या के मारे जाने का कारण था

(1) बूबोनिक प्लेग

(2) मलेरिया

(3) द ग्रेट फायर (महान आग)

(4) द ग्रेट अर्थक्वेक (महान भूकंप)

उत्तर— (1) बूबोनिक प्लेग

प्रश्न 16. निम्नलिखित में से कौन–सा आनुवांशिक रोग नहीं है?

(1) हीमोफीलिया (2) दात्र कोशिका अरक्तता

(3) मलेरिया (4) थैलेसीमिया

उत्तर— (3) मलेरिया

प्रश्न 17. पर्यावरणीय प्रभाव के प्रकारों का उनसे संबंधित वर्ग से मिलाना कीजिए।

पर्यावरणीय प्रभाव	वर्ग
(a) जहर	(i) भौतिक
(b) शोर (रव)	(ii) समाज–विज्ञान संबंधी
(c) भीड़–भाड़ (अतिप्रजन)	(iii) जीव–विज्ञान संबंधी
(d) एलर्जन (प्रत्यूर्जक)	(iv) रासायनिक

(1) a - iii, b - ii, c - iv, d - i

(2) a - iv, b - i, c - ii, d - iii

(3) a - i, b - ii, c - iii, d - iv

(4) a - iv, b - iii, c - ii, d - i

उत्तर— (2) a - iv, b - i, c - ii, d - iii

प्रश्न 18. शंकुधारी वृक्षवनों में, मृदा

(1) खनिज पोषकों से भरपूर होती है।

(2) अम्लीय तथा खनिज की कमी वाली होती है।

(3) क्षारीय तथा खनिज की कमी वाली होती है।
(4) मध्यम रूप में क्षारीय तथा खनिज पोषकों से भरपूर होती है।

उत्तर— (2) अम्लीय तथा खनिज की कमी वाली होती है।

प्रश्न 19. ऐसे जीव जो जड़ जमाए पौधों के तने और पत्तियों से संलग्न रहते हैं, उन्हें कहते हैं
(1) पटलक
(2) प्लवक
(3) परिपादप
(4) तरणक

उत्तर— (3) परिपादप

प्रश्न 20. महासागर के जिस मंडल में तापमान, प्रकाश, लवणता तथा आर्द्रता सबसे अधिक परिवर्तनशील होते हैं, वह है
(1) वेलांचली मंडल
(2) वेलापवर्ती मंडल (अम्बुधी क्षेत्र)
(3) नितलस्थ क्षेत्र
(4) नेरिटांचली मंडल

उत्तर— (1) वेलांचली मंडल

प्रश्न 21. ज्वारनदमुख एक संक्रमण क्षेत्र होता है जो _____ प्रतिनिधित्व करता है।
(1) लवणीय जल के बड़े क्षेत्र का
(2) बड़ी संख्या में जीवों का
(3) बड़े क्षेत्र की अत्यधिक उत्पादकता का
(4) बेजोड़ (अद्वितीय) पारिस्थितिकीय लक्षणों तथा जीवीय समुदायों का

उत्तर— (4) बेजोड़ (अद्वितीय) पारिस्थितिकीय लक्षणों तथा जीवीय समुदायों का

प्रश्न 22. निम्नलिखित में से कौन–सा वनोन्मूलन (वन–कटाई) का प्रमुख कारण है?
(1) वन में आग
(2) बाँधों का निर्माण
(3) स्थानांतरण कृषि
(4) खनन

उत्तर— (1) वन में आग

प्रश्न 23. यात्री कबूतर किसके कारण प्रजाति के ह्रास का आदर्श उदाहरण है?
(1) आवास विनाश
(2) कीटनाशकों द्वारा विषाक्तता
(3) जलवायु परिवर्तन का प्रभाव
(4) खाद्य के लिए चयनात्मक विनाश

उत्तर— (4) खाद्य के लिए चयनात्मक विनाश

प्रश्न 24. मछली एवं चावल की फसलों की अत्यधिक हानि करने वाला खरपतवार है
(1) जलकुम्भी
(2) कांग्रेस खरपतवार
(3) गोल्डन एपल स्नेल
(4) मैस्कीट

उत्तर— (1) जलकुम्भी

प्रश्न 25. कृत्रिम वीर्यसेचन _____ के संरक्षण के लिए उपयोगी रहा है।
  (1) साँपों (2) छिपकलियों
  (3) हाथियों (4) बतखों
उत्तर— (3) हाथियों

प्रश्न 26. निम्नलिखित में से कौन-सी जैव-विविधता हॉटस्पॉट की मुख्य विशेषता नहीं है?
  (1) बड़ी संख्या में प्रजातियाँ
  (2) प्रचुर मात्रा में स्थानिक प्रजातियाँ
  (3) निरंतर खतरे में प्रजातियाँ
  (4) बड़ी संख्या में विदेशी प्रजातियाँ
उत्तर— (4) बड़ी संख्या में विदेशी प्रजातियाँ

प्रश्न 27. भारत के निम्नलिखित क्षेत्रों में से कौन-सा जैव-विविधता का हॉटस्पॉट है?
  (1) सुंदरबन (2) पश्चिमी घाट
  (3) पूर्वी घाट (4) गंगा के मैदान
उत्तर— (2) पश्चिमी घाट

प्रश्न 28. भारत में निम्नलिखित में से किसमें सबसे अधिक आनुवंशिक विविधता पाई जाती है?
  (1) चाय (2) सागौन
  (3) आम (4) गेहूँ
उत्तर— (3) आम

प्रश्न 29. निम्नलिखित में से किस प्रकार के जल की अधिकतम प्रतिशत उपलब्धता होती है?
  (1) नदी (2) झील
  (3) वायुमंडलीय जल (4) भौम जल
उत्तर— (4) भौम जल

प्रश्न 30. निम्नलिखित पारिस्थितिक तंत्र में से किस एक में सबसे अधिक जैव-विविधता पाई जाती है?
  (1) मैंग्रोव (2) मरुभूमि
  (3) प्रवाल भित्तियाँ (4) अल्पाइन घास के मैदान
उत्तर— (3) प्रवाल भित्तियाँ

प्रश्न 31. पृथ्वी पर पाया जाने वाला कितना जल हम सबके लिए सहजता से (आसानी से) उपलब्ध है?
  (1) 0.5% (2) 1%
  (3) 2% (4) 3%
उत्तर— (2) 1%

प्रश्न 32. भारत में वह मृदा जिसमें कार्बनिक तत्त्वों की कमी होती और जिसकी उर्वरता कम होती है, वह है
(1) लाल मृदा
(2) दोमटी गठन तथा शुष्क संयोजन वाली मृदा
(3) मरुस्थली क्षेत्र की मृदा
(4) हिमालयी क्षेत्र में पाई जाने वाली मृदा

उत्तर– (3) मरुस्थली क्षेत्र की मृदा

प्रश्न 33. निम्नलिखित में से कौन-सा तरीका मृदा अपरदन की रोकथाम के लिए प्रयुक्त नहीं होता है?
(1) बाँध बनाना
(2) कुल
(3) घास-पात से ढकना
(4) मृदा की आर्द्रता का संरक्षण

उत्तर– (2) कुल

प्रश्न 34. निम्नलिखित में से ऊर्जा के परंपरागत स्रोत को पहचानिए–
(1) जैवमात्रा
(2) भूतापीय
(3) पवन
(4) परमाणु ऊर्जा

उत्तर– (1) जैवमात्रा

प्रश्न 35. एक बायोमास गैसीफायर रूपांतरित करता है
(1) ठोस ईंधन को गैसीय ईंधन में
(2) गैसीय ईंधन को ठोस ईंधन में
(3) द्रव ईंधन को गैसीय ईंधन में
(4) गैसीय ईंधन को द्रव ईंधन में

उत्तर– (1) ठोस ईंधन को गैसीय ईंधन में

प्रश्न 36. ईंधन सेल के लिए सबसे उपयुक्त ईंधन है
(1) जल
(2) नाइट्रोजन
(3) हाइड्रोजन
(4) कार्बन डाइऑक्साइड

उत्तर– (3) हाइड्रोजन

प्रश्न 37. जैव-भौतिक धारण क्षमता, वह _____ जनसंख्या है जिसे प्रौद्योगिकी के दिए गए स्तर पर ग्रह के संसाधनों द्वारा समर्थित किया जा सकता है।
(1) न्यूनतम
(2) अधिकतम
(3) संपूर्ण
(4) आधी

उत्तर– (2) अधिकतम

प्रश्न 38. निम्नलिखित में से कौन-सी ग्रीन हाऊन गैस नहीं है?
(1) कार्बन डाइऑक्साइड (2) मेथैन
(3) ओजोन (4) क्लोरीन
उत्तर– (3) ओजोन

प्रश्न 39. निम्नलिखित में से कौन-सा जलवायु परिवर्तन से संबंधित नहीं है?
(1) जलवायु परिवर्तन पर संयुक्त राष्ट्र फ्रेमवर्क सम्मेलन (यू.एन.एफ.सी.सी.)
(2) जलवायु परिवर्तन पर अंतर-सरकारी पैनल (आई.पी.सी.सी.)
(3) क्योटो प्रोटोकॉल
(4) मॉन्ट्रियल प्रोटोकॉल
उत्तर– (4) मॉन्ट्रियल प्रोटोकॉल

प्रश्न 40. वायुमंडल के निम्नलिखित किस परास में ओजोन परत उपस्थित होती है?
(1) 0-10 km (2) 15-50 km
(3) 60-70 km (4) 65-90 km
उत्तर– (2) 15-50 km

प्रश्न 41. वर्षा का pH निम्नलिखित चार स्थानों क, ख, ग तथा घ पर मापा गया। किस स्थान पर अम्ल निक्षेपण हुआ?
(1) क – 5.5 (2) ख – 6.2
(3) ग – 6.5 (4) घ – 6.9
उत्तर– (1) क – 5.5

प्रश्न 42. निम्नलिखित में से कौन-सा रसायन ओजोन ह्रास के लिए उत्तरदायी है?
(1) सल्फर ऑक्साइड (2) कार्बन मोनोक्साइड
(3) क्लोरोफ्लुओरोकार्बन (4) नाइट्रोजन ऑक्साइड
उत्तर– (3) क्लोरोफ्लुओरोकार्बन

प्रश्न 43. निम्नलिखित में से कौन-सा जीव (प्राणी) अत्यधिक सांद्रित मूत्र का विसर्जन करता है?
(1) ऊँट (2) बगीचा छिपकली
(3) रात्रिचर रोडेन्ट (कृंतक) (4) साँप
उत्तर– (1) ऊँट

प्रश्न 44. निम्नलिखित में से कौन-सा प्रदूषण के अनिश्चित (गैर-बिंदु) स्रोत का उदाहरण है?
(1) कृषि क्षेत्रों से होने वाला अपवाह
(2) बिजली-घरों से उत्सर्जन
(3) उद्योगों से अपशिष्ट जल का बहि:स्राव
(4) नगर निगमों के अपशिष्ट जल को नदी में छोड़ना
उत्तर– (1) कृषि क्षेत्रों से होने वाला अपवाह

प्रश्न 45. वायु (प्रदूषण निवारण एवं नियंत्रण) अधिनियम कब बनाया गया था?
  (1) 1974 (2) 1986
  (3) 1981 (4) 1987
उत्तर- (3) 1981

प्रश्न 46. UNFCC का मुख्य उद्देश्य किससे संबंधित है?
  (1) ग्रीन हाउस गैस
  (2) ओजोन क्षयकारी पदार्थ
  (3) जैविक विविधता
  (4) रासायनिक और संकटदायी अपशिष्ट
उत्तर- (1) ग्रीन हाउस गैस

प्रश्न 47. निम्नलिखित में से कौन-सा अपशिष्ट न्यूनीकरण विधि नहीं है?
  (1) प्रक्रिया में परिवर्तन (2) अपशिष्ट सांद्रण
  (3) अपशिष्ट पृथक्करण (4) लैंडफिल निस्तारण
उत्तर- (4) लैंडफिल निस्तारण

प्रश्न 48. अस्पतालों के विषाक्त अपशिष्टों के निस्तारण के लिए कौन-सी विधि उपयुक्त है?
  (1) भस्मीकरण (2) समुद्र में क्षेपण
  (3) लैंडफिल निस्तारण (4) पुनर्चक्रण
उत्तर- (1) भस्मीकरण

प्रश्न 49. जल स्रोतों में जीवों की उपस्थिति के आकलन के लिए प्रयुक्त विधि कौन-सी है?
  (1) MPN (2) DO
  (3) TDS (4) COD
उत्तर- (2) DO

प्रश्न 50. NBA की स्थापना किस अधिनियम के अंतर्गत हुई है?
  (1) वन्य जीव (संरक्षण) अधिनियम
  (2) वन (संरक्षण) अधिनियम
  (3) जैव विविधता अधिनियम
  (4) पर्यावरण (संरक्षण) अधिनियम
उत्तर- (3) जैव विविधता अधिनियम

पर्यावरण अध्ययन : बी.ई.वी.ए.ई.-181
दिसम्बर, 2021

नोट: सभी प्रश्न अनिवार्य हैं।

प्रश्न 1. निम्नलिखित में से कौन-सा मानव-निर्मित पर्यावरण का उदाहरण है?
(1) बागान (2) अभ्यारण्य
(3) खेत (4) वृक्षारोपण

उत्तर— (3) खेत

प्रश्न 2. 'संभावनावाद' शब्द किसने दिया?
(1) ल्यूसियन फेवरे (2) वीडाल डी ला ब्लाश
(3) एलन चर्चिल सेंपल (4) सी.एस. होलिंग

उत्तर— (1) ल्यूसियन फेवरे

प्रश्न 3. निम्नलिखित में से कौन-सा सतत विकास के 17 लक्ष्यों में से नहीं है?
(1) स्थल में जीवन (2) वायु में जीवन
(3) जल के अंदर जीवन (4) जलवायु कार्यवाही

उत्तर— (2) वायु में जीवन

प्रश्न 4. जनभागीदारी को कम करने के लिए सुदूर स्थानों में बैठक आयोजित करना _____ का उदाहरण है।
(1) भौगोलिक असमानता (2) कार्यविधिक असमानता
(3) सामाजिक असमानता (4) आर्थिक असमानता

उत्तर— (2) कार्यविधिक असमानता

प्रश्न 5. प्रकृति के प्रति निम्नलिखित में से किस एक विचार को पितृसत्तात्मक वर्चस्व प्रणाली के विकल्प के रूप में प्रस्तावित किया गया था?
(1) जैवकेन्द्रवाद (2) पर्यावरण केन्द्रवाद
(3) मानव केन्द्रवाद (4) पारिस्थितिकी नारीवाद

उत्तर— (4) पारिस्थितिकी नारीवाद

प्रश्न 6. एनविस (ENVIS) का मुख्य केंद्र स्थित है—
(1) बेंगलुरू (2) दिल्ली
(3) अहमदाबाद (4) कोलकाता

उत्तर— (2) दिल्ली

प्रश्न 7. प्राथमिक उपभोक्ता हैं–

(1) शाकभक्षी (2) पौधे

(3) माँसभक्षी (4) स्वपोषी

उत्तर– (1) शाकभक्षी

प्रश्न 8. दिए गए घटक – पानी में सल्फेट, अम्लीय वर्षण तथा जीवश्म ईंधन किसके भाग हैं?

(1) कार्बन चक्र (2) नाइट्रोजन चक्र

(3) जल चक्र (4) अवसादी चक्र

उत्तर– (1) कार्बन चक्र

प्रश्न 9. पारिस्थितिक अनुक्रम में, अनुक्रम की अंतिम अवस्था को कहा जाता है–

(1) चरम समुदाय (2) लाइकेन अवस्था

(3) मॉस अवस्था (4) क्रमकी (सीरल) अवस्था

उत्तर– (1) चरम समुदाय

प्रश्न 10. पारिस्थितिक तंत्र में, ऊर्जा का ह्रास किसके रूप में होता है?

(1) ऊष्मीय ऊर्जा (2) मृतोपजीवी पदार्थ

(3) रासायनिक ऊर्जा (4) वर्षा

उत्तर– (1) ऊष्मीय ऊर्जा

प्रश्न 11. विश्व स्तर पर कौन–सा क्षेत्र प्राकृतिक आपदाओं के लिए सबसे अधिक प्रवण है?

(1) ऑस्ट्रेलिया (2) एशिया

(3) अफ्रीका (4) लैटिन अमेरिका

उत्तर– (2) एशिया

प्रश्न 12. निम्नलिखित फैक्टरियों में से कौन–सी "ताज ट्रेपीज़ियम ज़ोन" में नहीं है?

(1) गिलास फैक्टरी (2) मथुरा तेलशोधनशाला

(3) मथुरा शक्कर फैक्टरी (4) ईंट भट्टे

उत्तर– (3) मथुरा शक्कर फैक्टरी

प्रश्न 13. 'साइलेंट वैली'________नदी की संकरी घाटी है।

(1) पेरियार (2) कुन्थी

(3) कावेरी (4) जमुना

उत्तर– (2) कुन्थी

प्रश्न 14. 8000 BC के करीब विश्व की जनसंख्या लगभग कितनी थी?

(1) 3 मिलियन (2) 4 मिलियन

(3) 5 मिलियन (4) 6 मिलियन

उत्तर– (3) 5 मिलियन

प्रश्न 15. शीतोष्ण पर्णपाती वनों में होते हैं—
(1) बेल एवं स्ट्रेंग्लर अंजीर सहित वृक्ष
(2) 3-5 मीटर तक ऊँचाई की झाड़ियाँ
(3) 30-40 मीटर ऊँचाई वाले सदाबहार फर और चीड़ के वृक्ष
(4) पतली और चौड़ी पत्ती वाले 40-50 मीटर ऊँचाई वाले वृक्ष
उत्तर— (4) पतली और चौड़ी पत्ती वाले 40-50 मीटर ऊँचाई वाले वृक्ष

प्रश्न 16. भारत में, टीक एवं बाँस के पेड़ साधारणतया पाए जाते हैं—
(1) उष्णकटिबंधीय मौसमी वनों में
(2) शीतोष्ण सदाबहार वनों में
(3) शंकुधारी वृक्ष वनों में
(4) उष्णकटिबंधीय वर्षा वनों में
उत्तर— (1) उष्णकटिबंधीय मौसमी वनों में

प्रश्न 17. भारतीय घासस्थल पारितंत्र में जीवन संहति अपनी चरम सीमा पर इस अवधि में होती है—
(1) जनवरी से मार्च तक (2) मार्च से मई तक
(3) सितम्बर से अक्टूबर तक (4) नवम्बर से जनवरी तक
उत्तर— (3) सितम्बर से अक्टूबर तक

प्रश्न 18. सरित् (लोटिक) अलवणीय जलीय पारितंत्र का उदाहरण है—
(1) झील (2) कुंड (3) अनूप (दलदल) (4) नदी
उत्तर— (4) नदी

प्रश्न 19. कीटनाशकों, विशेष रूप से DDT, ने आबादी में कमी की—
(1) समुद्री मछलियों में (2) हिरनों में
(3) चूहों में (4) चिड़ियों में
उत्तर— (4) चिड़ियों में

प्रश्न 20. विशाल भारतीय गैंडे का स्थायी पुनर्वास बाधित हुआ था—
(1) क्योंकि आवास में पर्याप्त भोजन उपलब्ध नहीं था
(2) कठिन जलवायु स्थितियों के कारण
(3) रिंडरपेस्ट रोग के कारण
(4) दूसरे जानवरों के साथ प्रतियोगिता के कारण
उत्तर— (3) रिंडरपेस्ट रोग के कारण

प्रश्न 21. आक्रामक प्रजातियों की समस्या बढ़ेगी
(1) जलवायु बदलाव के कारण (2) खनन के कारण
(3) तापमान वृद्धि के कारण (4) अत्यधिक वर्षा के कारण
उत्तर— (1) जलवायु बदलाव के कारण

प्रश्न 22. विदेशी प्रजाति जो त्वचा की एलर्जी पैदा करती है, वो है–

(1) प्रोसोपिस जूलीफ्लोरा (2) एक्टोपिस्टस माइग्रेटोरियस

(3) पार्थेनियम हिस्टेरोफोरस (4) यूकेलिप्टस सिट्रियोडोरा

उत्तर– (3) पार्थेनियम हिस्टेरोफोरस

प्रश्न 23. निम्नलिखित में से कौन–सा जैव–विविधता हॉटस्पॉट के पदनाम के लिए एक मानदंड नहीं है?

(1) जाति प्रचुरता (2) स्थानिकता

(3) प्रजाति नष्ट होने का त्वरण (4) अपेक्षाकृत कम अंतर्जातीय स्पर्धा

उत्तर– (4) अपेक्षाकृत कम अंतर्जातीय स्पर्धा

प्रश्न 24. किसी भौगोलिक क्षेत्र की जैव–विविधता क्या प्रदर्शित करती है?

(1) क्षेत्र की प्रमुख प्रजातियों में विद्यमान आनुवंशिक विविधता

(2) क्षेत्र की स्थानिक प्रजातियाँ

(3) क्षेत्र में पाई जाने वाली विलुप्तप्राय प्रजातियाँ

(4) जैव प्रकृति की और जैव प्रकृति में पाई जाने वाली विविधता

उत्तर– (4) जैव प्रकृति की और जैव प्रकृति में पाई जाने वाली विविधता

प्रश्न 25. निम्नलिखित में से कौन–सा जंतु केवल पश्चिमी घाटों में ही पाया जाता है?

(1) बार्किंग डियर (हिरन) (2) मालाबार ग्रे हॉर्नबिल

(3) स्लोथ भालू (4) जंगली भैंसा

उत्तर– (2) मालाबार ग्रे हॉर्नबिल

प्रश्न 26. झीलों और नदियों में जल का मुख्य स्रोत है–

(1) वर्षण (2) वाहित जल (अपवाह)

(3) वाष्पोत्सर्जन (4) ऊर्ध्वपातन

उत्तर– (2) वाहित जल (अपवाह)

प्रश्न 27. निम्नलिखित में से कौन–सा लाल मृदा के लिए सत्य नहीं है?

(1) ऐसी मृदा में वर्षा वन और घास के मैदान उगते हैं।

(2) यह मृदा पूर्वी बिहार, मध्य प्रदेश और आंध्र प्रदेश के पठारों पर और निचली भूमि क्षेत्रों में पाई जाती है।

(3) यह आलू, रबर और केलों के उत्पादन के लिए अच्छी होती है।

(4) यह कपास, चावल और मूंगफली की खेती के लिए अच्छी होती है।

उत्तर– (4) यह कपास, चावल और मूंगफली की खेती के लिए अच्छी होती है।

प्रश्न 28. एक 'जलभर' होता है–

(1) चट्टानों में संतृप्त क्षेत्र और असंतृप्त क्षेत्र के बीच की सीमा।

(2) पत्थरों की वह परत जिससे होकर जल नीचे अंतःस्रावित होता है।

(3) मृदा का अंतराल जो वायु और जल दोनों से भरा होता है।
(4) मृदा का अंतराल जो जल से पूर्णतः भरा होता है।

उत्तर– (2) पत्थरों की वह परत जिससे होकर जल नीचे अंतःस्रावित होता है।

प्रश्न 29. क्षारीय मृदा के सबसे प्रभावी उपचार के लिए निम्नलिखित का उपयोग करना चाहिए–
(1) यूरिया   (2) पोटैशियम
(3) सोडियम नाइट्रेट   (4) जिप्सम

उत्तर– (4) जिप्सम

प्रश्न 30. निम्नलिखित स्रोतों के प्रकारों में से किससे ऊर्जा प्रकाश–वोल्टीय सेलों द्वारा प्राप्त की जा सकती है?
(1) पवन   (2) भू–तापीय
(3) सूर्य   (4) जल

उत्तर– (3) सूर्य

प्रश्न 31. भारत में पहली तरंग/ज्वारीय ऊर्जा परियोजना स्थापित की गई थी–
(1) चैन्नई में   (2) थिरुवनंतपुरम् में
(3) कोची में   (4) विशाखापत्तम में

उत्तर– (2) थिरुवनंतपुरम् में

प्रश्न 32. विश्व का सबसे बड़ा कोयला उत्पादक देश है–
(1) भारत   (2) दक्षिण अफ्रीका
(3) चीन   (4) संयुक्त राज्य अमेरिका

उत्तर– (3) चीन

प्रश्न 33. वह अधिकतम जनसंख्या जिसे प्रौद्योगिकी के दिए गए स्तर पर पृथ्वी के संसाधनों द्वारा समर्थित किया जा सकता है–
(1) जैव–भौतिक धारणक्षमता कहलाती है।
(2) सामाजिक धारणक्षमता कहलाती है।
(3) मनुष्यों के जीवन–स्तर के बारे में बताती है।
(4) आर्थिक वृद्धि का संकेत देती है।

उत्तर– (1) जैव–भौतिक धारणक्षमता कहलाती है।

प्रश्न 34. निम्नलिखित में से कौन–सी ग्रीनहाउस प्रभाव में मुख्य योगदान देती है?
(1) नाइट्रोजन   (2) ऑक्सीजन
(3) आर्गन   (4) जल–वाष्प

उत्तर– (4) जल–वाष्प

प्रश्न 35. पराबैंगनी विकिरण (UV) के लिए निम्नलिखित में से कौन–सा कथन सत्य है?

(1) UV C ऑक्सीजन द्वारा अवशोषित नहीं होता है।
(2) UV B ओज़ोन परत द्वारा अवशोषित होता है।
(3) UV A ओज़ोन परत द्वारा अवशोषित नहीं होता है।
(4) UV C हानिकारक नहीं है।

उत्तर– (2) UV B ओज़ोन परत द्वारा अवशोषित होता है।

प्रश्न 36. निम्नलिखित में से किसके कारण मनुष्यों में त्वचा कैंसर और मोतियाबिंद हो सकता है?
(1) ओज़ोन
(2) पराबैंगनी विकिरण
(3) अम्ल वर्षा
(4) मेथैन

उत्तर– (2) पराबैंगनी विकिरण

प्रश्न 37. निम्नलिखित में से कौन–सा द्वितीयक प्रदूषक है?
(1) ओज़ोन
(2) कार्बन डाइऑक्साइड
(3) कार्बन मोनोक्साइड
(4) सल्फर डाइऑक्साइड

उत्तर– (1) ओज़ोन

प्रश्न 38. **RSPM** का सामान्य स्तर _____ होता है।
(1) 60 माइक्रोग्राम प्रति क्यूबिक मीटर
(2) 70 माइक्रोग्राम प्रति क्यूबिक मीटर
(3) 160 माइक्रोग्राम प्रति क्यूबिक मीटर
(4) 170 माइक्रोग्राम प्रति क्यूबिक मीटर

उत्तर– (1) 60 माइक्रोग्राम प्रति क्यूबिक मीटर

प्रश्न 39. किस पर्यावरणीय विषय को क्योटो प्रोटोकॉल में शामिल किया गया था?
(1) ग्रीनहाउस गैसों का निष्कासन
(2) जैव–विविधता
(3) ओज़ोन परत अवक्षय
(4) दीर्घस्थायी कार्बनिक प्रदूषक

उत्तर– (1) ग्रीनहाउस गैसों का निष्कासन

प्रश्न 40. हॉटस्पॉट उच्च _____ के क्षेत्र होते हैं।
(1) दुर्लभता
(2) स्थानिकता
(3) गंभीर रूप से विलुप्तप्राय समष्टि
(4) विविधता

उत्तर– (2) स्थानिकता

प्रश्न 41. वायु (प्रदूषण निवारण एवं नियंत्रण) अधिनियम, 1981 के 1987 के संशोधन का मुख्य लक्ष्य क्या है?
(1) पर्यावरणीय समस्याओं के लिए एक समाकलित उपागम सक्षम करना
(2) राज्य वायु प्रदूषण नियंत्रण बोर्डों की स्थापना करना

(3) केंद्रित प्रदूषण नियंत्रण बोर्ड की स्थापना करना
(4) कड़ी सजाओं का प्रावधान करना

उत्तर– (1) पर्यावरणीय समस्याओं के लिए एक समाकलित उपागम सक्षम करना

प्रश्न 42. वन संरक्षण अधिनियम किस वर्ष पारित हुआ?
(1) 1972 (2) 1974
(3) 1980 (4) 1986

उत्तर– (1) 1972

प्रश्न 43. किस सम्मेलन में ओज़ोन परत की सुरक्षा को शामिल किया गया?
(1) विएना सम्मेलन (2) बेसल सम्मेलन
(3) स्टॉकहोम सम्मेलन (4) मॉन्ट्रियल सम्मेलन

उत्तर– (1) विएना सम्मेलन

प्रश्न 44. निम्नलिखित में से कौन–सा सामान्यतः पुनर्चक्रणीय अपशिष्ट नहीं है?
(1) गिलास (2) धातुएँ
(3) चिकित्सक अपशिष्ट (4) प्लास्टिक

उत्तर– (3) चिकित्सक अपशिष्ट

प्रश्न 45. निम्नलिखित में से कौन–सी अपशिष्ट न्यूनीकरण विधि नहीं है?
(1) प्रक्रिया में परिवर्तन (2) अपशिष्ट सान्द्रता
(3) अपशिष्ट उपचार (4) अपशिष्ट पृथक्करण

उत्तर– (3) अपशिष्ट उपचार

प्रश्न 46. निम्नलिखित में से कौन–सा संकटदायी अपशिष्ट के निपटान (निस्तारण) का तरीका नहीं है?
(1) सैनिटरी लैन्डफिल
(2) भस्मीकरण
(3) सागर में क्षेपण
(4) भूमिगत निपटान (निस्तारण)

उत्तर– (3) सागर में क्षेपण

प्रश्न 47. भारत की जैव–विविधता के संदर्भ में निम्नलिखित में से कौन–सा सही नहीं है?
(1) भारत में 6 जैव–विविधता हॉटस्पॉट हैं।
(2) लगभग 33% रिकार्ड किए गए पौधों की प्रजातियाँ स्थानिक हैं।
(3) भारत में 10 जैव–भौगोलिक क्षेत्र हैं।
(4) भारत खेती वाले पौधों की उत्पत्ति के 12 केंद्रों में से एक है।

उत्तर– (1) भारत में 6 जैव–विविधता हॉटस्पॉट हैं।

प्रश्न 48. निम्नलिखित में से कौन-सा वन के पारिस्थितिक महत्त्व का निरूपण नहीं करता है?
(1) प्राकृतिक पारिस्थितिक तंत्र को सहारा देना
(2) भूमंडलीय जलवायु का संतुलन
(3) जैव-विविधता का संरक्षण
(4) सौंदर्यबोधक और आध्यात्मिक महत्त्व प्रदान करना

उत्तर— (4) सौंदर्यबोधक और आध्यात्मिक महत्त्व प्रदान करना

प्रश्न 49. निम्नलिखित में से कौन-सा गैर-लकड़ी वन उत्पाद की श्रेणी में शामिल नहीं है?
(1) औषधीय जड़ी-बूटियाँ   (2) खाद्य फूल
(3) जानवरों की खाल और हड्डियाँ   (4) खाद्य फल

उत्तर— (3) जानवरों की खाल और हड्डियाँ

प्रश्न 50. किस राज्य ने सबसे पहले संयुक्त वन प्रबंधन को लागू किया था?
(1) हरियाणा   (2) पश्चिम बंगाल
(3) मध्य प्रदेश   (4) केरल

उत्तर— (2) पश्चिम बंगाल

www.ingramcontent.com/pod-product-compliance
Lightning Source LLC
LaVergne TN
LVHW021806060526
838201LV00058B/3253
* 9 7 8 8 1 9 4 2 8 6 7 3 8 *